마이크로프로세서 ATmega128

이창주 · 박군종 · 정성순 · 전봉신 지음

생능출판

마이크로프로세서 ATmega128

초판인쇄 2017년 1월 3일
초판발행 2017년 1월 10일

지은이 이창주, 박군종, 정성순, 전봉신
펴낸이 김승기
펴낸곳 (주)생능출판사 / **주소** 경기도 파주시 광인사길 143
출판사 등록일 2005년 1월 21일 / **신고번호** 제406-2005-000002호
대표전화 (031)955-0761 / **팩스** (031)955-0768
홈페이지 www.booksr.co.kr

책임편집 신성민 / **편집** 최일연, 손정희, 김민보, 정하승 / **디자인** 유준범
마케팅 백승욱, 최복락, 김민수, 심수경, 백수정, 최태웅, 김범용, 김민정
인쇄 새한문화사 / **제본** 은정문화사

ISBN 978-89-7050-884-9 93000
정가 23,000원

- 이 도서의 국립중앙도서관 출판예정도서목록(CIP)은 서지정보유통지원시스템 홈페이지(http://seoji.nl.go.kr)와 국가자료공동목록시스템(http://www.nl.go.kr/kolisnet)에서 이용하실 수 있습니다. (CIP제어번호: 2016026008)

머리말

마이크로프로세서는 산업 현장에서 사용되는 제어장치에 널리 쓰이고 있는 반도체 소자 중의 하나이다. 이 책은 세계적으로 많이 사용되고 있는 Atmel社(Atmel Corporation, http://www.atmel.com)의 마이크로프로세서 ATmega128을 사용하여 시스템을 개발하고자 하는 엔지니어를 위한 참고서로, 대학에서 마이크로프로세서 강의를 하기 위한 교재로 사용하기에 적합하도록 구성되어 있다.

이 책은 Atmel사가 제공한, 아래의 데이터시트 내용을 바탕으로 기술하였으며 필자가 다년간 산업체에서 연구개발 업무를 하면서 경험했던 프로그램 내용과 유의해야 할 사항 등을 가미하였으며 엔지니어 간에 통용되는 용어를 사용하여 프로그램 입문자들이 쉽게 이해할 수 있도록 노력하였다.

ATmega128 : 8-bit Atmel Microcontroller 128Kbytes In-System Programmable Flash

이 책은 전체 3개의 장과 1개의 부록으로 구성되어 있다.

1장에서는 마이크로프로세서의 기초 지식과, ATmega128을 사용하여 프로그램을 개발하기 위해 필요한 개발 환경에 대해 기술하였다.

2장에서는 ATmega128을 사용하기 위해 필수적으로 알아야 할 내용, 즉 CPU 코어, 메모리, 시스템 클럭, 시스템 제어와 리셋, 인터럽트, 타이머/카운터, SPI, USART, TWI, A/D 변환기, 부트로더에 대해 설명하였고, 사용자가 제품 개발 및 실습에 바로 적용할 수 있는 간단한 프로그램을 추가하였다. 독자는 제시된 샘플프로그램을 사용하면, 전 세계적으로 다양한 응용 분야에 많이 사용되고 있는 마이크로프로세서인 ATmega128을 사용한 프로그램 개발에 쉽게 접근할 수 있을 것이다.

3장에서는 필자가 ATmega128을 사용하여 개발한 간단한 시스템에 대해 설명하였다. 프로그램 개발자는 제시된 프로그램을 기본 구조로 설계한다면 초보자라도 쉽게 구조 설계를 할 수 있고 개발 기간도 단축할 수 있을 것이다.

부록에서는 AVR Studio4에 대해 설명하였다. AVR Studio4는 개발자가 완성한 프로그램 코드(HEX 파일)를 마이크로프로세서에 다운로드하기 위한 툴(tool)의 일종이다. 이 툴은 개발자가 반드시 사용법을 익혀야 할 프로그램이다.

이 책은 필자가 오랫동안 연구개발을 통해 습득한 경험을 바탕으로 이해하기 쉽게 설명하고 각 기능 구현에 맞는 회로도와 많은 샘플프로그램을 제공하여 개발자들에게 직접적인 도움을 주려고 노력하였으나 필자의 부족함으로 수정, 보완해야 할 부분이 있을 것으로 판단된다. 독자들의 조언과 격려를 부탁드린다.

2016년 12월

저자 일동

강의 계획안

이 책은 대학에서 마이크로프로세서 과목이나 정보통신기기 개발을 위한 펌웨어 프로그래밍 학습을 위해 사용하기 편하도록 구성되어 있다. 1학기 분량으로 강의할 경우, 다음과 같이 강의 계획을 세워 사용할 수 있다. 또한 저자가 집필한 〈마이크로프로세서 프로그램 실습 ATmega128〉을 병행 사용하여 관련된 장을 〈마이크로프로세서 트레이닝 키트 MTK-AT8〉로 실습해 가면서 강의하면 효과적인 학습 결과를 얻을 수 있을 것이다.

주	해당 장	주요 내용
1	1장	1. 마이크로프로세서란? 2. 개발 환경
2	부록	AVR Studio4 사용법
3	2장	1. ATmega128의 개요 2. AVR CPU 코어 3. AVR ATmega128 메모리
4	2장	4. 시스템 클럭 5. 전력제어와 슬립모드 6. 시스템 제어와 리셋
5	2장	7. 입출력 포트 8. 인터럽트
6	2장	9. 8비트 타이머/카운터
7	2장	10. 16비트 타이머/카운터
8		중간평가
9	2장	11. SPI
10	2장	12. USART
11	2장	13. TWI(I^2C 통신)
12	2장	14. 아날로그 비교기 15. A/D 변환기
13	2장	16. 부트로더
14	3장	ATmega128을 이용한 간단한 전체 프로그램
15	3장	ATmega128을 이용한 간단한 전체 프로그램
16		기말평가

차례

CHAPTER 01 마이크로프로세서와 개발 환경

CHAPTER 02 ATmega128

CHAPTER 03 ATmega128을 이용한 간단한 전체 프로그램

약어 설명

다음은 이 책에서 사용하는 약어에 대한 설명이다.

- ADC: Analog to Digital Conversion
- ALU: Arithmetic Logic Unit
- BIOS: Basic Input Output System
- BOD: Brown-Out Detect
- CISC: Complex Instruction Set Computer
- CPU: Central Processing Unit
- DRAM: Dynamic RAM(Random Access Memory)
- EEPROM: Electrically Erasable Programmable Read-Only Memory
- ELPM/SPM: Extended Load Program Memory / Store Program Memory
- IIC(I^2C): Inter Integrated Circuit
- ISP: In System Programming
- JTAG: Joint Test Access Group
- LPM: Load Program memory
- LSB: Last Significant Bit
- MCU: Micro Controller(Computer) Unit
- MIPS: Microprocessor without Interlocked Pipeline Storage
- MMIO: Memory-Mapped Input/Output
- MSB: Most Significant Bit
- PMIO: Port-Mapped Input/Output
- PWM: Pulse Width Modulation
- RAM: Random Access Memory

- RISC: Reduced Instruction Set Computer
- ROM: Read-Only Memory
- SPI: Serial Peripheral Interface
- SPM: Store Program Memory
- SRAM: Static RAM(Random Access Memory)
- TWI: Two-Wire serial Interface
- USART: Universal Synchronous and Asynchronous serial Receiver and Transmitter

CHAPTER 01

마이크로프로세서와 개발 환경

contents

01 마이크로프로세서란?

마이크로프로세서는 마이크로칩으로 된 컴퓨터 프로세서이며, CPU(Central Processing Unit)라고 불리기도 한다. 마이크로프로세서는 컴퓨터가 켜지면 컴퓨터에 탑재된 소프트웨어를 작동시켜 시스템이 원하는 동작에 들어가게 하기 위한 일종의 엔진이다. 마이크로프로세서는 레지스터라고 불리는 아주 작은 기억소자를 이용하여 산술, 논리연산 및 주변소자 제어를 실행하도록 설계되었다. 마이크로프로세서의 대표적인 연산에는 덧셈, 뺄셈, 두 수의 비교 그리고 한 장소에서 다른 장소로 숫자를 옮기는 것 등이 포함된다. 마이크로프로세서를 마이크로컨트롤러 또는 MCU라고 부르기도 하고, 특히 MCU(Micro-Computer Unit)는 플래시 메모리를 내장한 원칩 프로세서를 말한다.

마이크로프로세서 시스템은 크게 하드웨어와 소프트웨어로 구성된다. 하드웨어는 프로그램이 탑재되어 운용되는데 필요한 CPU, ROM, RAM 그리고 주변기기 인터페이스 소자 등으로 구성된다. 소프트웨어는 프로그래머가 주어진 하드웨어를 이용하여 원하는 동작을 구현하고 ROM이나 플래시 메모리에 탑재한 것을 말한다. 이처럼 ROM이나 플래시 메모리에 내장된 프로그램은 비휘발성이어서 전원을 껐다 켜도 정상 동작을 유지한다. 이러한 프로그램을 펌웨어(Firmware)라 부르기도 한다. 펌웨어는 하드웨어와 소프트웨어의 중간 성격의 프로그램으로 주로 주변기기의 상태를 감시(Monitoring)거나 주변기기를 제어(Control)하는 기능을 갖는다.

이 책은 ATmega128에 관한 설명서이므로 하드웨어나 소프트웨어에 관한 설명도 ATmega128을 중심으로 설명하기로 한다.

마이크로프로세서 시스템의 하드웨어 주요 구성요소는 다음과 같다.

연산부(ALU: Arithmetic Logic Unit) 산술연산 및 논리연산 등 연산기능을 실행하는 회로로 주로 가산기(adder)로 구성되고 누산기(accumulator)와 상태레지스터(status register)를 이 부분에 포함시키기도 한다.

제어부(Control Unit) 명령을 주기억 장치에서 인출하여 해독하고 이를 실행하기 위한 제어 신호를 발생하는 등 마이크로프로세서 내부와 외부의 제어기능을 실행하는 회로로서 명령레지스터(IR: instruction register), 명령해독기(instruction decoder), 타이밍 및 제어신호 발생회로 등으로 구성된다.

플래시 프로그램 메모리(Flash Program Memory) 프로그래머가 개발한 펌웨어가 저장되는 장소이며 64K×16비트의 크기이다. 이 메모리 공간은 응용프로그램 부분과 부트로더 부분으로 나누어 사용될 수 있다.

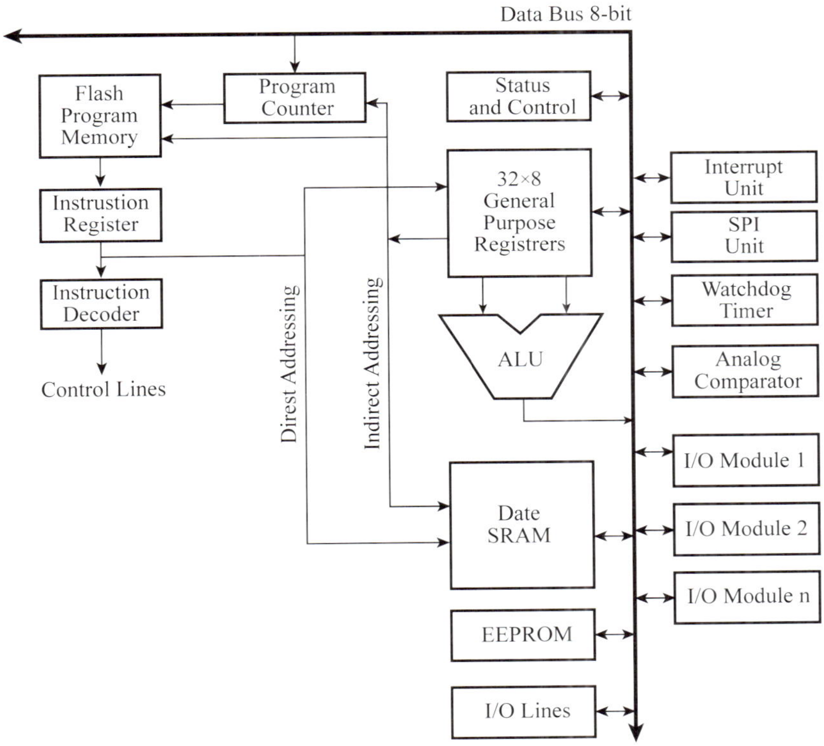

그림 1-1 ATmega128 내부 블록도

데이터 메모리(Data SRAM) CPU가 프로그램 동작을 위해 사용하는 휘발성메모리이다. 또한 데이터모리의 일부분은 프로그램 동작에 반드시 필요한 스택(Stack)으로 사용된다. ATmega128은 4K 바이트 크기의 메모리를 갖는다. ATmega128은 외부에 64K바이트 크기의 SRAM을 연결하여 사용할 수 있다. 만일 외부에 SRAM을 연결한다면 외부 주소 영역은 내부 4K를 제외한 60K까지 사용 가능하다.

EEPROM(Electrically Erasable Programmable Read-Only Memory) ATmega128은 데이터메모리 영역과는 별도로 내부에 비휘발성 메모리인 4K바이트 크기의 EEPROM을 가지고 있다. EEPROM은 바이트 단위로 읽고 쓸 수 있는 구조이고 약 10만회의 지우기/쓰기를 보장한다.

레지스터(Register) 마이크로프로세서 내부에서 메모리 기능을 실행하며 프로그래머가 사용할 수 있는 범용레지스터 및 시스템 레지스터와 프로그래머가 사용할 수 없는 레지스터가 있다. 범용 레지스터는 프로그래머에 의하여 주로 데이터 보관용으로 쓰이므로 일반적으로는 이것이 많을수록 성능이 좋아지며, 시스템 레지스터는 프로그래머가 사용할 수 있는 경우도 있으나 주로 마이크로프로세서가 내부의 특정한 용도로 사용하는 레지스터이다.

어드레스 버스(Address Bus) 마이크로프로세서가 외부의 메모리나 입·출력 기기의 번지를 지정할 때 사용하는 단방향 버스(Unidirectional Bus)이다. 따라서 어드레스 버스 신호선의 수는 최대로 사용가능한 메모리의 용량이나 입·출력장치의 수를 결정한다. Intel 계열(ATmega128도 여기에 속함)의 마이크로프로세서에서는 같은 번지값으로 메모리 번지(Memory Address)와 입·출력 번지(I/O port)를 구별하여 지정할 수 있는 '포트 맵 입출력(Port-Mapped I/O, PMIO 방식'[1]을 채택하고 있으며, Motorola 계열의 마이크로프로세서에서는 이를 구별하지 않는 '메모리 맵 입출력(Memory-Mapped I/O, MMIO) 방식'[2]을 채택하고 있다.

데이터 버스(Data Bus) 마이크로프로세서에서 메모리나 출력장치로 데이터를 출력하거나 반대로 메모리나 입력장치로부터 데이터를 입력할 때 이들 데이터의 전송로로 사용되는 양방향 버스(Bidirectional Bus)이다. 일반적으로 데이터 버스 신호선의 수는 그 마이크로프로세서의 워드(word) 길이와 같으며, 이것은 마이크로프로세서의 성능을 결정하는 중요한 요소가 된다.

---

1) 포트 맵 입출력 방식: 입출력 접근을 메모리 접근과 분리하기 때문에 메모리용으로 주소 전체 영역을 사용할 수 있다. 특히 어셈블리어로 된 소스 목록을 볼 때, 언제 입출력이 실행되는지를 알아보기가 쉽다.

2) 메모리 맵 입출력 방식: 메모리와 입출력 장치 접근을 위해 같은 주소 버스를 이용한다. 포트 맵 입출력을 구현할 때 필요한 부수적인 복잡성이 없어지기 때문에, CPU는 내부 로직이 덜 필요하여 저렴하고, 빠르고, 쉽게 CPU를 만들 수 있다.

제어 버스(Control Bus) 마이크로프로세서가 현재 실행중인 작업의 종류나 상태를 외부의 메모리나 입·출력 기기에게 알려주는 출력신호와, 외부에서 마이크로프로세서에게 어떤 동작을 취하도록 요구하기 위한 입력신호 등으로 구성되는 단방향 버스이다. 마이크로프로세서의 기능은 이들 제어신호에 의하여 크게 좌우된다.

전원 및 클럭(Clock) 이들 단자에는 각각 마이크로프로세서의 동작을 위한 직류전원과 마이크로프로세서의 동작에 필수적인 클럭신호가 입력된다. 현재 대부분의 마이크로프로세서들은 동작 전원으로 +5V를 주로 사용하며, 저전력형 모델에서는 +3.3V를 사용하는 경우가 많다. 일반적으로 클럭주파수가 높으면 마이크로프로세서의 처리속도는 빨라지며, 초기의 마이크로프로세서들은 수 MHz 정도의 클럭주파수를 사용하였으나 현재는 보통 수십 MHz에서 수백 MHz를 사용하는 것도 많다.

마이크로프로세서의 소프트웨어(펌웨어)는 플래시 프로그램 메모리에 탑재하여 원하는 동작을 실행시킨다. 개발자는 마이크로프로세서가 제공하는 많은 기능들을 효과적으로 사용하여 우수한 성능을 발휘하는 시스템을 만들기 위해서는 구조화된 프로그램(Structured Program)을 설계해야 한다. 특히 제어(Control), 감시(Monitoring) 등 많은 일(Task)들을 효과적으로 신속하게 처리하기 위해서는 프로세서가 제공하는 각종 인터럽트를 적정하게 사용하는 것이 좋다. 또한 이해하기 쉽고 개발 후 오랜 시간이 흘러도 수정, 보완이 용이하도록 각 기능들을 작은 하부프로그램(함수, 정의)으로 모듈화하는 것이 필요하다.

소프트웨어의 기본적인 구성은 다음과 같다.

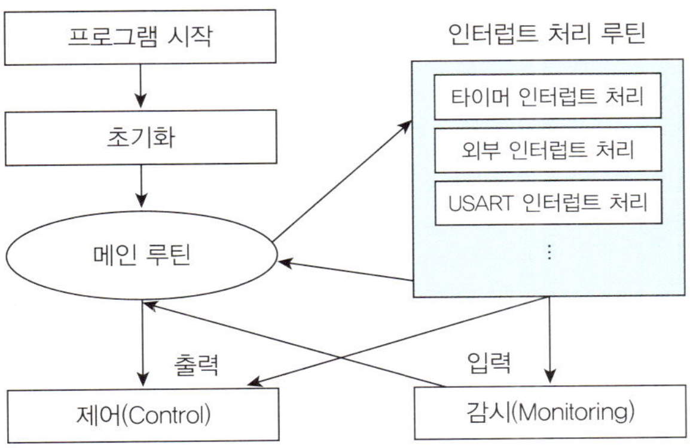

그림 1-2 마이크로프로세서의 소프트웨어 구성

02 개발 환경

마이크로프로세서를 사용하여 제품을 개발하는 프로그래머는 개발 업무를 주어진 시간 내에 성공적으로 완수하기 위해서 치밀한 개발계획을 세워야 한다. 프로그램 개발 결과는 제품의 성능을 좌우하고 회사의 이해(利害)관계에 막중한 영향을 미칠 수 있으므로 철저히 준비하여 다음의 절차에 따라 개발을 수행하여야 한다.

2-1 프로그램 개발 과정

프로그래머가 가장 먼저 할 일은 하드웨어 설계자와 긴밀히 협의하여 제품의 요구사항을 분석하는 일이다. 그 다음 제품의 기능을 블록별로 나누고 블록의 상세 회로를 설계한 후 블록간 인터페이스를 설계한다. 하드웨어 개발자가 상세 설계를 할 때, 프로그래머는 각 블록을 프로그램으로 구현하는 방법을 구상하고 설계된 하드웨어로 구현할 수 있는지 확인한다. 만일 프로그램을 설계하기 위해서 하드웨어의 변경이나 보완이 필요하다고 판단되면 하드웨어 개발자와 협의하여 설계에 반영하여야 한다.

기본적인 하드웨어 설계가 끝나면 프로그래머는 기능 구현에 적정한 마이크로프로세서를 선정하고 선정한 마이크로프로세서로 프로그램을 개발하기 위한 환경을 구축한다. 응용 프로그램 개발을 위해서 프로그램 편집기(Program Editor), 컴파일러(Compiler), 다운로드프로그램(Code Programmer) 등이 필요하다. 프로그램을 개발할 수 있는 환경이 구축되면 그림 2-1과 같은 절차로 개발 작업을 진행한다.

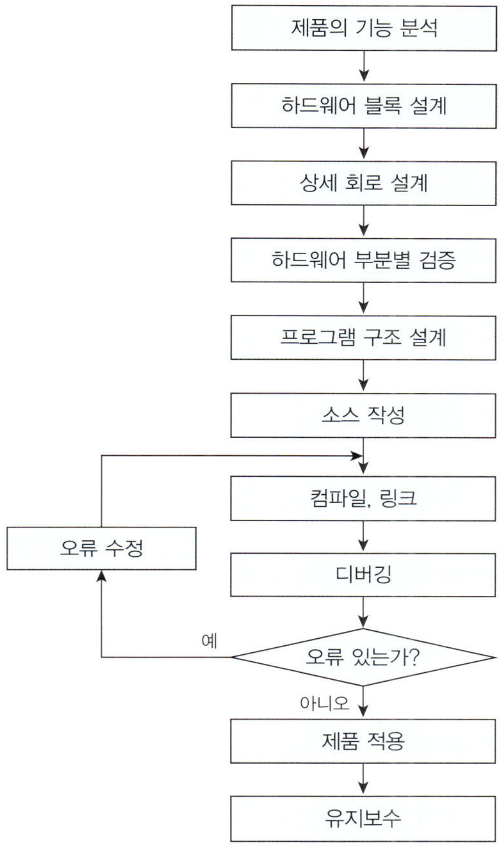

그림 2-1 프로그램 개발 절차

2-2 프로그램 편집기(Program Editor)

프로그램 개발자는 소스 작성(Coding)을 하기 위해 프로그램 편집기가 필요하다. 프로그래머는 사용하는 마이크로프로세서와는 관계없이 본인이 익숙하게 다룰 수 있는 편집기를 사용하면 된다. 프로그램(펌웨어) 개발자가 주로 사용하는 프로그램 편집기는 다음과 같다.

- Source Insight (www.sourceinsight.com)
- Ultraedit (www. ultraedit.com)
- IAR Embedded Workbench (www.iar.com/kr)
- WinAVR

2-3 컴파일러(Compiler)

컴파일러는 소스파일을 작성한 후 보드에 다운로드할 수 있는 기계어(hex code)를 생성하는데 필요하다. 주로 사용하는 컴파일러는 아래와 같다.

- IAR Embedded Workbench (www.iar.com/kr)
- WinAVR
- Code Vision AVR
- EWAVR

2-4 코드 프로그래머 AVR Studio4(Code Programmer AVR Studio4)

AVR Studio4는 AVR 소스파일을 컴파일하여 실행파일(filename.HEX)을 만들고 개발보드에 다운로드할 수 있는 AVR 개발프로그램이다. AVR Studio4 기능 중 ISP 인터페이스로 AVR 칩에 프로그래밍하는 기능을 부록에서 설명하기로 한다.

2-5 소스프로그램 작성

프로그래머는 하드웨어 개발자와 협의하여 설계한 상세 회로도를 이해하고 그 회로가 잘 작동하도록 블록별 프로그램을 설계한다. 블록별 설계에는 단순히 주변소자를 제어하고 감시하는 것뿐만 아니라 내부적으로 복잡하게 동작하는 기능을 위해 알고리즘을 개발하는 것도 포함된다. 알고리즘 개발은 대체적으로 어떤 제품에 고유한 기능이어서 기술적으로 상당히 어려운 부분이기도 하다. 프로그래머는 이렇게 어려운 프로그램을 일목요연하게 작성하기 위해 소스프로그램 작성의 전단계로 순서도나 동작설명서를 작성한다. 이 과정이 끝나면 프로그래밍 언어를 이용하여 소스프로그램(filename.c)을 작성한다. 소스프로그램을 작성하는 것을 '코딩(Coding)한다'라고도 한다. ATmega128 개발에 사용하는 프로그래밍 언어는 어셈블리어나 C언어이다. 어셈블리어는 적은 플래시메모리 사용으로 빠른 속도의 성능을 낼 수 있는 장점이 있지만 사용하기에 번거로운 점이 있어서 간결하고 이식성이 뛰어난 C언어가 많이 사용된다.

2-6 컴파일과 링크

소스파일이 작성되었으면 다음 단계는 오브젝트 파일(object file: filename.r90)이나 헥사 파일(hex file: filename.hex)을 만들기 위해 컴파일(Compile)하는 것이다. 컴파일러를 실행시키면 소스파일이 문법에 맞게 작성되었는지 체크하여 오류가 없으면 오브젝트 파일(.r90)을 생성하고 만약 오류가 발생하면 오류메시지를 프로그래머에게 알려준 후 종료한다. 프로그래머는 오류가 하나도 나오지 않을 때까지 소스 파일을 수정하고 다시 컴파일해야 한다. 오브젝트 파일은 '.r90' 확장자를 가진다. 일반적으로 하나의 구조화된 프로그램은 여러 개의 소스파일로 구성된다. 오브젝트 파일은 각각의 소스 파일마다 하나씩 생성된다.

컴파일이 성공적으로 끝나면 다음 단계는 링크(link)이다. 링크는 생성된 오브젝트 파일들을 결합하고 컴파일러가 제공하는 라이브러리와 연결하여 헥사 파일(.hex)을 만든다. 만약 여러 개의 소스 파일 중에서 하나의 소스 파일만 변경하였다면 변경된 소스 파일만 컴파일하고 링크를 실행하면 헥사 파일을 만드는 시간을 단축할 수 있다.

각 과정에서 필요한 개발프로그램과 생성되는 파일을 정리하면 다음과 같다.

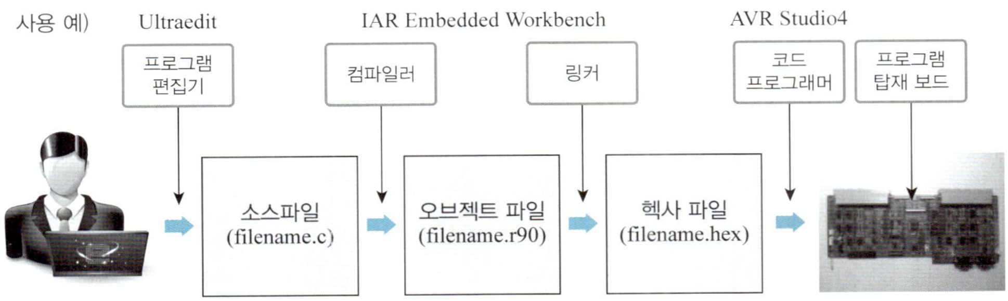

2-7 디버깅

컴파일과 링크가 끝나면 보드에 탑재할 수 있는 헥사 파일(filename.hex)이 만들어진다. 컴파일과 링크 과정에서 오류가 없다는 것은 소스 코드를 작성할 때 단지 문법적인 오류가 없다는 것을 의미하는 것이고 프로그램 개발자가 원하는 대로 동작한다는 것은 아니다. 그러므로 프로그래머는 이 헥사 파일을 보드에 다운로드하여 알고리즘 실행, 출력 제어, 입력 감시 등의 동작이 원하는 대로 작동하는지 시험해야 한다. 이처럼 시험, 오류 발견 시 수정, 재시험 등의 작업을 반복하는 것을 '디버깅(Debugging)'한다고 말한다.

대부분의 프로그래머들은 소스 파일 작업을 할 때 코딩 작업 초기에 논리적인 오류를 만들게 된다. 특히 개발 경험이 적은 프로그래머는 많은 오류를 만들어 디버깅하는데 많은 시간을 소비하기도 한다. 그러므로 디버깅 시간을 단축하는 하나의 방법으로, 코딩 작업을 할 때 처음부터 전체 기능을 모두 소스 파일을 만든 후 복잡한 디버깅 작업을 하기보다는 블록별로 소스 파일 작업 후 디버깅하여 완벽히 검증하고 이어서 또 다른 블록을 소스 작업과 디버깅을 하여 붙여나가는 방식으로 작업을 하는 것이 좋다.

디버깅(Debugging)의 유래: 1945년 마크II라는 컴퓨터가 날아든 나방 때문에 고장을 일으켰다. 호퍼라는 사람이 이 나방을 채집하여 기록에 남기고 이를 '디버깅(Debugging: 벌레를 없애는 일)' 작업이라고 보고하였다. 이때부터 컴퓨터 프로그램의 정확성이나 논리적 오류를 찾아내는 작업을 디버깅이라고 부르기 시작하였다.

2-8 프로그램의 유지/보수

프로그램의 디버깅이 끝나면 현장시험 등을 거쳐 보드에 탑재되어 출시된다. 이때부터는 일정기간 동안 유지, 보수가 필요하다. 제품의 사용자가 사용 중에 오류를 발견하거나 새로운 기능의 추가 요청이 있으면 프로그래머는 사용자의 요청을 해결해 주어야 한다.

프로그램의 유지, 보수 형태는 작업 형태에 따라 다음과 같이 몇 가지로 분류해 볼 수 있다.

- 수리 유지보수

제품의 사용 중 발견된 문제를 해결하거나 사용되는 현장 상황에 따라 발생할 수 있는 오동작을 막기 위해 수정하는 것이다.

- 적응 유지보수

탑재되는 하드웨어가 변경되거나 운영 체제의 변화에 적응할 수 있도록 프로그램을 수정하는 것이다.

- 완전화 유지보수

시스템의 성능 향상, 사용자 인터페이스의 편리성 또는 타 제품과의 연동 시 호환성을 위해 사용자가 수정, 보완을 요구할 때 프로그램을 수정하는 작업으로 대개 유지, 보수 활동 중 가장 많은 업무량을 차지한다.

● 예방 유지보수

개발 자료 갱신, 프로그램 설명 추가, 프로그램의 모듈화로 유지, 보수성을 높이는 것을 목표로 행하는 작업이다. 문서를 표준화시키고 요구 사항의 이력을 체계적으로 정리해 놓으면 추후 발생할 수 있는 요구 사항에 신속하고 쉽게 대응할 수 있다.

프로그램의 유지, 보수는 보통 수년에 걸쳐 진행되는 힘든 작업이므로 프로그램 개발자는 개발 초기부터 유지, 보수를 고려한 설계를 해야 한다. 예를 들어, 시스템 간 데이터 통신을 하는 제품을 생각해 보자. 데이터를 주고받는데 전혀 문제가 없는 제품이 아주 열악한 환경인 곳에 설치되어 운용된다면 통신이 잘되지 않거나 아예 단절될 수 있다. 이런 경우 원인을 분석하는 것이 여간 어려운 게 아니다. 만일 이런 경우를 대비해서 프로그래머가 원인을 쉽게 파악할 수 있도록 소스 파일 내에 시험프로그램(Test Program)을 '숨겨진 기능(Hidden Function)'으로 탑재시켜 놓았다면 그 기능을 작동시켜 통신 단절 원인을 쉽게 파악할 수 있을 것이다. 이처럼 프로그래머는 개발한 제품이 사용되는 환경을 고려하고 그 환경에 반드시 필요하다고 생각되는 시험프로그램을 예측하여 구현해 놓을 필요가 있다.

또한, 개발자는 유지, 보수 과정에서 변경된 프로그램을 버전별로 구분하고 이력을 첨부하여 관리하여야 한다. 프로그램을 그때그때 철저히 관리, 보관하지 않으면 시간이 흐른 후 그에 상응하는 많은 비용을 치러야 할 경우도 있기 때문이다.

프로그램을 관리하는 항목은 크게 아래와 같이 구분할 수 있다.

- 수정, 변경 항목 및 날짜
- 소스파일의 버전별 관리
- 제품 모델, 적용 현장 관리
- 개발과정에서 생성된 자료
- 프로그램을 수정/보완, 기능 추가 후 검증을 위한 시험용 보드

| 연습문제 |

1 마이크로프로세서 시스템의 하드웨어 주요 구성 요소 중 다음의 구성 요소에 대해 설명하시오.

(1) 연산부
(2) 제어부
(3) 플래시 프로그램 메모리
(4) 데이터 메모리
(5) EEPROM
(6) 레지스터

2 마이크로프로세서를 사용하여 설계하는 소프트웨어의 기본 구성 요소에 대해 설명하시오.

3 프로그램 개발 절차를 흐름도에 의해 설명하시오.

4 마이크로프로세서를 사용하여 프로그램을 설계할 때 사용하는 다음의 용어에 대해 간단히 설명하시오.

(1) 프로그램 편집기(Program Editor)
(2) 컴파일러(Compiler)
(3) 코드 프로그래머(Code Programmer)
(4) 소스프로그램(Source Program)
(5) 헥사 파일(Hex file), 롬코드(ROM code)
(6) 디버깅(Debugging)
(7) 링크(Link)

5 개발된 프로그램을 잘 관리하는 것은 기술을 축적하고 유사한 프로그램을 개발하는데 활용하기 위하여 대단히 중요하다. 프로그램을 관리하는 방법에 대해 설명하시오.

CHAPTER 02
ATmega128

contents

01 ATmega128의 개요

Atmel社의 ATmega128은 RISC 구조를 가진 저전력 CMOS 8비트 마이크로컨트롤러로서 1MHz당 1MIPS까지 성능을 낼 수 있으며 고성능 응용 분야에 널리 사용되고 있다. AVR 코어는 32개의 범용레지스터를 활용한 강력한 명령어를 가지고 있다. 32개의 레지스터는 ALU에 직접 연결할 수 있어 기존의 CISC 마이크로컨트롤러에 비해 명령어 실행 시간이 대단히 빠르다.

ATmega128은 다음과 같은 기능을 제공한다.

- 고성능, 저전력의 AVR 8비트 마이크로컨트롤러
  - 향상된 RISC 구조
  - 단일 클럭 주기에서 실행되는 133개의 강력한 명령어
  - 32개의 범용 레지스터
  - 16MHz 외부 클럭을 사용할 때 16MIPS까지 처리 가능
  - 2-사이클 내에서 실행되는 곱셈기 내장
- 프로그램 메모리와 데이터 메모리 용량
  - 128K 바이트 프로그램 메모리(Flash Memory)
  - 4K 바이트 EEPROM
  - 4K 바이트 내부 데이터 메모리(SRAM)
  - 플래시/EEPROM 쓰기/지우기 수명: 플래시 10,000회 / EEPROM 100,000회
  - 부트프로그램 저장용 부트로더 영역 할당 가능(최대 4K 워드(words): 0x1E000 ~ 0x1FFFF)
  - 코드 복사 방지를 위한 락비트(Lock Bits)
  - 외부 메모리 공간을 64K까지 확장 가능

- ISP 인터페이스

- JTAG(IEEE std. 1149.1 호환) 인터페이스
  - JTAG 표준에 따른 Boundary-scan 수용
  - 온-칩 디버깅 지원
  - JTAG 인터페이스를 통해 플래시, EEPROM, 휴즈, 락비트 프로그래밍

- 다양한 기능들
  - 프리스케일러와 비교모드를 가지는 2개의 8비트 타이머/카운터
  - 프리스케일러, 비교모드와 캡처모드를 가지는 2개의 16비트 타이머/카운터
  - 외부 오실레이터를 사용하는 실시간 카운터
  - 2개의 8비트 PWM 채널
  - 2~16비트까지 조정 가능한 6개의 PWM 채널
  - 출력비교 변조기
  - 8개의 10비트 A/D변환기(8개의 단일 입력 채널, 7개의 차동 입력 채널, 1x,10x,100x의 이득 조정 가능한 2개의 차동 입력 채널)
  - TWI(I^2C 통신)
  - 2개의 USART
  - 마스터/슬레이브 SPI 직렬 인터페이스
  - 오실레이터 내장형 워치독 타이머
  - 아날로그 비교기 내장

- 특수 기능
  - 파워-온(Power-On) 리셋과 브라운아웃(Brown-out) 전압 검출
  - RC 오실레이터 내장
  - 6개의 슬립모드(Idle, A/D변환기 잡음 제거, 파워-세이브(Power-save), 파워-다운(Power-down), 대기(Standby) 및 확장 대기(Extended Standby))
  - 소프트웨어로 선택 가능한 클럭 주파수
  - 퓨즈 비트로 ATmega103 호환 모드 선택

- 입출력 핀과 패키지
  - 53개의 입출력 핀
  - 패키지 형태: TQFP, QFN/MLF

- 동작 전압
  - ATmega128L: 2.7~5.5V
  - ATmega128: 4.5~5.5V
- 동작 속도
  - ATmega128L: 0~8MHz
  - ATmega128: 0~16MHz

ATmega128은 64개의 핀으로 구성되어 있다. 포트A~포트G까지 53개의 핀은 일반 입출력 포트로 사용하거나 특수 기능으로 사용할 수 있다. 나머지 핀들은 전원(VCC, AVCC), 접지(GND), 클럭(XTAL1, XTAL2), A/D 변환기용 기준전압(AREF), 리셋(/RESET), /PEN핀이다. 그림 1-1에서 Pxn(x=A~G, n=0~7)은 일반 핀으로 사용할 때 포트명, ()안은 특수 기능을 행할 때 포트명이다.

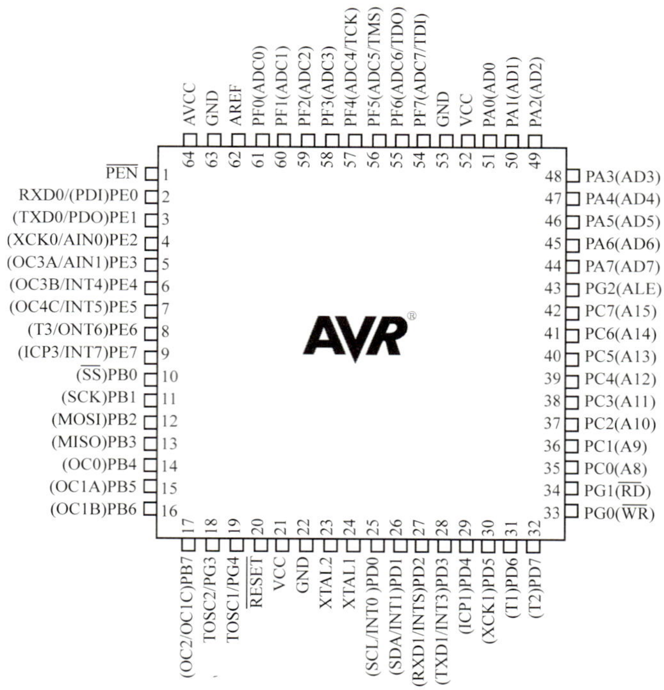

그림 1-1 ATmega128 핀

표 1-1 ATmega128 핀 설명

핀 이름	핀 번호	기능
VCC	21,52	전원
GND	22,53,63	접지
포트A(PA7…PA0)	44~51	양방향 입출력포트, 외부메모리 인터페이스의 어드레스/데이터
포트B(PB7…PB0)	17~10	양방향 입출력포트, PB7:OC2OC1C, PB6:OC1B, PB5:OC1A, PB4:OC0, PB3:MISO, PB2:MOSI, PB1:SCK, PB0:/SS
포트C(PC7…PC0)	42~35	양방향 입출력포트, 외부 메모리 인터페이스 상위 어드레스
포트D(PD7…PD0)	32~25	양방향 입출력포트, PD7:T2, PD6:T1, PD5:XCK1, PD4:ICP1, PD3:INT3/TXD1, PD2:INT2/RXD1, PD1:INT1/SDA, PD0:INT0/SCL
포트E(PE7…PE0)	9~2	양방향 입출력포트, PE7:INT7/ICP3, PE6:INT6/T3, PE5:INT5/OC3C, PE4:INT4/OC3B, PE3:AIN1/OC3A, PE2:AIN0/XCK0, PE1:PDO/TXD0, PE0:PDI/RXD0
포트F(PF7…PF0)	54~61	양방향 입출력포트, PF7:ADC7/TDI, PF6:ADC6/TDO, PF5:ADC5/TMS, PF4:ADC4/TCK, PF3:ADC3, PF2:ADC2, PF1:ADC1, PF0:ADC0
포트G(PG4…PG0)	19,18,43,34,33	양방향 입출력포트, PG4:TOSC1, PG3:TOSC2, PG2:ALE, PG1:/RD, PG0:/WR
/RESET	20	리셋 입력핀
XTAL1	24	내부 클럭 동작회로 입력
XTAL2	23	클럭 출력
AVCC	64	A/D 변환기 전원. ADC를 사용하지 않을 때는 Vcc에 연결한다.
AREF	62	A/D 변환기의 기준전압 입력
/PEN	1	SPI로 프로그래밍할 때 인에이블 핀(Active Low)
ALE	43	외부메모리 연결할 때 Address Latch Enable
/WR	33	외부메모리 연결할 때 Write(Active Low)
/RD	34	외부메모리 연결할 때 Read(Active Low)

ATmega128은 AVR RISC 구조를 가진 저전력 CMOS 8비트 마이크로컨트롤러이다. 단일 클럭 내에서 하나의 명령어를 실행함으로써 1MHz당 1MIPS의 성능을 낼 수 있다.

AVR 코어는 32개의 범용 레지스터의 조합으로 많은 명령어를 갖추고 있다. 32개의 레지스터는 ALU에 직접 연결되어 있어서 1클럭 사이클 내에 하나의 명령어로 두 개의 레지스터를 엑세스할 수 있다. 이러한 구조는 기존의 CISC 마이크로컨트롤러에 비해 약 10배 정도 효율적이라 할 수 있다. 그림 1-2는 ATmega128의 내부 블록도이다.

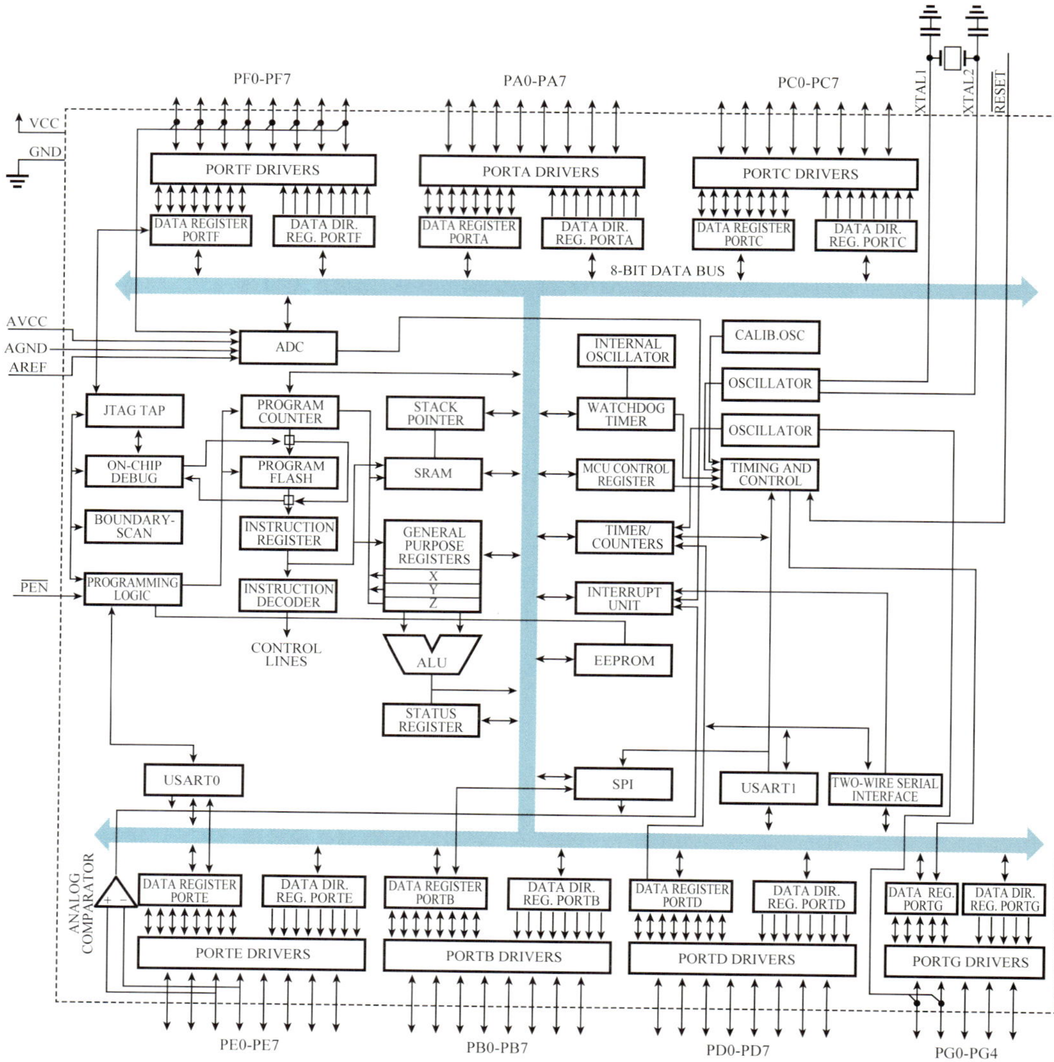

그림 1-2 ATmega128의 내부 블록도

02 AVR CPU 코어

마이크로컨트롤러의 핵심부는 CPU 코어이다. CPU 코어는 메모리 접근, 연산 실행, 주변장치 제어, 인터럽트 처리 등을 할 수 있어야 한다. ATmega128 코어는 프로그램 카운터가 지시한 프로그램 메모리 주소에서 명령어를 인출하고 해독하는 부분과 ALU, 32개의 범용레지스터, 프로그램 플래시메모리, 상태레지스터, 입출력 메모리, 스택포인터와 데이터 메모리(SRAM) 및 인터럽트 처리기 등으로 구성된다.

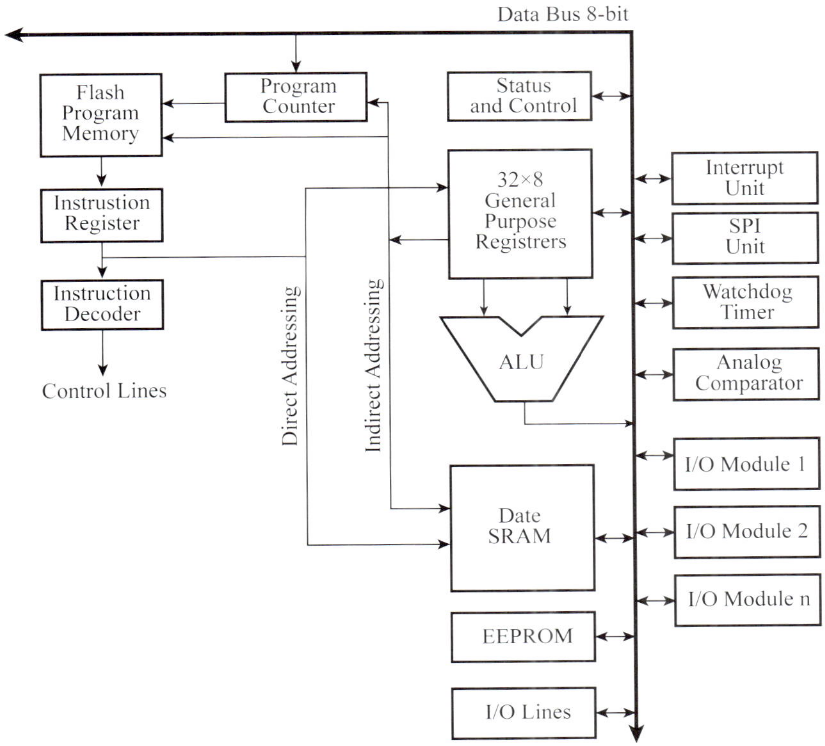

그림 2-1 AVR 구조 블록도

2-1 ALU(Arithmetic Logic Unit)

ALU는 32개의 범용레지스터에 직접 연결되어 1클럭 사이클 내에서 범용레지스터끼리, 또는 레지스터와 변수 사이의 연산을 실행한다. ALU 동작은 3가지의 범주, 즉 연산, 로직(1 또는 0), 비트연산으로 나눌 수 있다. 어떤 구조에서는 양수/정수 곱셈, 분수 계산 등의 강력한 곱셈기 기능을 제공하기도 한다.

2-2 상태레지스터(SREG)

Bit	7	6	5	4	3	2	1	0	
	I	T	H	S	V	N	Z	C	SREG
Read/Write	R/W	R/W	R/W	R/W	R/W	R/W	R/W	R/W	
Initial Value	0	0	0	0	0	0	0	0	

● 비트7 I: Global Interrupt Enable

인터럽트가 발생했을 때 인터럽트 벡터로 진입하도록 허용하는 전역인터럽트 허용 비트이다. 이 비트는 인터럽트 처리 루틴으로 진입하면서 0으로 지워져서, 다른 인터럽트 처리 루틴을 실행하지 않도록 막는 역할을 한다. 인터럽트 처리 루틴을 전부 실행하고 빠져나갈 때 다시 1로 설정된다. SEI 명령어로 1로 설정하거나 CLI 명령어로 0으로 설정할 수도 있다.

I=1: ATmega128의 사용하고 있는 모든 인터럽트를 허용(Enable)한다.

I=0: ATmega128의 모든 인터럽트를 금지(Disable)시킨다.

C 프로그램 SREG의 I비트 제어

```
void main(void)
{
  _CLI();     // SREG 레지스터의 I=0
  :
  SPH = 0x10;
  SPL = 0xFF;
  :
  Init_Port();
  :
  _SEI();    // SREG 레지스터의 I=1
  :
}
```

프로그램 설명

3. _CLI(); = __disable_interrupt(); // 모든 인터럽트를 금지시킨다.
7. _SEI(); = __enable_interrupt(); // 사용하고 있는 인터럽트들을 허용한다.

- 비트6 T: Bit Copy Storage

임의의 레지스터에 비트값을 저장하거나(BST: Bit STore) 그 레지스터에서 비트값을 가져올 때(BLD: Bit LoaD) 이 비트를 거쳐서 저장하거나 가져온다.

- 비트5 H: Half Carry Flag

산술연산에서 보조올림수(Half Carry)가 발생하거나 보조빌림수(Half Borrow)가 발생하면 1이 된다.

- 비트4 S: Sign Bit

N⊕V값이 저장된다. 부호없는 정수(unsigned integer)와 부호있는 정수(signed integer)를 판단할 때 사용한다.

- 비트3 V: 2's Complement Overflow Flag

2의 보수 연산에서 오버플로우가 발생하면 1이 된다.

- 비트2 N: Negative Flag

산술연산이나 로직연산에서 결과값이 음수이면 1이 된다.

- 비트1 Z: Zero Flag

산술연산이나 로직연산에서 결과값이 0이면 1이 된다.

- 비트0 C: Carry Flag

산술연산이나 로직연산에서 올림수(Carry)가 발생하면 1이 된다.

2-3 범용레지스터

그림 2-2와 같이 32개의 범용레지스터가 있다. 대부분의 명령어 동작은 이 레지스터들을 이용하여 실행되고 1사이클 이내에 실행된다.

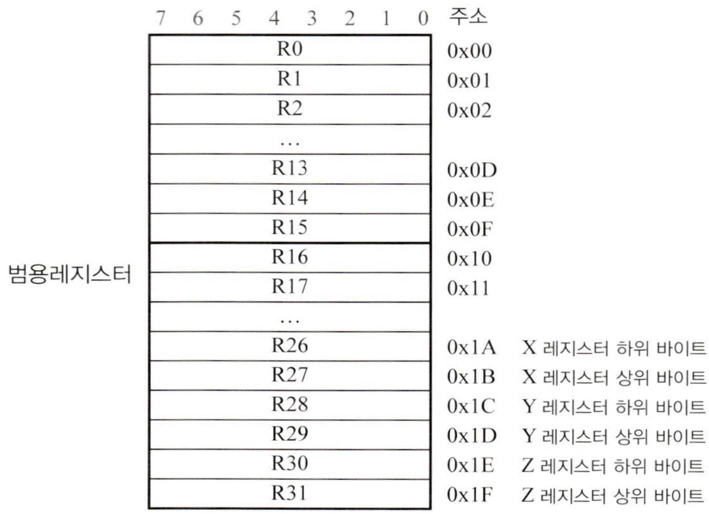

그림 2-2 AVR CPU 범용레지스터

그림 2-2에서 보는 바와 같이 32개의 범용레지스터 주소는 0x00부터 0x1F까지 지정되어 있다. 특히, R26~R31(0x1A~0x1F) 레지스터는 X, Y, Z 레지스터로 사용될 수 있다.

2-4 X, Y, Z 레지스터

X, Y, Z 레지스터는 16비트 레지스터로서 데이터 영역의 간접주소지정(Indirect Addressing) 방식에 사용된다. 또한 Z 레지스터는 64K 데이터 메모리 영역을 직접주소지정(Direct Addressing)하거나 128K 프로그램 메모리 영역을 간접주소지정할 수 있다.

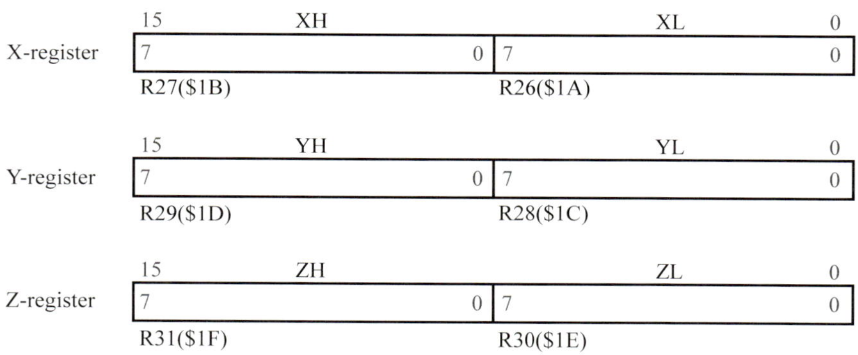

그림 2-3 X, Y, Z 레지스터

2-5 스택포인터

스택은 마이크로컨트롤러의 동작에서 매우 중요한 역할을 한다. 프로그래머는 프로세서의 성능을 최대한 활용하고 구조화된 설계(Structured Design)를 하기 위해서 인터럽트나 서브루틴(함수)을 많이 사용한다. 이 때 인터럽트나 서브루틴으로 진입하기 전에 실행 후 복귀할 주소나 사용하고 있던 변수 등을 저장하기 위한 장소로 스택이 사용된다.

스택포인터는 SRAM 스택 영역의 주소값을 가지는 레지스터이다. 스택포인터는 스택 영역의 비어 있는 곳 중에서 가장 밑부분을 가리킨다. 예를 들어, 스택 영역으로 내부 SRAM의 끝부분, 0x1080~0x10FF을 할당하고 모두 비어 있다면 스택포인터는 0x10FF를 가리킨다. 이 상태에서 스택에 데이터가 저장되면 스택포인터 값은 감소하고 스택에서 데이터를 꺼내려면 스택포인터 값이 증가한 후 스택포인터가 가리키는 주소에서 데이터를 꺼내게 된다.

프로그래머는 프로그램의 시작부분에서 스택포인터의 초기값으로 ATmega128의 경우 0x10FF, 즉 내부 SRAM의 맨 마지막 번지 값을 넣어야 한다. 그리고 스택으로 사용할 메모리 영역 할당은 컴파일할 때 옵션으로 지정하여 놓는다. 통상 인터럽트의 사용 개수, 실행하는 서브루틴의 깊이(Depth) 등을 고려하면 64개 정도 이상으로 할당하는 것이 좋다.

Bit	15	14	13	12	11	10	9	8	
	SP15	SP14	SP13	SP12	SP11	SP10	SP9	SP8	SPH
	SP7	SP6	SP5	SP4	SP3	SP2	SP1	SP0	SPL
	7	6	5	4	3	2	1	0	
Read/Write	R/W	R/W	R/W	R/W	R/W	R/W	R/W	R/W	
	R/W	R/W	R/W	R/W	R/W	R/W	R/W	R/W	
Initial Value	0	0	0	0	0	0	0	0	
	0	0	0	0	0	0	0	0	

C 프로그램 스택포인터 초기화

```
void main(void)
{
  _CLI();

  MCUCR = 0x80;    // 외부 메모리를 연결한다.
  XMCRA = 0x00;
  XMCRB = 0x80;    // 외부 메모리를 연결한다.
```

```
07    WDTCR  = 0x00;

08    SPH = 0x10;
09    SPL = 0xFF;    // 스택포인터 초기값 설정 (초기값 = 0x10FF)
      :
10    Init_Port();
      :
11  }
```

프로그램 설명

8~9. 마이크로프로세서가 리셋되면 스택포인터의 초기값은 0x0000이다. 그러므로 프로그램의 시작 부분에서 스택포인터 SPH, SPL에 내부 SRAM의 맨 마지막 번지인 0x10FF를 써넣어야 한다. 그 후, 포트 초기화, 각종 레지스터의 설정, 외부 SRAM 초기화, 주변소자 제어 등을 실행한다.

2-6 RAMPZ(RAM Page Z select Register)

ATmega128의 프로그램 메모리는 128K 바이트이므로 주소지정을 위해서 17비트가 필요하다. 그러나 내부 어드레스 버스는 16비트이다. 따라서 맨 상위비트를 RAMPZ0 비트가 담당한다. RAMPZ0=0이면 하위 64K 바이트가, RAMPZ0=1이면 상위 64K 바이트가 선택된다.

Bit	7	6	5	4	3	2	1	0	
	-	-	-	-	-	-	-	RAMPZ0	RAMPZ
Read/Write	R	R	R	R	R	R	R	R/W	
Initial Value	0	0	0	0	0	0	0	0	

RAMPZ0 = 0: ELPM/SPM 명령어로 프로그램 메모리 주소 0x0000~0x7FFF(하위 64K) 엑세스

RAMPZ0 = 1: ELPM/SPM 명령어로 프로그램 메모리 주소 0x8000~0xFFFF(상위 64K) 엑세스

여기서, 프로그램 메모리 주소는 16비트임을 유념해야 한다.

C 프로그램 RAMPZ 제어

```
1  void main(void)
2  {
3    RAMPZ=0;
     :
4    RAMPZ=1;
     :
5  }
```

프로그램 설명

3. 플래시 메모리 주소 0x0000~0x7FFF(하위 64K)의 16비트 데이터를 엑세스한다.
4. 플래시 메모리 주소 0x8000~0xFFFF(상위 64K)의 16비트 데이터를 엑세스한다.

연습문제

1 ATmega128의 범용레지스터 R7~R0에 대해 설명하시오.

2 상태레지스터(SREG)의 비트7(I)은 어떤 역할을 하는가?

3 스택(Stack), 스택포인터(Stack Pointer)에 대해 설명하시오.

4 ATmega128의 스택포인터를 초기화하는 방법에 대해 설명하시오.

5 RAMPZ(RAM page Z select Register)의 기능에 대해 설명하시오.

6 다음의 용어에 대해 설명하시오.

(1) 직접주소지정(Direct Addressing) 방식

(2) 간접주소지정(Indirect Addressing) 방식

03 AVR ATmega128 메모리

AVR 구조는 데이터 메모리 영역, 프로그램 메모리 영역, 그리고 전원 오프 시에도 데이터를 잃어버리지 않고 저장하는 EEPROM 메모리로 구성되어 있다.

3-1 플래시 프로그램 메모리

ATmega128은 128K 바이트의 플래시 메모리를 가지고 있다. 모든 AVR 명령어가 16비트나 32비트 크기의 명령어이므로 플래시 메모리도 64K×16비트의 구조를 가진다. 플래시 프로그램 메모리는 부트프로그램 영역과 응용프로그램 영역으로 나뉘어 사용된다.

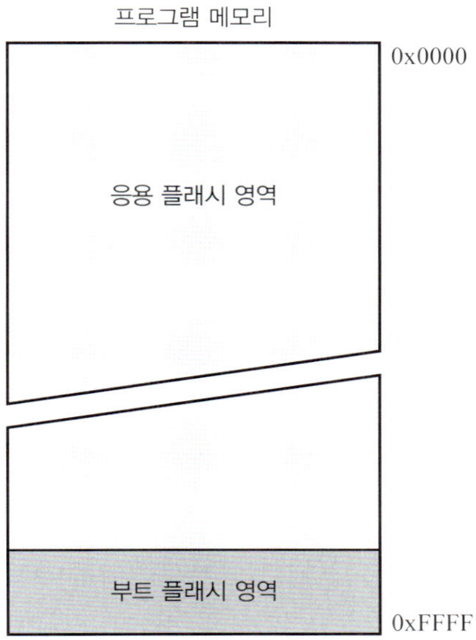

그림 3-1 프로그램 메모리 구성

ATmega128의 프로그램 카운터(PC: Program Counter)는 16비트 크기이고 64K 프로그램 메모리 영역을 가리킬 수 있다. 부트프로그램 영역은 부트 락비트(Boot Lock bits)가 갖추어져 있어서 프로그램 무단 복제로부터 보호할 수 있다. 플래시 메모리에 쓸 수 있는 횟수는 10,000번까지 가능하다. 플래시 메모리에 프로그램을 다운로드하는 방법은 SPI, JTAG 에뮬레이터를 사용하거나 병렬프로그램 모드를 사용하는 방법이 있다.

3-2 SRAM 데이터 메모리

ATmega128 내부의 4K 바이트 RAM은 번지값을 직접지정(직접 어드레싱 방식)하거나 X, Y, Z 레지스터나 0x00~0x1F 영역의 R7~R0 레지스터를 사용하여 간접지정(간접 어드레싱 방식)하는 방법으로 엑세스할 수 있다.

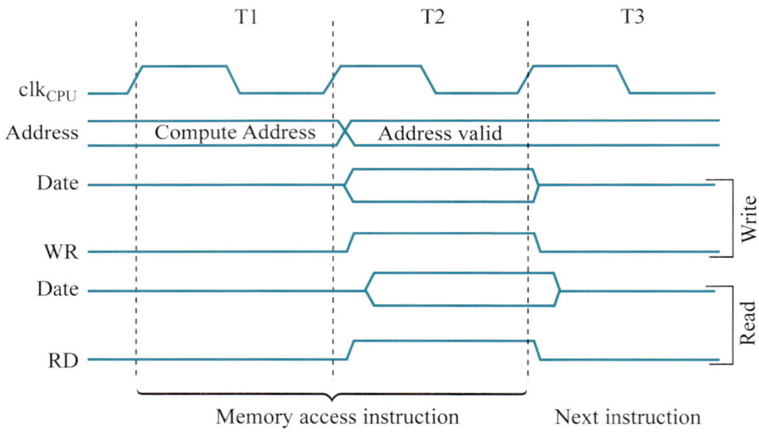

그림 3-2 내부 SRAM 엑세스 사이클

내부에는 4352개의 데이터 메모리가 있다. 0x00~0x1F(32개)에는 4개의 BANK에 R7~R0 레지스터가 할당된다. 0x20~0x5F(64개)에는 입출력 레지스터, 0x60~0xFF(160개)에는 ATmega128에 추가된 확장 입출력 장치를 동작시키기 위한 레지스터, 0x0100~0x10FF(4096개)에는 SRAM이 할당된다.

또한 ATmega128은 0x1100~0xFFFF(61K) 영역을 외부 데이터 메모리로 사용할 수 있다. 이 영역은 외부에 SRAM을 확장 연결하거나 입출력 장치의 주소로 사용할 수 있다.

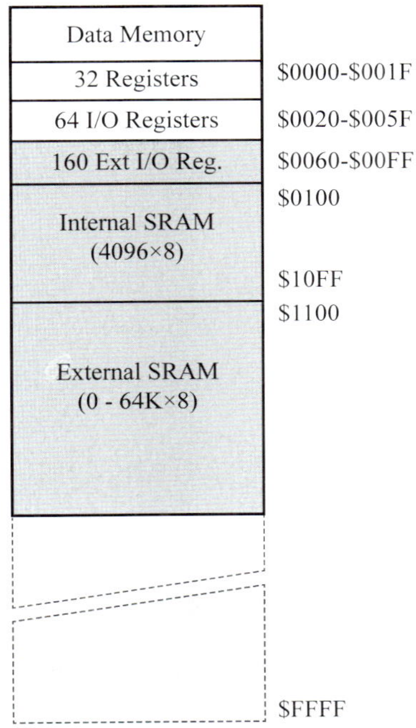

그림 3-3 데이터 메모리 구성

3-3 EEPROM 데이터 메모리

ATmega128은 4K 바이트의 EEPROM 메모리를 가지고 있다. 각 메모리들은 한 바이트 씩 읽기/쓰기를 할 수 있으며 최대 100,000회 쓰기/지우기가 가능하다.

EEPROM 읽기/쓰기 프로그래머가 EEPROM에 데이터 쓰기를 할 때 주의할 점이 있다. 데이터 쓰기 할 때는 전원이 안정되어 있어야 한다. 전원이 불안정하면 EEPROM 데이터가 손상되어 시스템 동작에 심각한 영향을 미칠 수 있기 때문에 이점을 고려하여 최대한 안정된 전원이 공급될 수 있도록 설계되어야 한다. EEPROM 데이터 손상은, 공급 전압이 낮을 때 AVR 리셋이 동작하도록 BOD(Brown-out Detector)를 동작(Enable)시켜 막을 수 있다. 'BOD 인에이블'(BODEN)과 동작전압(BODLEVEL)은 프로그램 메모리를 프로그래밍할 때 휴즈 옵션으로 설정할 수 있다.

표 3-1은 CPU에서 EEPROM 프로그래밍하는 데 걸리는 시간을 나타낸다.

표 3-1 EEPROM 프로그래밍 시간

심볼	RC오실레이터 사이클 수	프로그래밍 시간
CPU에서 EEPROM 쓰기	8448	8.5ms

– CKSEL 퓨즈 설정과 관계없이 1MHz 클럭을 사용한다.

EEPROM 데이터를 읽으면 CPU는 4클럭 동안 동작을 멈추었다가 그 다음 명령어를 실행한다. EEPROM에 데이터를 쓸 때는 2클럭 동안 동작을 멈추었다가 그 다음 명령어를 실행한다. EEPROM 어드레스 레지스터인 EEARH 4비트와 EEARL 8비트로 4K 바이트를 지정할 수 있다.

Bit	15	14	13	12	11	10	9	8	
	-	-	-	-	EEAR11	EEAR10	EEAR9	EEAR8	EEARH
	EEAR7	EEAR6	EEAR5	EEAR4	EEAR3	EEAR2	EEAR1	EEAR0	EEARL
	7	6	5	4	3	2	1	0	
Read/Write	R	R	R	R	R/W	R/W	R/W	R/W	
	R/W	R/W	R/W	R/W	R/W	R/W	R/W	R/W	
Initial Value	0	0	0	0	×	×	×	×	
	×	×	×	×	×	×	×	×	

EEDR 레지스터는 EEPROM 읽기/쓰기 동작을 실행할 때 읽거나 쓸 데이터를 저장하는 레지스터이다. 그 때 주소는 EEAR에서 가리킨다.

Bit	7	6	5	4	3	2	1	0	
	MSB							LSB	EEDR
Read/Write	R/W	R/W	R/W	R/W	R/W	R/W	R/W	R/W	
Initial Value	0	0	0	0	0	0	0	0	

EECR은 EEPROM 읽기/쓰기 동작을 위한 제어레지스터이다.

Bit	7	6	5	4	3	2	1	0	
	-	-	-	-	EERIE	EEMWE	EEWE	EERE	SREG
Read/Write	R	R	R	R	R/W	R/W	R/W	R/W	
Initial Value	0	0	0	0	0	0	×	0	

- 비트3 EERIE: EEPROM Ready Interrupt Enable

EERIE=1: EEPROM Ready 인터럽트가 허용(Enable)된다(SREG의 I–비트가 1인 경우).
EERIE=0: EEPROM Ready 인터럽트가 허용되지 않는다(Disable).

• 비트2 EEMWE: EEPROM Master Write Enable

EEPROM에 데이터 쓰기를 하기 위해서는 반드시 1로 설정해야 한다. 만일 0으로 설정되어 있으면 EEWE를 1로 설정하여도 쓰기 동작을 실행하지 않는다. EEMWE에 소프트웨어로 1을 쓰면 하드웨어에 의해 4클럭 후에 0이 된다.

• 비트1 EEWE: EEPROM Write Enable

EEWE는 EEPROM에 데이터 쓰기를 할 때 '쓰기 스트로브(Write Strobe)' 신호이다. EEAR에 주소를, EEDR에 쓸 데이터를 준비하고 EEWE 비트를 1로 설정하면 EEPROM에 데이터 쓰기가 실행된다. 물론, 이 때 EEMWE 비트는 1로 설정되어 있어야 한다. EEWE 비트는 쓰기 동작을 실행한 후 하드웨어에 의해 0으로 지워진다. EEPROM에 데이터를 쓰는 과정은 다음과 같다.

1. EEWE가 0이 될 때까지 기다린다.
2. SPMCSR의 SPMEN 비트가 0이 될 때까지 기다린다.
3. EEAR에 주소를 준비한다.
4. EEDR에 데이터를 준비한다.
5. EEMWE 비트에 1을 쓴다.
6. EEMWE 비트에 1을 쓴 후 4클럭 이내에 EEWE 비트에 1을 쓴다.

CPU가 플래시 메모리에 쓰기를 하는 동안에는 EEPROM 쓰기를 할 수 없다. 그러므로 프로그램에서는 EEPROM 쓰기를 하기 전에 반드시 플래시 프로그래밍이 끝났는지 확인해야 한다. 위의 EEPROM 쓰기 과정에서 두 번째 순서는, CPU에서 플래시 프로그래밍을 하는 경우가 아니라면 생략해도 된다. 다섯 번째 순서에서 여섯 번째 순서로 넘어갈 때 주의할 필요가 있다. EEMWE 비트에 1을 쓰고 4클럭 이내에 EEWE 비트에 1을 써야 하는데, 그 사이 인터럽트가 발생한다면 EEPROM 쓰기가 되지 않는다. 이러한 문제를 해결하기 위해서는 EEPROM 쓰기를 시작할 때 전역인터럽트 허용 플래그(SREG 레지스터의 I비트)를 0으로 설정하여야 한다. 예제 프로그램에서 _CLI()가 글로벌 인터럽트 허용 플래그를 0으로 설정하는 명령어이다.

• 비트0 EERE: EEPROM Read Enable

EERE는 EEPROM으로부터 데이터 읽기를 할 때 '읽기 스트로브(Read Strobe)' 신호이다. EEAR에 읽어 낼 주소를 준비하고 EERE 비트에 1을 쓰면 EEPROM 데이터 읽기가 실행된다. EEPROM 데이터를 읽으면 CPU는 4클럭 동안 동작을 멈추었다가 그 다음 명령어를 실행한다.

EEPROM 읽기를 실행하기 전에는 반드시 EEWE 비트가 0인지 확인해야 한다. EEPROM 쓰기가 실행되는 동안에는 EEPROM 읽기나 EEAR 레지스터 변경을 할 수 없기 때문이다.

C 프로그램 EEPROM 쓰기/읽기

```
01  #define EEMWE0  EECR_Bit2
02  #define EEWE0   EECR_Bit1
03  #define EERE0   EECR_Bit0

04  void EepromWr(unsigned int  EpAddr, unsigned char  EpData)
05  {
06    _CLI();              // 인터럽트 금지
07    while(EEWE0);        // EEWE가 0이 될 때까지 기다린다.
08    EEAR = EpAddr;       // 주소 셋팅
09    EEDR = EpData;       // 데이터를 쓴다.
10    EEMWE0 = 1;          // EEPROM 마스터 비트를 1로 쓴다.
11    EEWE0 = 1;           // EEPROM 쓰기를 허용한다.
12    _SEI();              // 인터럽트 허용
13  }

14  unsigned char  EepromRd(unsigned int EpAddr)
15  {
16    unsigned char  EpData = 0;

17    while(EEWE0);        // EEWE가 0이 될 때까지 기다린다.
18    EEAR = EpAddr;       // 주소 셋팅
19    EERE0 = 1;           // EEPROM 읽기를 허용한다.
20    EpData = EEDR;       // 데이터를 읽는다.
21    return EpData;
22  }
```

프로그램 설명

1~3. EECR 레지스터의 비트 정의

4. 'EEPROM 쓰기' 함수

10~11. 'EEPROM 쓰기'를 실행하면서 하드웨어에 의해 지워진다.

14. 'EEPROM 읽기' 함수
16. 반환값 저장을 위해 함수내 변수 선언

슬립모드 도중에 EEPROM 쓰기 EEPROM 쓰기 동작을 하는 도중에 슬립모드로 들어가면 EEPROM 쓰기 동작은 계속 진행되어 '쓰기 엑세스 시간'(8.5msec)이 경과하기 전에 끝낸다. 그러나 이 경우 쓰기 동작이 끝난 후에도 오실레이터는 계속 동작하기 때문에 슬립모드로 들어가지 않는다. 그러므로 슬립모드로 들어가고자 할 때는 슬립모드로 들어가기 전에 EEPROM 쓰기 동작이 실행되고 있는지 반드시 확인하여야 한다.

EEPROM 데이터 깨짐 방지 V_{CC}가 CPU와 EEPROM의 안정적인 동작전압보다 낮아지면 CPU가 오동작을 일으키거나 EEPROM 쓰기 동작이 정상적으로 이루어지지 않아서 EEPROM 데이터가 깨질 우려가 있다. 이런 경우 다음과 같은 방법으로 EEPROM 데이터 깨짐을 막을 수 있다. 충분한 전압 공급이 되지 않으면 내부의 BOD(Brown-out Detector)를 허용(Enable)하여 AVR 리셋 상태를 유지하도록 한다. 쓰기 동작 중에 리셋이 걸리면 그 때 실행중인 쓰기 동작은 정상적으로 완료된다.

3-4 입출력 데이터 메모리

ATmega128의 내부 데이터 메모리, 0x00~0xFF 영역은 명령어의 사용에 따라 3영역으로 나눌 수 있다. 첫 번째 영역은 0x00~0x1F 영역이다. 이 영역은 범용 레지스터 영역으로 SBI나 CBI 명령어로 비트 제어를 할 수 있다. 또한 SBIS나 SBIC 명령어로 비트값을 검사할 수도 있다. 두 번째 영역은 0x20~0x5F 영역이다. 이 영역은 입출력과 관계된 커맨드, IN 또는 OUT을 사용할 때는 입출력 주소로 0x20을 뺀 0x00~0x3F를 사용해야 한다. 반면에 데이터 공간을 지정하는 LD나 ST 명령어를 사용할 때는 0x20~0x5F를 사용해야 한다. 마지막으로 세 번째 영역은 0x60~0xFF 영역이다. 이 영역은 내부 SRAM의 확장 영역으로 ST/STS/STD나 LD/LDS/LDD 명령어만 사용할 수 있다.

LD/LDS/LDD나 ST/STS/STD 명령어는 전 영역에 걸쳐 사용할 수 있다. 또한 대부분의 상태 플래그들은 해당 플래그에 1을 써서 지울 수 있다. CBI나 SBI 명령어는 모든 레지스터에 대해 사용할 수 있다.

표 3-2 레지스터 요약(1)

Address	Name	Bit 7	Bit 6	Bit 5	Bit 4	Bit 3	Bit 2	Bit 1	Bit 0
($FF)	Reserved	–	–	–	–	–	–	–	–
..	Reserved	–	–	–	–	–	–	–	–
($9E)	Reserved	–	–	–	–	–	–	–	–
($9D)	UCSR1C	–	UMSEL1	UPM11	UPM10	USBS1	UCSZ11	UCSZ10	UCPOL1
($9C)	UDR1	USART1 I/O Data Register							
($9B)	UCSR1A	RXC1	TXC1	UDRE1	FE1	DOR1	UPE1	U2X1	MPCM1
($9A)	UCSR1B	RXCIE1	TXCIE1	UDRIE1	RXEN1	TXEN1	UCSZ12	RXB81	TXB81
($99)	UBRR1L	USART1 Baud Rate Register Low							
($98)	UBRR1H	–	–	–	–	USART1 Baud Rate Register High			
($97)	Reserved	–	–	–	–	–	–	–	–
($96)	Reserved	–	–	–	–	–	–	–	–
($95)	UCSR0C	–	UMSEL0	UPM01	UPM00	USBS0	UCSZ01	UCSZ00	UCPOL0
($94)	Reserved	–	–	–	–	–	–	–	–
($93)	Reserved	–	–	–	–	–	–	–	–
($92)	Reserved	–	–	–	–	–	–	–	–
($91)	Reserved	–	–	–	–	–	–	–	–
($90)	UBRR0H	–	–	–	–	USART0 Baud Rate Register High			
($8F)	Reserved	–	–	–	–	–	–	–	–
($8E)	Reserved	–	–	–	–	–	–	–	–
($8D)	Reserved	–	–	–	–	–	–	–	–
($8C)	TCCR3C	FOC3A	FOC3B	FOC3C	–	–	–	–	–
($8B)	TCCR3A	COM3A1	COM3A0	COM3B1	COM3B0	COM3C1	COM3C0	WGM31	WGM30
($8A)	TCCR3B	ICNC3	ICES3	–	WGM33	WGM32	CS32	CS31	CS30
($89)	TCNT3H	Timer/Counter3 – Counter Register High Byte							
($88)	TCNT3L	Timer/Counter3 – Counter Register Low Byte							
($87)	OCR3AH	Timer/Counter3 – Output Compare Register A High Byte							
($86)	OCR3AL	Timer/Counter3 – Output Compare Register A Low Byte							
($85)	OCR3BH	Timer/Counter3 – Output Compare Register B High Byte							
($84)	OCR3BL	Timer/Counter3 – Output Compare Register B Low Byte							
($83)	OCR3CH	Timer/Counter3 – Output Compare Register C High Byte							
($82)	OCR3CL	Timer/Counter3 – Output Compare Register C Low Byte							

($81)	ICR3H	Timer/Counter3 – Input Capture Register High Byte							
($80)	ICR3L	Timer/Counter3 – Input Capture Register Low Byte							
($7F)	Reserved	–	–	–	–	–	–	–	–
($7E)	Reserved	–	–	–	–	–	–	–	–
($7D)	ETIMSK	–	–	TICIE3	OCIE3A	OCIE3B	TOIE3	OCIE3C	OCIE1C
($7C)	ETIFR	–	–	ICF3	OCF3A	OCF3B	TOV3	OCF3C	OCF1C
($7B)	Reserved	–	–	–	–	–	–	–	–
($7A)	TCCR1C	FOC1A	FOC1B	FOC1C	–	–	–	–	–
($79)	OCR1CH	Timer/Counter1 – Output Compare Register C High Byte							
($78)	OCR1CL	Timer/Counter1 – Output Compare Register C Low Byte							
($77)	Reserved	–	–	–	–	–	–	–	–
($76)	Reserved	–	–	–	–	–	–	–	–
($75)	Reserved	–	–	–	–	–	–	–	–
($74)	TWCR	TWINT	TWEA	TWSTA	TWSTO	TWWC	TWEN	–	TWIE
($73)	TWDR	Two-wire Serial Interface Data Register							
($72)	TWAR	TWA6	TWA5	TWA4	TWA3	TWA2	TWA	TWA0	TWGCE
($71)	TWSR	TWS7	TWS6	TWS5	TWS4	TWS3	–	TWPS1	TWPS0
($70)	TWBR	Two-wire Serial Interface Bit Rate Register							
($6F)	OSCCAL	Calibration RegisterOscillator							
($6E)	Reserved	–	–	–	–	–	–	–	–
($6D)	XMCRA	–	SRL2	SRL1	SRL0	SRW01	SRW00	SRW11	
($6C)	XMCRB	XMBK	–	–	–	–	XMM2	XMM1	XMM0
($6B)	Reserved	–	–	–	–	–	–	–	–
($6A)	EICRA	ISC31	ISC30	ISC21	ISC20	ISC11	ISC10	ISC01	ISC00
($69)	Reserved	–	–	–	–	–	–	–	–
($68)	SPMCSR	SPMIE	RWWSB	–	RWWSRE	BLBSET	PGWRT	PGERS	SPMEN
($67)	Reserved	–	–	–	–	–	–	–	–
($66)	Reserved	–	–	–	–	–	–	–	–
($65)	PORTG	–	–	–	PORTG4	PORTG3	PORTG2	PORTG1	PORTG0
($64)	DDRG	–	–	–	DDG4	DDG3	DDG2	DDG1	DDG0
($63)	PING	–	–	–	PING4	PING3	PING2	PING1	PING0
($62)	PORTF	PORTF7	PORTF6	PORTF5	PORTF4	PORTF3	PORTF2	PORTF1	PORTF0

표 3-2 레지스터 요약(2)

Address	Name	Bit 7	Bit 6	Bit 5	Bit 4	Bit 3	Bit 2	Bit 1	Bit 0
($61)	DDRF	DDF7	DDF6	DDF5	DDF4	DDF3	DDF2	DDF1	DDF0
($60)	Reserved	–	–	–	–	–	–	–	–
$3F ($5F)	SREG	I	T	H	S	V	N	Z	C
$3E ($5E)	SPH	SP15	SP14	SP13	SP12	SP11	SP10	SP9	SP8
$3D ($5D)	SPL	SP7	SP6	SP5	SP4	SP3	SP2	SP1	SP0
$3C ($5C)	XDIV	XDIVEN	XDIV6	XDIV5	XDIV4	XDIV3	XDIV2	XDIV1	XDIV0
$3B ($5B)	RAMPZ	–	–	–	–	–	–	–	RAMPZ0
$3A ($5A)	EICRB	ISC71	ISC70	ISC61	ISC60	ISC51	ISC50	ISC41	ISC40
$39 ($59)	EIMSK	INT7	INT6	INT5	INT4	INT3	INT2	INT1	INT0
$38 ($58)	EIFR	INTF7	INTF6	INTF5	INTF4	INTF3	INTF	INTF1	INTF0
$37 ($57)	TIMSK	OCIE2	TOIE2	TICIE1	OCIE1A	OCIE1B	TOIE1	OCIE0	TOIE0
$36 ($56)	TIFR	OCF2	TOV2	ICF1	OCF1A	OCF1B	TOV1	OCF0	TOV0
$35 ($55)	MCUCR	SRE	SRW10	SE	SM1	SM0	SM2	IVSEL	IVCE
$34 ($54)	MCUCSR	JTD	–	–	JTRF	WDRF	BORF	EXTRF	PORF
$33 ($53)	TCCR0	FOC0	WGM00	COM01	COM00	WGM01	CS02	CS01	CS00
$32 ($52)	TCNT0	Timer/Counter0 (8 Bit)							
$31 ($51)	OCR0	Timer/Counter0 Output Compare Register							
$30 ($50)	ASSR	–	–	–	–	AS0	TCN0UB	OCR0UB	TCR0UB
$2F ($4F)	TCCR1A	COM1A1	COM1A0	COM1B1	COM1B0	COM1C1	COM1C0	WGM11	WGM10
$2E ($4E)	TCCR1B	ICNC1	ICES1	–	WGM13	WGM12	CS12	CS11	CS10
$2D ($4D)	TCNT1H	Timer/Counter1 – Counter Register High Byte							
$2C ($4C)	TCNT1L	Timer/Counter1 – Counter Register Low Byte							
$2B ($4B)	OCR1AH	Timer/Counter1 – Output Compare Register A High Byte							
$2A ($4A)	OCR1AL	Timer/Counter1 – Output Compare Register A Low Byte							
$29 ($49)	OCR1BH	Timer/Counter1 – Output Compare Register B High Byte							
$28 ($48)	OCR1BL	Timer/Counter1 – Output Compare Register B Low Byte							
$27 ($47)	ICR1H	Timer/Counter1 – Input Capture Register High Byte							
$26 ($46)	ICR1L	Timer/Counter1 – Input Capture Register Low Byte							
$25 ($45)	TCCR2	FOC2	WGM20	COM21	COM20	WGM21	CS22	CS21	CS20
$24 ($44)	TCNT2	Timer/Counter2 (8 Bit)							
$23 ($43)	OCR2	Timer/Counter2 Output Compare Register							
$22 ($42)	OCDR	IDRD/ OCDR7	OCDR6	OCDR5	OCDR4	OCDR3	OCDR2	OCDR1	OCDR0

$21 ($41)	WDTCR	–	–	–	WDCE	WDE	WDP2	WDP1	WDP0
$20 ($40)	SFIOR	TSM	–	–	–	ACME	PUD	PSR0	PSR321
$1F ($3F)	EEARH	–	–	–	–	EEPROM Address Register High			
$1E ($3E)	EEARL	EEPROM Address Register Low Byte							
$1D ($3D)	EEDR	EEPROM Data Register							
$1C ($3C)	EECR	–	–	–	–	EERIE	EEMWE	EEWE	EERE
$1B ($3B)	PORTA	PORTA7	PORTA6	PORTA5	PORTA4	PORTA3	PORTA2	PORTA1	PORTA0
$1A ($3A)	DDRA	DDA7	DDA6	DDA5	DDA4	DDA3	DDA2	DDA1	DDA0
$19 ($39)	PINA	PINA7	PINA6	PINA5	PINA4	PINA3	PINA2	PINA1	PINA0
$18 ($38)	PORTB	PORTB7	PORTB6	PORTB5	PORTB4	PORTB3	PORTB2	PORTB1	PORTB0
$17 ($37)	DDRB	DDB7	DDB6	DDB5	DDB4	DDB3	DDB2	DDB1	DDB0
$16 ($36)	PINB	PINB7	PINB6	PINB5	PINB4	PINB3	PINB2	PINB1	PINB0
$15 ($35)	PORTC	PORTC7	PORTC6	PORTC5	PORTC4	PORTC3	PORTC2	PORTC1	PORTC0
$14 ($34)	DDRC	DDC7	DDC6	DDC5	DDC4	DDC3	DDC2	DDC1	DDC0
$13 ($33)	PINC	PINC7	PINC6	PINC5	PINC4	PINC3	PINC2	PINC1	PINC0
$12 ($32)	PORTD	PORTD7	PORTD6	PORTD5	PORTD4	PORTD3	PORTD2	PORTD1	PORTD0
$11 ($31)	DDRD	DDD7	DDD6	DDD5	DDD4	DDD3	DDD2	DDD1	DDD0
$10 ($30)	PIND	PIND7	PIND6	PIND5	PIND4	PIND3	PIND2	PIND1	PIND0
$0F ($2F)	SPDR	SPI Data Register							
$0E ($2E)	SPSR	SPIF	WCOL	–	–	–	–	–	SPI2X
$0D ($2D)	SPCR	SPIE	SPE	DORD	MSTR	CPOL	CPHA	SPR1	SPR0
$0C ($2C)	UDR0	USART0 I/O Data Register							
$0B ($2B)	UCSR0A	RXC0	TXC0	UDRE0	FE0	DOR0	UPE0	U2X0	MPCM0
$0A ($2A)	UCSR0B	RXCIE0	TXCIE0	UDRIE0	RXEN0	TXEN0	UCSZ02	RXB80	TXB80
$09 ($29)	UBRR0L	USART0 Baud Rate Register Low							
$08 ($28)	ACSR	ACD	ACBG	ACO	ACI	ACIE	ACIC	ACIS1	ACIS0
$07 ($27)	ADMUX	REFS1	REFS0	ADLAR	MUX4	MUX3	MUX2	MUX1	MUX0
$06 ($26)	ADCSRA	ADEN	ADSC	ADFR	ADIF	ADIE	ADPS2	ADPS1	ADPS0
$05 ($25)	ADCH	ADC Data Register High Byte							
$04 ($24)	ADCL	ADC Data Register Low Byte							
$03 ($23)	PORTE	PORTE7	PORTE6	PORTE5	PORTE4	PORTE3	PORTE2	PORTE1	PORTE0
$02 ($22)	DDRE	DDE7	DDE6	DDE5	DDE4	DDE3	DDE2	DDE1	DDE0
$01 ($21)	PINE	PINE7	PINE6	PINE5	PINE4	PINE3	PINE2	PINE1	PINE0
$00 ($20)	PINF	PINF7	PINF6	PINF5	PINF4	PINF3	PINF2	PINF1	PINF0

3-5 외부 메모리 인터페이스

ATmega128은 0x1100~0xFFFF의 60K 바이트 영역을 외부 메모리로 확장하여 사용할 수 있다. 외부 데이터 메모리로 플래시나 SRAM을 붙여 사용하거나 LCD 표시기, A/D 변환기, D/A 변환기, 출력래치(74HC374), 입력버퍼(74HC244) 등을 특정 번지로 지정하여 연결할 수 있다. 주요 기능은 다음과 같다.

- 4종류의 '대기상태'(Wait-state)를 설정할 수 있다(표 3-4 참조).
- 외부 메모리를 두 섹터로 나누어 각각 독립적인 '대기상태'(Wait-state)를 설정할 수 있다(표 3-3, 표 3-4 참조).
- 연결되는 메모리 용량에 따라 주소 상위바이트를 필요한 비트 수만큼 할당할 수 있다(표 3-5 참조).
- 전류 소모를 줄이기 위해서 '버스 키퍼'(Bus Keeper) 기능을 설정할 수 있다(XMBK 플래그).

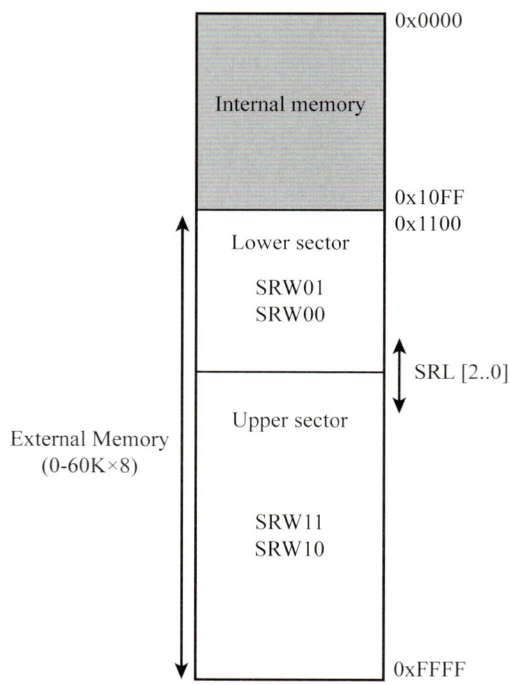

그림 3-4 외부 메모리의 어드레스 할당

외부 메모리 인터페이스를 위해 사용하는 포트는 다음과 같다.

- AD7…AD0: 하위 주소 버스와 데이터 버스
- A15…A8: 상위 주소 버스
- /RD: 읽기(READ) 스트로브
- /WR: 쓰기(WRITE) 스트로브

그림 3-5에 AVR과 외부 SRAM을 연결하는 방법을 나타내었다. AD7:0은 주소 버스와 데이터 버스 겸용으로 사용되므로 74HC573(또는 74HC373)과 같은 래치 IC를 사용한다. 래치 IC는 G=1일 때 데이터 D가 출력 Q에 나타난다. 그림 3-5에서 AD7:0의 동작은 다음과 같다.

- AVR의 AD7:0이 주소 버스로 동작할 때: ALE=1이 되어 그 신호가 래치 IC의 G로 입력된다. G=1이므로 AD7:0 신호가 Q로 출력되어 SRAM의 주소 신호인 A[7:0]이 된다.
- AVR의 AD7:0이 데이터 버스로 동작할 때: ALE=0이 되어 그 신호가 래치 IC의 G로 입력된다. G=0이므로 Q는 변하지 않고 AD7:0 신호가 SRAM의 데이터 신호인 D[7:0]이 된다.

SRAM을 연결할 때 시스템 주파수가 높은 경우 부품 선정에 유의해야 한다. 예를 들어, 4V 전원에 8MHz 또는 2.7V 전원에 4MHz 이상의 시스템 주파수를 사용할 때는 74HC 시리즈보다는 74AHC 시리즈 래치 IC를 사용하는 것이 좋다.

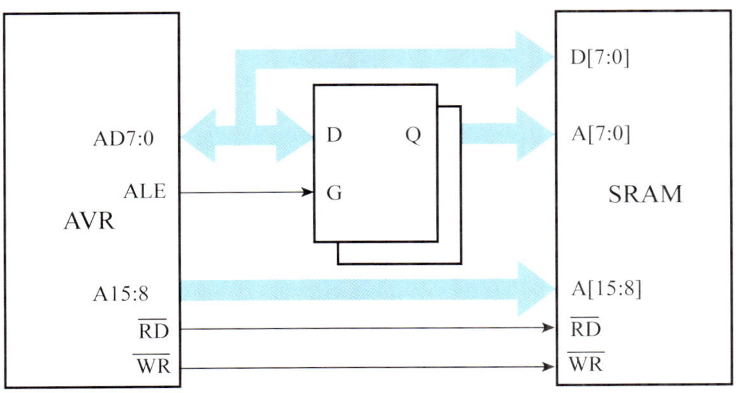

그림 3-5 외부 메모리 SRAM과 AVR 인터페이스

외부 메모리용으로 사용하는 소자들은 각각 부품에 따라 '엑세스 시간'(Access Time)이 다르다. 엑세스 시간은 하드웨어 설계자가 검토해야 할 메모리 규격 중에서 가장 중요한 항목이다. ATmega128은 다양한 엑세스 시간을 갖는 메모리를 연결할 수 있도록 4가지의 '대기 시간'(Wait time)을 설정할 수 있는 기능을 제공한다. 프로그래머는 사용하려는 외부 메모리 소자의 타이밍 규격을 신중히 검토한 후 적정한 '대기 시간'을 선택하여 사용하여야 한다.

그림 3-6~그림 3-9는 4가지 '대기 시간'에 따른 외부 데이터 메모리 사이클을 나타내었다. 모두 비동기 동작이며 내부 시스템 클럭에 의해 동작하고 있음을 알 수 있다.

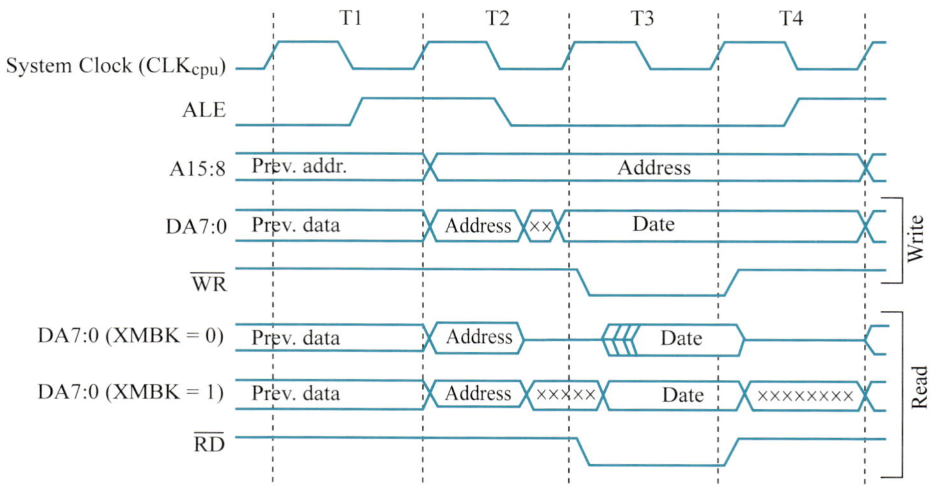

- SRWn1=SRW11(상위 섹터) 또는 SRW01(하위 섹터)
- SRWn0=SRW10(상위 섹터) 또는 SRW00(하위 섹터)
- T4 주기에서 ALE 펄스는 다음 명령어가 RAM을 엑세스할 때만 나타난다.

그림 3-6 SRWn1:0 = 0:0일 때 외부 데이터 메모리 사이클

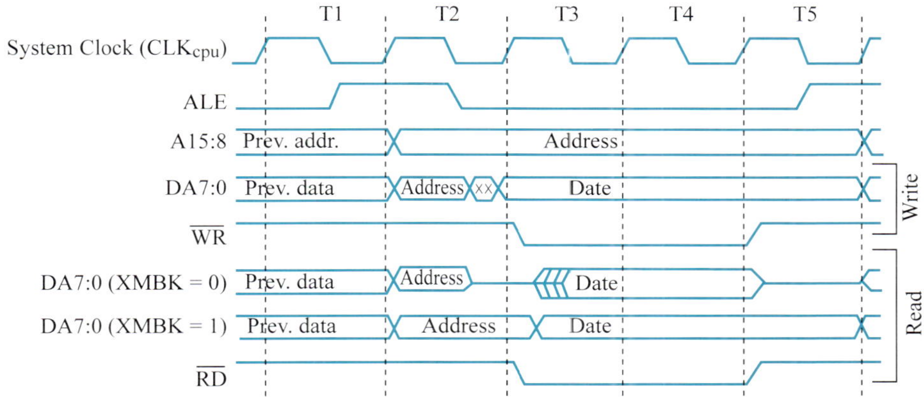

– SRWn1=SRW11(상위 섹터) 또는 SRW01(하위 섹터)
– SRWn0=SRW10(상위 섹터) 또는 SRW00(하위 섹터)
– T5 주기에서 ALE 펄스는 다음 명령어가 RAM을 엑세스할 때만 나타난다.

그림 3-7 SRWn1:0 = 0:1일 때 외부 데이터 메모리 사이클

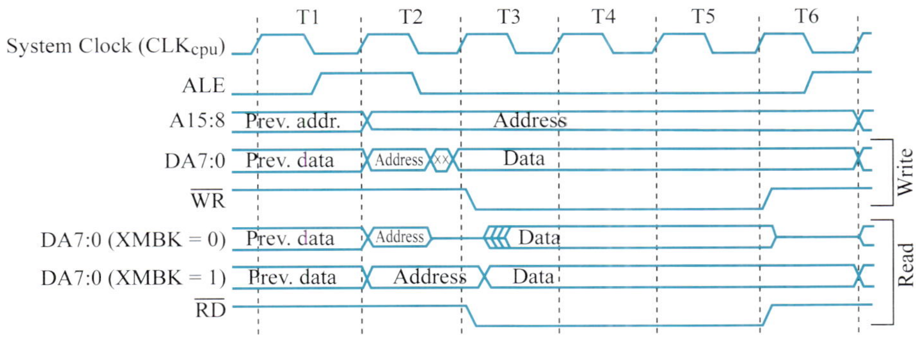

– SRWn1=SRW11(상위 섹터) 또는 SRW01(하위 섹터)
– SRWn0=SRW10(상위 섹터) 또는 SRW00(하위 섹터)
– T6 주기에서 ALE 펄스는 다음 명령어가 RAM을 엑세스할 때만 나타난다.

그림 3-8 SRWn1:0 = 1:0일 때 외부 데이터 메모리 사이클

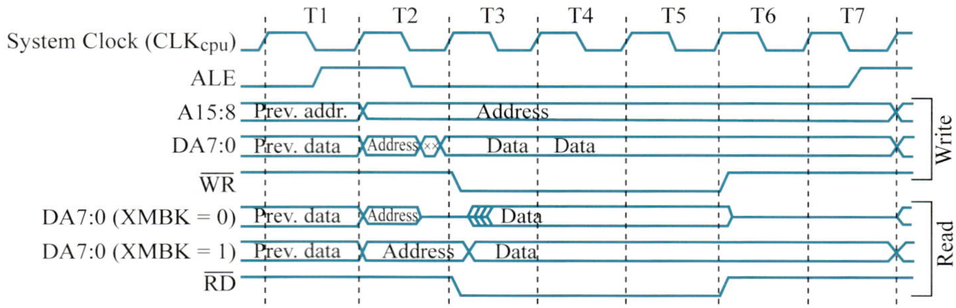

– SRWn1=SRW11(상위 섹터) 또는 SRW01(하위 섹터)
– SRWn0=SRW10(상위 섹터) 또는 SRW00(하위 섹터)
– T7 주기에서 ALE 펄스는 다음 명령어가 RAM을 엑세스할 때만 나타난다.

그림 3-9 SRWn1:0 = 1:1일 때 외부 데이터 메모리 사이클

외부 메모리를 연결하여 사용하기 위해서는 MCUCR, XMCRA, XMCRB 레지스터를 메모리 연결용으로 설정하여야 한다.

Bit	7	6	5	4	3	2	1	0	
	SRE	SRW10	SE	SMI	SM0	SM2	IVSEL	IVCE	MCUCR
Read/Write	R/W	R/W	R/W	R/W	R/W	R/W	R/W	R/W	
Initial Value	0	0	0	0	0	0	0	0	

● 비트7 SRE: External SRAM/XMEM Enable

SRE=1: AD7:0, A15:8, ALE, /WR, /RD가 외부 메모리 연결용 신호로 동작한다.

SRE=0: AD7:0, A15:8, ALE, /WR, /RD가 범용 입출력 포트로 동작한다.

● 비트6 SRW10: Wait-state Select Bit

XMCRA 레지스터의 SRW11 비트와 조합하여 외부 메모리 영역을 엑세스할 때 '기다리는 사이클 수'(Wait cycle)를 결정한다.

C 프로그램 MCUCR 레지스터의 SRE, SRW10 초기화

```
01  void Init_Port(void)
02  {
03      MCUCR = 0x80;
        XMCRA = 0x00;
04      XMCRB = 0x80;
05      :
06  }
```

프로그램 설명

1, 3. 외부 메모리를 사용한다. 외부 메모리를 사용하지 않을 때는 MCUCR=0x00, XMCRB=0x00으로 설정한다.

Bit	7	6	5	4	3	2	1	0	
	-	SRL2	SRL1	SRL0	SRW01	SRW00	SRW11	-	XMCRA
Read/Write	R	R/W	R/W	R/W	R/W	R/W	R/W	R	
Initial Value	0	0	0	0	0	0	0	0	

● 비트6..4 SRL2, SRL1, SRL0: Wait-state Sector Limit

표 3-3과 같이 외부 메모리 영역을 2개의 섹터로 나눌 때 사용한다. 2개의 섹터에는 각각 다른 '대기 상태'(Wait-state)를 지정할 수 있다. 전원을 공급하면 초기값이 SRL2:0=000이므로 1개의 섹터가 되어 SRW11, SRW10에 의해 '대기 상태'가 정해진다.

표 3-3 SRL2..0 설정에 따른 섹터 제한

SRL2	SRL1	SRL0	섹터 제한
0	0	0	하위 섹터 = 미사용 상위 섹터 = 0x1100 – 0xFFFF
0	0	1	하위 섹터 = 0x1100 – 0x1FFF 상위 섹터 = 0x2000 – 0xFFFF
0	1	0	하위 섹터 = 0x1100 – 0x3FFF 상위 섹터 = 0x4000 – 0xFFFF
0	1	1	하위 섹터 = 0x1100 – 0x5FFF 상위 섹터 = 0x6000 – 0xFFFF
1	0	0	하위 섹터 = 0x1100 – 0x7FFF 상위 섹터 = 0x8000 – 0xFFFF

1	0	1	하위 섹터 = 0x1100 – 0x9FFF 상위 섹터 = 0xA000 – 0xFFFF
1	1	0	하위 섹터 = 0x1100 – 0xBFFF 상위 섹터 = 0xC000 – 0xFFFF
1	1	1	하위 섹터 = 0x1100 – 0xDFFF 상위 섹터 = 0xE000 – 0xFFFF

● 비트1, MCUCR의 비트6 SRW11, SRW10: Wait-state Select Bits for Upper Sector

표 3-4와 같이 상위 섹터의 '대기 상태'(Wait-state)를 설정한다.

● 비트3..2 SRW01, SRW00: Wait-state Select Bits for Lower Sector

표 3-4와 같이 하위 섹터의 '대기 상태'(Wait-state)를 설정한다.

표 3-4 대기 상태(Wait States)

SRWn1	SRWn0	대기 상태
0	0	대기 사이클 없음
0	1	읽기/쓰기 할 때 1사이클 기다림
1	0	읽기/쓰기 할 때 2사이클 기다림
1	1	읽기/쓰기 할 때 2사이클 기다리고 다음 주소 지정하기 전에 1사이클 기다림

– n=0: 하위 섹터, n=1: 상위 섹터

Bit	7	6	5	4	3	2	1	0	
	XMBK	–	–	–	–	XMM2	XMM1	XMM0	XMCRB
Read/Write	R/W	R	R	R	R	R/W	R/W	R/W	
Initial Value	0	0	0	0	0	0	0	0	

● 비트7 XMBK: External Memory Bus-keeper Enable

XMBK=1: 주소 지정과 데이터 겸용으로 사용하는 AD7:0에 마지막으로 출력한 데이터 값이 유지된다. 외부 메모리를 사용하지 않는 경우에도 이 기능은 동작한다.

XMBK=0: AD7:0에 마지막으로 출력한 데이터 값이 유지되지 않는다.

● 비트2..0 XMM2, XMM1, XMM0: External Memory High Mask

포트C는 메모 메모리의 상위 주소인 A15~A8을 지정하는데 사용한다. 그런데 외부에 작은 용량의 메모리를 사용하면 핀 전체를 사용하지 않고도 주소 지정을 할 수 있다. 이 경우에 사용하지 않는 핀들은 표 3-5와 같이 일반 입출력 포트로 사용할 수 있다.

표 3-5 포트C의 외부 메모리 주소핀으로 사용되는 핀과 범용 입출력 핀으로 사용되는 핀의 관계

XMM2	XMM1	XMM0	외부 메모리 주소 지정용 비트 수	입출력 핀으로 사용되는 핀
0	0	0	8(60K바이트 전부 사용)	-
0	0	1	7	PC7
0	1	0	6	PC7 - PC6
0	1	1	5	PC7 - PC5
1	0	0	4	PC7 - PC4
1	0	1	3	PC7 - PC3
1	1	0	2	PC7 - PC2
1	1	1	0(외부 메모리 사용하지 않음)	PC7 - PC0

64K바이트보다 작은 외부 메모리의 모든 영역을 사용할 수 있는 방법을 생각해 보자. 그림 3-10에 나타낸 것처럼 외부 메모리는 내부 메모리에 이어서 할당된다. 그러므로 외부 메모리는 내부 메모리, 4,352바이트(0x0000~0x10FF) 이 후, 즉 0x1100번지부터 지정할 수 있다. 그런데 64K바이트를 사용하지 않고 그 보다 적은 32K바이트 메모리를 연결할 때 어드레스 비트 A15는 연결하지 않는다. 이런 상태에서 주소 0x8000~0x90FF번지에 접근하면 외부 메모리의 0x0000~0x10FF에 접근하게 된다. 결국 응용프로그램에서 외부 메모리의 0x1100~0x90FF번지에 접근함으로써 32K바이트의 모든 영역을 사용할 수 있게 된다.

이제 64K바이트의 모든 영역을 사용할 수 있는 방법을 생각해 보자. 그림 3-10에 나타낸 것처럼 외부 메모리는 내부 메모리에 이어서 60K바이트만 사용할 수 있다. 그렇지만 상위 주소비트 PC7:5를 마스킹하면 내부 메모리 번지에 해당하는 0x0000~0x10FF번지를 외부 메모리로 접근하는데 사용할 수 있다. 외부 메모리의 0x0000~0x10FF번지에 접근하는 방법은 다음과 같다.

(1) 포트C를 범용 출력포트로 설정하고 PC7:5를 000으로 출력한다. 다음의 예제에서는

PC7:0을 0으로 출력했다.

(2) XMM2:0=011로 설정한다. PC7:5는 일반 입출력 포트로, PC4:0은 외부 메모리 주소 지정 포트로 사용된다.

(3) 외부 메모리 0x0000~0x10FF번지에 접근하려면 0x2000을 더해 0x2000~0x30FF 번지로 지정한다. 이 때 PC5=1이지만 PC5는 일반 출력포트로 지정되어 0이 출력되고 있으므로 외부 메모리에는 0x0000~0x10FF번지를 지정하게 된다.

(4) 외부 메모리 0x0000~0x10FF번지 이외의 번지에 접근하려면 XMM2:0=000으로 설정한다.

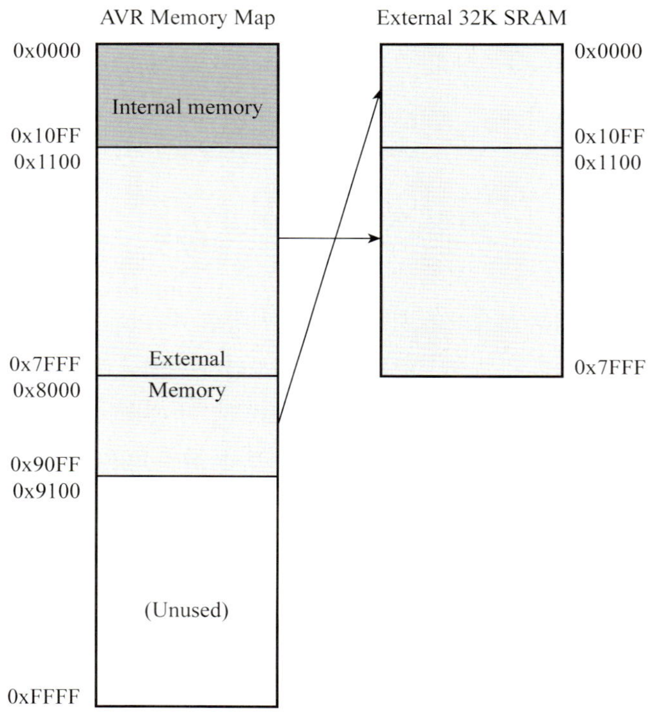

그림 3-10 32K바이트 외부 메모리를 연결할 때 주소 맵핑

다음에 C 프로그램의 예시를 나타내었다. 여기서 PC7:0을 0으로 출력했다. 포트C가 '어드레스 지정포트로 사용되는가', '일반 포트로 사용되는가'의 결정은 XMM2:0이 하기 때문에 문제가 되지 않는다.

C 프로그램 외부 메모리 엑세스

```c
01 #define  OFFSET  0x2000

02 void XRAM_example(void)
03 {
04   unsigned char *p = (unsigned char *) (OFFSET + 1);

05   DDRC = 0xFF;
06   PORTC = 0x00;

07   XMCRB = (1<<XMM1) | (1<<XMM0);
08   *p = 0xaa;

09   XMCRB = 0x00;
10   *p = 0x55;
11 }
```

프로그램 설명

1. OFFSET = 0x2000으로 정의
2. 외부 RAM 엑세스 함수
4. 함수내 포인터 변수 정의
5~6. 포트C를 출력 핀으로 지정하고 0을 출력시킨다.
7. XMCRB2:0 = 011으로 설정하면 PC4:0은 A12:A8로, PC7:5는 일반 입출력 포트로 사용된다.
8. 포인터 p가 가리키고 있는 외부 메모리에 0xaa를 쓴다. 이 때 OFFSET은 무시되어서 0x0000~0x1FFF번지 중의 한 군데에 데이터를 쓰게 된다.
9. XMCRB2:0 = 000으로 복구시키면 PC7:0이 다시 A15:A8로 사용된다.
10. 포인터 p가 가리키고 있는 외부 메모리에 0x55를 쓴다. 데이터 0x55는 0x2000~0x7FFF번지 중의 한 군데에 데이터를 쓰게 된다.

연습문제

1 ATmega128의 프로그램카운터는 몇 비트인가? 또한, 프로그램카운터로 가리킬 수 있는 프로그램 메모리 영역의 크기는 얼마인가?

2 ATmega128의 데이터 메모리 구성에 대해 설명하시오.

3 ATmega128의 내부 메모리 바이트를 간접지정(Indirect addressing)할 때 사용하는 레지스터는 무엇인가?

4 EEPROM의 데이터 손상을 막기 위해 ATmega128에 내장된 브라운아웃 검출기(BOD: Brown-out Detector)의 동작과 사용 방법에 대해 설명하시오.

5 EEPROM에 프로그래밍할 때 사용하는 클럭과 걸리는 시간은 대략 얼마인가?

6 EEPROM에 데이터를 쓰는 과정을 6단계로 설명하시오.

7 아래의 EEPROM 쓰기 함수에서 빈칸을 채우고 주석을 붙이시오.

```
#define EEMWE0  EECR_Bit2
#define EEWE0   EECR_Bit1
#define EERE0   EECR_Bit0

void EepromWr(unsigned int  EpAddr, unsigned char  EpData)
{
  _CLI();           // ______________________________
  while(EEWE0);     // ______________________________
  EEAR = EpAddr;    // 주소 셋팅
  EEDR = EpData;    // 데이터를 쓴다.
  EEMWE0 = ___;     // ______________________________
  EEWE0 = ___;      // ______________________________
  _SEI();           // 인터럽트 허용
}
```

8 아래의 EEPROM 읽기 함수에서 빈칸을 채우고 주석을 붙이시오.

```
#define EEMWE0  EECR_Bit2
#define EEWE0   EECR_Bit1
#define EERE0   EECR_Bit0

unsigned char  EepromRd(unsigned int EpAddr)
{
  unsigned char  EpData = 0;

  while(EEWE0);            // ______________________________________
  EEAR = EpAddr;           // 주소 셋팅
  EERE0 = ___;             // ______________________________________
  EpData = _______;        // ______________________________________
  return EpData;
 }
```

9 ATmega128의 60K 바이트(0x1100~0xFFFF) 영역을 외부 메모리로 확장하여 사용하기 위해 외부 메모리 SRAM과 ATmega128을 연결하는 블록도를 그리고 설명하시오.

10 ATmega128에 외부 메모리를 연결할 때, 64K 바이트의 모든 영역을 사용할 수 있는 방법에 대해 설명하시오.

04 시스템 클럭

그림 4-1은 AVR의 내부에서 필요한 클럭과 그 클럭의 분배에 대해 나타내고 있다. 모든 클럭이 항상 구동될 필요는 없기 때문에 구동될 필요가 없는 클럭들은 동작을 멈춤으로 전력 소비를 줄일 수 있다.

CPU 클럭 – clk_{CPU} AVR 코어 동작에 사용되는 클럭으로 범용레지스터, 상태레지스터, 데이터메모리 등이 해당된다.

입출력클럭 – $clk_{I/O}$ 타이머/카운터, SPI, UASRT 등의 입출력 모듈에 사용된다.

플래시클럭 – clk_{FLASH} 플래시 인터페이스에 사용되는 클럭으로 일반적으로 CPU 클럭과 동시에 사용된다.

비동기 타이머클럭 – clk_{ASY} 외부의 32KHz 클럭을 받아서 비동기 타이머/카운터의 클럭으로 사용된다.

ADC 클럭 – clk_{ADC} ADC 변환기 모듈에서 사용한다. ADC 변환의 정확도를 높이기 위해 CPU 클럭과 입출력클럭을 정지시킬 수 있다.

XTAL 분배 제어레지스터 – XDIV XDIV 레지스터는 소스클럭 주파수를 2~129 범위 내에서 낮출 수 있다. 낮은 전력소모가 요구되는 경우 XDIV를 적절히 설정하여 주파수를 낮춰줌으로써 소비전력을 줄일 수 있다.

Bit	7	6	5	4	3	2	1	0	
	XDIVEN	XDIV6	XDIV5	XDIV4	XDIV3	XDIV2	XDIV1	XDIV0	XDIV
Read/Write	R/W	R/W	R/W	R/W	R/W	R/W	R/W	R/W	
Initial Value	0	0	0	0	0	0	0	0	

● 비트7 XDIVEN: XTAL Divide Enable

XDIVEN 비트를 1로 설정하면 CPU와 주변소자($clk_{입출력}$, clk_{ADC}, clk_{CPU}, clk_{FLASH})의 클럭주파수가 XDIV6–XDIV0의 값에 의해 결정된다. 이 비트는 프로그램의 실행시간을 조절하기 위해서 사용된다.

● 비트6..0 XDIV6..XDIV0: Divide Select Bits 6–0

XDIVEN 비트가 1로 설정되면 하위비트 XDIV6..XDIV0에 의해 클럭주파수가 결정된다. XDIV6..XDIV0의 값이 d라면 클럭주파수 f_{CLK}는 다음과 같다.

$$f_{CLK} = \frac{\text{Source clock}}{129-d}$$

XDIV6..XDIV0의 값은 XDIVEN 비트가 0일 때 변경할 수 있다. 그러므로 XDIV6..XDIV0의 값을 바꿀 때에는 먼저 XDIVEN 비트에 0을 쓰고 XDIV6..XDIV0의 값을 원하는 값으로 바꾼 다음 XDIVEN 비트에 다시 1을 쓴다. CPU 동작 중에 XDIVEN 비트에 0을 쓰면 XDIV6..XDIV0의 값은 무시된다.

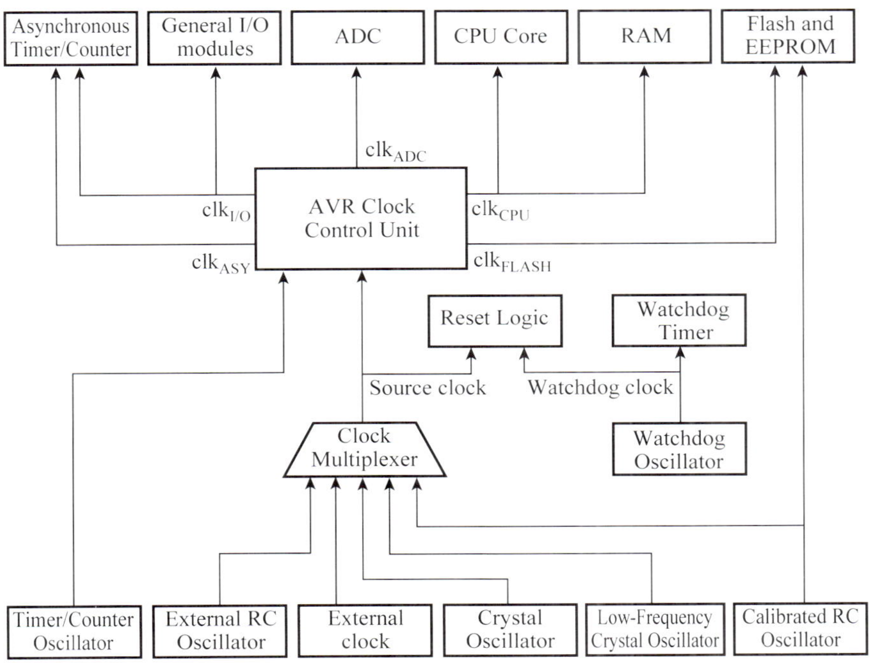

그림 4-1 클럭 분배

4-1 클럭의 종류

마이크로프로세서가 시스템 클럭을 발생할 수 있는 클럭 소스는 여러 종류가 있고 플래시 휴즈 비트에 의해 선택된다.

표 4-1 클럭 소스 선택

사용하는 클럭	CKSEL3..0
외부 크리스탈/세라믹 리조네이터	1111 – 1010
외부 낮은 주파수의 크리스탈	1001
외부 RC오실레이터	1000 – 0101
내부 RC오실레이터	0100 – 0001
외부 클럭	0000

– 휴즈 설정할 때 '0'은 프로그래밍된 것(허용), '1'은 프로그래밍되지 않은 것(금지)을 의미한다.

AVR은 제조업체에서 출하할 때 기본값(Default Clock Source)으로 CKSEL=0001, SUT=10으로 설정되어 있다. 즉, 가장 긴 동작시작(startup) 시간을 가진 내부 RC 오실레이터로 설정되어 있다.

4-2 외부 크리스탈 오실레이터

그림 4-2와 같이 수정 크리스탈(quartz crystal) 또는 세라믹 리조네이터(ceramic resonator)를 XTAL1과 XTAL2에 연결한다. XTAL1은 클럭 입력, XTAL2는 클럭 출력이다.

휴즈의 CKOPT 비트는 2종류의 오실레이터 증폭기 동작 모드를 선택한다. CKOPT=0으로 설정하면(programmed) 발진회로의 출력 전압이 커져서 잡음이 심한 회로, 또는 클럭 출력 단자인 XTAL2로 다른 회로를 구동할 때 적합하다. CKOPT=1로 설정하면(unprogrammed) 발진회로의 출력 전압은 작아지고 발진 주파수에 제한을 받게 되지만 소비전력은 감소한다.

C1, C2는 표 4-2에 나타낸 것처럼 12–22pF 범위의 커패시터를 사용한다.

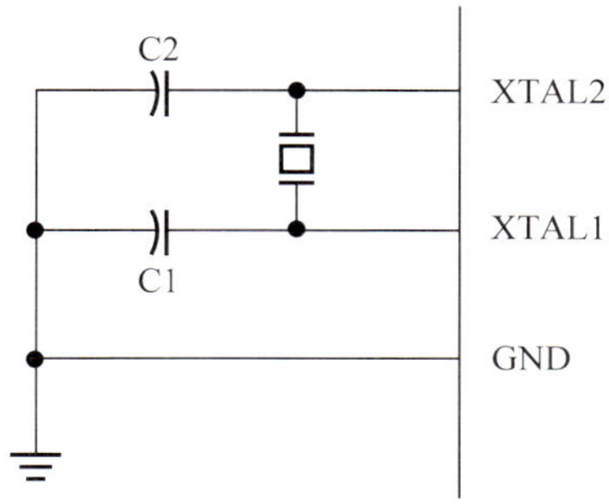

그림 4-2 크리스탈 오실레이터 연결

오실레이터는 3종류의 동작 모드가 있는데 사용하는 클럭주파수 범위에 따라 표 4-2와 같이 휴즈의 CKSEL3..1을 적절히 선택한다.

표 4-2 크리스탈 오실레이터 동작 모드

CKOPT	CKSEL3..1	주파수 범위(MHz)	크리스탈을 사용할 때 C1, C2의 적정한 값(pF)
1	101[주1)]	0.4 – 0.9	–
1	110	0.9 – 3.0	12 – 22
1	111	3.0 – 8.0	12 – 22
0	101, 110, 111	1.0 –	12 – 22

– 주1) 세라믹 리조네이터를 사용할 때 선택할 수 있다.

CKSEL0 비트는 SUT1..0과 조합으로 동작시작(startup) 시간을 선택하는데 사용된다. 동작시작(startup) 시간이란 CPU가 파워다운 모드에서 정상동작으로 복귀하는데 걸리는 시간으로, 정지되었던 클럭이 동작하여 CPU 명령을 실행하기 바로 직전까지 걸리는 지연 시간을 말한다.

표 4-3 크리스탈 오실레이터 클럭 선택에 따른 동작시작 시간

CKSEL0	SUT1..0	대기모드에서 정상동작하기까지 걸리는 시간	리셋할 때 걸리는 추가시간 (V_{CC} = 5V일 때)	권장하는 사용 조건
0	00	258 클럭	4.1ms	세라믹 리조네이터, 고속 상승 전원

0	01	258 클럭	65ms	세라믹 리조네이터, 저속 상승 전원
0	10	1K 클럭	–	세라믹 리조네이터, BOD 허용시
0	11	1K 클럭	4.0ms	세라믹 리조네이터, 고속 상승 전원
1	00	1K 클럭	65ms	세라믹 리조네이터, 저속 상승 전원
1	01	16K 클럭	–	크리스탈 오실레이터, BOD 허용시
1	10	16K 클럭	4.1ms	크리스탈 오실레이터, 고속 상승 전원
1	11	16K 클럭	65ms	크리스탈 오실레이터, 저속 상승 전원

4-3 외부 저주파 크리스탈 오실레이터

클럭 소스로 32.768KHz의 시계 크리스탈을 사용하기 위해서는 CKSEL 휴즈를 "1001"로 설정하여 저주파 크리스탈 오실레이터를 선택한다. CKOPT=0으로 휴즈를 설정하면 XTAL1, XTAL2 핀의 내부 커패시터를 사용할 수 있어서 외부에는 별도의 커패시터를 달 필요가 없다. 내부 커패시터는 36pF의 값을 가진다.

저주파 크리스탈 오실레이터를 사용할 경우, 동작시작 시간은 표 4-4와 같이 SUT1..0에 의해 결정된다.

표 4-4 외부 저주파 크리스탈 오실레이터를 사용할 때 동작시작 시간

SUT1..0	대기모드에서 정상동작하기까지 걸리는 시간	리셋할 때 걸리는 추가시간 (V_{CC} = 5V일 때)	권장하는 사용 조건
00	1K 클럭	4.1ms	고속 상승 전원, BOD 허용시
01	1K 클럭	65ms	저속 상승 전원
10	32K 클럭	65ms	동작시작시 안정된 주파수
11	사용하지 않음		

4-4 외부 RC 오실레이터

클럭에 민감한 시스템이 아닌 경우에는 그림 4-3과 같이 외부에 RC 소자를 이용하여 발진회로로 사용할 수 있다. 이 때 발진 주파수는 f=1/(3RC)로 결정되고 C는 22pF 이상의 소자를 사용해야 한다.

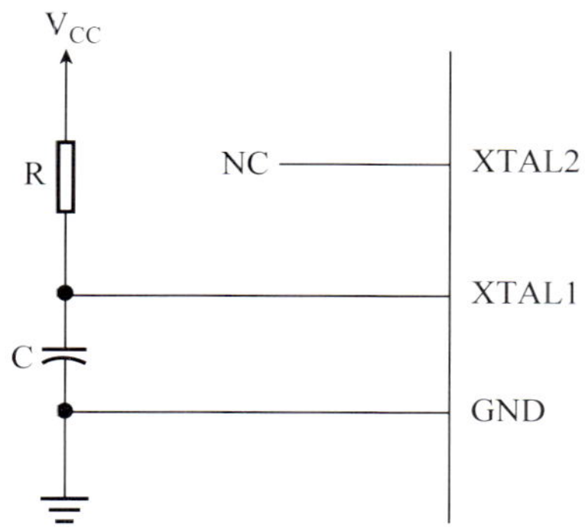

그림 4-3 외부 RC 발진회로

CKOPT=0으로 휴즈를 설정하면 XTAL1와 GND 사이에 36pF의 값을 가진 내부 커패시터를 사용할 수 있다. CKSEL3..0 설정에 따른 주파수 범위는 표 4-5와 같고, 동작시작 시간은 표 4-6과 같이 SUT1..0에 의해 결정된다.

표 4-5 외부 RC 오실레이터를 사용할 때 동작모드

CKSEL3..0	주파수 범위(MHz)
0101	0.1 – 0.9
0110	0.9 – 3.0
0111	3.0 – 8.0
1000	8.0 – 12.0

표 4-6 외부 RC 오실레이터를 사용할 때 동작시작 시간

SUT1..0	대기모드에서 정상동작하기까지 걸리는 시간	리셋할 때 걸리는 추가시간 (V_{CC} = 5V일 때)	권장하는 사용 조건
00	18 클럭	–	BOD 허용시
01	18 클럭	4.1ms	고속 상승 전원
10	18 클럭	65ms	저속 상승 전원
11	6 클럭	4.1ms	고속 상승 전원, BOD 허용시

4-5 내부 RC 오실레이터

내부 오실레이터는 1, 2, 4, 8MHz 클럭을 제공한다. 각각의 주파수는 5V, 25℃에서의 값이다. 각 클럭은 표 4-7과 같이 CKSEL3..0의 설정에 의해 시스템 클럭이 된다. 이 때 반드시 CKOPT=1(프로그램하지 않음)로 하며 XTAL1, XTAL2에는 별도의 소자를 연결하지 않아도 된다.

제품 출하 시 초기값으로 CKSEL=0001로 설정되어 내부 RC 오실레이터에 의해 1MHz, ±3% 주파수가 동작한다. 동작시작 시간은 표 4-8과 같이 SUT1..0에 의해 결정된다.

표 4-7 내부 RC 오실레이터 동작 모드

CKSEL3..0	주파수 범위(MHz)
0001[주1)]	1.0
0010	2.0
0011	4.0
0100	8.0

– 주1) 제조업체에서 출하할 때 초기값으로 설정한다.

표 4-8 내부 RC 오실레이터 클럭 선택에 따른 동작시작 시간

SUT1..0	대기모드에서 정상동작하기까지 걸리는 시간	리셋할 때 걸리는 추가시간 (V_{CC} = 5V일 때)	권장하는 사용 조건
00	6 클럭	–	BOD 허용 시
01	6 클럭	4.1ms	고속 상승 전원
10[주1)]	6 클럭	65ms	저속 상승 전원
11	사용하지 않음		

– 주1) 제조업체에서 출하 시 초기값으로 설정한다.

내부 RC 오실레이터에 의해 발생되는 클럭 주파수는 정밀하지 않다. 이를 보정하기 위해 오실레이터 조정용 레지스터인 OSCCAL(Oscillator Calibration) 레지스터를 사용한다. 이 레지스터로 조정할 수 있는 주파수의 범위는 표 4-9와 같다.

Bit	7	6	5	4	3	2	1	0	
	CAL7	CAL6	CAL5	CAL4	CAL3	CAL2	CAL1	CAL0	OSCCAL
Read/Write	R/W	R/W	R/W	R/W	R/W	R/W	R/W	R/W	
Initial Value	Device Specific Calibration Value								

● 비트7..0 CAL7..0: Oscillator Calibration Value

0x00 ~ 0xFF까지 입력할 수 있다. 0x00일 때 가장 낮은 주파수가 선택되고 0xFF를 입력하면 가장 높은 주파수가 선택된다. 오실레이터 주파수는 1MHz부터 8MHz까지 변경 가능하다.

표 4-9 내부 RC 오실레이터 주파수 범위

OSCCAL 값	제조업체에서 제시한 내부 RC오실레이터 주파수로부터 낮출 수 있는 주파수 비율(%)	제조업체에서 제시한 내부 RC오실레이터 주파수로부터 높일 수 있는 주파수 비율(%)
0x00	50	100
0x7F	75	150
0xFF	100	200

4-6 외부 클럭

외부에서 클럭을 인가할 경우 그림 4-4와 같이 외부 클럭을 XTAL1에 연결하고 CKSEL 휴즈를 "0000"으로 설정한다. CKOPT=0이면 XTAL1과 GND단자 사이에 내부 커패시터 36pF이 연결된다. 동작시작 시간은 표 4-10과 같이 SUT1..0에 의해 결정된다.

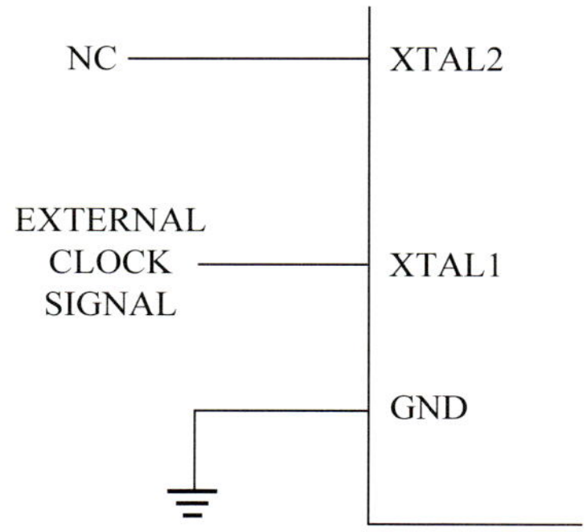

그림 4-4 외부 클럭 입력회로

외부 클럭을 사용할 때 클럭주파수의 갑작스러운 변동이 없도록 주의해야 한다. 클럭주파수가 순간적으로 2% 이상 변동되면 오동작을 일으킬 수 있다.

표 4-10 외부 클럭 선택할 때 동작시작 시간

SUT1..0	대기모드에서 정상동작하기까지 걸리는 시간	리셋할 때 걸리는 추가시간 (V_{CC} = 5V일 때)	권장하는 사용 조건
00	6 클럭	–	BOD 허용 시
01	6 클럭	4.1ms	고속 상승 전원
10	6 클럭	65ms	저속 상승 전원
11	사용하지 않음		

연습문제

1 ATmega128의 소스클럭이 16MHz이다. 전력 소모를 줄이기 위해 클럭주파수, f_{CLK}를 1MHz로 낮추려면 XDIV 레지스터를 어떻게 설정해야 하는가?

2 오실레이터의 증폭기 동작 모드를 선택하는 휴즈 비트인 CKOPT에 대해 설명하시오.

3 CPU의 동작시간(startup time)이란 전원을 인가할 때나 파워다운 모드에서 정상동작으로 복귀할 때의 시간을 말한다. 정상동작 하기까지 걸리는 시간이 1K 클럭, 리셋할 때 걸리는 추가 시간(V_{CC}=5V일 때)을 65msec로 설정하려면 CKSEL, SUT1..0 휴즈 비트를 어떻게 설정해야 하는가?

4 ATmega128의 XTAL1, XTAL2에 별도의 소자를 연결하지 않고 내부의 8MHz RC 오실레이터를 사용하려면 플래시 휴즈비트 CKOPT, CKSEL3..0를 어떻게 설정해야 하는가?

5 내부 RC 오실레이터에 의해 발생되는 클럭주파수는 정밀하지 않다. 이를 보정하기 위해 사용하는 레지스터에 대해 설명하시오.

05 전력제어와 슬립모드

슬립모드(Sleep Modes)는 MCU가 동작할 때 사용하지 않는 모듈의 동작을 제한하여 전력 소비를 줄이는 것이다. 슬립모드로 들어가기 위해서는 MCUCR 레지스터의 SE 비트를 1로 설정하고 SLEEP 명령어를 실행한다. MCUCR 레지스터의 SM2, SM1, SM0 비트는 6가지의 슬립모드 중 하나를 선택할 때 사용한다.

Bit	7	6	5	4	3	2	1	0	
	SRE	SRW10	SE	SM1	SM0	SM2	IVSEL	IVCE	MCUCR
Read/Write	R/W	R/W	R/W	R/W	R/W	R/W	R/W	R/W	
Initial Value	0	0	0	0	0	0	0	0	

● 비트5 SE: Sleep Enable

SE=1를 설정하고 SLEEP 명령어가 실행되면 슬립모드 상태가 된다.

● 비트4..2 SM2..0: Sleep Mode Select Bits 2..0

슬립모드를 선택한다.

슬립모드로 잘못 진입하는 것을 막기 위해서 SE 비트를 SLEEP 명령어를 실행하기 직전에 1로 설정하고 슬립모드에서 빠져나오면 즉시 0으로 지운다.

표 5-1 슬립모드 설정

SM2	SM1	SM0	슬립모드
0	0	0	Idle 모드
0	0	1	A/D 변환기 잡음제거 모드
0	1	0	파워 다운 모드

0	1	1	파워 절약 모드
1	0	0	–
1	0	1	–
1	1	0	대기 모드주1)
1	1	1	확장 대기 모드주1)

– 주1) 외부 크리스탈이나 리조네이터를 사용할 때 선택할 수 있다.

5-1 Idle 모드

SM2..0을 '000'으로 설정하고 SLEEP 명령어를 실행하면 MCU는 Idle 모드로 진입하여 CPU가 멈추고 SPI, USART, 아날로그 비교기, ADC, I^2C 통신, 타이머/카운터, 워치독, 인터럽트 등이 동작한다. 이 모드에서 clk_{CPU}, clk_{FLASH}는 정지되고 다른 클럭들은 동작한다.

Idle 모드로 진입하게 되면 외부 인터럽트, 타이머/카운터 오버플로우 인터럽트, USART 전송완료 인터럽트 등에 의해 빠져나온다.

아날로그 비교기 인터럽트에 의해서는 빠져나올 필요가 없을 때 ACSR 레지스터의 ACD 비트를 1로 설정하여 아날로그 비교기가 파워다운 모드가 되게 한다. A/D 변환기를 사용하는 경우에는 Idle 모드에 진입하면 A/D 변환은 자동으로 시작된다.

5-2 A/D 변환기 잡음제거 모드

SM2..0을 '001'으로 설정하고 SLEEP 명령어를 실행하면 MCU는 A/D 변환기 잡음제거 모드로 진입하여 CPU는 정지되고 ADC, 외부 인터럽트, I^2C, 타이머/카운터0, 워치독 타이머 등은 동작한다. 이 모드에서 clk_{IO}, clk_{CPU}, clk_{FLASH}는 정지되고 다른 클럭들은 동작한다.

A/D 변환기 잡음제거 모드에서는 외부 리셋, 워치독 리셋, 브라운아웃 리셋, TWI 인터럽트, 타이머/카운터0 인터럽트, SPM/EEPROM 인터럽트, INT7..4의 외부 레벨 인터럽트, INT3..0의 외부 트리거 인터럽트 등에 의해 빠져나온다.

A/D 변환기 잡음제거 모드는 잡음이 있는 환경에서 아날로그 입력 신호의 잡음을 제거하

여 깨끗한 A/D 변환 결과를 만든다. A/D 변환기를 사용하는 경우에는 이 모드에 진입하면 AD 변환은 자동으로 시작된다.

5-3 파워다운 모드

SM2..0을 '010'으로 설정하고 SLEEP 명령어를 실행하면 MCU는 파워다운 모드로 진입하여 외부 오실레이터는 정지하고 외부 인터럽트, I^2C 통신, 워치독 등은 동작한다. 이 모드에서 모든 클럭은 정지하고 비동기 모듈만 동작한다. 이 모드에서 MCU가 깨어나는 인터럽트 소스는 외부 리셋, 워치독 리셋, 브라운아웃 리셋, I^2C 리셋, INT7..4의 외부 레벨 인터럽트, INT3..0의 외부 트리거 인터럽트 등이다.

파워다운 모드에서 깨어나기 위해 레벨 인터럽트를 사용할 때는 레벨이 변한 후 어느 정도의 시간을 유지해 주어야 한다.

파워다운 모드에서 깨어날 때 정지되었던 클럭이 안정적으로 동작하기까지는 약간의 시간이 걸린다. 이 시간 지연은 리셋 소요 시간을 정하는 CKSEL 휴즈 비트에 의해 정해진다.

5-4 파워절약 모드

SM2..0을 '011'으로 설정하고 SLEEP 명령어를 실행하면 MCU는 파워다운 모드로 진입한다. 파워절약 모드 동작은 한 가지만 제외하고 파워다운 모드의 동작과 같다.

타이머/카운터0이 비동기 클럭으로 동작할 때, 즉 ASSR 레지스터의 AS0 비트를 1로 설정하면 타이머/카운터0은 슬립모드에서 동작한다. 이 때 타이머/카운터0 인터럽트가 허용(Enable)되어 있다면 MCU는 타이머 오버플로우(Timer Overflow)나 출력비교 이벤트(Output Compare event)에 의해 정상 동작 모드로 깨어날 수 있다. 이 모드에서는 기본적으로 비동기 모듈을 동작시키기 위한 clk_{ASY}를 제외하고 모든 클럭이 동작을 멈춘다.

5-5 대기 모드

SM2..0 비트를 '110'으로 설정하고 외부 크리스탈/리조네이터 클럭 옵션을 선택하면 SLEEP 명령어 실행에 의해 대기모드가 된다. 이 모드에서의 동작은 오실레이터가 동작하는 것을 제외하고 파워다운 모드와 같다. 이 모드에서 깨어날 때는 6클럭 이내에 정상동작 모드로 복귀한다.

5-6 확장 대기 모드

SM2..0 비트를 '111'으로 설정하고 외부 크리스탈/리조네이터 클럭 옵션을 선택하면 SLEEP 명령어 실행에 의해 확장 대기 모드가 된다. 이 모드에서는 오실레이터가 동작하는 것을 제외하고 파워절약 모드와 같다. 이 모드에서 깨어날 때는 6클럭 이내에 정상동작 모드로 복귀한다.

표 5-2 슬립모드별 동작되는 클럭과 슬립모드를 해제시키는 인터럽트

	동작되는 클럭들					오실레이터		슬립모드를 해제시키는 인터럽트					
슬립 모드	clk_{CPU}	clk_{FLASH}	clk_{IO}	clk_{ADC}	clk_{ASY}	메인 클럭	타이머 OSC	INT 7~0	TWI	타이머0	SPM/ EEPROM	ADC	기타 I/O
정지			■	■	■	■[주2]	■	■	■	■	■	■	■
ADC 잡음 제거				■	■	■[주2]	■	■[주3]	■	■	■	■	
파워 다운								■[주3]	■				
파워 절약					■[주2]		■	■[주3]	■	■[주2]			
대기[주1]						■[주2]		■[주3]	■				
확장 대기[주1]					■[주2]	■[주2]	■	■[주3]	■	■[주2]			

– 주1) 외부 크리스탈이나 리조네이터를 클럭 소스로 선택할 경우
– 주2) ASSR 레지스터의 AS0 비트를 1로 했을 경우
– 주3) INT3:0 또는 INT7:4가 레벨인터럽트로 동작할 때

06 시스템 제어와 리셋

MCU가 리셋되면 모든 입출력 레지스터는 초기화되고 프로그램은 시작 번지가 저장되어 있는 리셋 벡터에서 시작하게 된다. 리셋 벡터에는 리셋 기능 처리를 위한 장소로 이동하기 위해 JMP 명령어가 있다. ATmega128의 리셋 동작 블록도는 그림 6-1과 같고 리셋에 관련된 심볼과 리셋 특성은 표 6-1과 같다.

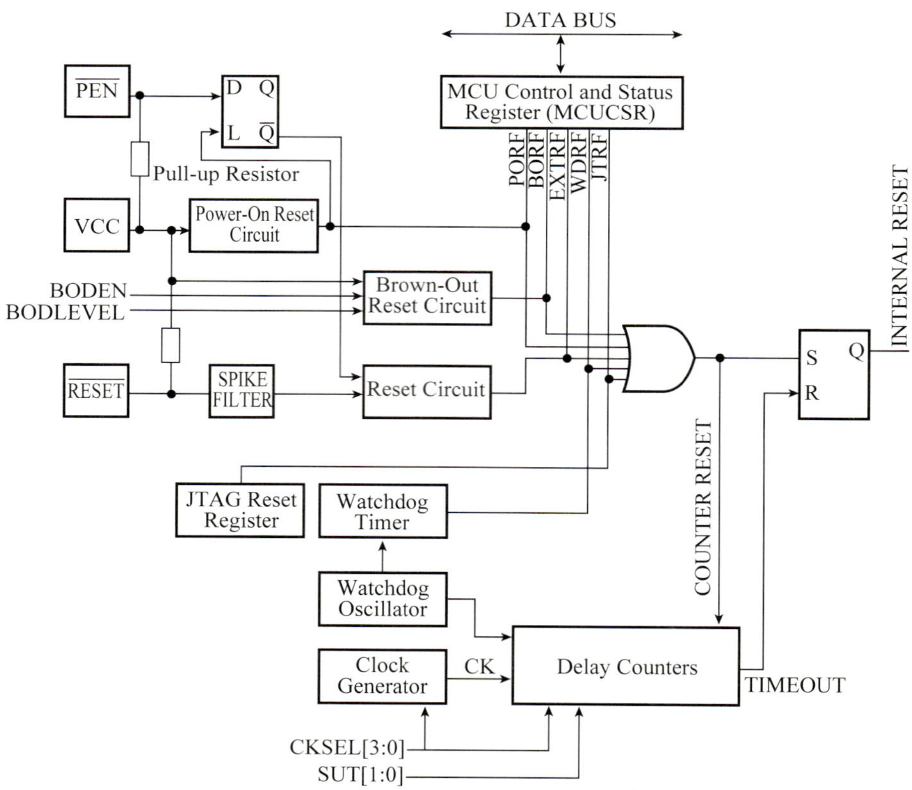

그림 6-1 리셋 로직

6-1 리셋 종류

ATmega128은 다음과 같이 5종류의 리셋 소스가 있다.

- 파워온 리셋: MCU의 공급 전압이 V_{POT}(파워온 리셋 임계전압) 이하일 때 리셋된다.
- 외부 리셋: 리셋핀(/RESET)에 최소한 1.5usec 이상의 로우(0) 레벨 펄스가 입력되면 리셋된다.
- 워치독 리셋: 워치독 기능이 동작하고 워치독 타이머에서 지정된 시간이 넘으면 리셋된다.
- 브라운아웃 리셋: 브라운아웃 검출기가 동작하고 공급전압 V_{CC}가 V_{BOT}(브라운아웃 임계전압) 이하로 떨어지면 리셋된다.
- JTAG AVR 리셋: JTAG 시스템에서 리셋 레지스터에 1을 저장하면 관련 하드웨어가 동작되어 MCU가 리셋된다.

표 6-1 심볼과 리셋 특성

심볼	파라메터	조건	최소	정규값	최대	단위
V_{POT}	리셋 임계전압(상승)			1.4	2.3	V
	리셋 임계전압(하강)[주1)]			1.3	2.3	
V_{RST}	리셋핀 임계전압		0.2 V_{CC}		0.85 V_{CC}	
t_{RST}	리셋핀 펄스폭		1.5			us
V_{BOT}	브라운아웃 리셋 임계전압[주2)]	BODLEVEL=1	2.4	2.6	2.9	V
		BODLEVEL=0	3.7	4.0	4.5	
t_{BOD}	브라운아웃 검출에 필요한 최소 저전압 시간	BODLEVEL=1		2		us
		BODLEVEL=0		2		
V_{HYST}	브라운아웃 검출 히스테리시스			100		mV

– 주1) 공급 전압이 V_{POT}보다 낮지 않으면 리셋이 동작하지 않는다.

– 주2) V_{BOT}는 최소 동작전압보다 낮다. 그러므로 제품 생산 시에는 브라운아웃 리셋 동작을 확인하기 위해 $V_{CC}=V_{BOT}$로 설정한 후 시험한다. 저전압용 ATmega128L은 BODLEVEL=1로, 5V 동작용 ATmega128은 BODLEVEL=0으로 설정한 후 리셋 동작을 확인한다.

6-2 파워온 리셋

파워온 리셋(POR)은 V_{CC}가 V_{POT}(파워온 리셋 임계전압) 이하일 때 발생된다. MCU에 전원이 인가되고 V_{CC}가 V_{POT} 이상이 되면 시간지연 카운터가 동작하여 일정시간(t_{TOUT}) 동안 리셋 상태를 유지한다. 이것은 시스템의 안정적인 시작을 위한 것이다. 한편 V_{CC}가 V_{POT} 이하로 내려가면 시간지연 없이 즉시 리셋된다.

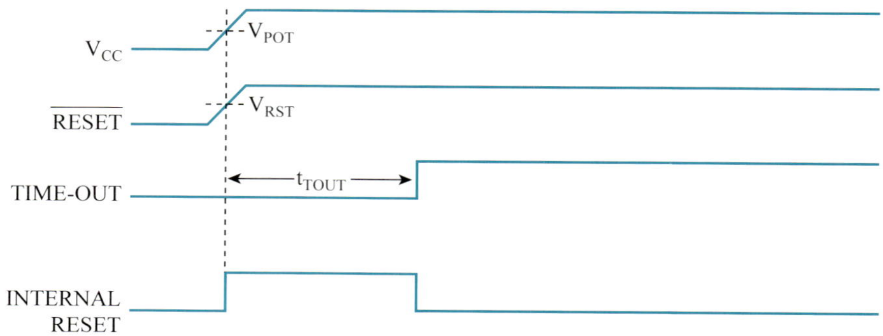

그림 6-2 리셋핀(/RESET)을 V_{CC}에 접속하고 동작시작한 경우

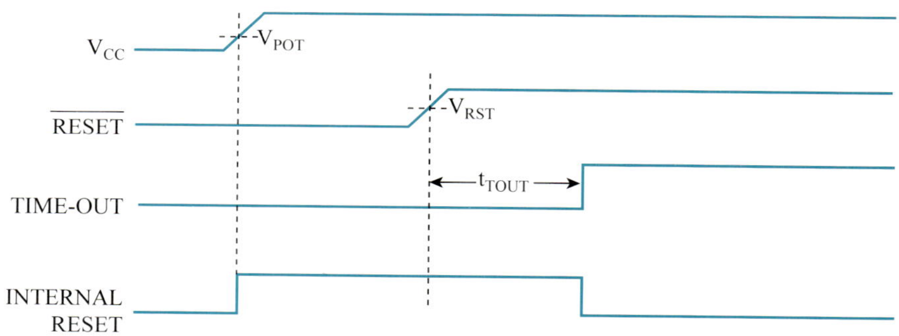

그림 6-3 /RESET핀을 외부 리셋 신호에 접속하고 동작시작한 경우

6-3 외부 리셋

외부 리셋은 리셋핀(핀 20)에 로우(LOW) 레벨을 인가할 때 발생한다. 표 6-1에 보인 것처럼 최소 1.5us 이상의 로우 레벨 신호가 입력되면 리셋된다. 리셋 신호가 V_{RST} 이상으로 올라가면 일정시간(t_{TOUT}) 후에 MCU가 동작한다.

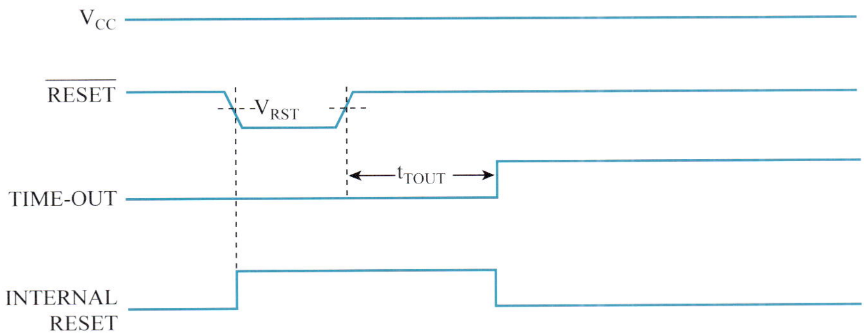

그림 6-4 외부 리셋 동작

6-4 브라운아웃 리셋

ATmega128은 동작 중에 V_{CC}가 정해진 레벨보다 떨어지는지 감시하기 위한 BOD(Brown-out Detection)회로를 내장하고 있다. 브라운아웃 리셋 발생 전압(V_{BOT})은 휴즈 비트에서 BODLEVEL 비트 설정에 따라 2.7V 또는 4.0V로 선택할 수 있다. V_{BOT}는 MCU가 3.3V 동작할 때는 2.7V로, 5V 동작할 때는 4.0V로 설정한다.

리셋을 위한 트리거 레벨은 전압 스파이크(spike)로 인한 오동작을 막기 위해 전압 검출에 히스테리시스 특성을 가지고 있다. 전압이 떨어질 때는 $V_{BOT-} = V_{BOT} - V_{HYST}/2$ 이하일 때 리셋되며, 전압이 올라갈 때는 $V_{BOT+} = V_{BOT} + V_{HYST}/2$ 이상일 때 리셋이 해제된다.

BOD 기능은 휴즈 비트의 BODEN 비트로 동작시키거나 정지시킬 수 있다. V_{CC}가 트리거 레벨(V_{BOT+})보다 높아져서 리셋이 해제될 때는 지연카운터가 동작하여 일정시간(t_{TOUT}) 후에 MCU가 동작한다.

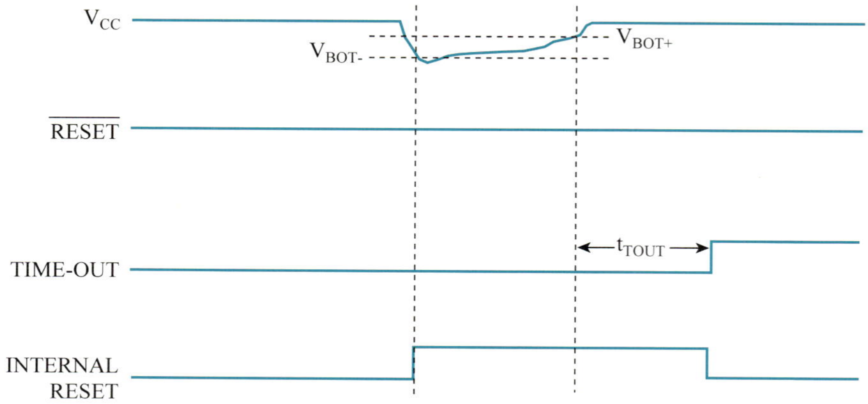

그림 6-5 브라운아웃 리셋 동작

6-5 워치독(Watchdog) 리셋

워치독 기능이 동작(Enable)하고 설정된 워치독 발생 시간이 지나면 1클럭 사이클의 짧은 리셋 펄스가 발생한다. 펄스의 하강 에지에서 지연카운터가 동작하여 일정시간(t_{TOUT}) 후에 MCU가 재동작한다.

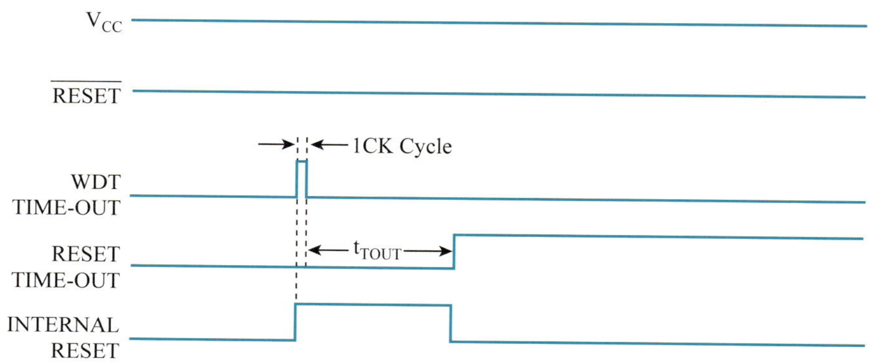

그림 6-6 동작 중의 워치독 리셋

6-6 MCU 제어 및 상태레지스터: MCUCSR

MCUCSR 레지스터는 자신의 리셋 동작이 어떤 리셋 요소에 의해 발생했는지 알려준다.

Bit	7	6	5	4	3	2	1	0	
	JTD	-	-	JTRF	WDRF	BORF	EXTRF	PORF	MCUCSR
Read/Write	R/W	R	R	R/W	R/W	R/W	R/W	R/W	
Initial Value	0	0	0	See Bit Description					

• 비트4 JTRF: JTAG Reset Flag

JTAG 명령어 AVR_RESET에 의해 리셋이 발생하면 1이 된다. POR(Power-On Reset)이 발생하거나 플래그에 0을 쓰면 지워진다.

• 비트3 WDRF: WatchDog Reset Flag

워치독 리셋이 발생하면 1이 된다. POR이나 플래그에 0을 쓰면 지워진다.

• 비트2 BORF: Brown-Out Reset Flag

브라운아웃 리셋이 발생하면 1이 된다. POR이나 플래그에 0을 쓰면 지워진다.

• 비트1 EXTRF: EXTernal Reset Flag

외부 리셋(/RESET 핀)이 발생하면 1이 된다. POR이나 플래그에 0을 쓰면 지워진다.

• 비트0 PORF: Power-On Reset Flag

파워온 리셋이 발생하면 1이 된다. 플래그에 0을 쓰면 지워진다.

6-7 워치독 타이머

워치독 타이머는 워치독 리셋을 위해 사용하는 타이머로써 MCU가 무한 루프에 빠지거나 비정상적인 동작을 할 때, MCU를 리셋시켜 재시동할 수 있게 한다. 워치독 타이머는 MCU에 내장된 독립적인 오실레이터에 의해 동작되고, 발진 주파수는 Vcc=5V일 때 1MHz이다. 사용자는 이 주파수를 분주하여 8가지 클럭 사이클 주기를 선택할 수 있다. 워치독 타이머는 워치독 리셋 명령어인 WDR(C 언어의 경우 asm("wdr");) 명령어를 실행하거나 MCU가 리셋되면 0으로 초기화된다. 워치독 타이머에서 오버플로우가 발생하면 MCU를 리셋시켜 리셋 벡터부터 재시동한다.

워치독 리셋 기능을 동작시킬 때, 의도하지 않게 기능이 멈추거나 설정 시간이 변하는 것을 막기 위해 표 6-2와 같이 WDTON 휴즈 비트 설정으로 2가지의 안전레벨을 설정할 수 있다.

표 6-2 WDTON 퓨즈 비트의 설정에 의한 WDT의 구성

WDTON	안전레벨	WDT 초기상태	WDT 해제	타임아웃 주기 변경
1	1	해제	안전레벨1 설명 참조	안전레벨1 설명 참조
0	2	허용	항상 허용된다.	안전레벨2 설명 참조

안전레벨 0 워치독 타이머는 초기에는 멈추어 있다. 워치독 타이머를 동작시키기 위해서는 간단히 WDT=1로만 설정하면 된다. 타임아웃 주기도 언제든지 바꿀 수 있다.

안전레벨 1 워치독 타이머는 초기에는 멈추어 있다. 워치독 타이머를 동작시키기 위해서는 간단히 WDT=1로만 설정하면 된다. 워치독 타이머를 멈추게 하거나 타임아웃 주기를 바꿀 때는 다음과 같은 순서로 해야 한다.

① WDCE와 WDE를 동시에 1로 설정한다. 워치독 타이머를 멈추기 전에 WDE=1이더라도 1을 다시 한 번 써주어야 한다.

② 4클럭 사이클 이내에 WDCE=0, WDE와 WDP2..0 비트를 동시에 설정한다.

안전레벨 2 초기부터 워치독 타이머가 동작하고 WDE는 항상 1이다. 타임아웃 주기를 바꿀 때는 다음과 같은 순서로 해야 한다.

① WDCE와 WDE를 동시에 1로 설정한다. WDE=1이더라도 1을 다시 한 번 써주어야 한다.

② 4클럭 사이클 이내에 WDCE=0, WDP2..0 비트를 동시에 설정한다.

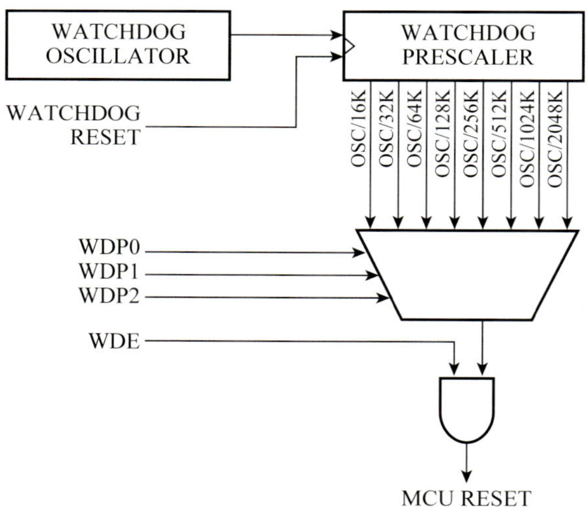

그림 6-7 워치독 타이머 구조

Bit	7	6	5	4	3	2	1	0	
	-	-	-	WDCE	WDE	WDP2	WDP1	WDP0	WDTCR
Read/Write	R	R	R	R/W	R/W	R/W	R/W	R/W	
Initial Value	0	0	0	0	0	0	0	0	

● 비트4 WDCE: WatchDog Change Enable

WDCE=1일 때만 워치독 타이머를 지우거나 프리스케일러를 변경할 수 있다. WDCE에 1을 쓰면 4클럭 사이클 후에 자동으로 0으로 지워진다.

● 비트3 WDE: WatchDog Enable

WDE=1이면 워치독 타이머가 동작한다. WDE를 0이나 1로 쓰기 위해서는 WDCE가 반드시 1로 설정되어 있어야 한다. 워치독 타이머를 해제하기 위해서는 다음과 같은 순서로 해야 한다.

① WDCE와 WDE를 동시에 1로 설정한다. 워치독 타이머를 멈추기 전에 WDE=1이더라도 1을 다시 한 번 써주어야 한다.

② 4클럭 사이클 이내에 WDE를 0으로 지운다.

● 비트2..0 WDP2, WDP1, WDP0: Watchdog Timer Prescaler 2, 1, and 0

워치독 타이머의 프리스케일러를 설정한다. 프리스케일러 설정에 따른 타임아웃 주기는 표 6-3과 같다.

표 6-3 워치독 타이머 프리스케일 비트 설정

WDP2	WDP2	WDP0	WDT 오실레이터 사이클 수	타임아웃 (V_{CC}=3V일 때)	타임아웃 (V_{CC}=5V일 때)
0	0	0	16K(16,384)	14.8ms	14ms
0	0	1	32K(32,768)	29.6ms	28.2ms
0	1	0	64K(65,536)	59.1ms	56.2ms
0	1	1	128K(131,072)	0.12s	0.11s
1	0	0	256K(262,144)	0.24s	0.22s
1	0	1	512K(524,288)	0.47s	0.45s
1	1	0	1,024K(1,048,576)	0.95s	0.9s
1	1	1	2,048K(2,097,152)	1.9s	1.8s

C 프로그램 WDTCR 제어

```
01 void main(void)
02 {
03       _CLI();          // Interrupt Disabled
04       WDTCR = 0x00;
05       InitPort();      // Init I/O Port
06       InitADC();       // Init ADC Control
07       InitTimer0();    // Init Timer0, Init Register
08       InitTimer1();    // Init Timer1, Init Register
09       InitExtIntr();   // EXT INT Init
10       InitUart0();     // Init Uart0  (38400)
11       InitUart1();     // Init Uart0  (19200 - Modem)
         :
12       asm("wdr");      // reset the Watchdog timer
13       WDTCR = 0x1F;    // WDT enabled, Time-out timer = 1.8sec
14       _SEI();          // Interrupt Enabled (I bit of SREG is set)
         :
15 }
```

프로그램 설명

4. WDTCR=0으로 초기화시킨다. 물론, 전원을 공급하면 초기값이 0x00이므로 4항은 제거해도 되지만 초기값을 확실하게 0x00이 되도록 써넣는 것이 좋다.

13. WDCE=1, WDE=1, WDP2:0=111로 설정하였다. WDCE=1은 WDE와 WDP2:0의 변경을 위해 반드시 필요하다. WDP2:0=111이므로 워치독 타임아웃은 V_{CC}=5V일 때 1.8초이다.

V_{CC}=5V일 때 타임아웃을 0.45초로 하려면 WDTCR=0x1D로, 56.3msec로 하려면 WDTCR=0x1A로 설정한다.

연습문제

1 ATmega128은 5종류의 리셋 소스가 있다. 각각의 리셋 동작 조건에 대해 설명하시오.

(1) 파워온 리셋

(2) 외부 리셋

(3) 워치독 리셋

(4) 브라운아웃 리셋

(5) JTAG AVR 리셋

2 브라운아웃 리셋의 주된 목적은 무엇인가? 또한, 브라운아웃 리셋 동작을 설명할 때 언급되는 전압, V_{HYST}가 필요한 이유는 무엇인가?

3 워치독 리셋의 주된 목적은 무엇인가? 또한, 워치독 타이머를 0으로 초기화하는 명령어는 무엇인가?

4 워치독 리셋 기능을 동작시킬 때 WDTON 휴즈비트 설정으로 2가지의 안전레벨을 설정할 수 있다. 안전레벨1, 안전레벨2를 설정하는 방법에 대해 설명하시오.

5 워치독 타이머의 프리스케일러 WDTP2:0 설정에 따른 타임아웃 주기에 대해 설명하시오.

6 V_{CC}=5V일 때 타임아웃을 0.22초로 하려면 WDTCR 레지스터에 어떤 값을 써넣어야 하는가?

07 입출력 포트

ATmega128은 7개의 범용 입출력 포트를 가지고 있다. PORTA~PORTF는 8비트(Px7~Px0), PORTG는 5비트(PG4~PG0)로 구성되어 있다. 각 비트들은 입력포트 또는 출력포트로 자유로이 설정하여 사용할 수 있고 입력포트로 사용할 경우에는 내부의 풀업 저항 사용/미사용을 설정할 수 있다. 또한 출력포트로 사용할 때는 핀에서 직접 LED를 켤 수 있을 만큼 충분한 전류를 흐르게 할 수 있다.

모든 입출력 핀들은 그림 7-1과 같이 과전압 입력 방지를 위해 Vcc와 GND 사이에 포트 보호용 다이오드가 달려 있다.

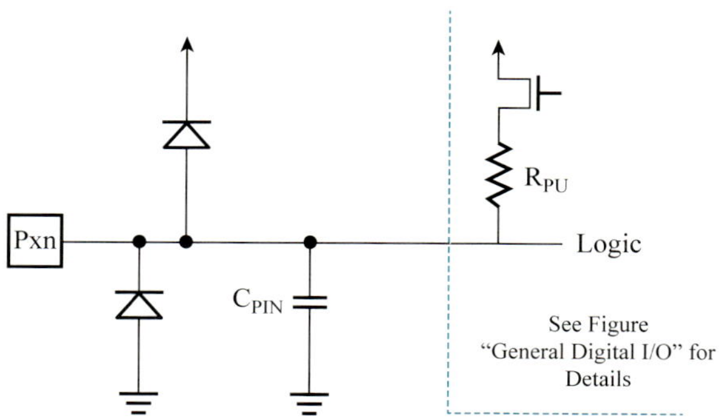

그림 7-1 입출력 핀 등가회로

범용 입출력 포트와 관계된 레지스터는 데이터 레지스터(PORTx), 데이터 방향설정 레지스터(DDRx), 포트 입력상태 레지스터(PINx)의 3종류가 있다. 아래의 그림 7-2는 일반적인 입출력 포트의 내부 구조이다.

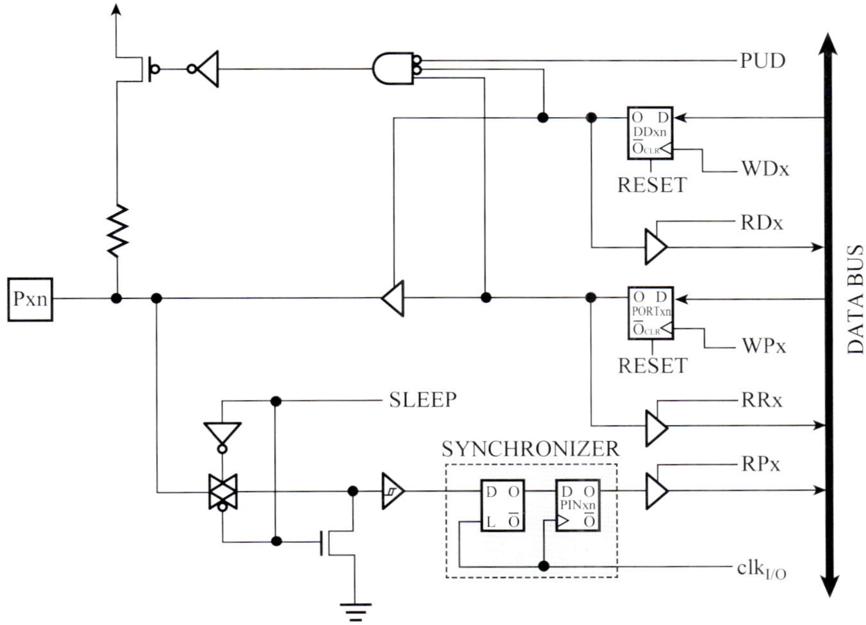

그림 7-2 일반적인 디지털 입출력

모든 포트는 풀업 저항을 연결할 수 있고 특수기능 입출력 레지스터(SFIOR)의 PUD 비트를 1로 설정하면 모든 포트의 풀업 저항을 '미사용'으로 설정할 수 있다. 표 7-1에 포트 입출력 기능 설정 및 PUD 설정의 관계를 나타내었다.

표 7-1 포트 입출력 설정 및 PUD 설정 관계

DDxn	PORTxn	PUD (SFIOR 레지스터)	입출력	풀업 상태	비고
0	0	x	입력	–	3상태(Hi–Z)
0	1	0	입력	풀업	내부 풀업 저항 연결
0	1	1	입력	–	3상태(Hi–Z)
1	0	x	출력	–	0 출력(Sink)
1	1	x	출력	–	1 출력(Source)

7-1 특수기능 입출력 레지스터: SFIOR(Special Function I/O Register)

입출력 포트 핀의 내부 풀업 저항의 사용/미사용을 설정하기 위해 SFIOR 레지스터의 PUD 비트를 사용한다.

Bit	7	6	5	4	3	2	1	0	
	TSM	-	-	-	ACME	PUD	PSR0	PSR321	SFIOR
Read/Write	R/W	R	R	R	R/W	R/W	R/W	R/W	
Initial Value	0	0	0	0	0	0	0	0	

- 비트2 PUD: Pull-Up Disable

초기값은 0으로 풀업 저항을 사용한다. PUD=1로 하면 내부에 있는 모든 입출력 포트의 풀업 저항을 사용하지 않는다.

PUD=0으로 되어 있더라도 각 입력 포트의 풀업 저항을 사용하기 위해서는 PORTx 레지스터의 PORTxn 비트를 1로 설정해야 한다. 포트를 출력으로 사용하면 풀업 저항과 무관하게 된다.

7-2 방향설정 레지스터: DDR(Data Direction Register)

입출력 포트를 입력으로 사용할지, 출력으로 사용할지 설정하는 레지스터이다. DDRx 레지스터의 비트를 1로 설정하면 출력 포트로, 0으로 설정하면 입력 포트로 동작한다.

Bit	7	6	5	4	3	2	1	0	
	DDA7	DDA6	DDA5	DDA4	DDA3	DDA2	DDA1	DDA0	DDRA
Read/Write	R/W	R/W	R/W	R/W	R/W	R/W	R/W	R/W	
Initial Value	0	0	0	0	0	0	0	0	

7-3 포트 레지스터: PORTxn(Port Register)

입출력 포트에 데이터를 출력하기 위해 사용한다. PORTx 레지스터에 데이터를 출력하기 위해서는 DDRx 레지스터의 해당 비트를 출력으로 설정해야 한다. PORTx 레지스터는 읽기, 쓰기가 가능하다. 한 가지 유의할 점은 PORTx 레지스터의 내용은 현재 포트의 상태가 아니라 PORTx 레지스터에 쓴 데이터가 저장되어 있다는 점이다. 현재 포트의 상태를 알기 위해서는 PINx 레지스터를 읽어야 한다.

Bit	7	6	5	4	3	2	1	0	
	PORTA7	PORTA6	PORTA5	PORTA4	PORTA3	PORTA2	PORTA1	PORTA0	PORTA
Read/Write	R/W	R/W	R/W	R/W	R/W	R/W	R/W	R/W	
Initial Value	0	0	0	0	0	0	0	0	

C 프로그램 DDRx, PORTx 설정

```
01  void Init_Portx(void)
02  {
03          DDRx= 0xFC;
04          PORTx= 0xFA;
            :
05  }
```

프로그램 설명

1. 포트x 초기화 함수이다(x=A~G).

3. DDRx의 각 비트가 1이면 출력, 0이면 입력이다. 프로그램에서는 비트7:2를 출력으로, 비트1:0을 입력으로 사용하였다. 포트G는 비트7:5를 무시한다.

4. PORTx는 출력으로 사용할 때 1이면 High(전원 전압), 0이면 Low(0V)가 출력된다.
입력으로 사용할 때는 1이면 풀업 저항이 연결되고, 0이면 OPEN(High−Z)상태가 된다.
프로그램에서 출력으로 설정된 비트7:2 중에서 비트7:3은 1이 출력되고 비트2는 0이 출력된다. 또한 입력으로 설정된 비트1:0 중에서 비트1은 풀업 저항이 연결되고 비트0은 OPEN(High−Z)상태가 된다. 포트G는 비트7:5를 무시한다.

7-4 포트 입력 핀 레지스터: PINx(Port x Input Pin Register)

PIN 레지스터는 입력 포트의 상태를 읽기 위해 사용한다. PIN 레지스터는 입력 포트 읽기 전용이므로 DDRx 레지스터의 해당 비트를 입력으로 설정해야 한다.

Bit	7	6	5	4	3	2	1	0	
	PINA7	PINA6	PINA5	PINA4	PINA3	PINA2	PINA1	PINA0	PINA
Read/Write	R	R	R	R	R	R	R	R	
Initial Value	N/A	N/A	N/A	N/A	N/A	N/A	N/A	N/A	

C 프로그램 DDRx, PORTx 설정

```
01  void main(void)
02  {
03     unsigned input_portx;

04        Init_Portx();        // 포트 초기화
          :
05        input_portx = PINx;
          :
06  }

07  void Init_Portx(void)
    {
08        DDRx= 0xFC;
09        PORTx= 0xFA;
10        :
11  }
```

프로그램 설명

4. 포트 상태를 초기화시킨다.

5. 포트x 상태를 읽어서 input_portx 레지스터에 저장한다. 만일 핀 외부에 어떤 것도 연결되지 않았다면 input_portx에는 초기에 설정한 값 0xFA(0b11111010)이 저장될 것이다.

7. 포트x 초기화 함수이다(x=A~G).

7-5 범용 입출력 포트의 부가 기능

ATmega128의 대부분의 핀들은 범용 입출력 포트 기능 외에 부가적인 기능을 가지고 있다. 그림 7-3은 범용 입출력 포트가 부가 기능으로 동작될 때 레지스터의 설정에 따른 부가 기능 신호들의 흐름을 보여주고 있다.

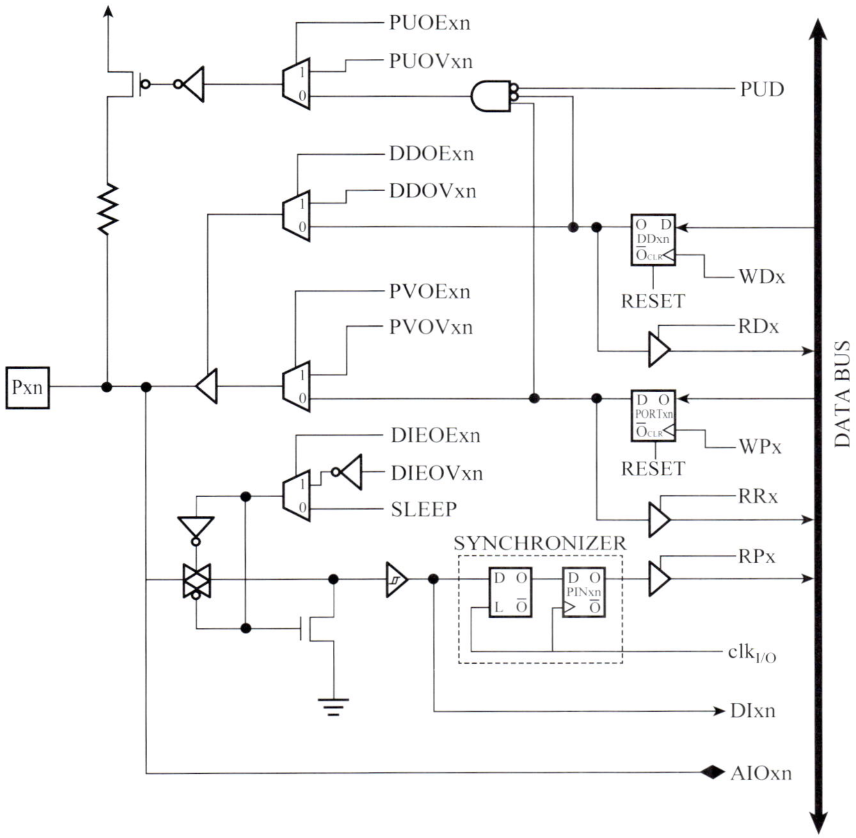

그림 7-3 포트의 부가 기능

부가 기능을 위한 신호를 표 7-2에 나타내었다. 이 부가 기능 신호들은 부가 기능을 가지고 있는 내부 모듈에서 발생한다.

표 7-2 부가 기능을 위한 신호명과 상세 설명

신호명	풀네임	상세 설명
PUOE	Pull-up Override Enable	1: PUOV 신호로 풀업 저항을 연결하거나 뗀다. (PUOV=1: 풀업 저항 연결, PUOV=0: 풀업 저항 없음) 0: {DDxn, PORTxn, PUD}신호로 풀업 저항 연결하거나 뗀다. ({DDxn, PORTxn, PUD}=0b010: 풀업 저항 연결, {DDxn, PORTxn, PUD}=0b000: 풀업 저항 없음)
PUOV	Pull-up Override Value	PUOE=1일 때, 1: 풀업 저항 연결, 0: 풀업 저항 없음

DDOE	Data Direction Override Enable	1: DDOV 신호로 출력 제어 0: DDxn 레지스터 비트로 출력 제어
DDOV	Data Direction Override Value	DDOE=1일 때, 1: 출력 핀으로 동작, 0: 입력 핀으로 동작
PVOE	Port Value Override Enable	1: PVOV 신호로 출력을 제어함 0: DDOE=1이면 PORTxn 레지스터 비트로 출력을 제어함
PVOV	Port Value Override Value	PVOV=1일 때, PVOV값이 포트로 출력됨
DIEOE	Digital Input Enable Override Enable	1: DIEOV 신호로 입력신호를 제어함 0: MCU의 상태(정상동작, 슬립모드)가 입력신호를 제어함
DIEOV	Digital Input Enable Override Value	DIEOE=1일 때, 1: 출력 핀으로 동작, 0: 입력 핀으로 동작
DI	Digital Input	부가 기능을 위한 디지털 입력. 슈미트 트리거와 동기회로 사이에 연결된다. 이 입력 신호는 클럭 소스로 사용되는 경우을 제외하고는 동기회로를 거쳐 들어간다.
AIO	Analog Input/Output	아날로그 입출력 신호로 핀에 직접 연결되어 양방향으로 사용된다.

7-6 포트A

포트A는 외부 메모리를 사용할 때 메모리의 주소 하위 바이트(A7:A0)와 데이터 버스(D7:D0)로 사용할 수 있다. 포트A의 부가 기능은 표 7-3과 같다. 표 7-4와 표 7-5는 포트A의 부가 기능과 그림 7-3에 나타낸 부가 기능 신호와의 관계를 나타내고 있다.

표 7-3 포트A의 부가 기능

포트 핀	부가 기능
PA7	AD7 (외부 메모리 연결용 주소/데이터 비트 7)
PA6	AD6 (외부 메모리 연결용 주소/데이터 비트 6)
PA5	AD5 (외부 메모리 연결용 주소/데이터 비트 5)
PA4	AD4 (외부 메모리 연결용 주소/데이터 비트 4)
PA3	AD3 (외부 메모리 연결용 주소/데이터 비트 3)
PA2	AD2 (외부 메모리 연결용 주소/데이터 비트 2)

PA1	AD1 (외부 메모리 연결용 주소/데이터 비트 1)
PA0	AD0 (외부 메모리 연결용 주소/데이터 비트 0)

표 7-4 PA7..PA4의 부가 기능을 위한 신호

Signal Name	PA7/AD7	PA6/AD6	PA5/AD5	PA4/AD4
PUOE	SRE	SRE	SRE	SRE
PUOV	~($\overline{WR}$ | ADA) • PORTA7 • $\overline{PUD}$	~($\overline{WR}$ | ADA) • PORTA6 • $\overline{PUD}$	~($\overline{WR}$ | ADA) • PORTA5 • $\overline{PUD}$	~($\overline{WR}$ | ADA) • PORTA4 • $\overline{PUD}$
DDOE	SRE	SRE	SRE	SRE
DDOV	$\overline{WR}$ | ADA	$\overline{WR}$ | ADA	$\overline{WR}$ | ADA	$\overline{WR}$ | ADA
PVOE	SRE	SRE	SRE	SRE
PVOV	A7 • ADA | D7 OUTPUT • $\overline{WR}$	A6 • ADA | D6 OUTPUT • $\overline{WR}$	A5 • ADA | D5 OUTPUT • $\overline{WR}$	A4 • ADA | D4 OUTPUT • $\overline{WR}$
DIEOE	0	0	0	0
DIEOV	0	0	0	0
DI	D7 INPUT	D6 INPUT	D5 INPUT	D4 INPUT
AIO	–	–	–	–

표 7-5 PA3..PA0의 부가 기능을 위한 신호

Signal Name	PA3/AD3	PA2/AD2	PA1/AD1	PA0/AD0
PUOE	SRE	SRE	SRE	SRE
PUOV	~($\overline{WR}$ | ADA) • PORTA3 • $\overline{PUD}$	~($\overline{WR}$ | ADA) • PORTA2 • $\overline{PUD}$	~($\overline{WR}$ | ADA) • PORTA1 • $\overline{PUD}$	~($\overline{WR}$ | ADA) • PORTA0 • $\overline{PUD}$
DDOE	SRE	SRE	SRE	SRE
DDOV	$\overline{WR}$ | ADA	$\overline{WR}$ | ADA	$\overline{WR}$ | ADA	$\overline{WR}$ | ADA
PVOE	SRE	SRE	SRE	SRE
PVOV	A3 • ADA | D3 OUTPUT • $\overline{WR}$	A2 • ADA | D2 OUTPUT • $\overline{WR}$	A1 • ADA | D1 OUTPUT • $\overline{WR}$	A0 • ADA | D0 OUTPUT • $\overline{WR}$
DIEOE	0	0	0	0
DIEOV	0	0	0	0
DI	D3 INPUT	D2 INPUT	D1 INPUT	D0 INPUT
AIO	–	–	–	–

7-7 포트B

포트B는 PWM(Pulse Width Modulation) 모드에서 타이머/카운터의 비교결과 출력(Output Compare Match output), SPI 통신을 위한 연결포트로 사용된다. 포트B의 부가 기능은 표 7-6과 같다.

표 7-6 포트B의 부가 기능

포트 핀	부가 기능
PB7	OC2/OC1C (타이머/카운터2의 출력비교와 PWM 출력 또는 타이머/카운터1의 출력비교와 PWM 출력 C)
PB6	OC1B (타이머/카운터1의 출력비교와 PWM 출력 B)
PB5	OC1A (타이머/카운터1의 출력비교와 PWM 출력 A)
PB4	OC0 (타이머/카운터0의 출력비교와 PWM 출력)
PB3	MISO (SPI 버스 마스터 입력/슬레이브 출력)
PB2	MOSI (SPI 버스 마스터 출력/슬레이브 입력)
PB1	SCK (SPI 버스 직렬 클럭)
PB0	/SS (SPI 슬레이브 선택 입력)

- 비트7 OC2/OC1C : OC2/OC1C Output Compare Match output

PB7핀은 타이머/카운터2 비교 결과(OC2) 또는 타이머/카운터1과 비교모듈C의 비교 결과(OC1C)를 외부 출력(OC2/OC1C)으로 알려주는 핀으로 사용된다. DDB7 비트는 출력 방향으로 설정되어야 한다. ATmega103에서는 OC1C가 지원되지 않는다.

- 비트6 OC1B : OC1B Output Compare Match B output

PB6핀은 타이머/카운터1과 비교모듈B의 비교결과를 외부 출력으로 알려주는 핀(OC1B)으로 사용된다. DDB6 비트는 출력 방향으로 설정되어야 한다.

- 비트5 OC1A : OC1A Output Compare Match A output

PB5핀은 타이머/카운터1과 비교모듈A의 비교결과를 외부 출력으로 알려주는 핀(OC1A)으로 사용된다. DDB5 비트는 출력 방향으로 설정되어야 한다.

- 비트4 OC0 : OC0 Output Compare Match output

PB5핀은 타이머/카운터0의 비교결과를 외부 출력으로 알려주는 핀(OC0)으로 사용된다. DDB4 비트는 출력 방향으로 설정되어야 한다.

● 비트3 MISO : Master Input Slave Output

SPI통신을 할 때 마스터 데이터 입력, 슬레이브 데이터 출력 핀이다. SPI 마스터로 동작할 때 DDB3의 설정에 관계없이 데이터 입력 핀으로 동작한다. SPI 슬레이브로 동작할 때 데이터 방향은 DDB3에 의해 결정된다. 입력 핀으로 설정되어 있으면 풀업 저항은 PORTB3 비트에 의해 제어된다.

● 비트2 MOSI : Master Output Slave Input

SPI통신을 할 때 마스터 데이터 출력, 슬레이브 데이터 입력 핀이다. SPI 슬레이브로 동작할 때 DDB2의 설정에 관계없이 데이터 입력 핀으로 동작한다. SPI 마스터로 동작할 때 데이터 방향은 DDB2에 의해 결정된다. 입력 핀으로 설정되어 있으면 풀업 저항은 PORTB2 비트에 의해 제어된다.

● 비트1 SCK : Serial ClocK

SPI 통신을 할 때 마스터 클럭 출력, 슬레이브 클럭 입력 핀이다. SPI 슬레이브로 동작할 때 DDB1의 설정에 관계없이 데이터 입력 핀으로 동작한다. SPI 마스터로 동작할 때 데이터 방향은 DDB1에 의해 결정된다. 입력 핀으로 설정되어 있으면 풀업 저항은 PORTB1 비트에 의해 제어된다.

● 비트0 /SS : Slave Select

SPI 통신을 할 때 슬레이브 선택 입력 핀이다. SPI 슬레이브로 동작할 때 DDB0의 설정에 관계없이 데이터 입력 핀으로 동작한다. 슬레이브일 때 핀의 상태가 로우(0)가 되면 SPI 기능이 동작하기 시작한다. SPI 마스터로 동작할 때 데이터 방향은 DDB0에 의해 결정된다. 입력 핀으로 설정되어 있으면 풀업 저항은 PORTB0 비트에 의해 제어된다.

표 7-7과 표 7-8은 포트B의 기능과 그림 7-3에 나타낸 부가 기능 신호와의 관계를 나타내고 있다.

표 7-7 PB7..PB4의 부가 기능을 위한 신호

Signal Name	PB7/OC2/OC1C	PB6/OC1B	PB5/OC1A	PB4/OC0
PUOE	0	0	0	0
PUOV	0	0	0	0
DDOE	0	0	0	0
DDOV	0	0	0	0

PVOE	OC2/OC1C ENABLE	OC1B ENABLE	OC1A ENABLE	OC0 ENABLE
PVOV	OC2/OC1C	OC1B	OC1A	OC0B
DIEOE	0	0	0	0
DIEOV	0	0	0	0
DI	–	–	–	–
AIO	–	–	–	–

표 7-8 PB3..PB0의 부가 기능을 위한 신호

Signal Name	PB3/MISO	PB2/MOSI	PB1/SCK	PB0/$\overline{SS}$
PUOE	SPE • MSTR	SPE • $\overline{MSTR}$	SPE • $\overline{MSTR}$	SPE • $\overline{MSTR}$
PUOV	PORTB3 • $\overline{PUD}$	PORTB2 • $\overline{PUD}$	PORTB1 • $\overline{PUD}$	PORTB0 • $\overline{PUD}$
DDOE	SPE • MSTR	SPE • $\overline{MSTR}$	SPE • $\overline{MSTR}$	SPE • $\overline{MSTR}$
DDOV	0	0	0	0
PVOE	SPE • $\overline{MSTR}$	SPE • MSTR	SPE • MSTR	0
PVOV	SPI SLAVE OUTPUT	SPI MSTR OUTPUT	SCK OUTPUT	0
DIEOE	0	0	0	0
DIEOV	0	0	0	0
DI	SPI MSTR INPUT	SPI SLAVE INPUT	SCK INPUT	SPI SS
AIO	–	–	–	–

7-8 포트C

포트C는 범용 입출력 포트 외에, 외부 메모리를 사용할 때 메모리의 주소 상위 바이트(A15:A8)로 사용할 수 있다. 포트C의 부가 기능은 표 7-9와 같다.

표 7-9 포트C의 부가 기능

포트 핀	부가 기능
PC7	A15 (외부 메모리 연결용 주소 비트 15)
PC6	A15 (외부 메모리 연결용 주소 비트 14)
PC5	A13 (외부 메모리 연결용 주소 비트 13)
PC4	A12 (외부 메모리 연결용 주소 비트 12)

PC3	A11 (외부 메모리 연결용 주소 비트 11)
PC2	A19 (외부 메모리 연결용 주소 비트 10)
PC1	A9 (외부 메모리 연결용 주소 비트 9)
PC0	A8 (외부 메모리 연결용 주소 비트 8)

표 7-10과 표 7-11은 포트C의 기능과 그림 7-3에 나타낸 부가 기능 신호와의 관계를 나타내고 있다.

표 7-10 PC7..PC4의 부가 기능을 위한 신호

Signal Name	PC7/A15	PC6/A14	PC5/A13	PC4/A12
PUOE	SRE • (XMM[주1] < 1)	SRE • (XMM < 2)	SRE • (XMM < 3)	SRE • (XMM < 4)
PUOV	0	0	0	0
DDOE	SRE • (XMM < 1)	SRE • (XMM < 2)	SRE • (XMM < 3)	SRE • (XMM < 4)
DDOV	1	1	1	1
PVOE	SRE • (XMM < 1)	SRE • (XMM < 2)	SRE • (XMM < 3)	SRE • (XMM < 4)
PVOV	A15	A14	A13	A12
DIEOE	0	0	0	0
DIEOV	0	0	0	0
DI	–	–	–	–
AIO	–	–	–	–

주1) ATmega103 호환 모드에서는 XMM=0

표 7-11 PC3..PC0의 부가 기능을 위한 신호

Signal Name	PC3/A11	PC2/A10	PC1/A9	PC0/A8
PUOE	SRE • (XMM < 5)	SRE • (XMM < 6)	SRE • (XMM < 7)	SRE • (XMM < 7)
PUOV	0	0	0	0
DDOE	SRE • (XMM < 5)	SRE • (XMM < 6)	SRE • (XMM < 7)	SRE • (XMM < 7)
DDOV	1	1	1	1
PVOE	SRE • (XMM < 5)	SRE • (XMM < 6)	SRE • (XMM < 7)	SRE • (XMM < 7)
PVOV	A11	A10	A9	A8
DIEOE	0	0	0	0
DIEOV	0	0	0	0

DI	–	–	–	–
AIO	–	–	–	–

– ATmega103 호환 모드에서는 XMM=0

7-9 포트D

포트D의 부가 기능은 표 7-12와 같이 타이머/카운터와 외부인터럽트, USART 통신, TWI 통신 등에 사용된다.

표 7-12 포트D의 부가 기능

포트 핀	부가 기능
PD7	T2 (타이머/카운터2 클럭 입력)
PD6	T1 (타이머/카운터1 클럭 입력)
PD5	XCK1 (USART1 외부 클럭 입출력)
PD4	ICP1 (타이머/카운터1 입력 캡처 핀)
PD3	INT3/TXD1 (외부 인터럽트3 입력 또는 USART1 송신 핀)
PD2	INT2/RXD1 (외부 인터럽트2 입력 또는 USART1 수신 핀)
PD1	INT1/SDA (외부 인터럽트1 입력 또는 TWI 직렬 데이터 핀)
PD0	INT0/SCL (외부 인터럽트0 입력 또는 TWI 직렬 클럭 핀)

표 7-13과 표 7-14는 포트D의 기능과 그림 7-3에 나타낸 부가 기능 신호와의 관계를 나타내고 있다.

표 7-13 PD7..PD4의 부가 기능을 위한 신호

Signal Name	PD7/T2	PD6/T1	PD5/XCK1	PD4/ICP1
PUOE	0	0	0	0
PUOV	0	0	0	0
DDOE	0	0	0	0
DDOV	0	0	0	0
PVOE	0	0	UMSEL1	0
PVOV	0	0	XCK1 OUTPUT	0

DIEOE	0	0	0	0
DIEOV	0	0	0	0
DI	T2 INPUT	T1 INPUT	XCK1 INPUT	ICP1 INPUT
AIO	–	–	–	–

표 7-14 PD3..PD0의 부가 기능을 위한 신호

Signal Name	PD3/INT3/TXD1	PD2/INT2/RXD1	PD1/INT1/SDA	PD0/INT0/SCL
PUOE	TXEN1	RXEN1	TWEN	TWEN
PUOV	0	PORTD2 • $\overline{PUD}$	PORTD1 • $\overline{PUD}$	PORTD0 • $\overline{PUD}$
DDOE	TXEN1	RXEN1	TWEN	TWEN
DDOV	1	0	SDA_OUT	SCL_OUT
PVOE	TXEN1	0	TWEN	TWEN
PVOV	TXD1	0	0	0
DIEOE	INT3 ENABLE	INT2 ENABLE	INT1 ENABLE	INT0 ENABLE
DIEOV	1	1	1	1
DI	INT3 INPUT	INT2 INPUT/RXD1	INT1 INPUT	INT0 INPUT
AIO	–	–	SDA INPUT	SCL INPUT

7-10 포트E

포트E는 범용 입출력 핀 기능 외에 외부인터럽트, 아날로그 비교기, 타이머/카운터 관련 동작, USART0로 사용된다. 포트E의 부가 기능은 표 7-15와 같다.

표 7-15 포트E의 부가 기능

포트 핀	부가 기능
PE7	INT7/ICP3 (외부 인터럽트7 입력 또는 타이머/카운터3 입력 캡처 핀)
PE6	INT6/T3 (외부 인터럽트6 입력 또는 타이머/카운터3 클럭 입력)
PE5	INT5/OC3C (외부 인터럽트5 입력 또는 타이머/카운터3의 출력비교/PWM 출력 C)
PE4	INT4/OC3B (외부 인터럽트4 입력 또는 타이머/카운터3의 출력비교/PWM 출력 B)
PE3	AIN1/OC3A (아날로그 비교기 (–)입력 또는 타이머/카운터3의 출력비교/PWM 출력 A)
PE2	AIN0/XCK0 (아날로그 비교기 (+)입력 또는 USART0 외부 클럭 입출력)

PE1	PDO/TXD0 (SPI 직렬 프로그래밍 데이터 출력 또는 USART0 송신 핀)
PE0	PDI/RXD0 (SPI 직렬 프로그래밍 데이터 입력 또는 USART0 수신 핀)

표 7-16과 표 7-17은 포트E의 기능과 그림 7-3에 나타낸 부가 기능 신호와의 관계를 나타내고 있다.

표 7-16 PE7..PE4의 부가 기능을 위한 신호

Signal Name	PE7/INT7/ICP3	PE6/INT6/T3	PE5/INT5/OC3C	PE4/INT4/OC3B
PUOE	0	0	0	0
PUOV	0	0	0	0
DDOE	0	0	0	0
DDOV	0	0	0	0
PVOE	0	0	OC3C ENABLE	OC3B ENABLE
PVOV	0	0	OC3C	OC3B
DIEOE	INT7 ENABLE	INT6 ENABLE	INT5 ENABLE	INT4 ENABLE
DIEOV	1	1	1	1
DI	INT7 INPUT/ICP3 INPUT	INT7 INPUT/T3 INPUT	INT5 INPUT	INT4 INPUT
AIO	–	–	–	–

표 7-17 PE3..PE0의 부가 기능을 위한 신호

Signal Name	PE3/AIN1/OC3A	PE2/AIN0/XCK0	PE1/PDO/TXD0	PE0/PDI/RXD0
PUOE	0	0	TXEN0	RXEN0
PUOV	0	0	0	PORTE0 • $\overline{PUD}$
DDOE	0	0	TXEN0	RXEN0
DDOV	0	0	1	0
PVOE	OC3B ENABLE	UMSEL0	TXEN0	0
PVOV	OC3B	XCK0	OUTPUT	TXD0 0
DIEOE	0	0	0	0
DIEOV	0	0	0	0
DI	0	XCK0 INPUT	–	RXD0
AIO	AIN1 INPUT	AIN0 INPUT	–	–

7-11 포트F

포트F는 범용 입출력 핀 기능 외에 AD 변환기, JTAG 인터페이스를 위한 핀으로 사용된다. 포트F의 부가 기능은 표 7-18과 같다.

표 7-18 포트F의 부가 기능

포트 핀	부가 기능
PF7	ADC7/TDI (ADC 채널7 입력 또는 JTAG 시험 데이터 입력)
PF6	ADC6/TDO (ADC 채널6 입력 또는 JTAG 시험 데이터 출력)
PF5	ADC5/TMS (ADC 채널5 입력 또는 JTAG 시험 모드 선택)
PF4	ADC4/TCK (ADC 채널4 입력 또는 JTAG 시험 클럭)
PF3	ADC3 (ADC 채널3 입력 핀)
PF2	ADC2 (ADC 채널2 입력 핀)
PF1	ADC1 (ADC 채널1 입력 핀)
PF0	ADC0 (ADC 채널0 입력 핀)

표 7-19와 표 7-20은 포트F의 기능과 그림 7-3에 나타낸 부가 기능 신호와의 관계를 나타내고 있다.

표 7-19 PF7..PF4의 부가 기능을 위한 신호

Signal Name	PF7/ADC7/TDI	PF6/ADC6/TDO	PF5/ADC5/TMS	PF4/ADC4/TCK
PUOE	JTAGEN	JTAGEN	JTAGEN	JTAGEN
PUOV	1	0	1	1
DDOE	JTAGEN	JTAGEN	JTAGEN	JTAGEN
DDOV	0	SHIFT_IR + SHIFT_DR	0	0
PVOE	0	JTAGEN	0	0
PVOV	0	TDO	0	0
DIEOE	JTAGEN	JTAGEN	JTAGEN	JTAGEN
DIEOV	0	0	0	0
DI	–	–	–	–
AIO	TDI/ADC7 INPUT	ADC6 INPUT	TMS/ADC5 INPUT	TCK/ADC4 INPUT

표 7-20 PF3..PF0의 부가 기능을 위한 신호

Signal Name	PF3/ADC3	PF2/ADC2	PF1/ADC1	PF0/ADC0
PUOE	0	0	0	0
PUOV	0	0	0	0
DDOE	0	0	0	0
DDOV	0	0	0	0
PVOE	0	0	0	0
PVOV	0	0	0	0
DIEOE	0	0	0	0
DIEOV	0	0	0	0
DI	–	–	–	–
AIO	ADC3 INPUT	ADC2 INPUT	ADC1 INPUT	ADC0 INPUT

7-12 포트G

포트G는 범용 입출력 기능 외에 외부 메모리 연결, 타이머/카운터0 관련된 기능으로 사용할 수 있다. 포트G의 부가 기능은 표 7-21과 같다.

표 7-21 포트G의 부가 기능

포트 핀	부가 기능
PG4	TOSC1 (RTC 오실레이터 타이머/카운터0)
PG3	TOSC2 (RTC 오실레이터 타이머/카운터0)
PG2	ALE (외부 메모리 주소 래치 EN 신호)
PG1	/RD (외부 메모리 읽기 스트로브 신호)
PG0	/WR (외부 메모리 쓰기 스트로브 신호)

- 비트4 TOSC1: ASSR 레지스터의 AS0=1이면 타이머/카운터0의 비동기 클럭 입력으로 동작한다. 이 모드에서는 32.768KHz의 시계용(RTC: Real Time Clock) 수정발진기를 많이 사용한다.

- 비트3 TOSC2: ASSR 레지스터의 AS0=1이면 타이머/카운터0의 비동기 클럭 출력으로 동작한다.

- 비트2 ALE: 외부 데이터 메모리(External RAM)의 주소 래치 허용 신호
- 비트1 /RD: 외부 데이터 메모리 읽기 스트로브 신호
- 비트0 /WR: 외부 데이터 메모리 쓰기 스트로브 신호

표 7-22와 표 7-23은 포트G의 기능과 그림 7-3에 나타낸 부가 기능 신호와의 관계를 나타내고 있다.

표 7-22 PG4..PG1의 부가 기능을 위한 신호

Signal Name	PG4/TOSC1	PG3/TOSC2	PG2/ALE	PG1/RD
PUOE	AS0	AS0	SRE	SRE
PUOV	0	0	0	0
DDOE	AS0	AS0	SRE	SRE
DDOV	0	0	1	1
PVOE	0	0	SRE	SRE
PVOV	0	0	ALE	RD
DIEOE	AS0	AS0	0	0
DIEOV	0	0	0	0
DI	–	–	–	–
AIO	T/C0 OSC INPUT	T/C0 OSC OUTPUT	–	–

표 7-23 PG0의 부가 기능을 위한 신호

Signal Name	PG0/WR
PUOE	SRE
PUOV	0
DDOE	SRE
DDOV	1
PVOE	SRE
PVOV	WR
DIEOE	0
DIEOV	0
DI	–
AIO	–

7-13 입출력 포트용 레지스터

● 포트A 데이터 레지스터

Bit	7	6	5	4	3	2	1	0	
	PORTA7	PORTA6	PORTA5	PORTA4	PORTA3	PORTA2	PORTA1	PORTA0	PORTA
Read/Write	R/W	R/W	R/W	R/W	R/W	R/W	R/W	R/W	
Initial Value	0	0	0	0	0	0	0	0	

● 포트A 입출력 방향지정 레지스터

Bit	7	6	5	4	3	2	1	0	
	DDA7	DDA6	DDA5	DDA4	DDA3	DDA2	DDA1	DDA0	DDRA
Read/Write	R/W	R/W	R/W	R/W	R/W	R/W	R/W	R/W	
Initial Value	0	0	0	0	0	0	0	0	

● 포트A 입력 핀 상태 레지스터

Bit	7	6	5	4	3	2	1	0	
	PINA7	PINA6	PINA5	PINA4	PINA3	PINA2	PINA1	PINA0	PINA
Read/Write	R	R	R	R	R	R	R	R	
Initial Value	N/A	N/A	N/A	N/A	N/A	N/A	N/A	N/A	

● 포트B 데이터 레지스터

Bit	7	6	5	4	3	2	1	0	
	PORTB7	PORTB6	PORTB5	PORTB4	PORTB3	PORTB2	PORTB1	PORTB0	PORTB
Read/Write	R/W	R/W	R/W	R/W	R/W	R/W	R/W	R/W	
Initial Value	0	0	0	0	0	0	0	0	

● 포트B 입출력 방향지정 레지스터

Bit	7	6	5	4	3	2	1	0	
	DDB7	DDB6	DDB5	DDB4	DDB3	DDB2	DDB1	DDB0	DDRB
Read/Write	R/W	R/W	R/W	R/W	R/W	R/W	R/W	R/W	
Initial Value	0	0	0	0	0	0	0	0	

- 포트B 입력 핀 상태 레지스터

Bit	7	6	5	4	3	2	1	0	
	PINB7	PINB6	PINB5	PINB4	PINB3	PINB2	PINB1	PINB0	PINB
Read/Write	R	R	R	R	R	R	R	R	
Initial Value	N/A	N/A	N/A	N/A	N/A	N/A	N/A	N/A	

- 포트C 데이터 레지스터

Bit	7	6	5	4	3	2	1	0	
	PORTC7	PORTC6	PORTC5	PORTC4	PORTC3	PORTC2	PORTC1	PORTC0	PORTC
Read/Write	R/W	R/W	R/W	R/W	R/W	R/W	R/W	R/W	
Initial Value	0	0	0	0	0	0	0	0	

- 포트C 입출력 방향지정 레지스터

Bit	7	6	5	4	3	2	1	0	
	DDC7	DDC6	DDC5	DDC4	DDC3	DDC2	DDC1	DDC0	DDRC
Read/Write	R/W	R/W	R/W	R/W	R/W	R/W	R/W	R/W	
Initial Value	0	0	0	0	0	0	0	0	

- 포트C 입력 핀 상태 레지스터

Bit	7	6	5	4	3	2	1	0	
	PINC7	PINC6	PINC5	PINC4	PINC3	PINC2	PINC1	PINC0	PINC
Read/Write	R	R	R	R	R	R	R	R	
Initial Value	N/A	N/A	N/A	N/A	N/A	N/A	N/A	N/A	

- 포트D 데이터 레지스터

Bit	7	6	5	4	3	2	1	0	
	PORTD7	PORTD6	PORTD5	PORTD4	PORTD3	PORTD2	PORTD1	PORTD0	PORTD
Read/Write	R/W	R/W	R/W	R/W	R/W	R/W	R/W	R/W	
Initial Value	0	0	0	0	0	0	0	0	

- 포트D 입출력 방향지정 레지스터

Bit	7	6	5	4	3	2	1	0	
	DDD7	DDD6	DDD5	DDD4	DDD3	DDD2	DDD1	DDD0	DDRD
Read/Write	R/W	R/W	R/W	R/W	R/W	R/W	R/W	R/W	
Initial Value	0	0	0	0	0	0	0	0	

- 포트D 입력 핀 상태 레지스터

Bit	7	6	5	4	3	2	1	0	
	PIND7	PIND6	PIND5	PIND4	PIND3	PIND2	PIND1	PIND0	PIND
Read/Write	R	R	R	R	R	R	R	R	
Initial Value	N/A	N/A	N/A	N/A	N/A	N/A	N/A	N/A	

- 포트E 데이터 레지스터

Bit	7	6	5	4	3	2	1	0	
	PORTE7	PORTE6	PORTE5	PORTE4	PORTE3	PORTE2	PORTE1	PORTE0	PORTE
Read/Write	R/W	R/W	R/W	R/W	R/W	R/W	R/W	R/W	
Initial Value	0	0	0	0	0	0	0	0	

- 포트E 입출력 방향지정 레지스터

Bit	7	6	5	4	3	2	1	0	
	DDE7	DDE6	DDE5	DDE4	DDE3	DDE2	DDE1	DDE0	DDRE
Read/Write	R/W	R/W	R/W	R/W	R/W	R/W	R/W	R/W	
Initial Value	0	0	0	0	0	0	0	0	

- 포트E 입력 핀 상태 레지스터

Bit	7	6	5	4	3	2	1	0	
	PINE7	PINE6	PINE5	PINE4	PINE3	PINE2	PINE1	PINE0	PINF
Read/Write	R	R	R	R	R	R	R	R	
Initial Value	N/A	N/A	N/A	N/A	N/A	N/A	N/A	N/A	

- 포트F 데이터 레지스터

Bit	7	6	5	4	3	2	1	0	
	PORTF7	PORTF6	PORTF5	PORTF4	PORTF3	PORTF2	PORTF1	PORTF0	PORTF
Read/Write	R/W	R/W	R/W	R/W	R/W	R/W	R/W	R/W	
Initial Value	0	0	0	0	0	0	0	0	

- 포트F 입출력 방향지정 레지스터

Bit	7	6	5	4	3	2	1	0	
	DDF7	DDF6	DDF5	DDF4	DDF3	DDF2	DDF1	DDF0	DDRF
Read/Write	R/W	R/W	R/W	R/W	R/W	R/W	R/W	R/W	
Initial Value	0	0	0	0	0	0	0	0	

- 포트F 입력 핀 상태 레지스터

Bit	7	6	5	4	3	2	1	0	
	PINF7	PINF6	PINF5	PINF4	PINF3	PINF2	PINF1	PINF0	PINF
Read/Write	R	R	R	R	R	R	R	R	
Initial Value	N/A	N/A	N/A	N/A	N/A	N/A	N/A	N/A	

- 포트G 데이터 레지스터

Bit	7	6	5	4	3	2	1	0	
	-	-	-	PORTG4	PORTG3	PORTG2	PORTG1	PORTG0	PORTG
Read/Write	R	R	R	R/W	R/W	R/W	R/W	R/W	
Initial Value	0	0	0	0	0	0	0	0	

- 포트G 입출력 방향지정 레지스터

Bit	7	6	5	4	3	2	1	0	
	-	-	-	DDG4	DDG3	DDG2	DDG1	DDG0	DDRG
Read/Write	R	R	R	R/W	R/W	R/W	R/W	R/W	
Initial Value	0	0	0	0	0	0	0	0	

- 포트G 입력 핀 상태 레지스터

Bit	7	6	5	4	3	2	1	0	
	-	-	-	PING4	PING3	PING2	PING1	PING0	PING
Read/Write	R	R	R	R	R	R	R	R	
Initial Value	0	0	0	N/A	N/A	N/A	N/A	N/A	

| 연습문제 |

1 포트A를 모두 출력으로 설정한 후 0x29(0b00101001)를 포트 핀에 출력하려고 한다. 아래의 프로그램에서 빈칸을 채우시오.

```
DDRA = ______________________________   // 포트A의 비트7~0을 출력으로 설정한다.
PORTA = ______________________________  // 비트5, 3, 0을 1로, 나머지 비트를 0으로 출력한다.
```

2 포트B의 비트7~4를 출력으로, 비트3~0을 입력으로 설정한 후 비트7~4에 1을 출력하고 비트3~0에는 풀업 저항을 연결하려고 한다. 아래의 프로그램에서 빈칸을 채우시오.

```
DDRB = ______________________________
PORTB = ______________________________
```

3 포트C의 비트7~0을 입력으로 설정한 후 풀업 저항을 연결하고 포트C로부터 데이터를 읽어내려고 한다. 아래의 프로그램에서 빈칸을 채우시오.

```
unsigned char  portc_value;
DDRC = ______________________________         // 포트C의 비트7~0을 입력으로 설정한다.
PORTC = ______________________________        // 비트7~0에 풀업 저항을 연결한다.
portc_value = ______________________________  // 포트C의 값을 읽어서 변수에 저장한다.
```

4 ATmega128에 64K 바이트의 외부 데이터 메모리(SRAM)를 연결하려고 한다. 아래의 프로그램에서 빈칸을 채우시오(단, 상위 섹터(0x1100-0xFFFF)만 사용한다).

MCUCR = ______________________

XMCRA = ______________________

XMCRB = ______________________

DDRC = ______________________

PORTC = ______________________

5 포트D의 PD0에 저항(560Ω)을 통하여 LED의 애노드(Anode)가 연결되고 캐소드(Cathode)는 접지(GND)에 연결되어 있다. LED를 1초 간격으로 점멸하는 프로그램을 작성하시오.

08 인터럽트

인터럽트는 마이크로프로세서를 효율적으로 사용하기 위한 가장 필요한 기능이라 할 수 있다. 프로그래머가 좋은 프로그램을 설계하기 위해서는, 요구되는 기능을 구현하기 위해 적절한 인터럽트를 어떻게 활용하는가가 중요하다.

인터럽트(Interrupt)는 마이크로프로세서에서 메인프로그램이 동작하고 있을 때 프로세서 내부/외부에서 인터럽트 처리 루틴(Interrupt Service Routine)을 실행할 수 있는 원인, 즉 인터럽트 소스(Interrupt Source)에 의해 관련된 인터럽트 처리 루틴을 실행하는 것이다. ATmega128의 인터럽트 소스는 리셋을 포함해 모두 35개가 있다. 내부에서 발생하는 인터럽트 소스는 타이머/카운터, ADC, EEPROM, 아날로그 비교기 등이 있으며, 외부에서 발생하는 인터럽트 소스는 인터럽트 입력핀에 의한 외부 인터럽트, UART 통신의 송수신 인터럽트 등이 있다.

인터럽트가 발생하면 인터럽트 처리 루틴은 다음과 같은 과정으로 실행된다.

(1) 해당하는 인터럽트의 플래그 레지스터가 1로 설정된다.
(2) 실행중인 메인프로그램의 프로그램 카운터(PC) 값을 스택에 저장한다.
(3) 인터럽트 벡터 테이블에 위치한 주소로 점프하여 인터럽트 처리 루틴을 실행한다.
(4) 인터럽트 처리 루틴을 실행한 후에 스택에 저장된 프로그램 카운터의 값을 프로그램 카운터에 다시 가져와서 원래의 프로그램 지점으로 복귀하고, 메인프로그램을 다시 정상적으로 실행한다.

8-1 인터럽트 벡터

ATmega128의 인터럽트 종류와 벡터는 다음과 같다.

표 8-1 리셋과 인터럽트 벡터

벡터 번호	프로그램 주소	인터럽트 소스	인터럽트 정의
1	0x0000	RESET	외부 핀, 파워온 리셋, 브라운아웃 리셋, 워치독 리셋, JTAG AVR 리셋
2	0x0002	INT0	외부 인터럽트 요청 0
3	0x0004	INT1	외부 인터럽트 요청 1
4	0x0006	INT2	외부 인터럽트 요청 2
5	0x0008	INT3	외부 인터럽트 요청 3
6	0x000A	INT4	외부 인터럽트 요청 4
7	0x000C	INT5	외부 인터럽트 요청 5
8	0x000E	INT6	외부 인터럽트 요청 6
9	0x0010	INT7	외부 인터럽트 요청 7
10	0x0012	TIMER2 COMP	타이머/카운터2 비교매치
11	0x0014	TIMER2 OVF	타이머/카운터2 오버플로우
12	0x0016	TIMER1 CAPT	타이머/카운터1 캡처 이벤트
13	0x0018	TIMER1 COMPA	타이머/카운터1 비교매치 A
14	0x001A	TIMER1 COMPB	타이머/카운터1 비교매치 B
15	0x001C	TIMER1 OVF	타이머/카운터1 오버플로우
16	0x001E	TIMER0 COMP	타이머/카운터0 비교매치
17	0x0020	TIMER0 OVF	타이머/카운터0 오버플로우
18	0x0022	SPI, STC	SPI 직렬 전송 완료
19	0x0024	USART0, RX	USART0 수신 완료
20	0x0026	USART0, UDRE	USART0 데이터 레지스터 비었음
21	0x0028	USART0, TX	USART0 송신 완료
22	0x002A	ADC	ADC 변환 완료
23	0x002C	EE READY	EEPROM 준비됨
24	0x002E	ANALOG COMP	아날로그 비교기
25	0x0030	TIMER1 COMPC	타이머/카운터1 비교매치 C
26	0x0032	TIMER3 CAPT	타이머/카운터3 캡처 이벤트
27	0x0034	TIMER3 COMPA	타이머/카운터3 비교매치 A
28	0x0036	TIMER3 COMPB	타이머/카운터3 비교매치 B
29	0x0038	TIMER3 COMPC	타이머/카운터3 비교매치 C
30	0x003A	TIMER3 OVF	타이머/카운터3 오버플로우

31	0x003C	USART1, RX	USART1 수신 완료
32	0x003E	USART1, UDRE	USART1 데이터 레지스터 비었음
33	0x0040	USART1, TX	USART1 송신 완료
34	0x0042	TWI	TWI 직렬 인터페이스
35	0x0044	SPM READY	프로그램 메모리 저장 준비됨

C 프로그램 iom128.h

```
/**************************************************************************
 **          - iom128.h -
 **     This file declares the internal register addresses for ATmega128.
 **     Used with iccAVR and aAVR.
 **     Copyright IAR Systems 2001. All rights reserved.
 **     File version: 0xRevision: 1.9 0x
 *************************************************************************/
#include "iomacro.h"
:
#define   RESET_vect             (0x00)
#define   INT0_vect              (0x04)
#define   INT1_vect              (0x08)
#define   INT2_vect              (0x0C)
#define   INT3_vect              (0x10)
#define   INT4_vect              (0x14)
#define   INT5_vect              (0x18)
#define   INT6_vect              (0x1C)
#define   INT7_vect              (0x20)
#define   TIMER2_COMP_vect       (0x24)
#define   TIMER2_OVF_vect        (0x28)
#define   TIMER1_CAPT_vect       (0x2C)
#define   TIMER1_COMPA_vect      (0x30)
#define   TIMER1_COMPB_vect      (0x34)
#define   TIMER1_OVF_vect        (0x38)
#define   TIMER0_COMP_vect       (0x3C)
#define   TIMER0_OVF_vect        (0x40)
#define   SPI_STC_vect           (0x44)
#define   USART0_RXC_vect        (0x48)
```

```
20 #define   USART0_UDRE_vect    (0x4C)
21 #define   USART0_TXC_vect     (0x50)
22 #define   ADC_vect            (0x54)
23 #define   EE_RDY_vect         (0x58)
24 #define   ANA_COMP_vect       (0x5C)
25 #define   TIMER1_COMPC_vect   (0x60)
26 #define   TIMER3_CAPT_vect    (0x64)
27 #define   TIMER3_COMPA_vect   (0x68)
28 #define   TIMER3_COMPB_vect   (0x6C)
29 #define   TIMER3_COMPC_vect   (0x70)
30 #define   TIMER3_OVF_vect     (0x74)
31 #define   USART1_RXC_vect     (0x78)
32 #define   USART1_UDRE_vect    (0x7C)
33 #define   USART1_TXC_vect     (0x80)
34 #define   TWI_vect            (0x84)
35 #define   SPM_RDY_vect        (0x88)
     :
```

프로그램 설명

1~35. 위에서 정의한 인터럽트 벡터는 컴파일러, IAR Embedded Workbench에서 제공하는 iom128.h의 일부분이다. 인터럽트 벡터로 정의한 주소값은 바이트 단위로 정의하였다.

표 8-2는 휴즈비트의 BOOTRST와 IVSEL 비트의 조합에 따른 리셋과 인터럽트 벡터의 주소를 나타낸다. 프로그램이 인터럽트를 사용하지 않으면 이 인터럽트 벡터는 사용되지 않고 프로그램 코드 영역으로 사용할 수 있다. 이러한 휴즈 설정 조건은 응용프로그램 영역이나 부트 영역이나 똑같이 적용된다.

아래의 표 8-2에서 휴즈비트 '0'은 프로그램 된 것, '1'은 프로그램 되지 않은 것이다.

표 8-2 리셋과 인터럽트 벡터 주소

BOOTRST	IVSEL	리셋 주소	인터럽트 벡터 시작 주소
1	0	0x0000	0x0002
1	1	0x0000	부트 리셋 주소 + 0x0002
0	0	부트 리셋 주소	0x0002
0	1	부트 리셋 주소	부트 리셋 주소 + 0x0002

8-2 외부 인터럽트

외부 인터럽트는 INT7:0 핀에 의해 발생된다. 인터럽트가 허용(ENABLED)되어 있다면 이 핀들이 출력 핀으로 설정되어 있더라도 인터럽트는 발생된다. 인터럽트 동작모드는 레벨모드, 하강에지모드, 상승에지모드가 있다. 각 모드는 제어레지스터 EICRA(INT3:0)와 EICRB(INT7:4)에 설정한다.

- 외부 인터럽트 제어레지스터 A - EICRA

Bit	7	6	5	4	3	2	1	0	
	ISC31	ISC30	ISC21	ISC20	ISC11	ISC10	ISC01	ISC00	EICRA
Read/Write	R/W	R/W	R/W	R/W	R/W	R/W	R/W	R/W	
Initial Value	0	0	0	0	0	0	0	0	

EICRA 레지스터는 INT3~INT0(핀28~25)의 동작모드를 선택하는 레지스터이다. ISCn[1:0]이 '00'이면 외부 인터럽트 신호가 로우(0) 레벨, '10'이면 하강 에지, '11'이면 상승 에지가 될 때 '외부 인터럽트 요청'을 발생한다. '01'은 사용하지 않는다.

표 8-3 외부 인터럽트 INT3:0 감지 제어

ISCn1	ISCn0	동작 설명
0	0	INTn 핀이 로우(0) 레벨일 때 '인터럽트 요청'을 발생한다.
0	1	-
1	0	INTn 핀의 하강 에지에서 '인터럽트 요청'을 발생한다.
1	1	INTn 핀의 상승 에지에서 '인터럽트 요청'을 발생한다.

- 외부 인터럽트 제어레지스터 B - EICRB

Bit	7	6	5	4	3	2	1	0	
	ISC71	ISC70	ISC61	ISC60	ISC51	ISC50	ISC41	ISC40	EICRB
Read/Write	R/W	R/W	R/W	R/W	R/W	R/W	R/W	R/W	
Initial Value	0	0	0	0	0	0	0	0	

EICRB 레지스터는 INT7~INT4(핀9~6)의 동작모드를 선택하는 레지스터이다. ISCn[1:0]이 '00'이면 외부 인터럽트 신호가 로우레벨, '10'이면 하강 에지, '11'이면 상승 에지가 될 때 외부 인터럽트 발생을 감지한다. ISCn[1:0]이 '01'이면 상승 에지나 하강 에지에서 모두

외부 인터럽트 발생을 감지한다.

표 8-4 외부 인터럽트 INT7:4 감지 제어

ISCn1	ISCn0	동작 설명
0	0	INTn 핀이 로우(0) 레벨일 때 '인터럽트 요청'을 발생한다.
0	1	INTn 핀의 샘플링된 두 데이터가 1->0이나 0->1이면 '인터럽트 요청'을 발생한다.
1	0	INTn 핀의 샘플링된 두 데이터가 1->0이면 '인터럽트 요청'을 발생한다.
1	1	INTn 핀의 샘플링된 두 데이터가 0->1이면 '인터럽트 요청'을 발생한다.

● 외부 인터럽트 마스크레지스터 – EIMSK

Bit	7	6	5	4	3	2	1	0	
	INT7	INT6	INT5	INT4	INT3	INT2	INT1	IINT0	EIMSK
Read/Write	R/W	R/W	R/W	R/W	R/W	R/W	R/W	R/W	
Initial Value	0	0	0	0	0	0	0	0	

EIMSK 레지스터는 8개의 외부 인터럽트 INT7~INT0을 허용(UNMASK) 또는 금지(MASK)시키는 레지스터이다. 레지스터의 각 비트가 1로 설정되면 해당되는 인터럽트를 허용하게 되고 0으로 설정되면 인터럽트가 금지되어 인터럽트 처리 루틴을 실행하지 않는다.

● 외부 인터럽트 플래그 레지스터 – EIFR

Bit	7	6	5	4	3	2	1	0	
	INTF7	INTF6	INTF5	INTF4	INTF3	INTF2	INTF1	IINTF0	EIFR
Read/Write	R/W	R/W	R/W	R/W	R/W	R/W	R/W	R/W	
Initial Value	0	0	0	0	0	0	0	0	

EIFR 레지스터는 8개의 외부 인터럽트 INT7~INT0 중에서 인터럽트가 발생하면 해당되는 비트가 1로 설정된다. SREG 레지스터의 I-비트가 1로 설정되어 있고, EIMSK의 해당되는 외부 인터럽트가 허용되어 있다면 MCU는 인터럽트 벡터로 점프하여 인터럽트 처리 루틴을 실행하면서 EIFR의 해당되는 비트를 지운다. 프로그램으로 이 플래그를 지우기 위해서는 해당되는 비트를 '1'로 써주어야 한다.

C 프로그램 외부 인터럽트 초기화

```
01 void InitExtIntr(void)
02 {
03     EICRA=0x00;    // INT0~3 disabled
04     EICRB=0xFF;    // rising edge intr(11, 11, 11, 11)
05     EIMSK=0xF0;    // INT4~7 enabled
06     EIFR=0xF0;     // cleared by writing a logical one to it.
07 }
```

프로그램 설명

3. 외부 인터럽트 0~3은 사용하지 않으므로 초기값을 0으로 지운다.
4. 외부 인터럽트 4~7이 상승 에지에서 발생한다.
5. 외부 인터럽트 0~3은 사용하지 않고 외부 인터럽트 4~7은 허용한다.
6. 외부 인터럽트 4~7 발생 플래그를 지운다.

연습문제

1 ATmega128에서 인터럽트가 발생하였을 때 인터럽트 처리 루틴이 실행되는 과정을 설명하시오.

2 외부 인터럽트 INT7:0의 허용/금지를 설정하는 레지스터는 무엇인가?

3 ATmega128에서 제공되는 외부 인터럽트, INT7:0을 모두 사용하고, INT7:4는 상승 에지에서, INT3:0은 하강 에지에서 외부 인터럽트가 발생하도록 EICRA, EICRB, EIMSK 레지스터를 설정하시오.

```
EICRA = ________________________________;
EICRB = ________________________________;
EIMSK = ________________________________;
```

4 인터럽트 벡터의 의미에 대해 설명하시오.

5 외부 인터럽트 벡터 처리 루틴을 표 8-1을 참조하여 쓰시오.

6 다음과 같은 조건을 만족하는 회로를 설계하고 프로그램을 설계하시오.

1) INT7 핀에 연결된 SW1을 누르면 PB0에 연결된 LED가 0.5초 간격으로 깜박거린다.
2) INT6 핀에 연결된 SW2를 누르면 PB0에 연결된 LED가 꺼진다.
3) 0.5초 간격으로 깜박거리는 기능은 메인루틴(main())에서 수행하거나 타이머0 인터럽트 루틴(TIMER0_OVF_vect)에서 수행하도록 한다.

09 8비트 타이머/카운터

타이머/카운터는 모든 마이크로프로세서에서 제공하는 기본적인 기능으로 가장 많이 사용하므로 프로그래머는 그 구조와 상세 동작을 잘 이해할 필요가 있다. ATmega128에는 2개의 8비트 타이머/카운터와 2개의 16비트 타이머/카운터가 있는데 일반적인 타이머/카운터 동작 외에 PWM 파형을 발생하거나 외부 입력 펄스를 계수하거나 주파수, 주기 등을 측정하는 기능을 실행할 수 있다.

일반적인 타이머 동작 타이머에 인가되는 클럭 펄스를 세서 펄스 개수가 256(0x100) 또는 65536(0x10000)가 되어 오버플로우가 발생하면 플래그를 1로 만든다. 만일 일정 시간 간격으로 오버플로우를 계속해서 발생시키기 위해서는 타이머 인터럽트 처리 루틴에서 타이머의 초기값을 써넣어야 한다.

비교일치(Compare Match) 동작 비교값을 내부에 설정해 놓고, 입력 펄스 개수를 세서 비교값과 같으면 카운터값을 지운다. 이 동작 때 마다 특정 출력 핀으로 토글(Toggle)시키는 파형을 출력하면 듀티비가 50%인 파형을 생성시킬 수 있다.

PWM 파형 발생 ATmega128의 특정 포트인 OC에 펄스의 온오프 주기를 조절하여 출력함으로써 PWM 신호를 발생시킬 수 있다. 내부에 비교값을 정해 놓고 카운터값이 0~비교값 동안 '0' 또는 '1'로 출력하고, 비교값~오버플로우 동안 토글파형을 출력한다.

외부입력 펄스폭 측정 ICP핀의 트리거 입력신호를 감지하여 타이머/카운터 값을 저장하고, 그 다음 트리거 입력 신호가 들어올 때까지의 타이머/카운터 값과 이전에 저장된 값의 차를 계산하여 입력된 펄스폭을 측정할 수 있다.

카운터 동작 T1(핀31), T2(핀32)단자의 신호를 클럭으로 입력받아 카운터 동작을 실행한다.

9-1 8비트 타이머/카운터 개요

타이머/카운터0,2는 8비트 레지스터 TCNTn, OCRn를 사용하며 최대 256까지 셀 수 있다. TCNTn 레지스터의 값이 0xFF에서 0x00이 될 때 오버플로우 TOVn이 '1'이 되고 오버플로우 인터럽트가 발생한다. 8비트 타이머/카운터의 간략화된 블록도는 그림 9-1과 같다.

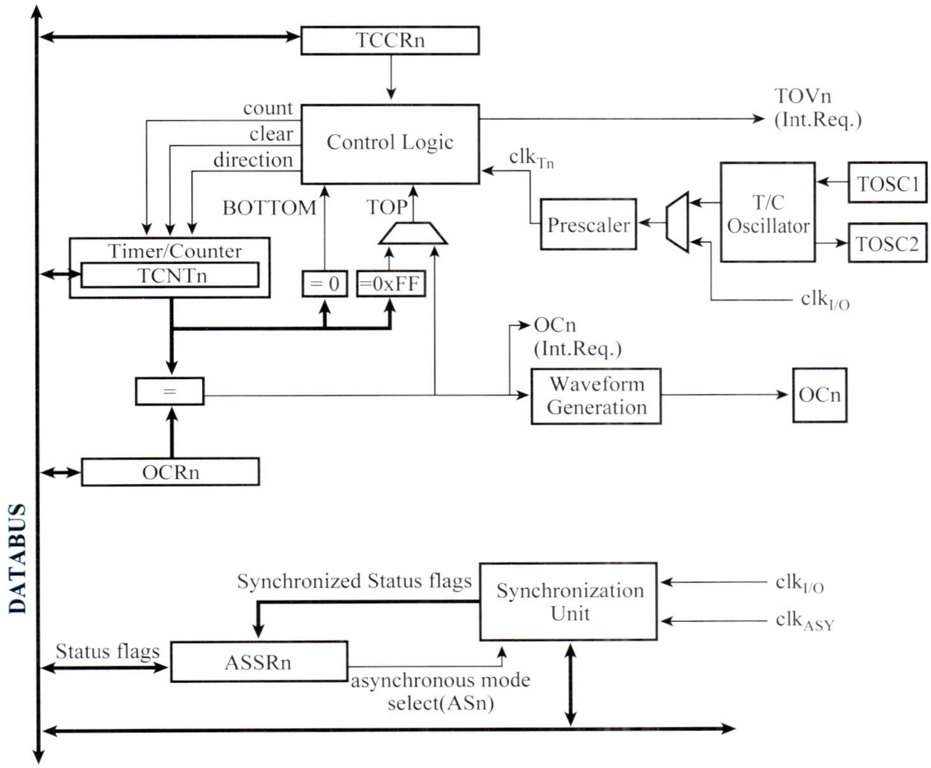

그림 9-1 8비트 타이머/카운터0 블록도

타이머/카운터는 내부의 클럭을 사용하거나 외부 클럭핀 TOSC1/2를 사용하여 동작한다. 외부 클럭을 사용하기 위해서는 비동기 상태레지스터 ASSR의 AS0 비트에 '1'을 써준다.

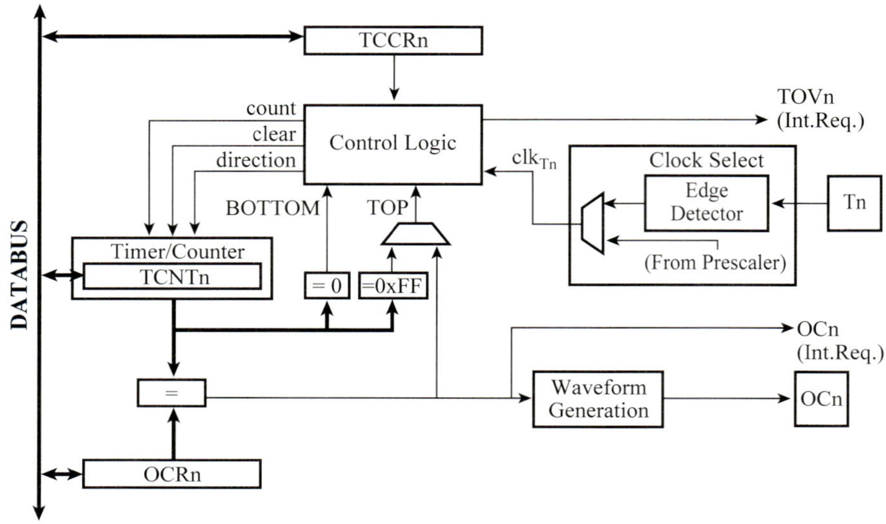

그림 9-2 타이머/카운터2 블록도

출력 비교 레지스터 OCR0은 항상 타이머/카운터 값과 비교된다. 이 비교된 결과는 PWM 이나 다양한 주파수 출력을 출력 핀 OC0에 파형을 발생시키는데 사용될 수 있다. 출력 일치 이벤트는 플래그 OCF0가 '1'로 되어서 출력 비교인터럽트 요청신호로 사용될 수 있다.

1. 타이머/카운터 클럭 소스

타이머/카운터는 내부의 동기화된 클럭을 사용하거나 외부에서 지정된 핀으로 들어오는 비동기 클럭을 사용한다. 그림 9-3에서 보여지는 바와 같이 입력 클럭인 clk_{TO}는 초기에는 MCU 클럭인 $clk_{I/O}$와 같다. ASSR 레지스터의 AS0 비트를 1로 설정하면 TOSC1, TOSC2에 연결된 오실레이터에서 공급받는다.

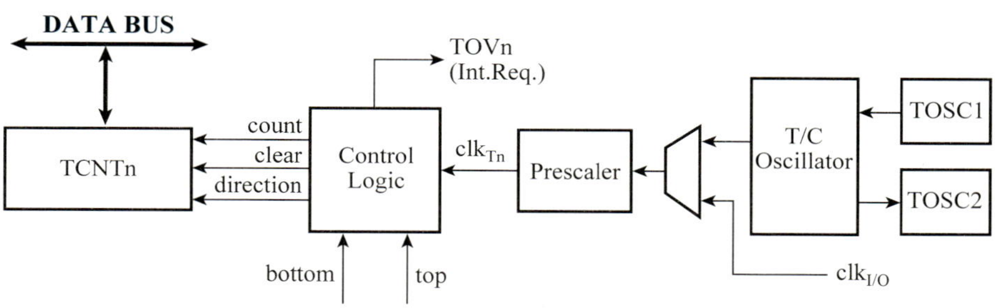

그림 9-3 타이머/카운터0 모듈 블록도

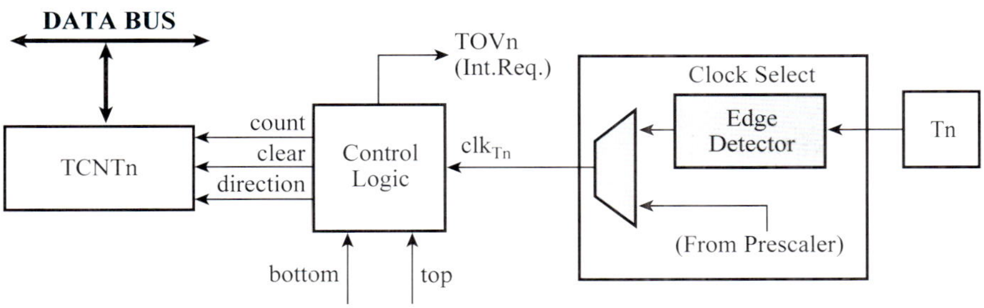

그림 9-4 타이머/카운터2 모듈 블록도

그림 9-3과 그림 9-4는 양방향 카운터 TCNTn과 주변 블록도를 나타낸다.

내부신호선 설명

- Count: TCNT0 클럭에 의해 TCNT0을 증가 또는 감소시킨다.
- Clear: TCNT0를 0으로 지운다.
- Direction: TCNT0을 증가시킬 것인지 감소시킬 것인지 결정
- clk_{T0}: 타이머/카운터 클럭
- TOP: TCNT0이 최대값(0xFF)이 되었음을 제어로직부에 알려준다.
- BOTTOM: 이 최소값(0x00)이 되었음을 제어로직부에 알려준다.

카운터는 동작모드에 따라서 타이머 클럭 clk_{T0}에 따라서 지우기, 증가, 감소의 동작을 한다. clk_{T0}는 외부 또는 내부클럭 소스에 의해 발생된다. 내부클럭을 사용할지, 외부클럭을 사용할지는 클럭선택 비트 CS02:0으로 결정한다. CS02:0을 000으로 설정하면 클럭은 발생하지 않는다. CPU에서는 clk_{T0}이 있든 없든 TCNT0 레지스터를 읽거나 쓸 수 있다.

타이머/카운터 오버플로우 플래그 TOV0은 WGM01:0에 의해 설정된 동작모드에 따라 결정된다. TOV0은 CPU 인터럽트 발생에 사용될 수 있다.

2. 출력 비교기

입력클럭 clk_{Tn}에 의해 TCNTn 레지스터 값이 변하고 이 값이 OCRn 값과 비교하여 그 값이 같으면 OCFn 비트가 1이 된다. 만일 OCIEn이1 이면 비교일치 인터럽트가 발생하고 인터럽트 처리 루틴이 실행되면서 OCFn이 0으로 지워진다. 또한 TCCR0의 WGM01:0과 COM01:0이 OCn핀에 파형이 출력되도록 설정되었다면 OCn핀으로 PWM 파형이 나온다.

PWM 모드에서는 OCRn 값이 이중구조로 되어 있어서 TCNTn 값이 최대값(TOP) 또는 최소값(BOTTOM)이 되었을 때 갱신되어 PWM 펄스에 글리치(glitch)가 생기지 않게 한다. 그러나 일반모드나 CTC 모드에서는 이중구조로 동작하지 않는다.

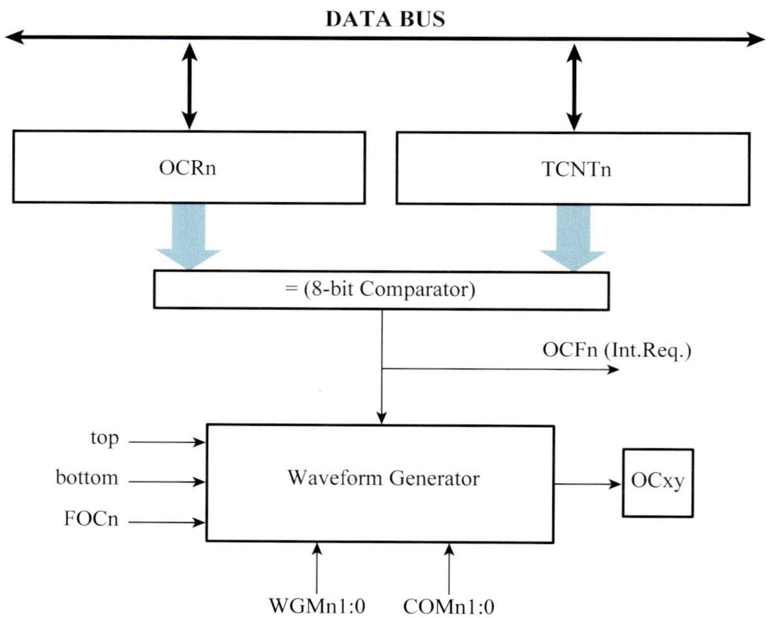

그림 9-5 타이머/카운터0,2의 출력 비교기 블록도

3. 비교일치 출력 모듈

비교일치 출력부는 COM01:0 설정에 따라 2가지 기능을 한다. COM01:0이 모두 0일 때에는 포트가 일반 입출력 포트로 동작하고, 둘 중 하나라도 1이면 OCn 레지스터의 출력 신호가 핀으로 나간다. OCn 단자 앞에 3상태 버퍼가 있어서, 포트의 방향지정 레지스터인 DDR을 출력으로 설정해야 OCn 신호가 핀으로 출력된다.

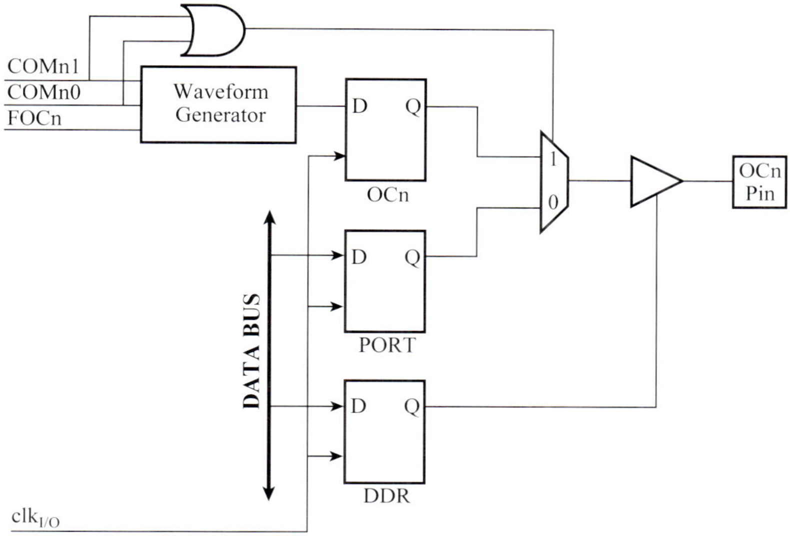

그림 9-6 타이머/카운터0,2 비교매치 출력

파형 발생기는 일반모드, CTC, PWM 모드 등 동작모드에 따라 다르게 동작한다. COM01:0=00이 되어 일반모드에서는 OCn핀은 범용 입출력 핀으로 사용되고, 그 외의 모드에서는 OCn핀이 표 9-2, 표 9-3, 표 9-4와 같이 동작한다.

파형발생기는 각 동작모드마다 COM01:0 설정에 따라 다르게 동작한다. COM01:0 설정 방법은 '9-4 타이머/카운터 레지스터'에서 자세히 설명하기로 한다.

9-2 타이머/카운터 동작모드

타이머/카운터0,2의 동작모드는 일반모드, CTC 모드, 고속 PWM 모드, 위상정정 PWM 모드 등 4종류의 동작모드가 있다. 동작모드는 TCCRn 레지스터의 WGMn1:0 비트에 의해 결정되고, 각 동작모드에 따른 출력 파형의 형태는 COMn1:0 비트에 의해 결정된다.

1. 일반모드

동작모드 중에서 가장 단순한 동작으로 WGMn1:0=0:0일 때 동작한다. TCNTn은 정해진 값에서 클럭이 입력될 때마다 1씩 증가하여 최대값, 255(0xFF)를 넘으면 0(0x00)이 되면서 오버플로우 인터럽트를 발생(TOVn=1)시킨다. 이 때 TOIEn=1, SREG.I=1이면 인터럽트 처리 루틴을 실행하면서 TOVn 비트를 지운다.

일반모드를 사용하여, 일정한 주기로 인터럽트가 발생하도록 동작시키고 싶을 때는 인터럽트 처리 루틴에 진입하는 즉시 TCNTn 레지스터에 원하는 값을 써넣는다. 일반모드에서는 OCn핀이 끊어진 상태가 되어 파형을 내보내지 않는다.

2. CTC 모드(Clear Timer on Compare match Mode)

CTC 모드는 WGMn1:0=1:0일 때 동작하여, TCNTn값이 0부터 시작하여 증가하다가 OCRn값과 같게 되면 0으로 지워지는 동작을 반복한다. 즉 TCNTn값은 0에서 증가하여 OCRn값까지 반복하는 것으로 그림 9-7과 같다.

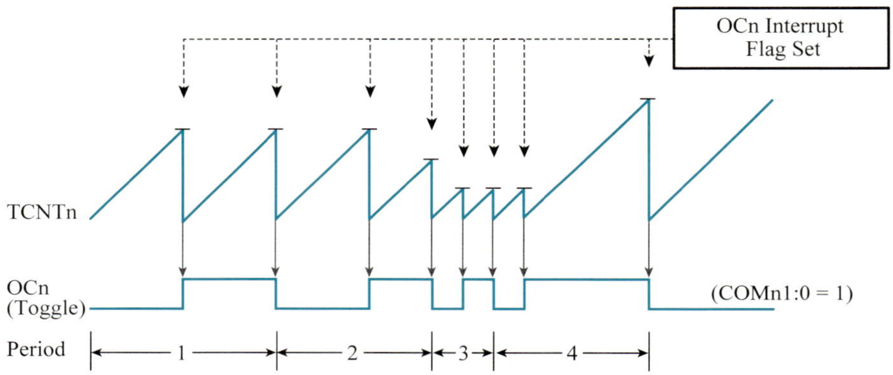

그림 9-7 CTC 모드 타이밍도

TCNTn, OCRn은 8비트이므로 0~255 범위의 값을 가진다. TCNTn값과 OCRn값이 같으면 OCn핀으로 파형이 출력되고 다음 클럭에 TCNTn이 0이 될 때 OCFn=1이 되면서 출력 비교일치 인터럽트가 발생한다. OCIEn=1로 설정되어 있다면 출력 비교일치 인터럽트 처리 루틴이 실행된다.

CTC 모드 동작 중에 OCRn값을 TCNTn값보다 작은 값으로 바꾸면 TCNTn은 255까지 증가한 후 다시 0부터 하나씩 증가하면서 OCRn값과 비교해 나간다.

CTC 모드에서 COMn1:0=0:1로 하여 토글모드 동작으로 설정하면 OCn핀으로 파형이 출력된다. 파형의 주기는 다음과 같다.

$$f_{OCn} = f_{clk\_I/O} / (2 \cdot N + (1 + OCRn))$$

여기서 N은 분주비이고 (1,8,32,64,128,256,1024)값 중 하나이고 $f_{clk_I/O}$는 시스템 클럭 주파수이다. 파형의 최대주파수는 N=1, OCRn=0일 때 $f_{OCn} = f_{clk_I/O} / 2$이다. OCn핀으로 파형이 나가기 위해서는 PB4(OC0), PB7(OC2)를 출력으로 설정해야 한다.

3. 고속 PWM 모드

고속 PWM 모드(WGMn1:0=1:1)에서는 OCn핀으로 높은 주파수의 PWM 파형을 내보낼 수 있다. TCCRn의 COMn1:0이 [1:0]일 때의 고속 PWM 모드 동작이 그림 9-8에 나타나 있다.

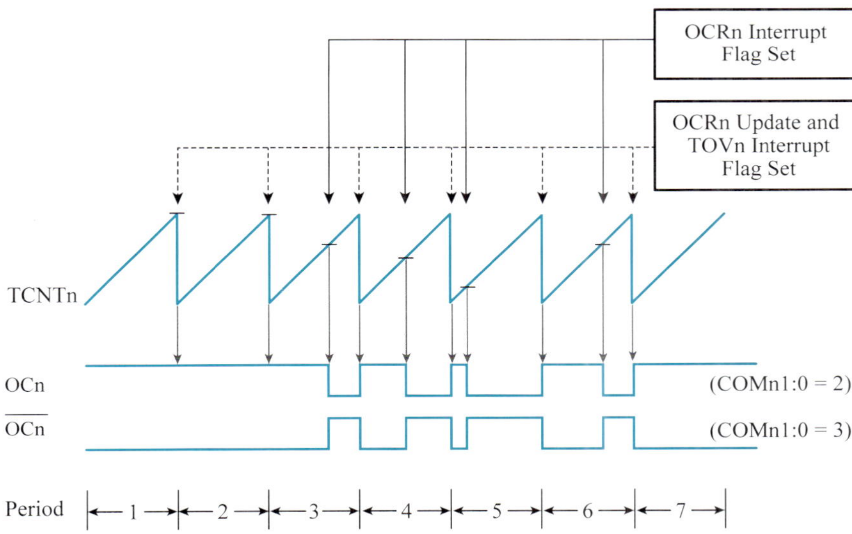

그림 9-8 고속 PWM 모드 타이밍도

TCNTn값이 증가하여 OCRn값과 같으면 OCn에 0이 출력되고 계속 증가하여 255에서 0으로 될 때 OCn에 1이 출력된다. OCRn값을 0~255 범위 내에서 변화시키면 OCn핀으로 출력되는 PWM 파형의 펄스폭을 가변시킬 수 있다. TCCRn의 COMn1:0을 [1:1]로 하면 OCn핀에 반전된 PWM 파형을 출력한다.

고속 PWM 동작을 하는 동안 2개의 인터럽트가 발생한다. TCNTn값이 증가하여 OCRn값과 같으면 TIFR의 OCFn=1이 되어 OCIEn=1로 설정되었다면 출력 비교일치 인터럽트가 발생한다. 또한 계속 증가하여 255에서 0으로 될 때 TIFRn의 TOVn=1이 되어 TOIEn=1로 설정되었다면 오버플로우 인터럽트가 발생한다.

고속 PWM 모드에서 OCn핀으로 출력되는 파형의 주기는 다음과 같다.

$$f_{OCnFPWM} = f_{clk\_I/O} / (N + (1 + 255)) = f_{clk\_I/O} / (N + 256)$$

여기서 N은 분주비이고 (1,8,32,64,128,256,1024)값 중 하나이고 $f_{clk_I/O}$는 시스템 클럭 주파수이다. OCn핀으로 파형이 나가기 위해서는 PB4(OC0), PB7(OC2)를 출력으로 설정해야 한다.

4. 위상정정 PWM 모드

위상정정 PWM 모드(WGMn1:0=0:1)는 높은 분해능의 PWM 출력 파형을 발생시킬 수 있다. 이 동작모드는 TCNTn 레지스터의 값이 0에서 255까지 증가한 후에 다시 255에서 0으로 감소하는 동작을 반복한다. 그림 9-9는 위상정정 PWM 모드의 타이밍도이다.

COMn1:0=1:0으로 설정하면 비반전 출력 비교모드로 동작한다. 먼저, 업카운터로 동작하는 부분에서는 TCNTn값이 증가하여 OCRn값과 같으면 OCn에 0이 출력되고, 반대로 다운카운터로 동작하는 부분에서는 TCNTn값이 255부터 감소하여 OCRn값과 같으면 OCn에 1이 출력된다.

위상정정 PWM 동작을 하는 동안 2개의 인터럽트가 발생한다. TCNTn값이 증가하여 OCRn값과 같으면 TIFR의 OCFn=1이 되어 OCIEn=1로 설정되었다면 출력 비교일치 인터럽트가 발생한다. 또한 다운카운터 부분에서 TCNTn값이 0으로 될 때 TIFRn의 TOVn=1이 되어 TOIEn=1로 설정되었다면 오버플로우 인터럽트가 발생한다.

COMn1:0=1:1로 설정하면 OCn핀에 반전 출력 비교모드로 동작한다.

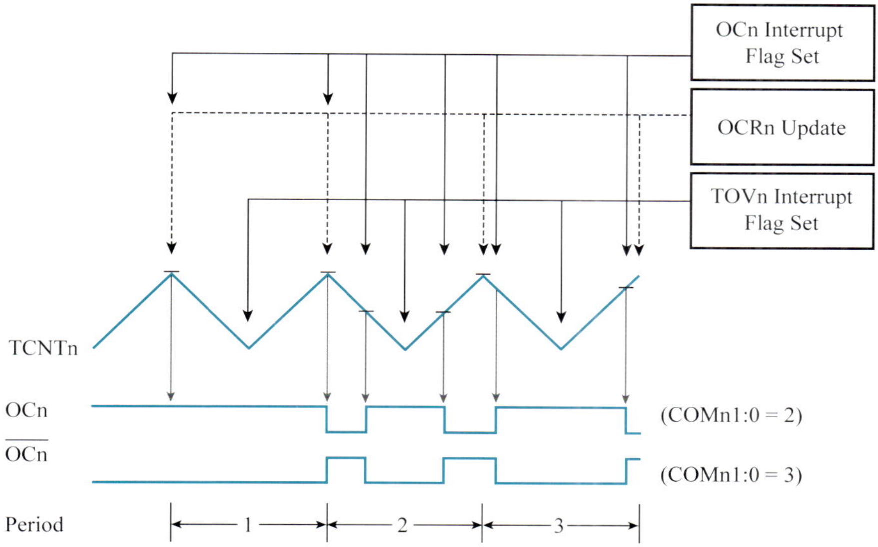

그림 9-9 위상정정 PWM 모드 타이밍도

위상정정 PWM 모드에서 OCn핀으로 출력되는 파형의 주기는 다음과 같다.

$$f_{OCnPCPWM} = f_{clk\_I/O} / (2 \cdot N \cdot 255) = f_{clk\_I/O} / (N \cdot 510)$$

여기서 N은 분주비로서 (1,8,32,64,128,256,1024)값 중 하나이고 $f_{clk_I/O}$는 시스템 클럭 주파수이다. OCn핀으로 파형이 나가기 위해서는 PB4(OC0), PB7(OC2)를 출력으로 설정해야 한다.

그림 9-9를 보면, 두 번째 주기 시작점에서 비교일치가 되지 않았지만 OCn핀이 1에서 0으로 바뀌었다. 이것은 TCNTn이 0이 되는 부분에서 좌우 대칭을 보장하기 위한 것이다. 다음과 같은 2가지 경우에는 비교일치와 무관하게 OCn핀의 상태가 바뀐다.

- OCRn 레지스터의 값은 TCNTn이 증가하여 255가 될 때 바뀐다. 그런데 바뀔 OCRn 값이 255이라면 OCn핀 파형의 좌우 대칭을 보장하기 위해 OCn핀 상태를 무조건 0으로 만든다.
- TCNTn 레지스터의 값이 OCRn 레지스터의 값보다 더 큰 값부터 증가하는 경우 비교일치를 놓치게 된다. 이런 경우에 OCn핀 상태를 무조건 0으로 만든다. 반대로,

TCNTn 레지스터의 값이 OCRn 레지스터의 값보다 더 작은 값부터 감소하는 경우에도 비교일치를 놓치게 된다. 이때는 OCn핀 상태를 무조건 1으로 만든다.

9-3 타이머/카운터 타이밍도

그림 9-10, 그림 9-11은 동기모드에서 타이머/카운터의 동작을 나타낸다. 그림 9-10은 TCNTn 레지스터 값이 증가하여 255에서 0으로 변할 때 오버플로우 인터럽트 플래그 TOVn이 1이 됨을 보여주고 있다. 그림 9-11은 분주비가 8인 경우로, 입력클럭을 8분주한 클럭에 의해 TCNTn 레지스터 값이 증가하는 것을 볼 수 있다.

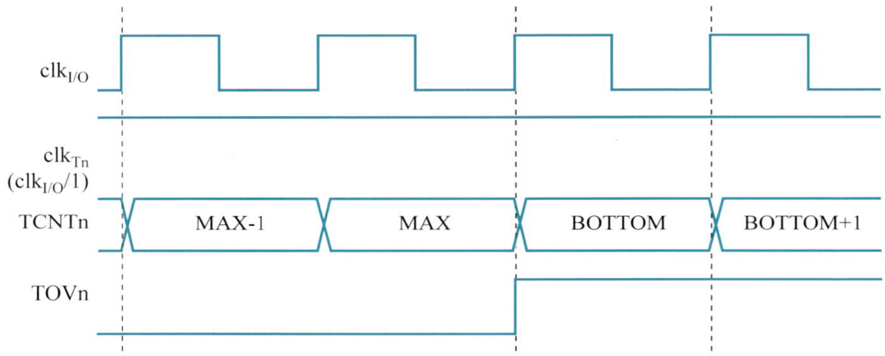

그림 9-10 분주비=1일 때 타이머/카운터 타이밍도(MAX=255, BOTTOM=0)

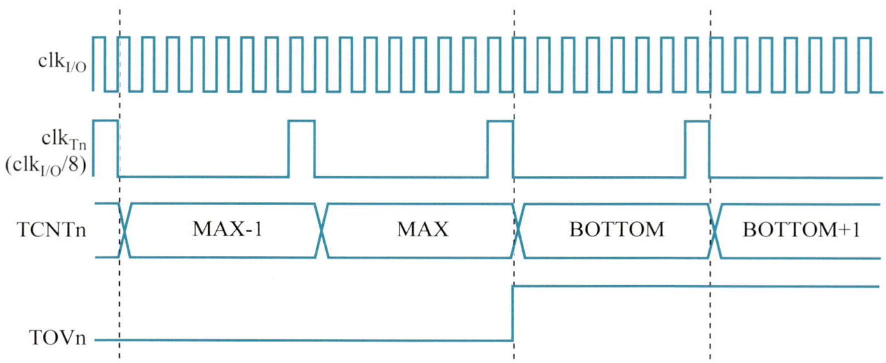

그림 9-11 분주비=8일 때 타이머/카운터 타이밍도(MAX=255, BOTTOM=0)

그림 9-12는 일반모드, 고속 PWM 모드, 위상정정 PWM 모드에서 TCNTn이 증가하여 OCRn과 같을 때 OCFn=1이 되어 출력비교일치 인터럽트가 발생하는 것을 보여준다. OCFn=1이 된 후에도 TCNTn값은 255가 될 때까지 계속 증가한다.

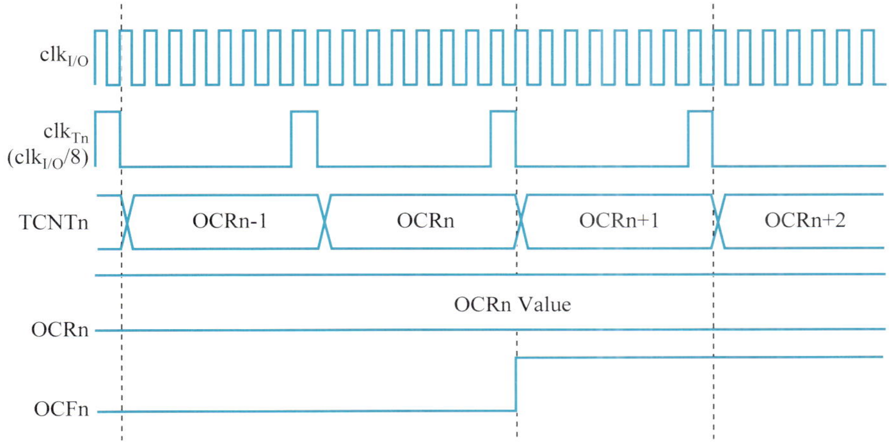

그림 9-12 분주비=8일 때 OCFn=1이 되는 타이머/카운터 타이밍도
(일반모드, 고속 PWM 모드, 위상정정 PWM 모드의 경우)

그림 9-13은 CTC 모드에서 TCNTn이 증가하여 OCRn과 같을 때 OCFn=1이 되어 출력비교일치 인터럽트가 발생하는 것을 보여준다. CTC 모드에서는 TCNTn값이 OCRn값과 같아져서 OCFn=1이 된 후 TCNTn값은 0이 된다.

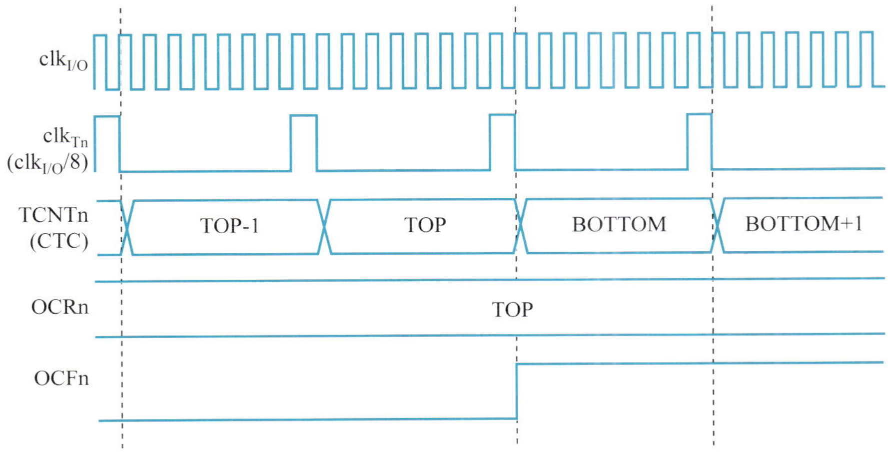

그림 9-13 분주비=8일 때 OCFn=1이 되는 타이머/카운터 타이밍도(비교일치(CTC) 모드)

9-4 타이머/카운터 레지스터

1. 타이머/카운터 제어 레지스터 TCCR0

Bit	7	6	5	4	3	2	1	0	
	FOC0	WGM00	COM01	COM00	WGM01	CS02	CS01	CS00	TCCR0
Read/Write	W	R/W	R/W	R/W	R/W	R/W	R/W	R/W	
Initial Value	0	0	0	0	0	0	0	0	

- 비트7 FOC0(Force Output Compare): 일반모드나 CTC 모드에서 FOCn=1이면 OCn 핀에 COMn1:0 설정에 의한 출력 비교일치 신호를 강제로 내보낸다.
- 비트6,3 WGM0[1:0] (Waveform Generation Mode): 표 9-1과 같이 4가지 동작 모드 중 하나를 설정한다.

표 9-1 파형 발생 모드 비트

모드	WGM01[주1)] (CTC0)	WGM00[주1)] (PWM0)	타이머/카운터 동작모드	TOP	OCR0 갱신 시점	TOV0=1 되는 시점
0	0	0	일반	0xFF	쓰는 즉시	MAX
1	0	1	PWM, 위상보정	0xFF	TOP	BOTTOM
2	1	0	CTC	OCR0	쓰는 즉시	MAX
3	1	1	고속PWM	0xFF	BOTTOM	MAX

– 주1) 이제부터는 CTC0, PWM0 대신 WGM01:0을 사용하기로 한다.

- 비트5:4 COM0[1:0] (Compare Match Output Mode): OCn핀의 동작을 결정한다. OCn핀은 출력 핀으로 사용되기 때문에 방향지정 레지스터(DDR)의 해당비트를 출력으로 설정한다. 표 9-2는 PWM 모드가 아닌 경우, 표 9-3은 고속 PWM 모드의 경우, 표 9-4는 위상정정 PWM 모드의 경우 OCn핀 동작을 나타낸다.

표 9-2 PWM 모드가 아닌 경우의 비교 출력 모드

COM01	COM00	동작 설명
0	0	일반 포트 동작, OC0는 연결되지 않는다.
0	1	비교매치가 발생하면 OC0핀 출력이 토글링된다.

1	0	비교매치가 발생하면 OC0핀 출력이 0이 된다.
1	1	비교매치가 발생하면 OC0핀 출력이 1이 된다.

표 9-3 고속 PWM 모드의 비교 출력 모드

COM01	COM00	동작 설명
0	0	일반 포트 동작, OC0는 연결되지 않는다.
0	1	–
1	0	비교매치가 발생하면 OC0핀 출력이 0이 되고 BOTTOM에서 1이 된다. (무반전 모드)
1	1	비교매치가 발생하면 OC0핀 출력이 1이 되고 BOTTOM에서 0이 된다. (반전 모드)

표 9-4 위상정정 PWM 모드의 비교 출력 모드

COM01	COM00	동작 설명
0	0	일반 포트 동작, OC0는 연결되지 않는다.
0	1	–
1	0	업카운팅에서 비교매치가 발생하면 OC0핀 출력이 0이 되고 다운카운팅에서 비교매치가 발생하면 OC0핀 출력이 1이 된다.
1	1	업카운팅에서 비교매치가 발생하면 OC0핀 출력이 1이 되고 다운카운팅에서 비교매치가 발생하면 OC0핀 출력이 0이 된다.

- 비트2:0 CS0[2:0] (Clock Select): 타이머/카운터의 분주비를 결정한다. 칩 내부의 $clk_{I/O}$를 사용하는 카운터 동작으로 설정할 때는 ASSR 레지스터의 AS비트에 0을 쓴다.

표 9-5 클럭 선택 비트

CS02	CS01	CS00	클럭
0	0	0	클럭은 발생하지 않는다(타이머/카운터 정지).
0	0	1	clk_{TOS}
0	1	0	$clk_{TOS}/8$
0	1	1	$clk_{TOS}/32$
1	0	0	$clk_{TOS}/64$

1	0	1	$clk_{TOS}/128$
1	1	0	$clk_{TOS}/256$
1	1	1	$clk_{TOS}/1024$

2. 타이머/카운터 레지스터 TCNT0

Bit	7	6	5	4	3	2	1	0	
	TCNT0[7:0]								TCNT0
Read/Write	R/W	R/W	R/W	R/W	R/W	R/W	R/W	R/W	
Initial Value	0	0	0	0	0	0	0	0	

입력 펄스를 카운트하는 레지스터로서 읽기/쓰기가 가능하다. 카운터가 동작하고 있을 때 새로운 값을 쓰면 TCNT0와 OCR0 사이의 비교일치가 일어나지 않을 수도 있다.

3. 출력 비교 레지스터 OCR0

Bit	7	6	5	4	3	2	1	0	
	OCR0[7:0]								OCR0
Read/Write	R/W	R/W	R/W	R/W	R/W	R/W	R/W	R/W	
Initial Value	0	0	0	0	0	0	0	0	

TCNT0 레지스터 값과 비교하는 값을 저장한다. OCR0값과 TCNT0값을 비교하여 두 값이 같을 때 OC0핀으로 설정된 파형이 출력된다.

9-5 타이머/카운터의 비동기 동작

1. 비동기 상태 레지스터 ASSR

Bit	7	6	5	4	3	2	1	0	
	-	-	-	-	AS0	TCN0UB	OCR0UB	TCR0UB	ASSR
Read/Write	R	R	R	R	R/W	R	R	R	
Initial Value	0	0	0	0	0	0	0	0	

• 비트3 : AS0(Asynchronous Timer/Counter0)

클럭소스를 선택하는 비트이다. AS0=0이면 내부 클럭 $clk_{I/O}$를 사용하고 AS0=1이면 TOSC1핀으로 입력되는 클럭을 타이머/카운터의 클럭으로 사용한다. AS0 비트가 바뀌면 TCNT0, OCR0, TCCR0 레지스터의 값이 변할 수 있으므로 주의해야 한다.

• 비트 2 : TCN0UB(Timer/Counter0 Update Busy)

타이머/카운터가 비동기 동작, 즉 카운터로 동작할 때 TCNT0 레지스터에 데이터를 쓰면 이 비트가 1이 된다. 내부의 임시 저장 레지스터를 거쳐 TCNT0 레지스터로 갱신이 완료되면 0으로 지워진다. 이 비트는 TCNT0 레지스터에 새로운 데이터를 쓸 수 있는지 판단하는데 사용한다.

• 비트1 : OCR0UB(Output Compare Register0 Update Busy)

타이머/카운터가 비동기 동작, 즉 카운터로 동작할 때 OCR0 레지스터에 데이터를 쓰면 이 비트가 1이 된다. 내부의 임시 저장 레지스터를 거쳐 OCR0 레지스터로 갱신이 완료되면 0으로 지워진다. 이 비트는 OCR0 레지스터에 새로운 데이터를 쓸 수 있는지 판단하는데 사용한다.

• 비트0 : TCR0UB(Timer/Counter Control Register0 Update Busy)

타이머/카운터가 비동기 동작, 즉 카운터로 동작할 때 TCCR0 레지스터에 데이터를 쓰면 이 비트가 1이 된다. 내부의 임시 저장 레지스터를 거쳐 TCCR0 레지스터로 갱신이 완료되면 0으로 지워진다. 이 비트는 TCCR0 레지스터에 새로운 데이터를 쓸 수 있는지 판단하는데 사용한다.

2. 타이머/카운터0의 비동기 동작

타이머/카운터0이 비동기 동작을 할 때 다음과 같은 사항을 고려하여야 한다.

• 비동기동작(카운터 동작)과 동기동작(타이머 동작)을 변환할 때 클럭소스의 변화로 인해 TCNT0, OCR0, TCCR0값이 변할 수 있으므로 아래의 순서대로 변환하는 것이 좋다.

1. TIMSK 레지스터의 OCIE0=0, TOIE0=0으로 하여 타이머/카운터0 인터럽트를 금지시킨다.
2. AS0로 원하는 클럭 소스를 선택한다.

3. TCNT0, OCR0, TCCR0 레지스터에 원하는 값을 쓴다.
4. ASSR 레지스터의 TCN0UB, OCR0UB, TCR0UB 비트가 0이 될 때까지 기다린다.
5. 타이머/카운터0 인터럽트 비트, TIFR의 OCF0과 TOV0을 0으로 지운다.
6. 인터럽트를 허용하려면 TIMSK레지스터의 OCIE0=1, TOIE0=1으로 한다.

- 카운터로 사용할 때는 외부 클럭 TOSC1을 사용한다. TOSC1은 시계용 클럭인 32.768KHz를 사용하도록 최적화되어 있으므로 CPU 클럭은 4배 이상의 오실레이터 주파수를 사용해야 한다.

- 어떤 값을 TCNT0, OCR0, TCCR0에 쓰면 각 레지스터에 딸린 임시 레지스터를 거쳐 두 클럭 후에 최종 목적지에 들어간다. 그러므로 임시 레지스터의 값이 목적지에 도달하기 전에 새로운 데이터를 쓰면 안 된다. 최종 목적지에 도달했는지 여부는 ASSR 레지스터의 비트2~0을 검사하면 알 수 있다.

- 절전모드나 확장대기모드로 있을 때 타이머/카운터0을 CPU가 깨어나도록 하는 기능으로 사용할 때는 TCNT0, OCR0, TCCR0에 임의의 값을 쓰고 절전모드나 확장대기모드로 들어가기 전에 반드시 최종 목적지의 데이터가 갱신되었는지 확인하여야 한다. 특히 TCNT0이나 OCR0에 데이터를 쓸 때는 출력비교 기능이 금지되기 때문에 출력비교 인터럽트를 CPU가 깨어나는 용도로 사용할 때는 주의해야 한다. 쓰기 과정이 완전히 끝나지 않은 상태, 즉 OCR0UB 비트가 0이 되지 않은 상태에서 MCU가 슬립모드로 들어가면 비교일치 인터럽트를 받을 수 없게 되어 MCU는 깨어나지 못한다.

- 절전모드나 확장대기모드에서 타이머/카운터0으로 인해 깨어나서 다시 슬립모드로 들어갈 때 주의할 점이 있다. 인터럽트가 발생하기 위해서는 최소한 1개의 TOSC1 클럭이 필요하다. 만일 MCU가 깨어나서 다시 슬립모드로 들어가는 시간이 1개의 TOSC1 클럭 이내라면 인터럽트가 발생하지 않는다. 이런 문제로, 슬립모드로 다시 들어가기 전에 1개의 TOSC1 클럭 시간이 확실히 경과하였는지 확인하기 위해 다음과 같은 방법을 사용한다.

1. TCNT0, OCR0, TCCR0에 값을 쓴다.
2. ASSR 레지스터의 해당하는 BUSY 플래그가 0이 되었는지 확인한다.
3. 절전모드나 확장대기모드로 들어간다.

• 비동기 동작에서는 절전모드나 확장대기모드를 제외하고 항상 32.768KHz 오실레이터가 동작한다. 전원이 공급되거나 대기모드에서 깨어나면 오실레이터가 안정적으로 동작되기까지 1초 정도 걸린다. 그래서 사용자는 1초 정도 기다려 줘야 한다. 그 사이 TCNT0값은 쓸모없는 데이터이므로 버리고 내부 오실레이터나 TOSC1으로 들어오는 클럭 신호가 안정화된 후 TCNT0값을 읽어야 한다. TCNT0값을 정확히 읽기 위해서 다음과 같은 방법을 권한다.

1. OCR0이나 TCCR0에 임의의 값을 쓴다.
2. 갱신 BUSY 플래그가 0이 될 때까지 기다린다.
3. TCNT0값을 읽는다.

• 슬립모드에 있는 상태에서 인터럽트가 발생하면 이어지는 클럭 사이클에서 깨어나기 시작한다. 타이머는 프로세서가 카운터 값을 읽기 전에 최소한 1클럭 앞서 나간다. MCU는 깨어나면 4사이클 동안 동작을 멈추고 인터럽트 처리 루틴을 실행한 후 SLEEP 명령어 이후부터 진행해 나간다.

3. 타이머/카운터0 인터럽트 마스크 레지스터 TIMSK

Bit	7	6	5	4	3	2	1	0	
	OCIE2	TOIE2	TICIE1	OCIE1A	OCIE1B	TOIE1	OCIE0	TOIE0	TIMSK
Read/Write	R/W	R/W	R/W	R/W	R/W	R/W	R/W	R/W	
Initial Value	0	0	0	0	0	0	0	0	

• 비트1 : OCIE0(Timer/Counter0 Output Compare Match Interrupt Enable)
OCIE0=1, SREG의 I=1이면 출력 비교일치 인터럽트가 허용된다. 이 상태에서 TCNT0값과 OCR0값을 비교하여 같으면 TIFR의 OCF0 비트가 1이 되고 출력비교 일치 인터럽트 처리 루틴이 실행된다.

• 비트0 : TOIE0(Timer/Counter0 Overflow Interrupt Enable)
TOIE0=1, SREG의 I=1이면 오버플로우 인터럽트가 허용된다. 이 상태에서 타이머/카운터의 오버플로우가 발생하면 TIFR의 TOV0 비트가 1이 되고 오버플로우 인터럽트 처리 루틴이 실행된다.

4. 타이머/카운터0 인터럽트 플래그 레지스터 TIFR

Bit	7	6	5	4	3	2	1	0	
	OCF2	TOV2	ICF1	OCF1A	OCF1B	TOV1	OCF0	TOV0	TIFR
Read/Write	R/W	R/W	R/W	R/W	R/W	R/W	R/W	R/W	
Initial Value	0	0	0	0	0	0	0	0	

- 비트1 : OCF0(Output Compare Flag 0)

TCNT0값과 OCR0값을 비교하여 같으면 TIFR의 OCF0 비트가 1이 되고 출력비교 일치 인터럽트 처리 루틴이 실행되면서 자동으로 지워진다.

- 비트0 : TOV0(Timer/Counter0 Overflow Flag)

타이머/카운터의 오버플로우가 발생하면 TIFR의 TOV0 비트가 1이 되고 오버플로우 인터럽트 처리 루틴이 실행되면서 자동으로 지워진다.

9-6 타이머/카운터 프리스케일러

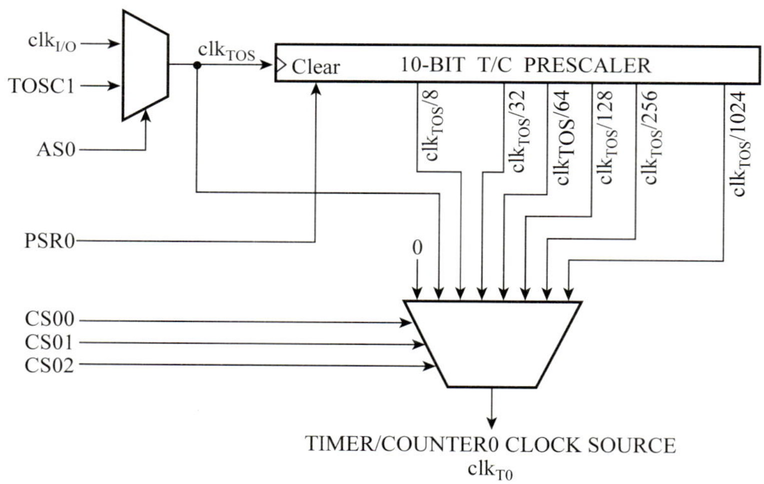

그림 9-14 타이머/카운터0 프리스케일러

클럭 소스 clk$_{T0}$는 전원을 공급한 초기 상태에서는 clk$_{I/O}$에 바로 연결된다. ASSR 레지스터의 AS0을 1로 설정하면 타이머/카운터0은 비동기 동작, 즉 카운터로 동작하여 TOSC1

로부터 클럭을 공급받는다. 이 동작에서는 TOSC1과 TOSC2 사이에 독립적인 클럭 소스인 32.768KHz 크리스탈을 연결하여 RTC(Real Time Clock)로 사용하기에 적합하다.

타이머/카운터의 분주비로 (1,8,32,64,128,256,1024)값 중 하나를 선택하여 사용한다. 분주비를 선택하는 비트는TCCR0 레지스터의 CS02:00 비트이다. SFIOR 레지스터의 PSR0 비트를 1로 설정하면 프리스케일러가 리셋된다.

1. 특수 기능 입출력 레지스터 SFIOR

Bit	7	6	5	4	3	2	1	0	
	TSM	-	-	-	ACME	PUD	PSR0	PSR321	SFIOR
Read/Write	R/W	R	R	R	R/W	R/W	R/W	R/W	
Initial Value	0	0	0	0	0	0	0	0	

● 비트7 : TSM(Timer/Counter Synchronization Mode)

TSM 비트는 MCU 내부에 있는 여러 개의 타이머/카운터를 임의의 값으로 설정하고 동시에 카운팅을 시작하고자 할 때 사용한다. TSM=1로 만들고 PSR0=1, PSR321=1로 설정하면 프리스케일러를 리셋으로 유지하여 타이머/카운터가 멈춘다. 이 상태에서 여러 개의 타이머/카운터에 원하는 값을 쓰고 TSM 비트를 지우면 PSR0, PSR321 비트가 하드웨어적으로 지워지면서 타이머/카운터가 동시에 카운팅을 시작한다.

● 비트1 : PSR0(Prescaler Reset Timer/Counter0)

이 비트가 1이면 프리스케일러가 리셋되면서 즉시 하드웨어적으로 지워진다. 만일 비동기 동작에서 이 비트에 1을 쓰면 프리스케일러가 리셋될 때까지 1을 유지한다. PSR0 비트는 TSM 비트가 1이면(동기 모드로 동작하면) 하드웨어에 의해 지워지지 않는다.

9-7 8비트 타이머/카운터2와 PWM

1. 타이머/카운터 제어 레지스터 TCCR2

Bit	7	6	5	4	3	2	1	0	
	FOC2	WGM20	COM21	COM20	WGM21	CS22	CS21	CS20	TCCR2
Read/Write	W	R/W	R/W	R/W	R/W	R/W	R/W	R/W	
Initial Value	0	0	0	0	0	0	0	0	

• 비트7 FOC2(Force Output Compare): FOC2 비트는 PWM 모드가 아닌 경우에만 동작한다. 일반모드나 CTC 모드에서 FOC2=1이면 OC2핀에 COM21:0 설정에 의한 출력 비교일치 신호를 강제로 내보낸다.

• 비트6,3 WGM2[1:0] (Waveform Generation Mode): 이 비트는 카운터의 카운팅 방법, TOP 카운터값의 소스, 파형발생 모드 등을 설정하는데 사용한다. 동작 모드는 표 9-6과 같이 4가지 모드 중 하나를 설정한다.

표 9-6 파형발생모드 비트

모드	WGM21 (CTC2)	WGM20 (PWM2)	타이머/카운터 동작모드	TOP	OCR2 갱신 시점	TOV2=1 되는 시점
0	0	0	일반	0xFF	쓰는 즉시	MAX
1	0	1	PWM, 위상보정	0xFF	TOP	BOTTOM
2	1	0	CTC	OCR2	쓰는 즉시	MAX
3	1	1	고속PWM	0xFF	BOTTOM	MAX

• 비트5:4 COM2[1:0] (Compare Match Output Mode): OC2핀의 동작을 결정한다. COM21:0비트 설정에 의해 OC2핀이 출력으로 사용된다면 방향지정 레지스터(DDR)의 해당비트를 출력으로 설정하여야 한다. 표 9-7은 PWM 모드가 아닌 경우, 표 9-8은 고속 PWM 모드의 경우, 표 9-9는 위상정정 PWM 모드의 경우 OCn핀 동작을 나타낸다.

표 9-7 비교출력 모드(Non-PWM 모드)

COM01	COM00	동작 설명
0	0	일반 포트 동작, OC2는 연결되지 않는다.
0	1	비교매치가 발생하면 OC2핀 출력이 토글링된다.
1	0	비교매치가 발생하면 OC2핀 출력이 0이 된다.
1	1	비교매치가 발생하면 OC2핀 출력이 1이 된다.

표 9-8 비교출력 모드(고속 PWM 모드)

COM01	COM00	동작 설명
0	0	일반 포트 동작, OC2는 연결되지 않는다.
0	1	–
1	0	비교매치가 발생하면 OC2핀 출력이 0이 되고 BOTTOM에서 1이 된다. (무반전 모드)
1	1	비교매치가 발생하면 OC2핀 출력이 1이 되고 BOTTOM에서 0이 된다. (반전 모드)

표 9-9 비교출력 모드(위상보정 PWM 모드)

COM01	COM00	동작 설명
0	0	일반 포트 동작, OC2는 연결되지 않는다.
0	1	–
1	0	업카운팅에서 비교매치가 발생하면 OC2핀 출력이 0이 되고 다운카운팅에서 비교매치가 발생하면 OC2핀 출력이 1이 된다.
1	1	업카운팅에서 비교매치가 발생하면 OC2핀 출력이 1이 되고 다운카운팅에서 비교매치가 발생하면 OC2핀 출력이 0이 된다.

- 비트2:0 CS2[2:0] (Clock Select): 3비트의 클럭 설정 비트로 타이머/카운터의 분주비를 결정한다. 칩 내부의 $clk_{I/O}$를 사용하는 카운터 동작으로 설정할 때는 ASSR 레지스터의 AS 비트에 0를 쓴다.

표 9-10 클럭 선택 비트

CS02	CS01	CS00	클럭
0	0	0	클럭은 발생하지 않는다(타이머/카운터 정지).
0	0	1	clk_{TOS}
0	1	0	$clk_{TOS}/8$
0	1	1	$clk_{TOS}/64$
1	0	0	$clk_{TOS}/256$
1	0	1	$clk_{TOS}/1024$
1	1	0	T2 핀으로 들어오는 외부 클럭(하강 에지 클럭)
1	1	1	T2 핀으로 들어오는 외부 클럭(상승 에지 클럭)

2. 타이머/카운터 레지스터 TCNT2

Bit	7	6	5	4	3	2	1	0	
	TCNT2[7:0]								TCNT2
Read/Write	R/W	R/W	R/W	R/W	R/W	R/W	R/W	R/W	
Initial Value	0	0	0	0	0	0	0	0	

입력 펄스를 카운트하는 레지스터로서 읽기/쓰기가 가능하다. 카운터가 동작하고 있을 때 새로운 값을 쓰면 TCNT2와 OCR2 사이의 비교일치가 일어나지 않을 수도 있다.

3. 출력 비교 레지스터 OCR2

Bit	7	6	5	4	3	2	1	0	
	OCR2[7:0]								OCR2
Read/Write	R/W	R/W	R/W	R/W	R/W	R/W	R/W	R/W	
Initial Value	0	0	0	0	0	0	0	0	

TCNT2 레지스터 값과 비교하는 값을 저장한다. OCR2값과 TCNT2값을 비교하여 두 값이 같을 때 OC2핀으로 설정된 파형이 출력된다.

4. 타이머/카운터 인터럽트 마스크 레지스터 TIMSK

Bit	7	6	5	4	3	2	1	0	
	OCIE2	TOIE2	TICIE1	OCIE1A	OCIE1B	TOIE1	OCIE0	TOIE0	TIMSK
Read/Write	R/W	R/W	R/W	R/W	R/W	R/W	R/W	R/W	
Initial Value	0	0	0	0	0	0	0	0	

● 비트7 : OCIE2(Timer/Counter2,Output Compare Match Interrupt Enable)

이 비트가 1이고 상태레지스터(SREG)의 I플래그가 1이면 타이머/카운터1의 출력비교매치 인터럽트가 허용된다. 출력비교매치 인터럽트가 발생하면 TIFR 레지스터의 OCF2 플래그가 1이 되어 해당되는 인터럽트가 실행된다.

● 비트6 : TOIE2(Timer/Counter2,Overflow Interrupt Enable)

이 비트가 1이고 상태레지스터(SREG)의 I플래그가 1이면 타이머/카운터2의 오버플로우 인터럽트가 허용된다. 오버플로우 인터럽트가 발생하면 TIFR 레지스터의 TOV2 플래그가 1이 되어 해당되는 인터럽트가 실행된다.

5. 타이머/카운터 인터럽트 플래그 레지스터 TIFR

Bit	7	6	5	4	3	2	1	0	
	OCF2	TOV2	ICF1	OCF1A	OCF1B	TOV1	OCF0	TOV0	TIFR
Read/Write	R/W	R/W	R/W	R/W	R/W	R/W	R/W	R/W	
Initial Value	0	0	0	0	0	0	0	0	

- 비트1 : OCF2(Output Compare Flag 2)

SREG의 I비트, TIMSK의 OCIE2비트가 1일 때 TCNT2값과 OCR2값을 비교하여 같으면 TIFR의 OCF2 비트가 1이 되고 출력비교 일치 인터럽트 처리 루틴이 실행되면서 자동으로 지워진다.

- 비트2 : TOV2(Timer/Counter2 Overflow Flag)

SREG의 I비트, TIMSK의 TOIE2비트가 1일 때 타이머/카운터2의 오버플로우가 발생하면 TIFR의 TOV2 비트가 1이 되고 오버플로우 인터럽트 처리 루틴이 실행된다. 인터럽트 처리 루틴이 실행되거나 이 비트에 1을 쓰면 지워진다.

9-8 출력비교 변조기(OCM1C2)

출력비교 변조기는 반송주파수로 변조된 파형을 발생시킬 수 있다. 변조기는 16비트 타이머/카운터1의 OC1C핀과 8비트 타이머/카운터2의 OC2핀을 사용한다. 변조기 기능이 허용되면 그림 9-15의 블록도처럼 2개의 출력비교 채널이 함께 변조된다.

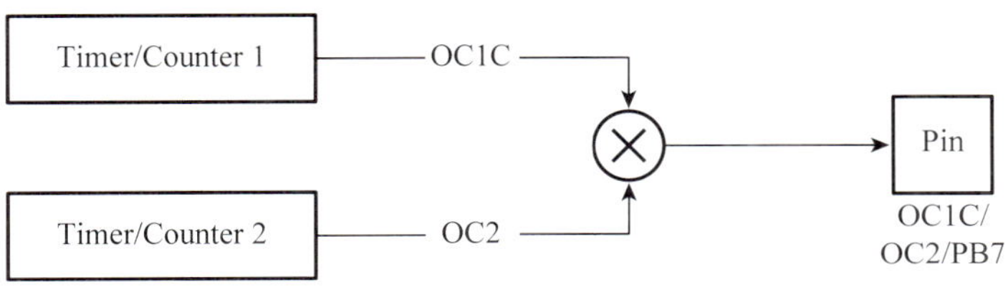

그림 9-15 출력비교 변조기 블록도

두 개의 출력비교기(OC1C, OC2) 중에서 하나라도 허용되면 PB7핀은 출력비교 핀으로 사용된다. 두 개의 출력비교기가 모두 허용되면 변조기로 동작하여 OC1C와 OC2 신호가 합해져서 PB7핀으로 출력된다. 변조기 회로는 그림 9-16과 같다. 회로에는 타이머/카운터부와 PB7 출력회로를 포함하고 있다.

변조기로 동작할 때 PORTB 레지스터의 PB7의 상태에 따라 변조 형태가 다르다. DDRB7 비트는 1로 설정하여 출력 핀으로 해 놓아야 한다.

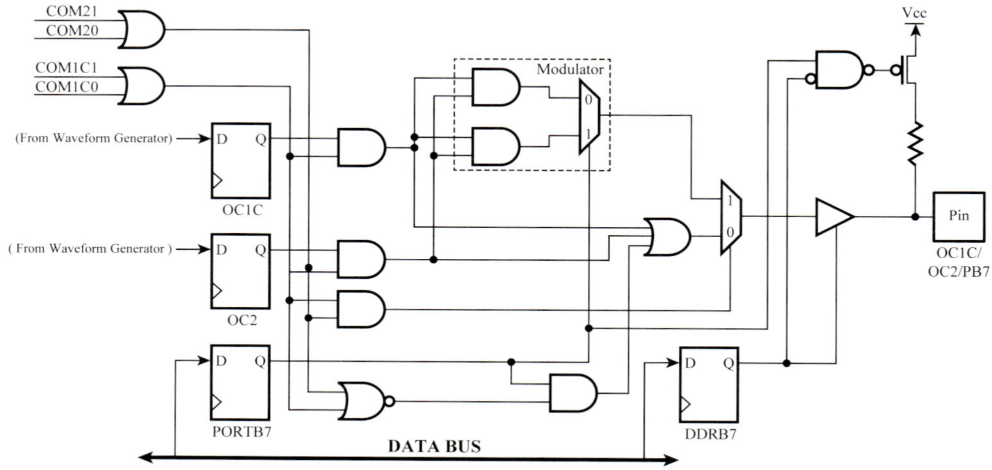

그림 9-16 출력비교 변조기 회로

그림 9-17은 변조기의 동작을 나타낸다. 예시에서 타이머/카운터1은 고속 PWM 모드로, 타이머/카운터2는 CTC 모드로 동작하는 것으로 한다.

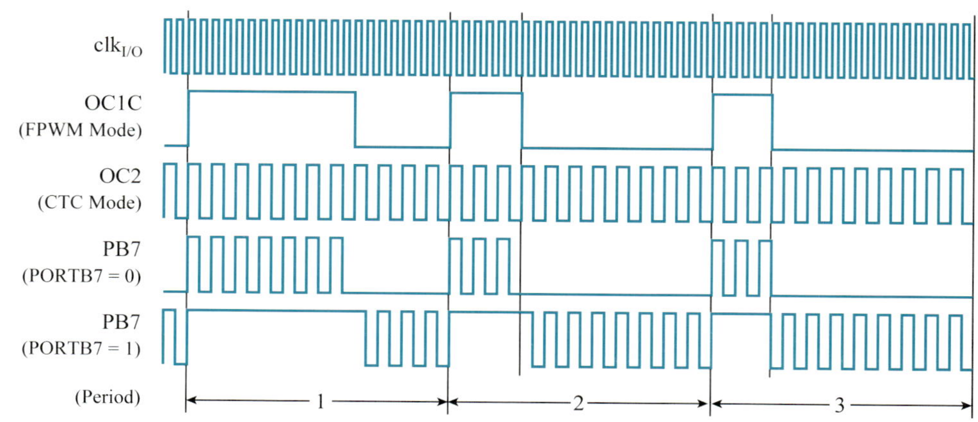

그림 9-17 출력비교 변조기 타이밍도

예시에서 타이머/카운터2가 반송파이고 변조된 신호는 타이머/카운터1의 OC1C에 의해 발생된다.

C 프로그램 Timer0 초기화

```
01  void InitTimer0(void)
02  {
03      TCCR0 = 0x07;         // Trigger => Fclock/1024
04      TCNT0 = (256-144) ;  // Timer Counter Register
05      TIMSK = 0x01;         // Timer0 Interrupt Enable Mask Register
06  }
```

프로그램 설명

3. WGM01:00=00이므로 일반 모드로 동작한다. CS02:00=111이므로 clk_{TOS}/1024 분주비이다.
4. XTAL=14.7456MHz일 때 (1024 / 14.7456M) * (256−144) = 10 msec
타이머/카운터0은 10msec 마다 인터럽트가 발생한다. 인터럽트 처리 루틴에서는 TCNT0 = (256−144)를 써 넣는다.
5. 타이머/카운터0 인터럽트를 허용한다.

연습문제

1 ATmega128에서 제공하는 8비트 타이머/카운터0,2의 4가지 동작모드에 대해 설명하시오.

2 아래의 회로에서 타이머/카운터2를 사용하여 8개의 LED를 1초 간격으로 순차적으로 켜는 프로그램을 작성하시오.

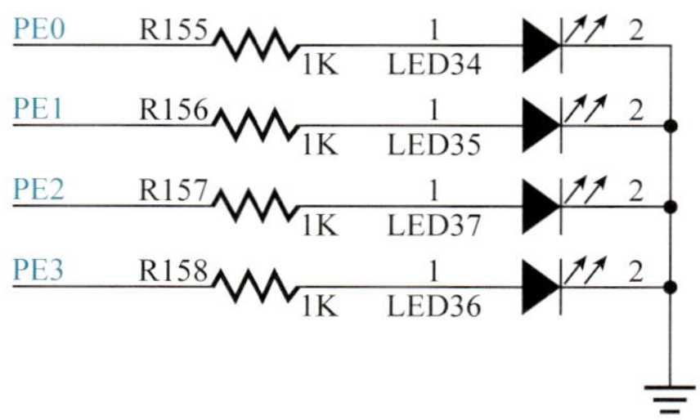

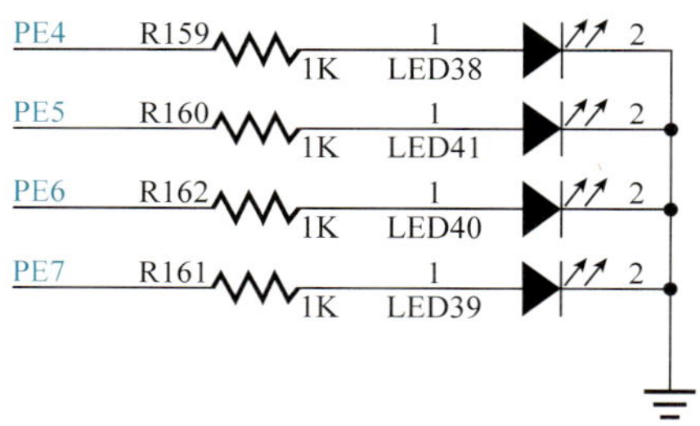

3 아래의 회로에서 다음의 조건을 만족하도록 4개의 FND에 '5678'을 표시하는 프로그램을 작성하시오.

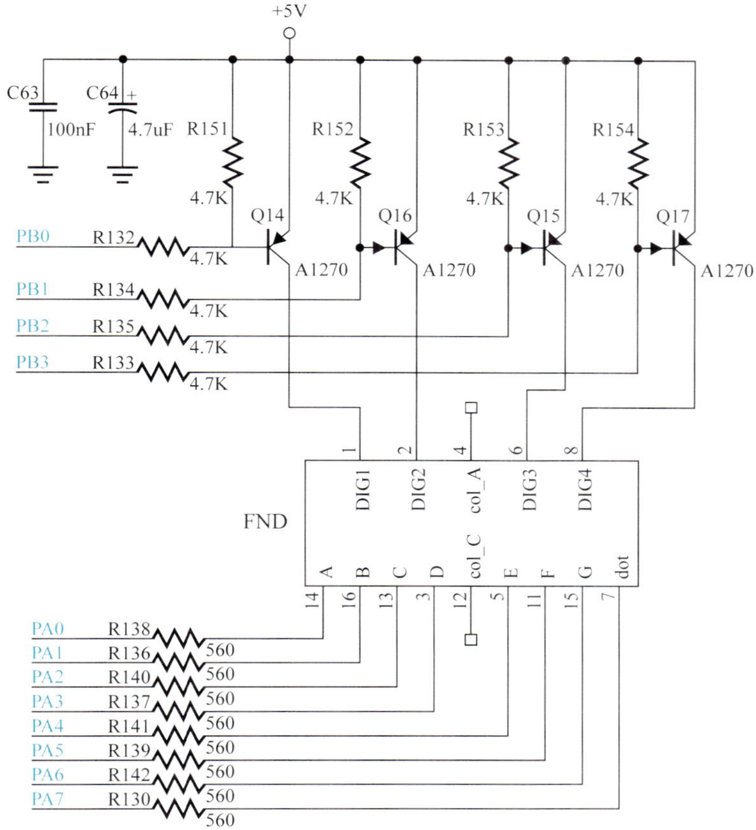

- 각 FND에 2msec 간격으로 숫자를 출력한다.
- 타이머/카운터0을 사용하고 2msec마다 인터럽트가 발생하게 한다.
- FND는 공통 애노드(Common Anode) 형이다.

4 아래의 회로에서 다음의 조건을 만족하는 '스톱워치 프로그램'을 작성하시오.

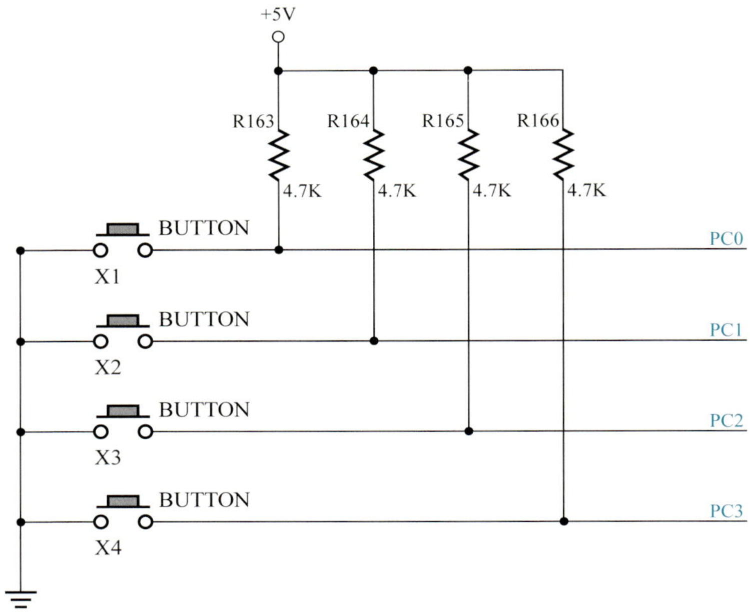

- X1: 시작 버튼, X2: 정지 버튼, X3: 계속 버튼, X4: 초기화 버튼
- 각 '버튼 누름'을 체크할 때는 2msec마다 체크하여 10회 이상 눌러져 있으면 버튼을 누른 것으로 간주한다.
- 문제3의 FND 회로에 2msec 간격으로 숫자를 출력한다.
- FND 숫자는 초단위로 증가하도록 표시한다.
- 타이머/카운터0을 사용하고 2msec마다 인터럽트가 발생하게 한다.
- FND는 공통 애노드(Common Anode) 형이다.

10 16비트 타이머/카운터

그림 10-1은 16비트 타이머/카운터의 블록도이다. 그림에서 각종 레지스터들은 16비트이므로 최소값은 0x0000, 최대값은 0xFFFF이다. 외부로 연결되는 핀은 3개의 PWM 출력핀(OCxA, OCxB, OCxC), 1개의 입력 캡처핀(ICPx) 그리고 클럭 입력핀(Tx)이 있다.

10-1 16비트 타이머/카운터1,3 레지스터

타이머/카운터 TCNTn, 출력비교 레지스터 OCRnA/B/C, 입력캡처 레지스터 ICRn은 모두 16비트 레지스터이다. ATmega128은 8비트 마이크로프로세서이므로 16비트 레지스터를 엑세스할 때는 특별한 방법이 필요하다. 16비트 레지스터를 엑세스하는 방법은 다음 절에서 자세히 설명하기로 한다.

타이머/카운터1,3과 관계되는 레지스터 TCCRnA/B/C, TIFR, ETIFR, TIMSK, ETIMSK들은 8비트이므로 CPU가 엑세스하는데 제약을 받지 않는다.

타이머/카운터는 내부 클럭을 분주한 클럭이나 Tn핀으로 들어오는 외부 클럭을 사용할 수 있다. 타이머/카운터는 클럭 소스를 선택하지 않으면 동작하지 않는다.

10-2 16비트 레지스터 엑세스

TCNTn, OCRnA/B/C, ICRn은 16비트 레지스터이지만 다음과 같이 두 단계를 거치면 8비트 데이터 버스로 읽거나 쓸 수 있다.

먼저 '데이터를 쓸 때'(Write)를 생각해 보자. 16비트의 상위바이트를 쓴다. 그러면 그 데이터가 임시레지스터(TEMP)에 들어간다. 그 다음 16비트의 하위바이트를 쓴다. 그러면 임시레지스터 데이터와 하위바이트가 16비트 레지스터에 들어간다.

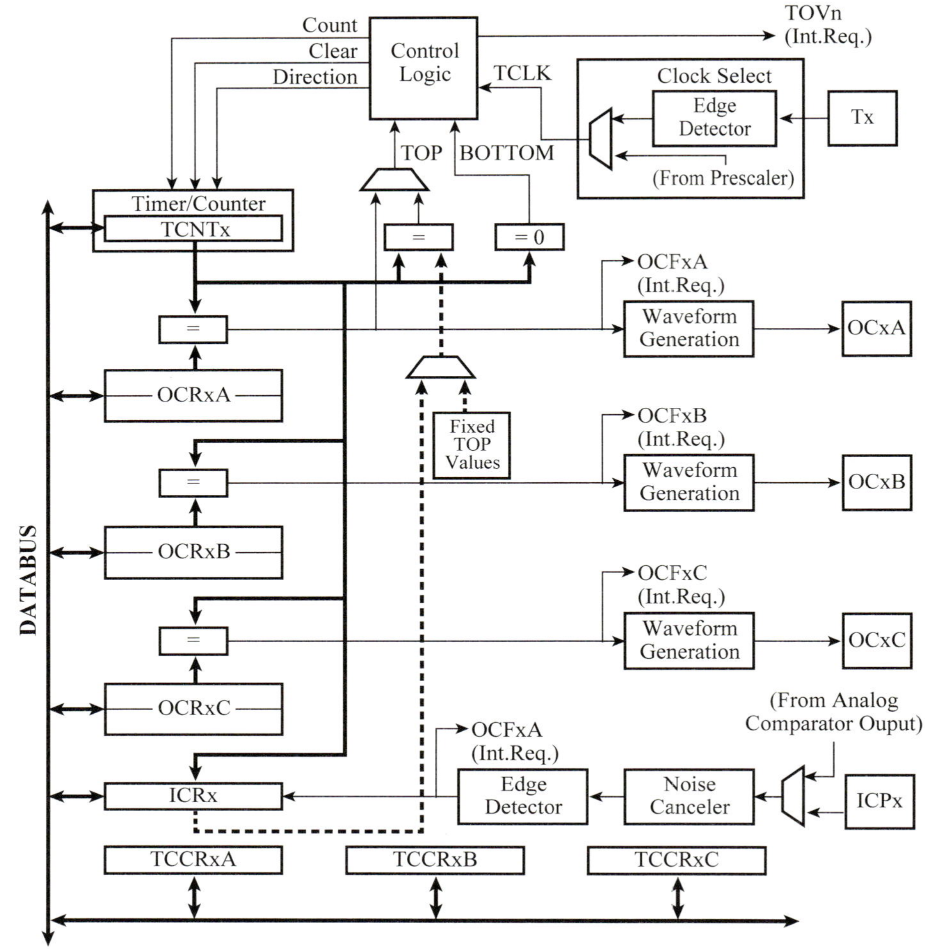

그림 10-1 16비트 타이머/카운터 블록도

이제, '데이터를 읽을 때'(Read)를 생각해 보자. 16비트의 하위바이트를 읽는다. 그러면 그와 동시에 TCNTnH 데이터가 임시레지스터(TEMP)에 들어간다. 그 다음 16비트의 상위바이트를 읽으면 임시레지스터 데이터가 읽혀진다.

위에서 설명한 바와 같이, 데이터를 쓸 때는 상위바이트를 먼저 쓰고 데이터를 읽을 때는 하위바이트를 먼저 읽는다는 것을 유념해야 한다.

다음의 프로그램 예문은 16비트 타이머 레지스터를 엑세스하는 방법을 보여주고 있다. OCRnA/B/C나 ICRn 레지스터를 엑세스할 때도 똑같은 규칙이 적용된다. C언어를 사용할 때는 컴파일러가 자동으로 규칙을 적용하여 변환하므로 프로그래머는 위의 규칙을 신경쓰지 않아도 된다.

어셈블리 프로그램 TCNTn 데이터 쓰기/읽기

```
        ...
        /* Set TCNTn to 0x01FF */
01      ldi  r17,0x01
02      ldi  r16,0xFF
03      out  TCNTnH,r17
04      out  TCNTnL,r16

        /* Read TCNTn into r17:r16 */
05      in  r16,TCNTnL
06      in  r17,TCNTnH
        ...
```

프로그램 설명

1. r17 레지스터에 0x01을 가져온다.
2. r16 레지스터에 0xFF를 가져온다.
3. r17 레지스터 값을 TCNTn 레지스터의 상위바이트에 먼저 쓴다.
4. r16 레지스터 값을 TCNTn 레지스터의 하위바이트에 쓴다.
5. r16 레지스터에 TCNTn 레지스터의 하위바이트를 먼저 가져온다.
6. r17 레지스터에 TCNTn 레지스터의 상위바이트를 가져온다.

C 프로그램 TCNTn 데이터 쓰기/읽기

```
01      unsigned int  i;
        ...
        /* Set TCNTn to 0x01FF */
02      TCNTn = 0x01FF;
        /* Read TCNTn into i */
03      i = TCNTn;
```

프로그램 설명

1. 함수 내부의 변수 지정
2. TCNTn에 0x01FF를 써넣는다. 컴파일러에서 자동으로 상위바이트를 먼저 쓰고 그 다음 하위바이트를 쓴다.
3. TCNTn의 값을 변수 i로 가져온다. 컴파일러에서 자동으로 하위바이트를 먼저 가져오고 그 다음 하위바이트를 가져온다.

16비트 레지스터를 엑세스할 때 거치는 두 단계는 자동으로 이루어진다. 만일 두 단계 사이에서 인터럽트가 발생하면 인터럽트 처리 루틴에서 임시레지스터(TEMP) 값을 변경시키는 경우가 생길 수 있다. 이렇게 되면 부정확한 값을 엑세스하여 오동작을 유발하게 된다. 그러므로 이러한 오동작을 방지하기 위해서는 메인 루틴에서 16비트를 엑세스하기 전에 상태레지스터(SREG)의 I=0으로 설정하여 인터럽트를 금지(Disable)시키고 엑세스한 다음 I=1로 설정하여 다시 인터럽트를 허용(Enable)한다.

아래의 예시에 TCNTn 레지스터를 읽는 방법을 어셈블리어와 C언어로 나타내었다. OCRnA/B/C나 ICRn 레지스터도 같은 방법으로 엑세스할 수 있다.

어셈블리 프로그램 TCNTn 데이터 읽기

```
01      TIM16_ReadTCNTn:
        ; Save global interrupt flag
02      in  r18,SREG
        ; Disable interrupts
03      cli
        ; Read TCNTn into r17,r16
04      in  r16,TCNTnL
05      in  r17,TCNTnH
        ; Restore global interrupt flag
06      out SREG,r18
07      ret
```

프로그램 설명

1. 16비트 타이머/카운터 레지스터 TCNTn의 데이터를 읽는 함수명
2. SREG 레지스터를 r18에 임시 보관한다.
3. 모든 인터럽트 금지
4. r16 레지스터에 TCNTn 레지스터의 하위바이트를 먼저 가져온다.
5. r17 레지스터에 TCNTn 레지스터의 상위바이트를 가져온다.
6. r18에 보관된 SREG 레지스터 값을 다시 복구시킨다.

C 프로그램 TCNTn 데이터 읽기

```
1    unsigned int TIM16_ReadTCNTn(void)
2    {
3      unsigned char sreg;
4      unsigned int i;
       /* Save global interrupt flag */
5      sreg = SREG;
       /* Disable interrupts */
6      __disable_interrupt();
       /* Read TCNTn into i */
7      i = TCNTn;
       ; Restore global interrupt flag */
8      SREG = sreg;
9      return i;
10   }
```

프로그램 설명

1. 16비트 타이머/카운터 레지스터 TCNTn의 데이터를 읽는 함수명
5. SREG 레지스터를 sreg에 임시 보관한다.
6. 모든 인터럽트 금지
7. TCNTn의 값을 변수 i로 가져온다. 컴파일러에서 자동으로 하위바이트를 먼저 가져오고 그 다음 하위바이트를 가져온다.
8. sreg에 보관된 SREG 레지스터 값을 다시 복구시킨다.
9. 읽어낸 TCNTn 값을 반환한다.

아래의 예시는 TCNTn 레지스터에 데이터를 쓰는 방법을 어셈블리어와 C언어로 나타내었다. OCRnA/B/C나 ICRn 레지스터도 같은 방법으로 엑세스할 수 있다.

어셈블리 프로그램 TCNTn 데이터 쓰기

```
TIM16_WriteTCNTn:
; Save global interrupt flag
in  r18,SREG
; Disable interrupts
cli
; Set TCNTn to r17,r16
out  TCNTnH,r17
```

```
05      out  TCNTnL,r16
        ; Restore global interrupt flag
06      out SREG,r18
07      ret
```

프로그램 설명

1. 16비트 타이머/카운터 레지스터 TCNTn에 데이터를 쓰는 함수명
2. SREG 레지스터를 r18에 임시 보관한다.
3. 모든 인터럽트 금지
4. TCNTn 레지스터의 상위바이트를 먼저 r17 레지스터에 쓴다.
5. TCNTn 레지스터의 하위바이트를 r16에 쓴다.
6. r18에 보관된 SREG 레지스터 값을 다시 복구시킨다.

C 프로그램 TCNTn 데이터 쓰기

```
01      unsigned int  TIM16_WriteTCNTn(unsigned int i)
02      {
03        unsigned char  sreg;
04        unsigned int  i;
          /* Save global interrupt flag */
05        sreg = SREG;
          /* Disable interrupts */
06        __disable_interrupt();
          /* Set TCNTn to i */
07        TCNTn = i;
          ; Restore global interrupt flag */
08        SREG = sreg;
09      }
```

프로그램 설명

1. 16비트 타이머/카운터 레지스터 TCNTn에 데이터를 쓰는 함수명
5. SREG 레지스터를 sreg에 임시 보관한다.
6. 모든 인터럽트 금지
7. TCNTn에 변수 i값을 쓴다. 컴파일러에서 자동으로 상위바이트를 먼저 쓰고 그 다음 하위바이트를 쓴다.
8. sreg에 보관된 SREG 레지스터 값을 다시 복구시킨다.
9. 읽어낸 TCNTn 값을 반환한다.

10-3 타이머/카운터 클럭 소스

타이머/카운터는 내부 클럭이나 Tn핀으로 들어오는 외부 클럭을 사용할 수 있다. 클럭 소스는 타이머/카운터 제어 레지스터 B(TCCRnB)의 CSn2:0비트로 선택한다. 자세한 것은 '10-7 타이머/카운터1,2,3 프리스케일러'에서 설명하기로 한다.

1. 카운터부

16비트 타이머/카운터에서 주요 부분은 16비트 양방향 카운터부이다. 그림 10-2는 양방향 카운터 TCNTn과 주변 블록도를 나타낸다.

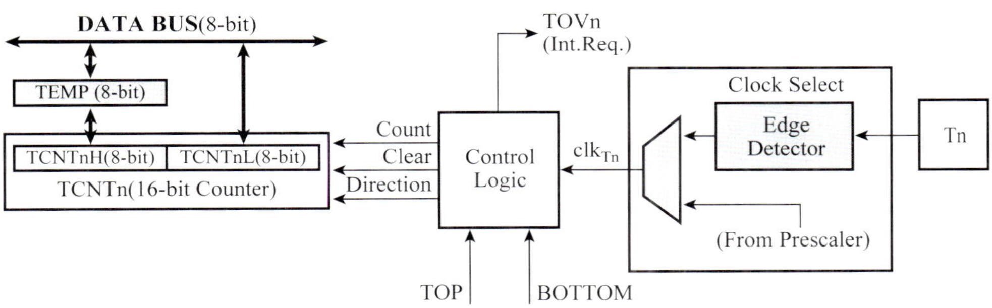

그림 10-2 카운터부 블록도

내부신호선 설명

- Count: TCNTn 클럭에 의해 TCNTn을 증가 또는 감소시킨다.
- Clear: TCNTn를 0으로 지운다.
- Direction: TCNTn을 증가시킬 것인지 감소시킬 것인지 결정
- clk_{Tn}: 타이머/카운터 클럭
- TOP: TCNTn이 최대값(0xFFFF)이 되었음을 제어로직부에 알려준다.
- BOTTOM: 이 최소값(0x0000)이 되었음을 제어로직부에 알려준다.

16비트 카운터는 상위 8비트로 TCNTnH, 하위 8비트로 TCNTnL으로 이루어진다. 상위 바이트TCNTnH는 간접주소지정 방식으로만 엑세스할 수 있다. CPU가 TCNTnH를 엑세스하면 CPU는 임시레지스터 TEMP 값을 가져온다. TEMP값은 CPU가 TCNTnL을 읽을

때 TCNTnH값으로 갱신된다. 또한 TCNTnH값은 CPU가 TCNTnL에 임의의 값을 쓸 때 TEMP값으로 갱신된다. 이러한 동작으로 인해 CPU는 1클럭 내에서 8비트 데이터 버스로 16비트 카운터값을 읽거나 쓸 수 있게 된다.

카운터는 동작모드에 따라서 타이머 클럭 clk_{Tn}에 따라서 지우기, 증가, 감소의 동작을 한다. clk_{Tn}은 외부 또는 내부클럭 소스에 의해 발생된다. 내부클럭을 사용할지 외부클럭을 사용할지는 클럭선택 비트 CSn2:0으로 결정한다. CSn2:0을 000으로 설정하면 클럭이 발생하지 않아서 타이머는 멈추게 된다. CPU에서는 clk_{Tn}이 있든 없든 TCNTn 레지스터를 읽거나 쓸 수 있다.

타이머/카운터 오버플로우 플래그 TOVn은 WGMn3:0에 의해 설정된 동작모드에 따라 결정된다. TOVn은 CPU 인터럽트 발생에 사용될 수 있다.

2. 입력 캡처부

입력 캡처부는 ICPn핀이나 아날로그 비교기에서 들어오는 에지신호를 검출하여 에지신호 사이의 시간을 알려주는 기능을 할 수 있다. 검출된 시간으로 입력신호의 주파수나 듀티비 등을 계산할 수 있고 이벤트의 로그를 생성하는데 사용할 수도 있다.

입력 캡처부의 블록도를 그림 10-3에 나타내었다. ICPn핀이나 아날로그 비교기의 출력에서 에지 신호가 발생하면 이 신호에 의해 TCNTn 레지스터의 16비트 값이 ICRn 레지스터에 저장된다. 그와 동시에 ICFn 플래그가 1이 되며, TICIEn가 1로 설정되어 인터럽트가 허용되어 있다면 입력 캡처 인터럽트가 발생한다. ICFn 플래그는 인터럽트 처리 루틴이 실행되면서 0으로 지워진다. 소프트웨어적으로 지우고 싶으면 이 플래그에 1을 쓴다.

ICRn값을 읽을 때는 하위바이트를 먼저 읽고나서 상위바이트를 읽어야 한다. 하위바이트를 읽을 때 상위바이트는 상위바이트 임시 레지스터(TEMP)에 저장되어, 상위바이트를 읽으면 임시 레지스터에 저장된 값이 읽힌다.

ICRn 레지스터는 파형 발생 모드 동작에서 비교값(TCNTn의 최대값)의 저장 레지스터로 사용할 수 있다. 이 경우에는 WGMn3:0 비트에 파형 발생 모드를 먼저 설정한 다음 ICRn 레지스터에 원하는 비교값을 써넣어야 한다. 값을 쓸 때는 상위바이트를 먼저 쓰고 하위바이트를 나중에 써야 한다. 상위바이트를 쓸 때 상위바이트는 상위바이트 임시 레지스터(TEMP)에 저장되고, 하위바이트를 쓰면 임시 레지스터에 저장된 값과 하위바이트 값이 ICRnH, ICRnL 레지스터에 동시에 들어간다.

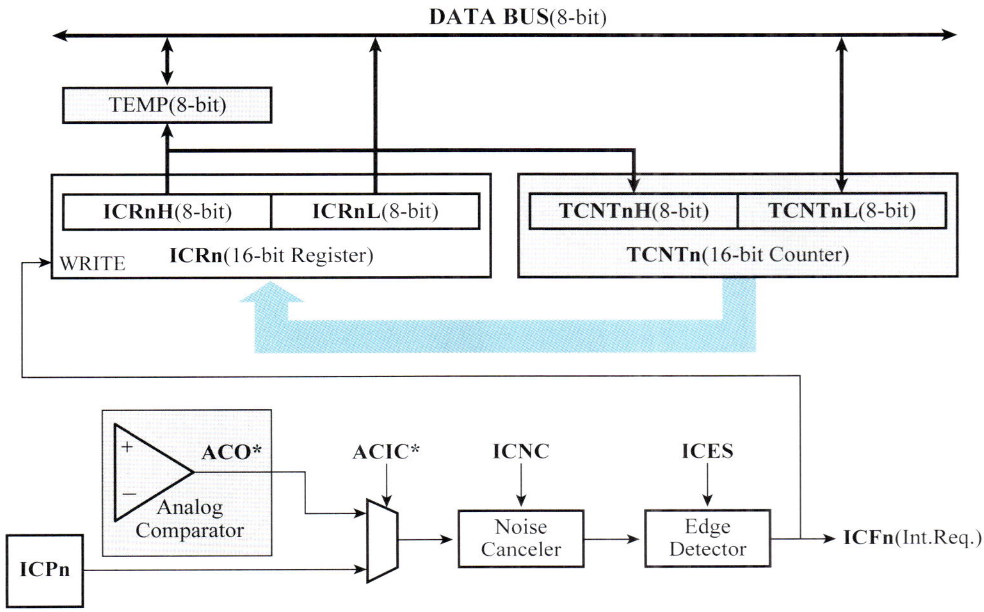

그림 10-3 입력 캡처부 블록도

3. 입력 캡처 핀 소스

입력 캡처부의 주된 트리거 소스는 ICPn이다. 타이머/카운터1은 입력 캡처부의 트리거 소스로 아날로그 비교출력을 사용하기도 한다. 아날로그 비교기를 트리거 소스로 사용하려면 ACSR 레지스터의 ACIC 비트를 1로 설정한다. 트리거 소스를 전환할 때 원하지 않는 트리거가 발생할 수 있으므로 전환 후에는 반드시 입력 캡처 플래그(ICFnX)를 지워야 한다.

4. 잡음 제거기

간단한 디지털 필터링 회로로 설계된 잡음 제거기는 잡음이 섞여 들어오는 ICPn 입력신호를 필터링한다. TCCRnB 레지스터의 ICNCn 비트를 1로 설정하면 잡음제거기가 동작하여 입력신호가 4개 연속으로 같을 때 입력신호로 받아들인다. 따라서 소스 클럭의 4주기만큼 늦게 들어온다. 잡음 제거기는 시스템 클럭을 사용하기 때문에 프리스케일러의 설정에 영향을 받지 않는다.

5. 출력 비교부(Output Compare Unit)

16비트 비교기는 TCNTn 레지스터와 OCRn 레지스터를 지속적으로 비교하여 두 값이 같으면 OCFn 비트가 1이 된다. 이 때 OCIEn=1로 설정되어 있으면 출력비교 인터럽트가 발생하고 인터럽트 처리 루틴이 실행되면서 OCFn 플래그는 자동으로 지워진다. OCFn 플래그를 소프트웨어적으로 지우려면 그 비트 자리에 1을 써넣는다.

파형 발생기는 OCFn 플래그에 의해 WGMn3:0, COMn1:0 비트로 설정된 동작모드로 출력을 발생시킨다.

그림 10-4는 출력 비교부의 블록도이다. OCRn 레지스터는 글리치(glitch)없는 PWM 모

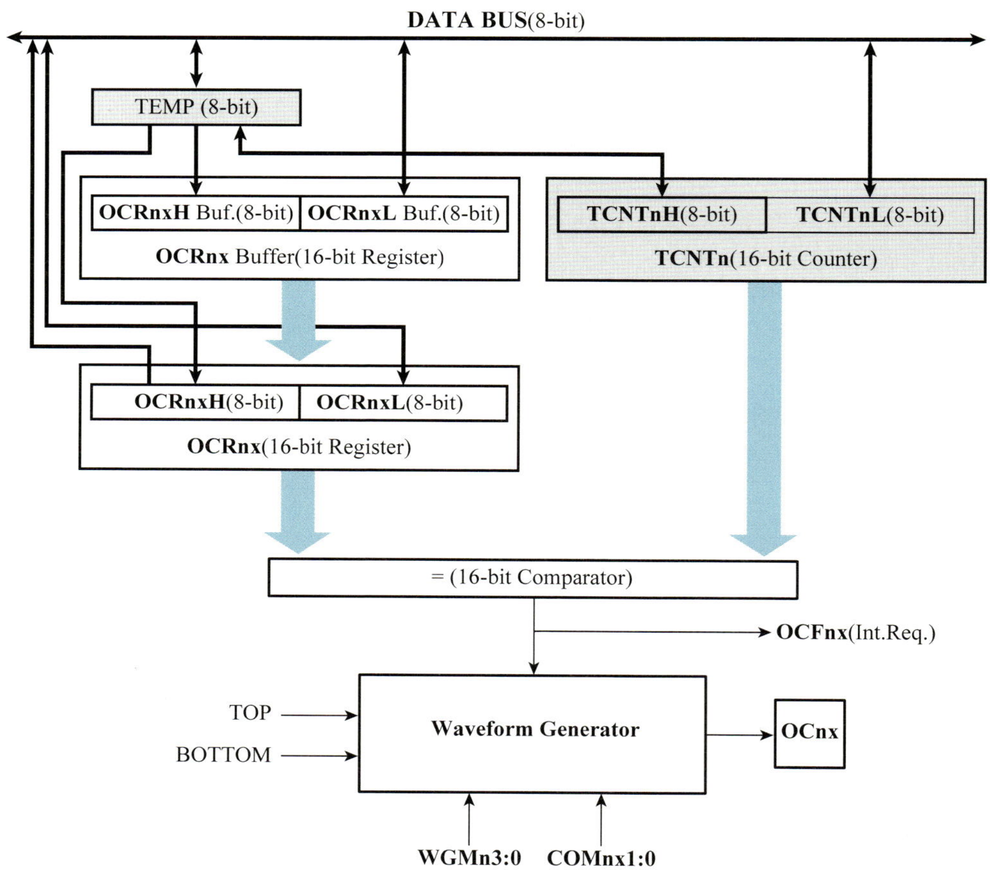

그림 10-4 출력 캡처부 블록도

드 동작을 위해 이중화되어 있다. 1개는 임시 버퍼로서 프로그램에서 OCRn값을 변경하면 임시 버퍼에 저장된다. 나머지 1개는 TCNTn값과 실시간으로 비교하는 레지스터이다. 이 레지스터는 TCNTn 레지스터 값과 같거나 TCNTn값이 0이 될 때 임시 버퍼에 있는 값으로 갱신된다. 이러한 이중 버퍼링 동작으로 비대칭적인 PWM 펄스가 발생하지 않도록 하여 PWM 출력 신호의 글리치(glitch)를 막을 수 있다.

6. 비교일치 출력부(Compare Match Output Unit)

비교일치 출력부는 COMnx1:0 설정에 따라 2가지 기능을 한다. COMnx1:0이 모두 0일 때에는 포트가 일반 입출력 포트로 동작하고, 둘 중 하나라도 1이면 OCn 레지스터의 출력 신호가 핀으로 나간다. OCn 단자 앞에 3상태 버퍼가 있어서, 포트의 방향지정 레지스터인 DDR을 출력으로 설정해야 OCn 신호가 핀으로 출력된다.

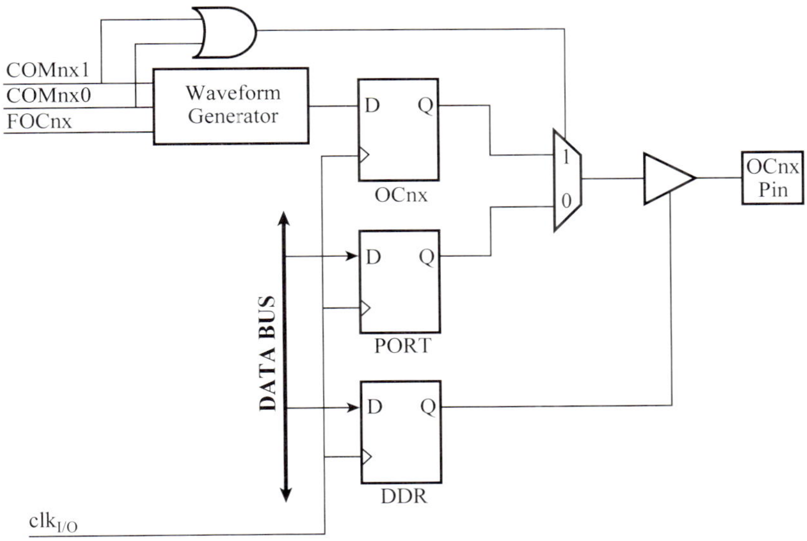

그림 10-5 비교일치 출력부 회로도

OCnx핀은 일반모드, CTC, PWM 모드 등 동작모드에 따라 다르게 동작한다. COMnx1:0=00이면 일반모드로 OCnx핀은 범용 입출력 핀으로 사용되고, 그 외의 모드에서는 비교일치 출력부로 동작하여 파형발생기의 출력이 OCn핀으로 나간다. 이 경우에도 포트의 방향지정 레지스터인 DDR을 출력으로 설정해야 한다.

파형발생기는 각 동작모드마다 COMnx1:0 설정에 따라 다르게 동작한다. COMnx1:0 설정 방법은 '10-6 16비트 타이머/카운터 레지스터'에서 자세히 설명하기로 한다.

10-4 동작 모드

16비트 타이머/카운터의 동작모드는 일반모드, CTC 모드, 고속 PWM 모드, 위상정정 PWM 모드, 위상/주파수 정정 PWM 모드 등 5종류의 동작모드가 있다. 동작모드는 TCCRn 레지스터의 WGMn3:0 비트에 의해 결정되고, 각 동작모드에 따른 출력 파형의 형태는 COMn1:0 비트에 의해 결정된다.

1. 일반 모드

동작모드 중에서 가장 단순한 동작으로 WGMn3:0=0000일 때 동작한다. TCNTn은 정해진 값에서 클럭이 입력될 때마다 1씩 증가하여 최대값, 0xFFFF를 넘으면 0(0x0000)이 되면서 오버플로우 인터럽트를 발생(TOVn=1)시킨다. 이 때 TOIEn=1, SREG.I=1이면 인터럽트 처리 루틴을 실행하면서 TOVn 비트를 지운다.

일반모드를 사용하여, 일정한 주기로 인터럽트가 발생하도록 동작시키고 싶을 때는 인터럽트 처리 루틴에 진입하는 즉시 TCNTn 레지스터에 원하는 값을 써넣는다.

입력 캡처부는 일반 모드에서 사용하기에 편리하지만 입력되는 에지 신호 사이의 최대 시간 간격이 16비트를 넘지 않도록 해야 한다. 에지 신호 사이의 시간 간격이 매우 클 경우에는 오버플로우 인터럽트나 프리스케일러를 이용하여 측정할 수 있는 시간 간격을 늘릴 수 있다.

출력 비교부도 일반 모드에서 주어진 시간에 인터럽트를 발생하도록 사용될 수 있으나 CPU 시간을 많이 소모하므로 사용하지 않는 것이 좋다.

2. CTC(Clear Timer on Compare Match) 모드

CTC 모드는 WGMn1:0=1:0일 때 동작하여, TCNTn값이 0부터 시작하여 증가하다가 OCRn값과 같게 되면 0으로 지워지는 동작을 반복한다. 즉 TCNTn값은 0에서 증가하여 OCRn값까지 반복하는 것으로 그림 10-6과 같다.

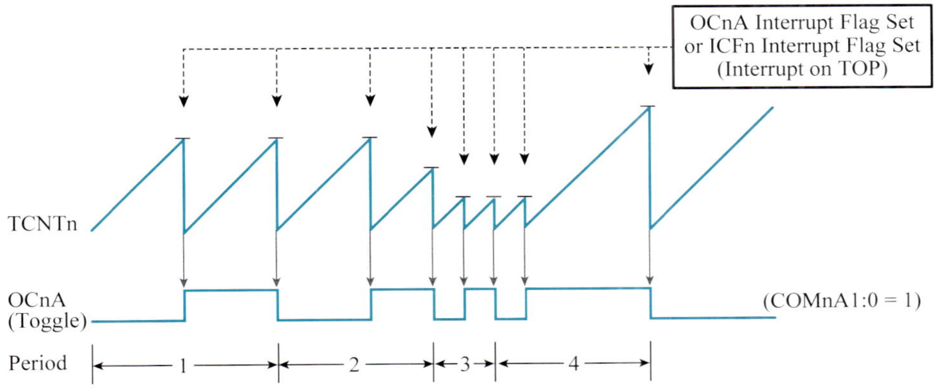

그림 10-6 CTC 모드 타이밍도

TCNTn, OCRn은 8비트이므로 0~255 범위의 값을 가진다. TCNTn값과 OCRn값이 같으면 OCn핀으로 파형이 출력되고 다음 클럭에 TCNTn이 0이 될 때 OCFn=1이 되면서 출력 비교일치 인터럽트가 발생한다. OCIEn=1로 설정되어 있다면 출력 비교일치 인터럽트 처리 루틴이 실행된다.

CTC 모드 동작 중에 OCRn값을 TCNTn값보다 작은 값으로 바꾸면 TCNTn은 255까지 증가한 후 다시 0부터 하나씩 증가하면서 OCRn값과 비교해 나간다.

CTC 모드에서 COMn1:0=0:1로 하여 토글모드 동작으로 설정하면 OCn핀으로 파형이 출력된다. 파형의 주기는 다음과 같다.

$$f_{OCn} = f_{clk\_I/O} / (2 \cdot N + (1 + OCRn))$$

여기서 N은 분주비이고 (1,8,32,64,128,256,1024)값 중 하나이고 $f_{clk_I/O}$는 시스템 클럭 주파수이다. 파형의 최대주파수는 N=1, OCRn=0일 때 $f_{OCn} = f_{clk_I/O} / 2$이다. OCn핀으로 파형이 나가기 위해서는 PB4(OC0), PB7(OC2)를 출력으로 설정해야 한다.

3. 고속 PWM 모드

고속 PWM 모드(WGMn1:0=1:1)에서는 OCn핀으로 높은 주파수의 PWM 파형을 내보낼 수 있다. TCCRn의 COMn1:0이 [1:0]일 때의 고속 PWM 모드 동작이 그림 10-7에 나타나 있다.

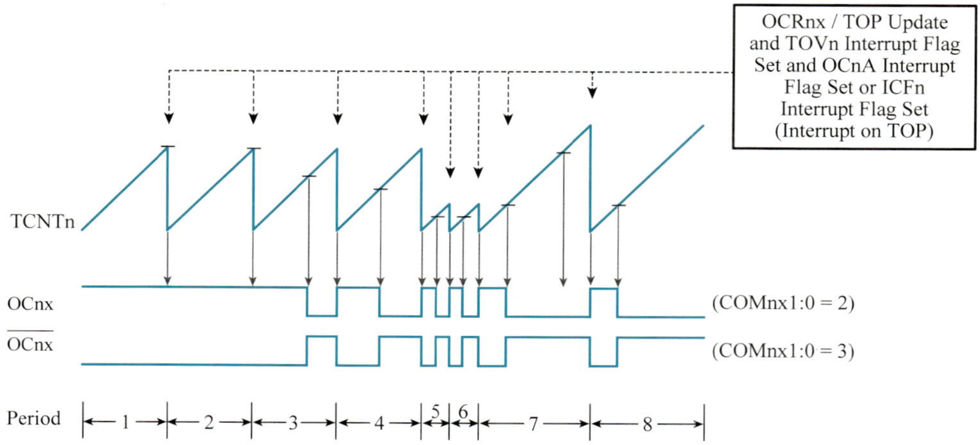

그림 10-7 고속 PWM 모드 타이밍도

TCNTn값이 증가하여 OCRn값과 같으면 OCn에 0이 출력되고 계속 증가하여 255에서 0으로 될 때 OCn에 1이 출력된다. OCRn값을 0~255 범위 내에서 변화시키면 OCn핀으로 출력되는 PWM 파형의 펄스폭을 가변시킬 수 있다. TCCRn의 COMn1:0을 [1:1]로 하면 OCn핀에 반전된 PWM 파형을 출력한다.

고속 PWM 동작을 하는 동안 2개의 인터럽트가 발생한다. TCNTn값이 증가하여 OCRn값과 같으면 TIFR의 OCFn=1이 되어 OCIEn=1로 설정되었다면 출력 비교일치 인터럽트가 발생한다. 또한 계속 증가하여 255에서 0으로 될 때 TIFRn의 TOVn=1이 되어 TOIEn=1로 설정되었다면 오버플로우 인터럽트가 발생한다.

고속 PWM 모드에서 OCn핀으로 출력되는 파형의 주기는 다음과 같다.

$$f_{OCnFPWM} = f_{clk\_I/O} / (N + (1 + 255)) = f_{clk\_I/O} / (N + 256)$$

여기서 N은 분주비이고 (1,8,32,64,128,256,1024)값 중 하나이고 $f_{clk_I/O}$는 시스템 클럭 주파수이다. OCn핀으로 파형이 나가기 위해서는 PB4(OC0), PB7(OC2)를 출력으로 설정해야 한다.

4. 위상정정 PWM 모드(Phase Correct PWM Mode)

위상정정 PWM 모드(WGMn1:0=0:1)는 높은 분해능의 PWM 출력 파형을 발생시킬 수 있다. 이 동작모드는 TCNTn 레지스터의 값이 0에서 255까지 증가한 후에 다시 255에서 0으로 감소하는 동작을 반복한다. 그림 10-8은 위상정정 PWM 모드의 타이밍도이다.

COMn1:0=1:0으로 설정하면 비반전 출력 비교모드로 동작한다. 먼저, 업카운터로 동작하는 부분에서는 TCNTn값이 증가하여 OCRn값과 같으면 OCn에 0이 출력되고, 반대로 다운카운터로 동작하는 부분에서는 TCNTn값이 255부터 감소하여 OCRn값과 같으면 OCn에 1이 출력된다.

위상정정 PWM 동작을 하는 동안 2개의 인터럽트가 발생한다. TCNTn값이 증가하여 OCRn값과 같으면 TIFR의 OCFn=1이 되어 OCIEn=1로 설정되었다면 출력 비교일치 인터럽트가 발생한다. 또한 다운카운터 부분에서 TCNTn값이 0으로 될 때 TIFRn의 TOVn=1이 되어 TOIEn=1로 설정되었다면 오버플로우 인터럽트가 발생한다.

COMn1:0=1:1로 설정하면 OCn핀에 반전 출력 비교모드로 동작한다.

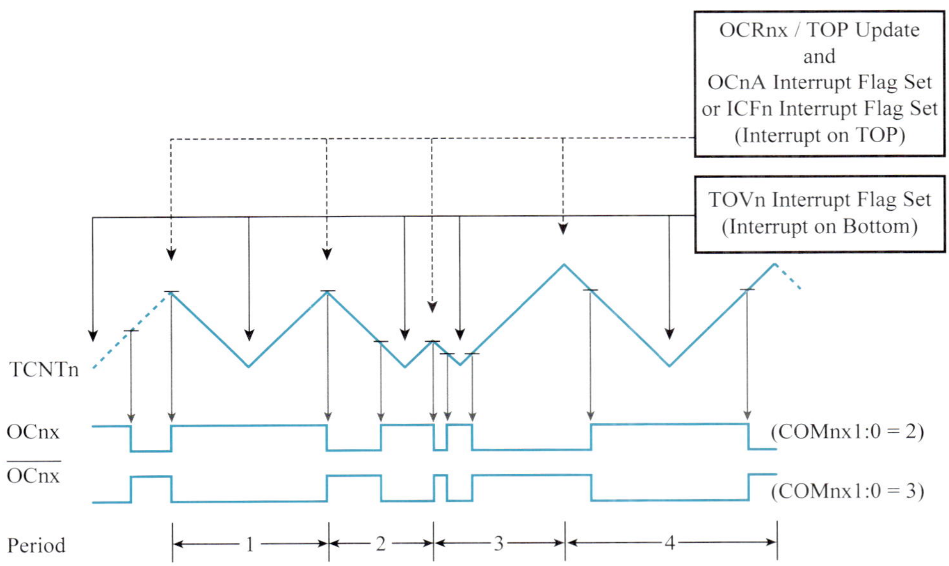

그림 10-8 위상정정 PWM 모드 타이밍도

위상정정 PWM 모드에서 OCn핀으로 출력되는 파형의 주기는 다음과 같다.

$$f_{OCnPCPWM} = f_{clk\_I/O} / (2 \cdot N \cdot 255) = f_{clk\_I/O} / (N \cdot 510)$$

여기서 N은 분주비로서 (1,8,32,64,128,256,1024)값 중 하나이고 $f_{clk_I/O}$는 시스템 클럭 주파수이다. OCn핀으로 파형이 나가기 위해서는 PB4(OC0), PB7(OC2)를 출력으로 설정해야 한다.

그림 10-8을 보면, 두 번째 주기 시작점에서 비교일치가 되지 않았지만 OCn핀이 1에서 0으로 바뀌었다. 이것은 TCNTn이 0이 되는 부분에서 좌우 대칭을 보장하기 위한 것이다. 다음과 같은 2가지 경우에는 비교일치와 무관하게 OCn핀의 상태가 바뀐다.

- OCRn 레지스터의 값은 TCNTn이 증가하여 255가 될 때 바뀐다. 그런데 바뀔 OCRn 값이 255이라면 OCn핀 파형의 좌우 대칭을 보장하기 위해 OCn핀 상태를 무조건 0으로 만든다.
- TCNTn 레지스터의 값이 OCRn레지스터의 값보다 더 큰 값부터 증가하는 경우 비교일치를 놓치게 된다. 이런 경우에 OCn핀 상태를 무조건 0으로 만든다. 반대로, TCNTn 레지스터의 값이 OCRn 레지스터의 값보다 더 작은 값부터 감소하는 경우에도 비교일치를 놓치게 된다. 이 때는 OCn핀 상태를 무조건 1으로 만든다.

5. 위상/주파수 정정 PWM 모드(PFCPWM : Phase and Frequency Correct PWM Mode)

위상/주파수 정정 PWM 모드(WGMn3:0 = 8 또는 9)는 분해능이 높은 PWM 파형을 발생시킬 수 있다. 이 동작 모드는 위상정정 PWM 모드와 마찬가지로 이중 경사면(dual-slope) 동작을 한다. 카운터는 BOTTOM에서 TOP으로, 다시 TOP에서 BOTTOM 증가, 감소를 반복한다.

비반전 출력비교 모드(COMnx1:0=10)에서는 TCNTn 레지스터 값이 증가하여 OCRnx 레지스터 값과 같으면 OCFnx 플래그가 1이 되고 OCnx 단자에 0을 출력한다. TCNTn 값이 계속 증가하여 TOP에 이르면 OCFnA 또는 ICFn 인터럽트 플래그가 1이 된다. 반대로 TCNTn 레지스터 값이 감소하여 OCRnx 레지스터 값과 같으면 OCFnx 플래그가 1이 되고 OCnx 단자에 1을 출력한다. TCNTn 값이 계속 감소하여 BOTTOM에 이르면 TOVn 플래그가 1이 된다.

반전 출력비교 모드(COMnx1:0=11)에서는 TCNTn 레지스터 값이 증가하여 OCRnx 레지스터 값과 같으면 OCFnx 플래그가 1이 되고 OCnx 단자에 1을 출력한다. TCNTn 값이 계속 증가하여 TOP에 이르면 OCFnA 또는 ICFn 인터럽트 플래그가 1이 된다. 반대로 TCNTn 레지스터 값이 감소하여 OCRnx 레지스터 값과 같으면 OCFnx 플래그가 1이 되고 OCnx 단자에 0을 출력한다. TCNTn 값이 계속 감소하여 BOTTOM에 이르면 TOVn 플래그가 1이 된다.

위상/주파수 정정 PWM 모드의 PWM 분해능은 ICRn이나 OCRnA 레지스터에 의해 정해진다. 최소 분해능은 ICRn이나 OCRnA 레지스터 값이 0x0003일 때, 최대 분해능은 ICRn이나 OCRnA 레지스터 값이 16비트의 최대값인 0xFFFF일 때이다.

$$R_{PFCPWM} = \frac{\log(TOP + 1)}{\log(2)}$$

위상정정 PWM 모드와 위상/주파수 정정 PWM 모드의 차이점은, 위상정정 PWM 모드에서는 TOP에서 OCRnx 값이 갱신되고 위상/주파수 정정 PWM 모드에서는 BOTTOM에서 OCRnx 값이 갱신된다.

TOP값은 출력 비교값 OCRnx값보다 작으면 안 된다. 만약 TOP값이 비교값보다 작으면 비교매치가 일어나지 않는다.

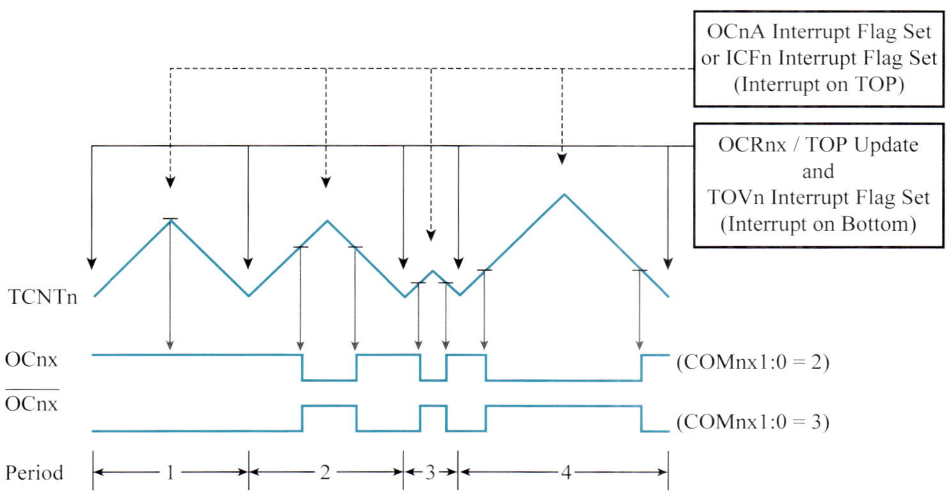

그림 10-9 위상/주파수 정정 PWM 모드 타이밍도

위상/주파수 정정 PWM 모드에서 PWM 주파수는 아래의 식으로 계산할 수 있다.

$$f_{OCnxPFCPWM} = \frac{f_{clk\_I/O}}{2 \cdot N \cdot TOP}$$

여기서 N은 프리스케일러 값(1., 8, 64, 256 또는 1024)을 나타낸다.

특별한 경우로 비반전 PWM 모드에서 OCRnx 레지스터가 BOTTOM과 같으면 출력 파형은 계속 0을 유지하고, TOP과 같으면 1을 유지한다. 물론 반전 PWM 모드에서는 출력 파형이 반대가 된다.

OCRnA 레지스터가 TOP값을 갖고 WGMn3:0=9, COMnA1:0=1이면 OCRnA 출력은 50% 듀티비를 가지고 토글(toggle)된다.

10-5 타이머/카운터 타이밍도

그림 10-10, 그림 10-11은 동기모드에서 타이머/카운터의 동작을 나타낸다. 그림 10-10은 TCNTn 레지스터 값이 증가하여 OCRnx값과 같을 때 OCFnx 플래그가 1이 됨을 보여주고 있다. 그림 10-11은 분주비가 8인 경우로, 입력클럭을 8분주한 클럭에 의해 TCNTn 레지스터 값이 증가하는 것을 볼 수 있다.

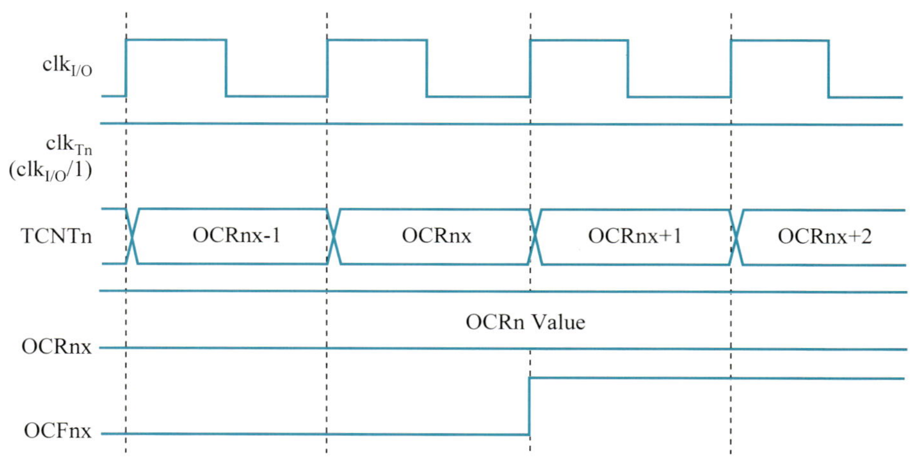

그림 10-10 분주비=1일 때 OCFnx 플래그 변화

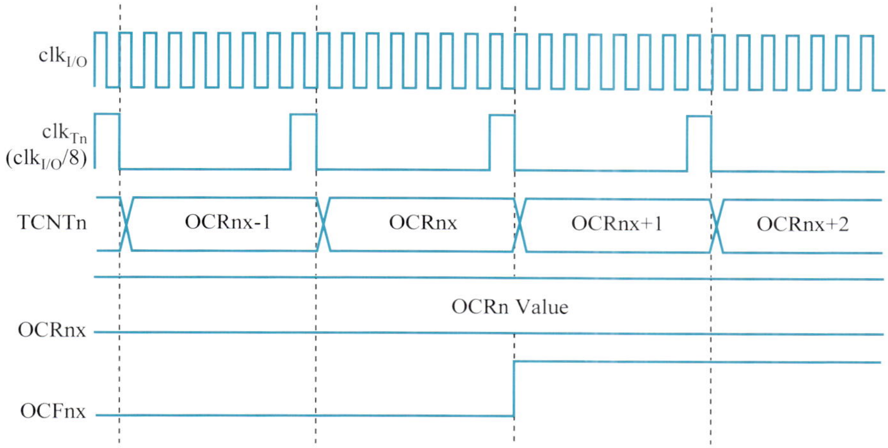

그림 10-11 분주비=8일 때 OCFnx 플래그 변화

그림 10-12는 분주비가 1일 때 일반모드, 고속 PWM 모드, 위상정정 PWM 모드에서 TCNTn이 증가하여 OCRn과 같을 때 ICFn=1 또는 TOVn=1이 되어 인터럽트가 발생하는 것을 보여준다. 그림 10-13은 분주비가 8일 때 TCNTn이 증가하여 OCRn과 같을 때 ICFn=1 또는 TOVn=1이 되어 인터럽트가 발생하는 것을 보여준다.

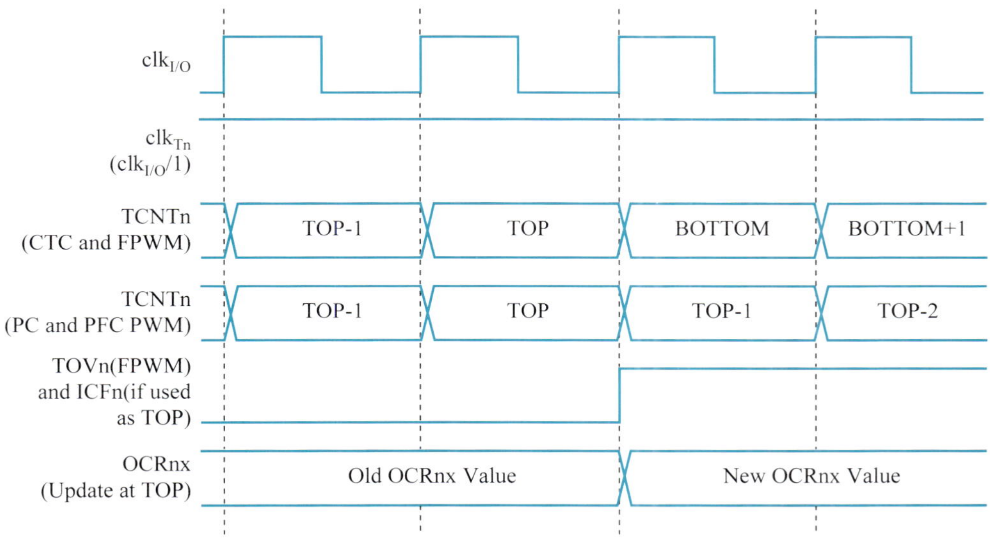

그림 10-12 분주비=1일 때 타이머/카운터 타이밍도

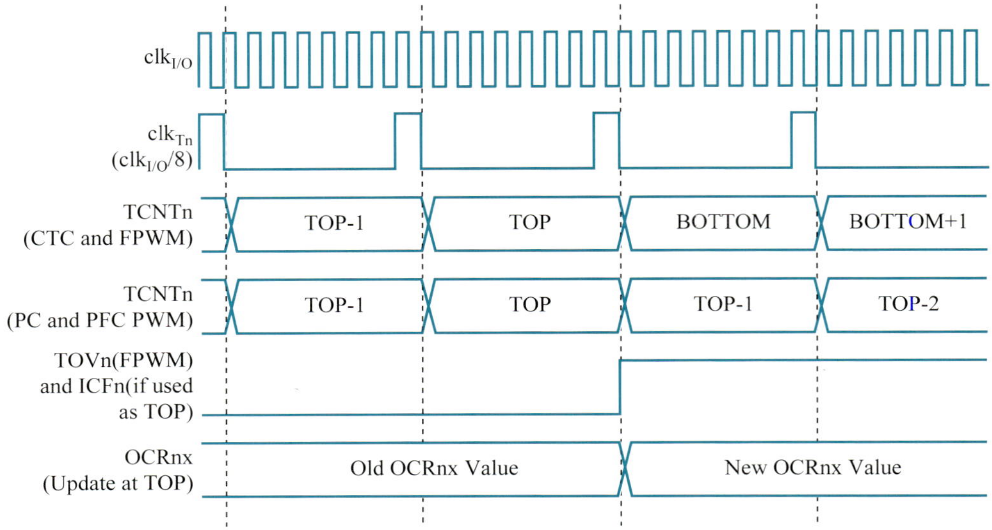

그림 10-13 분주비=8일 때 타이머/카운터 타이밍도, OCFnx 설정

10-6 16비트 타이머/카운터 레지스터

1. 타이머/카운터 제어 레지스터 TCCR1A, TCCR3A

Bit	7	6	5	4	3	2	1	0	
	COM1A1	COM1A0	COM1B1	COM1B0	COM1C1	COM1C0	WGM11	WGM10	TCCR1A
Read/Write	R/W	R/W	R/W	R/W	R/W	R/W	R/W	R/W	
Initial Value	0	0	0	0	0	0	0	0	

Bit	7	6	5	4	3	2	1	0	
	COM3A1	COM3A0	COM3B1	COM3B0	COM3C1	COM3C0	WGM31	WGM30	TCCR3A
Read/Write	R/W	R/W	R/W	R/W	R/W	R/W	R/W	R/W	
Initial Value	0	0	0	0	0	0	0	0	

- 비트7,6 : COMnA1:0(Compare Output Mode for A)
- 비트5,4 : COMnB1:0(Compare Output Mode for B)
- 비트3,2 : COMnC1:0(Compare Output Mode for C)

타이머/카운터의 출력 비교핀 OCnA, OCnB, OCnC를 제어한다. OCn핀은 출력 핀으로 사용되기 때문에 방향지정 레지스터(DDR)의 해당비트를 출력으로 설정한다. OCnA,

OCnB, OCnC핀의 출력 신호는 파형 발생모드(WGMn3:0)에 따라 달라진다. 표 10-1은 PWM 모드가 아닌 경우, 표 10-2는 고속 PWM 모드의 경우, 표 10-3은 위상정정/주파수정정 PWM 모드의 경우 OCn핀 동작을 나타낸다.

표 10-1 PWM 모드가 아닌 경우의 비교 출력 모드

COMnA1/ COMnB1/ COMnC1	COMnA0/ COMnB0/ COMnC0	동작 설명
0	0	일반 포트 동작, OCnA/OCnB/OCnC는 연결되지 않는다.
0	1	비교매치가 발생하면 OCnA/OCnB/OCnC핀 출력이 토글링된다.
1	0	비교매치가 발생하면 OCnA/OCnB/OCnC핀 출력이 0이 된다.
1	1	비교매치가 발생하면 OCnA/OCnB/OCnC핀 출력이 1이 된다.

표 10-2 고속 PWM 모드의 비교 출력 모드

COMnA1/ COMnB1/ COMnC1	COMnA0/ COMnB0/ COMnC0	동작 설명
0	0	일반 포트 동작, OCnA/OCnB/OCnC는 연결되지 않는다.
0	1	WGMn3:0=15: 비교매치가 발생하면 OCnA핀 출력은 토글링되고, OCnB/OCnC는 연결되지 않는다(일반 포트 동작). WGMn3:0≠15: OCnA/OCnB/OCnC는 연결되지 않는다(일반 포트 동작).
1	0	비교매치가 발생하면 OCnA/OCnB/OCnC핀 출력이 0이 되고 BOTTOM에서 1이 된다(무반전 모드).
1	1	비교매치가 발생하면 OCnA/OCnB/OCnC핀 출력이 1이 되고 BOTTOM에서 0이 된다(반전 모드).

표 10-3 위상정정/주파수정정 PWM 모드의 비교 출력 모드

COMnA1/ COMnB1/ COMnC1	COMnA0/ COMnB0/ COMnC0	동작 설명
0	0	일반 포트 동작, OCnA/OCnB/OCnC는 연결되지 않는다.
0	1	WGMn3:0=9 또는 11: 비교매치가 발생하면 OCnA핀 출력은 토글링되고, OCnB/OCnC는 연결되지 않는다(일반 포트 동작). WGMn3:0≠(9, 11): OCnA/OCnB/OCnC는 연결되지 않는다(일반 포트 동작).

1	0	업카운팅에서 비교매치가 발생하면 OCnA/OCnB/OCnC핀 출력이 0이 되고 다운카운팅에서 비교매치가 발생하면 OCnA/OCnB/OCnC핀 출력이 1이 된다.
1	1	업카운팅에서 비교매치가 발생하면 OCnA/OCnB/OCnC핀 출력이 1이 되고 다운카운팅에서 비교매치가 발생하면 OCnA/OCnB/OCnC핀 출력이 0이 된다.

- 비트1,0 : WGMn1:0(Waveform Generation Mode)

TCCRnB 레지스터의 WGMn3:2 비트와 결합하여 계수순서, 최대값 결정, 파형 발생 형태 등을 선택한다. 표 10-4에 WGMn3:0 비트 설정에 따른 여러 가지 동작모드를 나타내고 있다.

표 10-4 파형 발생 모드 비트

Mode	WGMn3	WGMn2 (CTCn)	WGMn1 (PWMn1)	WGMn0 (PWMn0)	Timer/Counter Mode of Operation	TOP	Update of OCRnx at	TOVn Flag Set on
0	0	0	0	0	Normal	0xFFFF	Immediate	MAX
1	0	0	0	1	PWM, Phase Correct, 8-bit	0x00FF	TOP	BOTTOM
2	0	0	1	0	PWM, Phase Correct, 9-bit	0x01FF	TOP	BOTTOM
3	0	0	1	1	PWM, Phase Correct, 10-bit	0x03FF	TOP	BOTTOM
4	0	1	0	0	CTC	OCRnA	Immediate	MAX
5	0	1	0	1	Fast PWM, 8-bit	0x00FF	BOTTOM	TOP
6	0	1	1	0	Fast PWM, 9-bit	0x01FF	BOTTOM	TOP
7	0	1	1	1	Fast PWM, 10-bit	0x03FF	BOTTOM	TOP
8	1	0	0	0	PWM, Phase and Frequency Correct	ICRn	BOTTOM	BOTTOM
9	1	0	0	1	PWM, Phase and Frequency Correct	OCRnA	BOTTOM	BOTTOM
10	1	0	1	0	PWM, Phase Correct	ICRn	TOP	BOTTOM
11	1	0	1	1	PWM, Phase Correct	OCRnA	TOP	BOTTOM
12	1	1	0	0	CTC	ICRn	Immediate	MAX
13	1	1	0	1	(Reserved)	–	–	–
14	1	1	1	0	Fast PWM	ICRn	BOTTOM	TOP
15	1	1	1	1	Fast PWM	OCRnA	BOTTOM	TOP

2. 타이머/카운터 제어 레지스터 TCCR1B, TCCR3B

Bit	7	6	5	4	3	2	1	0	
	ICNC1	ICES1	-	WGM13	WGM12	CS12	CS11	CS10	TCCR1B
Read/Write	R/W	R/W	R	R/W	R/W	R/W	R/W	R/W	
Initial Value	0	0	0	0	0	0	0	0	

Bit	7	6	5	4	3	2	1	0	
	ICNC3	ICES3	-	WGM33	WGM32	CS32	CS31	CS30	TCCR3B
Read/Write	R/W	R/W	R	R/W	R/W	R/W	R/W	R/W	
Initial Value	0	0	0	0	0	0	0	0	

- 비트7 : ICNCn(Input Capture Noise Canceler)

이 비트가 1이면 입력캡처 잡음제거기가 동작하여 ICPn 입력신호가 필터링된다. 잡음제거기가 동작하면 입력신호를 샘플링하여 4개의 신호가 같을 때 입력신호로 받아들인다. 따라서 소스 클럭의 4주기만큼 늦게 들어온다.

- 비트6 : ICESn(Input Capture Edge Select)

ICPn핀으로 들어오는 신호의 상승 에지에서 받을 건지 하강 에지에서 받을 건지를 결정한다. 0이면 하강 에지에서, 1이면 상승에지에서 받아들인다.

- 비트4,3 : WGMn3:2(Waveform Generation Mode)

TCCRnB 레지스터의 WGMn1:0 비트와 결합하여 파형 발생 모드를 결정한다.

- 비트2~0 : CSn2:0(Clock Select)

타이머/카운터의 클럭 소스를 선택한다. 칩 내부의 $clk_{I/O}$를 클럭 소스로 사용할 때 프리스케일러 구성을 그림 10-15에 나타내었다.

표 10-5 클럭 선택 비트

CSn2	CSn1	CSn0	클럭
0	0	0	클럭은 발생하지 않는다(타이머/카운터 정지).
0	0	1	clk_{TOS}
0	1	0	$clk_{TOS}/8$
0	1	1	$clk_{TOS}/64$
1	0	0	$clk_{TOS}/256$

1	0	1	clk_{TOS}/1024
1	1	0	Tn 핀으로 들어오는 외부 클럭(하강 에지 클럭)
1	1	1	Tn 핀으로 들어오는 외부 클럭(상승 에지 클럭)

외부 핀을 클럭 소스로 사용할 때는 T1(PD6), T3(PE6) 핀으로 클럭이 공급된다. 입력되는 클럭의 계수는 소프트웨어로 처리한다.

3. 타이머/카운터 제어 레지스터 TCCR1C, TCCR3C

Bit	7	6	5	4	3	2	1	0	
	FOC1A	FOC1B	FOC1C	–	–	–	–	–	TCCR1C
Read/Write	W	W	W	R	R	R	R	R	
Initial Value	0	0	0	0	0	0	0	0	

Bit	7	6	5	4	3	2	1	0	
	FOC3A	FOC3B	FOC3C	–	–	–	–	–	TCCR3C
Read/Write	W	W	W	R	R	R	R	R	
Initial Value	0	0	0	0	0	0	0	0	

- 비트7 : FOCnA(Force Output Compare for Channel A)
- 비트6 : FOCnB(Force Output Compare for Channel B)
- 비트5 : FOCnC(Force Output Compare for Channel C)

FOCnA/ FOCnB/ FOCnC 비트는 PWM 모드가 아닌 일반모드나 CTC 모드에서 1이면 OCn핀에 COMn1:0 설정에 의한 출력 비교일치 신호를 강제로 내보낸다. 이 경우 어떠한 인터럽트도 발생하지 않으며 CTC 모드에서 TCNTn값이 OCRnA값과 같아도 타이머를 지우지 않는다. FOCnA/ FOCnB/ FOCnC 비트를 읽으면 항상 0이 읽힌다.

4. 타이머/카운터1 TCNT1H, TCNT1L과 타이머/카운터3 TCNT3H, TCNT3L

Bit	7	6	5	4	3	2	1	0	
	TCNT1[15:8]								TCNT1H
	TCNT1[7:0]								TCNT1L
Read/Write	R/W	R/W	R/W	R/W	R/W	R/W	R/W	R/W	
Initial Value	0	0	0	0	0	0	0	0	

Bit	7	6	5	4	3	2	1	0	
	TCNT3[15:8]								TCNT3H
	TCNT3[7:0]								TCNT3L
Read/Write	R/W	R/W	R/W	R/W	R/W	R/W	R/W	R/W	
Initial Value	0	0	0	0	0	0	0	0	

16비트 카운터 값을 저장하는 레지스터이다. 8비트 크기의 TCNTnH와 TCNTnL 레지스터를 따로따로 제어할 수 있다. CPU가 16비트 카운터값을 읽거나 쓸 때 상위바이트와 하위바이트가 동시에 제어되는 것을 보장하기 위해 8비트의 임시 상위바이트 레지스터가 사용된다. 이 임시 레지스터는 모든 16비트 레지스터에 공용으로 사용된다.

카운터가 동작하고 있을 때 새로운 값으로 변경하면 TCNTn과 OCRn 사이의 비교일치 오류가 일어날 수 있으므로 값을 쓰는 동안 비교부와 관계되는 타이머 클럭을 멈추게 하는 것이 좋다.

5. 출력 비교 레지스터1 A OCR1AH, OCR1AL

Bit	7	6	5	4	3	2	1	0	
	OCR1A[15:8]								OCR1AH
	OCR1A[7:0]								OCR1AL
Read/Write	R/W	R/W	R/W	R/W	R/W	R/W	R/W	R/W	
Initial Value	0	0	0	0	0	0	0	0	

6. 출력 비교 레지스터1 B OCR1BH, OCR1BL

Bit	7	6	5	4	3	2	1	0	
	OCR1B[15:8]								OCR1BH
	OCR1B[7:0]								OCR1BL
Read/Write	R/W	R/W	R/W	R/W	R/W	R/W	R/W	R/W	
Initial Value	0	0	0	0	0	0	0	0	

7. 출력 비교 레지스터1 C OCR1CH, OCR1CL

Bit	7	6	5	4	3	2	1	0	
	OCR1C[15:8]								OCR1CH
	OCR1C[7:0]								OCR1CL
Read/Write	R/W	R/W	R/W	R/W	R/W	R/W	R/W	R/W	
Initial Value	0	0	0	0	0	0	0	0	

8. 출력 비교 레지스터3 A OCR3AH, OCR3AL

Bit	7	6	5	4	3	2	1	0	
	OCR3A[15:8]								OCR3AH
	OCR3A[7:0]								OCR3AL
Read/Write	R/W	R/W	R/W	R/W	R/W	R/W	R/W	R/W	
Initial Value	0	0	0	0	0	0	0	0	

9. 출력 비교 레지스터3 B OCR3BH, OCR3BL

Bit	7	6	5	4	3	2	1	0	
	OCR3B[15:8]								OCR3BH
	OCR3B[7:0]								OCR3BL
Read/Write	R/W	R/W	R/W	R/W	R/W	R/W	R/W	R/W	
Initial Value	0	0	0	0	0	0	0	0	

10. 출력 비교 레지스터3 C OCR3CH, OCR3CL

Bit	7	6	5	4	3	2	1	0	
	OCR3C[15:8]								OCR3CH
	OCR3C[7:0]								OCR3CL
Read/Write	R/W	R/W	R/W	R/W	R/W	R/W	R/W	R/W	
Initial Value	0	0	0	0	0	0	0	0	

TCNTn 레지스터의 카운터 값과 비교하는 16비트 값이 들어 있다. 비교일치가 일어나면 출력비교 인터럽트가 발생하거나 OCn핀으로 파형을 발생한다.

OCRn 레지스터가 16비트이므로 CPU가 이 값을 읽거나 쓸 때 상위바이트와 하위바이트가 동시에 제어되는 것을 보장하기 위해 8비트의 임시 상위바이트 레지스터가 사용된다. 이 임시 레지스터는 모든 16비트 레지스터에 공용으로 사용된다.

11. 입력 캡처 레지스터1 ICR1H, ICR1L

Bit	7	6	5	4	3	2	1	0	
	ICR1[15:8]								ICR1H
	ICR1[7:0]								ICR1L
Read/Write	R/W	R/W	R/W	R/W	R/W	R/W	R/W	R/W	
Initial Value	0	0	0	0	0	0	0	0	

12. 입력 캡처 레지스터3 ICR3H, ICR3L

Bit	7	6	5	4	3	2	1	0	
	ICR3[15:8]								ICR3H
	ICR3[7:0]								ICR3L
Read/Write	R/W	R/W	R/W	R/W	R/W	R/W	R/W	R/W	
Initial Value	0	0	0	0	0	0	0	0	

ICPn 단자에 외부 이벤트가 발생하면 이 신호를 카운트하여 TCNTn 레지스터에 저장한다. ICRn 레지스터는 저장된 TCNTn 레지스터 카운터 값과 비교하는 16비트 값이 들어있다. 이 ICPn 레지스터는 타이머/카운터1과 타이머/카운터3의 동작모드에서 TOP값을 저장하는데 사용되기도 한다.

ICRn 레지스터는 16비트이므로 CPU가 이 값을 읽거나 쓸 때 상위바이트와 하위바이트가 동시에 제어되는 것을 보장하기 위해 8비트의 임시 상위바이트 레지스터가 사용된다. 이 임시 레지스터는 모든 16비트 레지스터에 공용으로 사용된다.

13. 타이머/카운터 인터럽트 마스크 레지스터 TIMSK

Bit	7	6	5	4	3	2	1	0	
	OCIE2	TOIE2	TICIE1	OCIE1A	OCIE1B	TOIE1	OCIE0	TOIE0	TIMSK
Read/Write	R/W	R/W	R/W	R/W	R/W	R/W	R/W	R/W	
Initial Value	0	0	0	0	0	0	0	0	

- 비트5 : TICIE1(Timer/Counter1, Input Capture Interrupt Enable)

이 비트가 1이고 상태레지스터(SREG)의 I플래그가 1이면 타이머/카운터1의 입력캡처 인터럽트가 허용된다. 입력캡처 인터럽트가 발생하면 TIFR 레지스터의 ICF1 플래그가 1이 되어 해당되는 인터럽트가 실행된다.

- 비트4 : OCIE1A(Timer/Counter1,Output Compare A Match Interrupt Enable)

이 비트가 1이고 상태레지스터(SREG)의 I플래그가 1이면 타이머/카운터1의 출력비교매치 인터럽트가 허용된다. 출력비교매치A 인터럽트가 발생하면 TIFR 레지스터의 OCF1A 플래그가 1이 되어 해당되는 인터럽트가 실행된다.

- 비트3 : OCIE1B(Timer/Counter1,Output Compare B Match Interrupt Enable)

이 비트가 1이고 상태레지스터(SREG)의 I플래그가 1이면 타이머/카운터1의 출력비교매치 인터럽트가 허용된다. 출력비교매치B 인터럽트가 발생하면 TIFR 레지스터의 OCF1B 플래그가 1이 되어 해당되는 인터럽트가 실행된다.

● 비트2 : TOIE1(Timer/Counter1,Overflow Interrupt Enable)
이 비트가 1이고 상태레지스터(SREG)의 I플래그가 1이면 타이머/카운터1의 오버플로우 인터럽트가 허용된다. 오버플로우 인터럽트가 발생하면 TIFR 레지스터의 TOV1 플래그가 1이 되어 해당되는 인터럽트가 실행된다.

14. 확장 타이머/카운터 인터럽트 마스크 레지스터 ETIMSK

Bit	7	6	5	4	3	2	1	0	
	-	-	TICIE3	OCIE3A	OCIE3B	TOIE3	OCIE3C	OCIE1C	ETIMSK
Read/Write	R	R	R/W	R/W	R/W	R/W	R/W	R/W	
Initial Value	0	0	0	0	0	0	0	0	

● 비트5 : TICIE3(Timer/Counter3, Input Capture Interrupt Enable)

이 비트가 1이고 상태레지스터(SREG)의 I플래그가 1이면 타이머/카운터3의 입력캡처 인터럽트가 허용된다. 입력캡처 인터럽트가 발생하면 TIFR 레지스터의 ICF3 플래그가 1이 되어 해당되는 인터럽트가 실행된다.

● 비트4 :OCIE3A(Timer/Counter3,Output Compare A Match Interrupt Enable)
이 비트가 1이고 상태레지스터(SREG)의 I플래그가 1이면 타이머/카운터3의 출력비교매치 인터럽트가 허용된다. 출력비교매치A 인터럽트가 발생하면 TIFR 레지스터의 OCF3A 플래그가 1이 되어 해당되는 인터럽트가 실행된다.

● 비트3 : OCIE3B(Timer/Counter3,Output Compare B Match Interrupt Enable)
이 비트가 1이고 상태레지스터(SREG)의 I플래그가 1이면 타이머/카운터3의 출력비교매치 인터럽트가 허용된다. 출력비교매치B 인터럽트가 발생하면 TIFR 레지스터의 OCF3B 플래그가 1이 되어 해당되는 인터럽트가 실행된다.

● 비트2 : TOIE3(Timer/Counter3,Overflow Interrupt Enable)
이 비트가 1이고 상태레지스터(SREG)의 I플래그가 1이면 타이머/카운터3의 오버플로우 인터럽트가 허용된다. 오버플로우 인터럽트가 발생하면 TIFR 레지스터의 TOV3 플래그가 1

이 되어 해당되는 인터럽트가 실행된다.

● 비트1 :OCIE3C(Timer/Counter3,Output Compare C Match Interrupt Enable)
이 비트가 1이고 상태레지스터(SREG)의 I플래그가 1이면 타이머/카운터3의 출력비교매치 인터럽트가 허용된다. 출력비교매치C 인터럽트가 발생하면 TIFR 레지스터의 OCF3C 플래그가 1이 되어 해당되는 인터럽트가 실행된다.

● 비트0 : OCIE1C(Timer/Counter1,Output Compare C Match Interrupt Enable)
이 비트가 1이고 상태레지스터(SREG)의 I플래그가 1이면 타이머/카운터1의 출력비교매치 인터럽트가 허용된다. 출력비교매치C 인터럽트가 발생하면 TIFR 레지스터의 OCF1C 플래그가 1이 되어 해당되는 인터럽트가 실행된다.

15. 타이머/카운터 인터럽트 플래그 레지스터 TIFR

Bit	7	6	5	4	3	2	1	0	
	OCF2	TOV2	ICF1	OCF1A	OCF1B	TOV1	OCF0	TOV0	TIFR
Read/Write	R/W	R/W	R/W	R/W	R/W	R/W	R/W	R/W	
Initial Value	0	0	0	0	0	0	0	0	

● 비트5 : ICF1(Timer/Counter1, Input Capture Flag)
ICF1 비트는 ICP1핀에 들어오는 입력캡처신호에 의하거나 ICR1 레지스터가 TOP으로 설정되는 파형발생모드에서 TCNT1 레지스터의 값이 TOP에 이르게 되면 1이 된다. 이 비트는 인터럽트 처리 루틴이 실행되면서 자동으로 지워진다. 이 플래그에 소프트웨어로 1로 써도 지워진다.

● 비트4 : OCF1A(Timer/Counter1, Output Compare A Match Flag)
TCNT1값과 OCR1A값을 비교하여 같으면 TIFR의 OCF1A 비트가 1이 되고 출력비교일치 A 인터럽트 처리 루틴이 실행되거나 이 비트에 1을 쓰면 지워진다.

● 비트3 : OCF1B(Timer/Counter1, Output Compare B Match Flag)
TCNT1값과 OCR1B값을 비교하여 같으면 TIFR의 OCF1B 비트가 1이 되고 출력비교일치 B 인터럽트 처리 루틴이 실행되거나 이 비트에 1을 쓰면 지워진다.

● 비트2 : TOV1(Timer/Counter1 Overflow Flag)

SREG의 I비트, TIMSK의 TOIE1 비트가 1일 때 타이머/카운터1의 오버플로우가 발생하면 TIFR의 TOV1 비트가 1이 되고 오버플로우 인터럽트 처리 루틴이 실행된다. 인터럽트 처리 루틴이 실행되거나 이 비트에 1을 쓰면 지워진다.

16. 확장 타이머/카운터 인터럽트 플래그 레지스터 ETIFR

Bit	7	6	5	4	3	2	1	0	
	-	-	ICF3	OCF3A	OCF3B	TOV3	OCF3C	OCF1C	ETIFR
Read/Write	R/W	R/W	R/W	R/W	R/W	R/W	R/W	R/W	
Initial Value	0	0	0	0	0	0	0	0	

- 비트5 : ICF3(Timer/Counter3, Input Capture Flag)

ICF3 비트는 ICP3핀에 들어오는 입력캡처신호에 의하거나 ICR3 레지스터가 TOP으로 설정되는 파형발생모드에서 TCNT3 레지스터의 값이 TOP에 이르게 되면 1이 된다. 이 비트는 인터럽트 처리 루틴이 실행되면서 자동으로 지워진다. 이 플래그에 소프트웨어로 1로 써도 지워진다.

- 비트4 : OCF3A(Timer/Counter3, Output Compare A Match Flag)

TCNT3값과 OCR3A값을 비교하여 같으면 TIFR의 OCF3A 비트가 1이 되고 출력비교일치A 인터럽트 처리 루틴이 실행되거나 이 비트에 1을 쓰면 지워진다.

- 비트3 : OCF3B(Timer/Counter3, Output Compare B Match Flag)

TCNT3값과 OCR3B값을 비교하여 같으면 TIFR의 OCF3B 비트가 1이 되고 출력비교일치B 인터럽트 처리 루틴이 실행되거나 이 비트에 1을 쓰면 지워진다.

- 비트2 : TOV3(Timer/Counter3 Overflow Flag)

SREG의 I비트, TIMSK의 TOIE3 비트가 1일 때 타이머/카운터3의 오버플로우가 발생하면 TIFR의 TOV3 비트가 1이 되고 오버플로우 인터럽트 처리 루틴이 실행된다. 인터럽트 처리 루틴이 실행되거나 이 비트에 1을 쓰면 지워진다.

- 비트1 : OCF3C(Timer/Counter1, Output Compare C Match Flag)

TCNT3값과 OCR3C값을 비교하여 같으면 TIFR의 OCF3C 비트가 1이 되고 출력비교일치C 인터럽트 처리 루틴이 실행되거나 이 비트에 1을 쓰면 지워진다.

• 비트0 : OCF1C(Timer/Counter1, Output Compare C Match Flag)
TCNT1값과 OCR1C값을 비교하여 같으면 TIFR의 OCF1C 비트가 1이 되고 출력비교일치 C 인터럽트 처리 루틴이 실행되거나 이 비트에 1을 쓰면 지워진다.

10-7 타이머/카운터1,2,3 프리스케일러

1. 내부 클럭 소스

타이머/카운터의 클럭으로 시스템 클럭을 사용할 수 있다. 시스템 클럭을 분주하지 않고 사용하면 타이머/카운터 클럭 주파수는 $f_{CLK_I/O}$가 되어 가장 빠르게 동작한다. 시스템 클럭을 분주하여 사용한다면 4가지 중의 하나, 즉 $f_{CLK\_I/O}/8$, $f_{CLK\_I/O}/64$, $f_{CLK\_I/O}/256$, $f_{CLK_I/O}/1024$로 분주된 클럭 중의 하나를 사용한다.

2. 외부 클럭 소스

Tn핀으로 공급되는 외부 클럭을 타이머/카운터의 클럭 $clk_{T1}/clk_{T2}/clk_{T3}$로 사용할 수 있다. Tn핀은 핀 동기화 로직으로 시스템 클럭 주기마다 샘플링되어 샘플링된 신호는 에지검출기로 전달된다. 그림 10-14는 Tn 동기화 로직과 에지검출기 로직의 기능 블록도이다. 블록도에서 레지스터는 내부 시스템 클럭($clk_{I/O}$)의 상승에지에서 래치된다.

에지검출기는 상승에지나 하강에지에서 하나의 $clk_{T1}/clk_{T2}/clk_{T3}$ 펄스를 발생시킨다. Tn 핀으로 들어오는 에지는 Tn 동기화 로직과 에지검출기 로직을 거치면서 약 2.5~3.5개의 시스템 클럭 주기만큼 시간 지연이 생긴다.

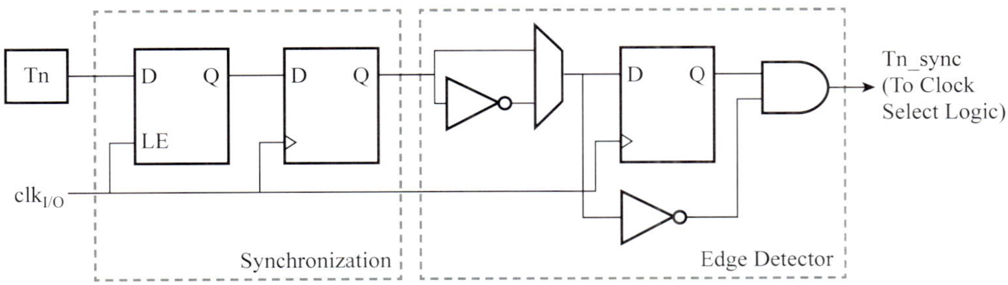

그림 10-14 Tn핀 샘플링

Tn핀으로 들어오는 클럭신호는 로직1(high) 부분이나 로직0(low) 부분이 최소한 시스템 클럭의 한 주기 이상이 되어야 한다. 그러므로 외부에서 공급될 수 있는 클럭 주파수는, 듀티비가 50%라고 할 때 $f_{clk_I/O}/2$보다 작아야 한다. 시스템 클럭 주파수의 듀티비 변화, 오실레이터 소스(크리스탈, 리조네이터, 커패시터)의 오차 등을 감안하면 외부 클럭 소스를 $f_{clk\_I/O}/2.5$ 보다 작게 하는 것이 좋다. 외부 클럭 소스는 프리스케일링할 수 없다.

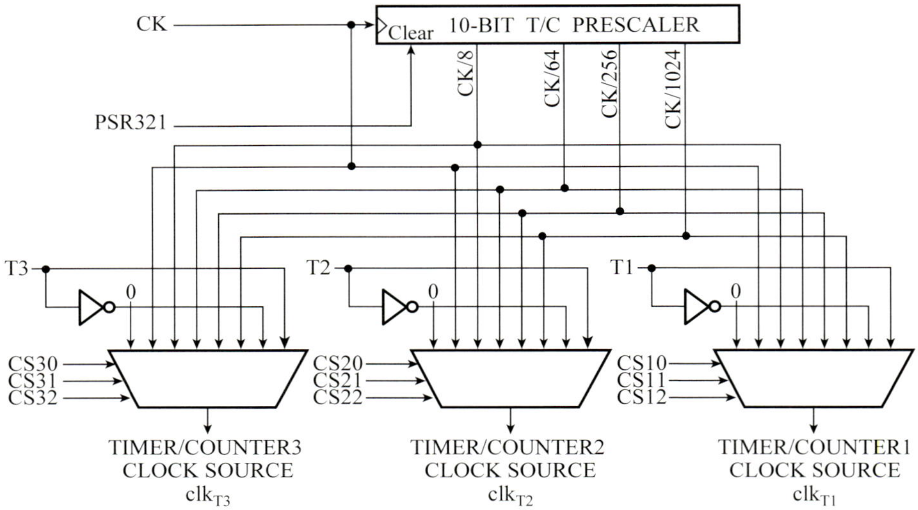

그림 10-15 타이머/카운터1,2,3의 프리스케일러

3. 특수 기능 입출력 레지스터 SFIOR

Bit	7	6	5	4	3	2	1	0	
	TSM	-	-	-	ACME	PUD	PSR0	PSR321	SFIOR
Read/Write	R/W	R	R	R	R/W	R/W	R/W	R/W	
Initial Value	0	0	0	0	0	0	0	0	

● 비트7 : TSM(Timer/Counter Synchronization Mode)

TSM 비트는 MCU 내부에 있는 여러 개의 타이머/카운터를 임의의 값으로 설정하고 동시에 카운팅을 시작하고자 할 때 사용한다. TSM=1로 만들고 PSR0=1, PSR321=1로 설정하면 프리스케일러를 리셋으로 유지하여 타이머/카운터가 멈춘다. 이 상태에서 여러 개의 타이머/카운터에 원하는 값을 쓰고 TSM 비트를 지우면 PSR0, PSR321 비트가 하드웨어적으로 지워지면서 타이머/카운터가 동시에 카운팅을 시작한다.

- 비트 0 : PSR321(Prescaler Reset Timer/Counter3, Timer/Counter2, and Timer/Counter1)

TSM=0인 상태에서 이 비트가 1이면 타이머/카운터3, 타이머/카운터2, 타이머/카운터1의 프리스케일러가 리셋되면서 즉시 하드웨어적으로 0으로 지워진다. 만일 비동기 동작에서 이 비트에 1을 쓰면 프리스케일러가 리셋될 때까지 1을 유지한다. PSR321 비트는 TSM 비트가 1이면(동기 모드로 동작하면) 하드웨어에 의해 지워지지 않는다. 타이머/카운터3, 타이머/카운터2, 타이머/카운터1는 동일한 프리스케일러를 사용하기 때문에 이 프리스케일러를 리셋하면 타이머/카운터3,2,1 모두에 영향을 미친다.

C 프로그램 Timer1 초기화

```
/* 5 msec 마다 타이머 오버플로우 인터럽트가 발생하도록 설정한다. */

01 void InitTimer1(void)
02 {
03     TCCR1B = 0x05;                      // Trigger => Fclock/1024
04     TCNT1 = (65536-((147456/1024)/2)); //5msec
05     TIMSK |= 0x04;                      // Timer1 Interrupt Enable Mask Register
06 }
```

프로그램 설명

3. WGM13:12=00이므로 일반 모드로 동작한다. CS12:10=101이므로 clk_{TOS}/1024 분주비이다.
4. XTAL=14.7456MHz일 때 (1024 / 14.7456M) * (65536−72) = 5 msec
타이머/카운터1은 5msec 마다 인터럽트가 발생한다. 인터럽트 처리 루틴에서는 TCNT1 = (65536−72)를 써넣는다.
5. 타이머/카운터1 인터럽트를 허용한다.

C 프로그램 Timer3 초기화

```
/* 10 msec 마다 타이머 오버플로우 인터럽트가 발생하도록 설정한다. */

void InitTimer3(void)
{
    TCCR3B = 0x04;                  // Trigger => Fclock/256
    TCNT3 = (65536-(147456/256);    // 10 msec
    ETIMSK |= 0x04;                 // Timer3 Interrupt Enable Mask Register
}
```

프로그램 설명

3. WGM33:32=00이므로 일반 모드로 동작한다. CS32:30=100이므로 clk_{TOS}/256 분주비이다.
4. XTAL=14.7456MHz일 때 (256 / 14.7456M) * (65536−576) = 10 msec

타이머/카운터1은 10msec 마다 인터럽트가 발생한다. 인터럽트 처리 루틴에서는 TCNT3 = (65536−576)를 써넣는다.

5. 타이머/카운터3 인터럽트를 허용한다.

연습문제

1 ATmega128에서 제공하는 타이머/카운터1,3의 4가지 동작모드에 대해 설명하시오.

2 아래의 회로에서 타이머/카운터1을 사용하여 8개의 LED를 1초 간격으로 순차적으로 켜는 프로그램을 작성하시오.

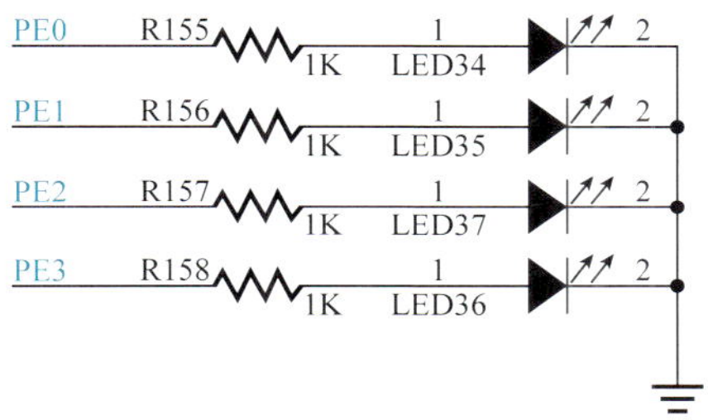

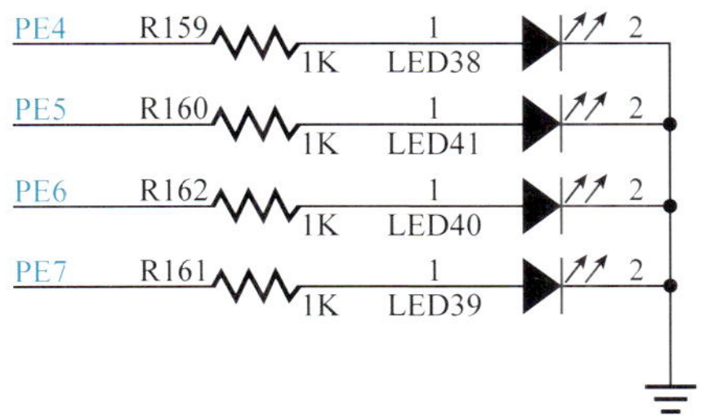

3 아래의 회로에서 다음의 조건을 만족하도록 4개의 FND에 '5678'을 표시하는 프로그램을 작성하시오.

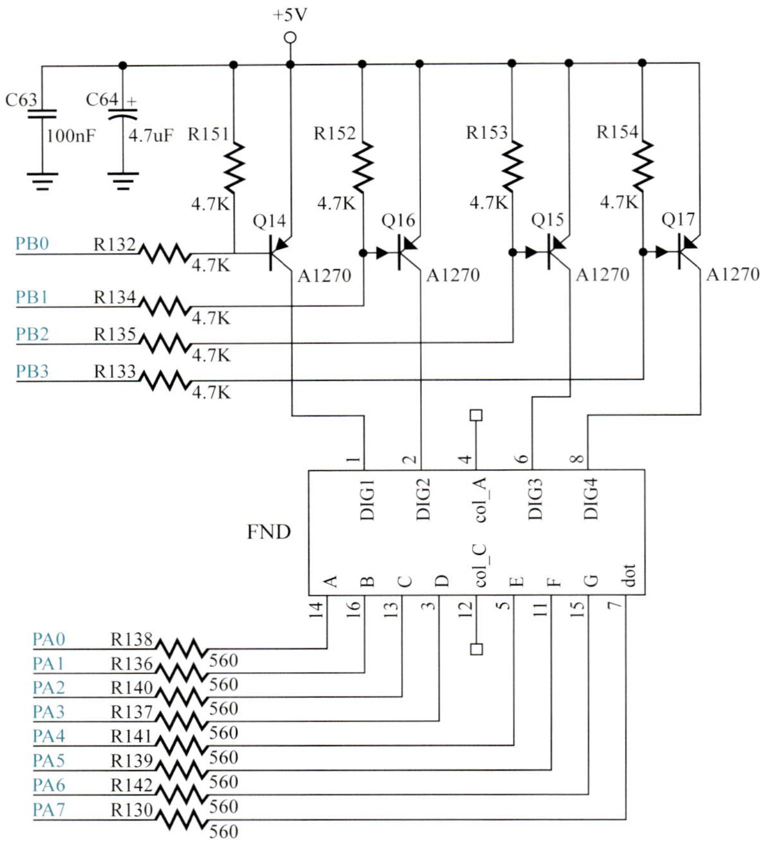

- 각 FND에 1msec 간격으로 숫자를 출력한다.
- 타이머/카운터3을 사용하고 1msec마다 인터럽트가 발생하게 한다.
- FND는 공통 애노드(Common Anode) 형이다.

4 아래의 회로에서 다음의 조건을 만족하는 '스톱워치 프로그램'을 작성하시오.

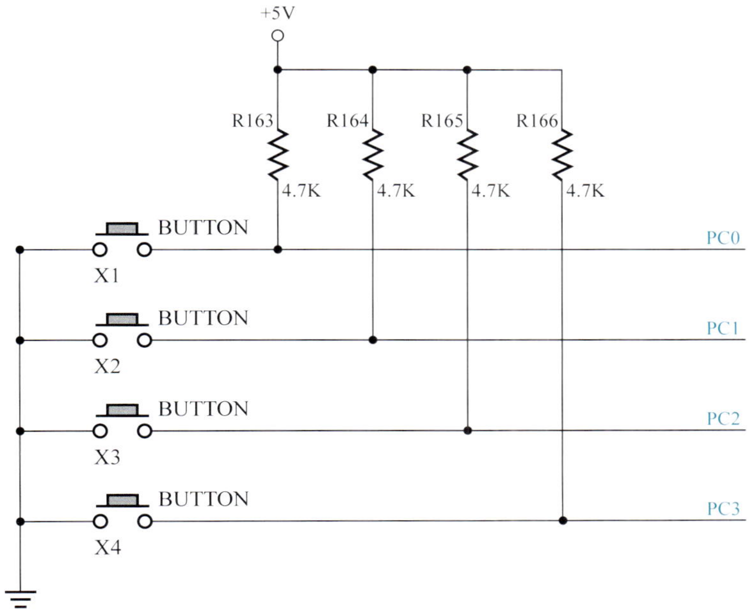

- X1: 시작 버튼, X2: 정지 버튼, X3: 계속 버튼, X4: 초기화 버튼
- 각 '버튼 누름'을 체크할 때는 1msec마다 체크하여 20회 이상 눌러져 있으면 버튼을 누른 것으로 간주한다.
- 문제 3의 FND 회로에 1msec 간격으로 숫자를 출력한다.
- FND 숫자는 초단위로 증가하도록 표시한다.
- 타이머/카운터3을 사용하고 1msec마다 인터럽트가 발생하게 한다.
- FND는 공통 애노드(Common Anode) 형이다.

11 SPI

SPI(Serial Peripheral Interface)는 ATmega128 MCU와 주변소자 또는 여러 가지 AVR 소자 간에 고속 데이터 전송할 수 있는 통신 수단이다. ATmega128 SPI는 다음과 같은 기능을 포함하고 있다.

- 전이중(Full-duplex) 3선 동기 데이터 통신
- 마스터(主) 또는 슬레이브(從) 동작
- 'LSB먼저' 또는 'MSB먼저' 데이터 통신
- 7가지 전송속도 선택
- 전송완료 인터럽트 플래그
- 휴지모드(Idle Mode)에서 깨어나기
- 2배속 마스터 SPI 모드

그림 11-1은 SPI의 블록도를 나타내고 있다. SPI 통신은 마스터에서 슬레이브로 데이터를 전송하는 신호인 MOSI(Master Output Slave Input), 슬레이브에서 마스터로 데이터를 전송하는 신호인 MISO(Master Input Slave Output), 데이터 교환할 때 마스터에서 발생시키는 SCK(SPI Clock), 슬레이브 선택신호인 /SS(Slave Select)를 사용한다. SPI 통신은 I^2C 통신에 비해 동작 방법이 간단하고 마스터 모듈과 슬레이브 모듈간의 1:1통신 방식이어서 통신 속도가 매우 빠르다.

SPI는 2개의 시프트레지스터와 마스터 클록 발생기로 구성되며, 마스터와 슬레이브 간의 연결은 그림 11-2와 같다. SPI 클럭은 항상 마스터에서 슬레이브로 공급하고 SCK 클럭 신호의 인식 방법은 사용자가 상승 에지 또는 하강 에지에서 인식하도록 설정할 수 있다.

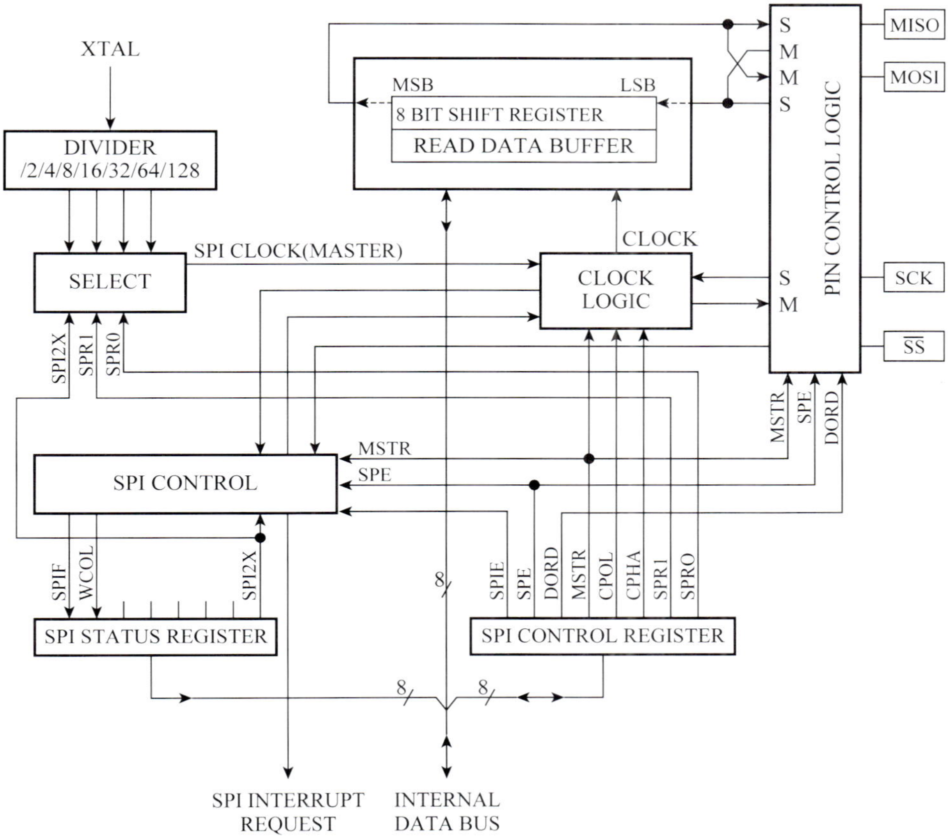

그림 11-1 SPI 블록도

그림 11-2는 SPI 통신에 사용되는 핀의 종류와 입출력 방향을 나타내고 있다. 마스터모드인 경우 MISO핀은 항상 입력으로 동작하고 MOSI, SCK, /SS핀은 사용자가 입출력을 지

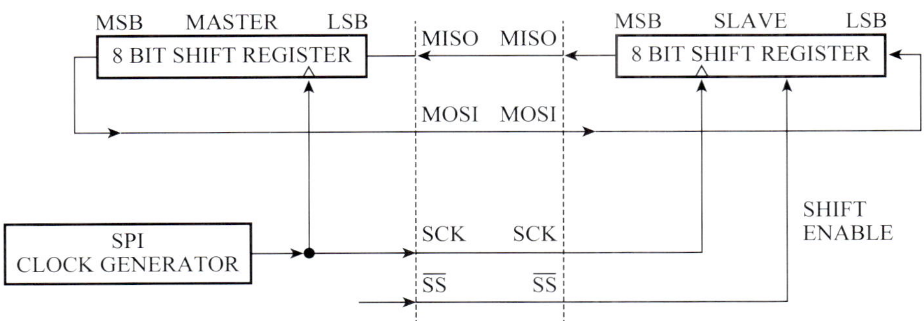

그림 11-2 SPI 마스터-슬레이브 연결과 데이터 흐름

정해 줘야 한다. 통상 3핀 모두 DDB2:0레지스터로 출력으로 지정해 준다. 슬레이브모드인 경우 MOSI, SCK, /SS핀은 항상 입력으로 동작하고 MISO는 DDB3 레지스터로 출력으로 지정하여 사용한다. 입력으로 사용하는 핀은 PORTB3:0 레지스터로 MCU 내부의 풀업 저항을 붙이거나 뗄 수 있다.

표 11-1 SPI핀의 입출력 지정

핀	방향, 마스터 SPI	방향, 슬레이브 SPI
MOSI	사용자 지정	입력
MISO	입력	사용자 지정
SCK	사용자 지정	입력
/SS	사용자 지정	입력

11-1 마스터모드 동작

SPCR 레지스터의 MSTR 비트를 1로 하면 마스터모드로 동작한다. MISO핀은 입력이 되고, MOSI,SCK,/SS핀은 DDB3:0 레지스터로 모두 출력으로 지정해 준다. 마스터모드의 동작 과정은 다음과 같다.

- 마스터는 통신하고자 하는 슬레이브의 /SS핀을 로우(0)로 만들어 슬레이브를 선택한다.
- 마스터에서 SPDR 레지스터에 전송할 데이터를 쓴다.
- SPI는 SCK 클럭 신호를 자동으로 내보내면서 데이터를 한 비트씩 이동시켜 슬레이브로 전송하고, 슬레이브는 MISO핀으로 데이터를 입력받는다.
- 1바이트의 데이터 전송이 끝나면 SCK 클럭이 멈추고 SPSR 레지스터의 SPIF 비트가 1이 된다. 이 때 SPCR 레지스터의 SPIE 비트가 1로 되어 있다면 SPI 전송완료 인터럽트를 요청한다. 인터럽트 처리 루틴에서는 전송할 다음 데이터를 SPDR 레지스터에 씀으로써 다음 데이터 전송이 이루어진다.

  SPIE 비트가 0으로 되어 인터럽트가 금지되어 있다면 SPIF 비트를 쳐다보다가 SPIF 비트가 1이 되는 순간 그 비트를 지우고 다음 데이터를 SPDR 레지스터에 쓰는 방식으로 연속적으로 데이터를 전송한다.
- 모든 데이터 전송이 끝나면 슬레이브의 /SS핀을 1(high)로 만들어 슬레이브 선택을 해제한다.

11-2 슬레이브모드 동작

SPCR 레지스터의 MSTR 비트를 0으로 하면 슬레이브모드로 동작한다. MOSI, SCK, /SS핀은 모두 입력이 되고 MISO핀은 DDB2 비트로 출력으로 지정해 준다. 슬레이브모드의 동작 과정은 다음과 같다.

- /SS핀이 하이(1)이면 대기상태가 되어 SPDR 레지스터에 데이터를 쓰더라도 전송되지 않고 변화가 없다.
- /SS핀에 로우(0)가 입력되면 마스터에서 오는 SCK 클럭 신호에 의해 데이터를 한 비트씩 이동시켜 마스터로 전송하고, 1바이트의 데이터 전송이 끝나면 SPSR 레지스터의 SPIF 비트가 1이 된다. 이 때 SPCR 레지스터의 SPIE 비트가 1로 되어 있다면 SPI 전송완료 인터럽트를 요청한다. 인터럽트 처리 루틴에서는 수신된 데이터를 읽어내고, 송신할 데이터가 있으면 SPDR 레지스터에 써넣으면 된다.
- /SS핀이 하이(1)가 되면 데이터 송수신이 정지된다.

11-3 SPI 레지스터

SPI 통신을 위해 사용되는 레지스터는 SPCR, SPSR, SPDR이 있다.

1. SPCR(SPI Control Register)

Bit	7	6	5	4	3	2	1	0	
	SPIE	SPE	DORD	MSTR	CPOL	CPHA	SPR1	SPR0	SPCR
Read/Write	R/W	R/W	R/W	R/W	R/W	R/W	R/W	R/W	
Initial Value	0	0	0	0	0	0	0	0	

● 비트7 : SPIE(SPI Interrupt Enable)

SPI 전송완료 인터럽트 허용/금지 설정 비트이다. SPIE=1이면, 전송이 완료되어 SPSR의 SPIF 비트가 1이 될 때 SPI 전송완료 인터럽트가 발생한다.

● 비트6 : SPE(SPI Enable)

SPI 동작 허용 비트로서, SPI 통신을 하기 위해서는 SPE 비트를 반드시 1로 써주어야 한다.

• 비트5 : DORD(Data Order)

데이터를 전송할 때 전송하는 비트의 순서를 정한다. 1이면 LSB를 먼저, 0이면 MSB를 먼저 전송한다.

• 비트4 : MSTR(Master/Slave Select)

마스터로 동작할 것인지, 슬레이브로 동작할 것인지를 정하는 비트이다. 1이면 마스터로, 0이면 슬레이브로 동작한다. MSTR이 1로 되어 마스터모드로 되어 있더라도 /SS핀이 입력으로 되어 있고 로우(0)가 입력되면 MSTR 비트가 지워져 버리고 SPIF 비트가 1로 된다. 이런 경우 마스터모드로 동작시키려면 MSTR 비트를 다시 1로 써주어야 한다.

• 비트3 : CPOL(Clock Polarity)

데이터 전송을 하지 않는 대기상태에서 SCK 상태를 0으로 둘 지, 1로 둘 지를 결정한다. CPOL=1이면 1(high), CPOL=0이면 로우(0)의 상태를 유지한다.

표 11-2 CPOL 비트에 의한 SCK 동작

CPOL	데이터를 취하는 시점	데이터를 셋업하는 시점
0	상승 에지	하강 에지
1	하강 에지	상승 에지

• 비트2 : CPHA(Clock Phase)

데이터를 SCK의 상승 에지에서 읽을 지, 하강 에지에서 읽을 지를 결정한다. CPHA=0이면 상승 에지에서, CPHA=1이면 하강 에지에서 읽어내서 시프트레지스터에 저장된다.

표 11-3 CPOL 비트에 의한 데이터 읽는 시점

CPHA (CPOL=0)	상승 에지	하강 에지
0	데이터 취함	데이터 셋업
1	데이터 셋업	데이터 취함

• 비트 1,0 : SPR1, SPR0(SPI Clock rate Select 1,0)

SPR1:0 비트는 SPI2X와의 조합으로 SCK 클럭 속도를 설정한다. SCK는 마스터에서 발생하므로 슬레이브에서는 이 비트들을 무시하여도 된다.

표 11-4 오실레이터 주파수에 따른 SCK 속도

SPI2X	SPR1	SPR0	SCK 주파수
0	0	0	$f_{OSC}/4$
0	0	1	$f_{OSC}/16$
0	1	0	$f_{OSC}/64$
0	1	1	$f_{OSC}/128$
1	0	0	$f_{OSC}/2$
1	0	1	$f_{OSC}/8$
1	1	0	$f_{OSC}/32$
1	1	1	$f_{OSC}/64$

2. SPSR(SPI Status Register)

SPSR의 SPIF, WCOL 비트는 SPI의 동작상태를 나타내고 SPI2X 비트는 SCK 클럭 속도를 정하는데 사용한다.

Bit	7	6	5	4	3	2	1	0	
	SPIF	WCOL	-	-	-	-	-	SPI2X	SPSR
Read/Write	R	R	R	R	R	R	R	R/W	
Initial Value	0	0	0	0	0	0	0	0	

● 비트7 : SPIF(SPI Interrupt Flag)

SPI 전송이 완료되면 1로 되고 SPI 전송완료 인터럽트를 요청한다. 인터럽트가 처리되면 0으로 지워진다. 또한 SPSR 레지스터를 읽어서 SPIF 비트가 1이 되어 있는 것을 확인하고 SPDR 레지스터을 읽거나 SPDR 레지스터에 송신할 데이터를 쓰면 SPIF는 지워진다.

● 비트6 : WCOL(Write COLlision flag)

SPI 모듈이 데이터를 전송하고 있는 도중에 SPDR 레지스터에 데이터를 쓰면 1로 된다. SPSR 레지스터를 읽고 나서 SPDR 레지스터을 읽거나 SPDR 레지스터에 송신할 데이터를 쓰면 WCOL 비트는 지워진다.

● 비트0 : SPI2X(Double SPI Speed Bit)

SPI2X 비트를 1로 하면 마스터모드에서 SCK 클럭 속도가 2배가 된다.

3. SPDR(SPI Data Register)

Bit	7	6	5	4	3	2	1	0	
	MSB							LSB	SPDR
Read/Write	R/W	R/W	R/W	R/W	R/W	R/W	R/W	R/W	
Initial Value	×	×	×	×	×	×	×	×	Undefined

SPDR 레지스터는 SPI 통신용 송수신 데이터를 저장하는 레지스터이다. 송신할 때는 이 레지스터의 값이 시프트레지스터에 옮겨져서 1비트씩 전송되고, 수신할 때는 수신된 시프트레지스터의 데이터가 수신이 완료되면 이 레지스터로 저장된다.

11-4 SPI 클럭 동기

SPI는 SPCR 레지스터의 CPOL, CPHA 비트 설정에 따라 4가지의 클럭에 동기되어 동작한다. 그림 11-3은 CPHA=0일 때 SPI 통신 파형을 나타내고, 그림 11-4는 CPHA=1일 때 SPI 통신 파형을 나타낸다.

표 11-5 CPOL, CPHA 설정에 따른 클럭 동기

	상승 에지	하강 에지	SPI 모드
CPOL=0, CPHA=0	샘플(상승)	셋업(하강)	0
CPOL=0, CPHA=1	셋업(상승)	샘플(하강)	1
CPOL=1, CPHA=0	샘플(하강)	셋업(상승)	2
CPOL=1, CPHA=1	셋업(하강)	샘플(상승)	3

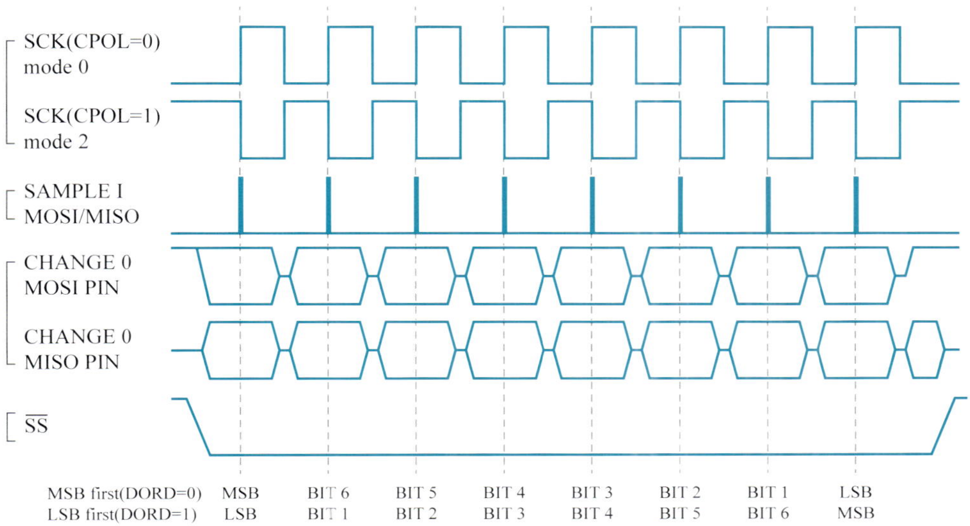

그림 11-3 CPHA=0일 때 SPI 전송 파형

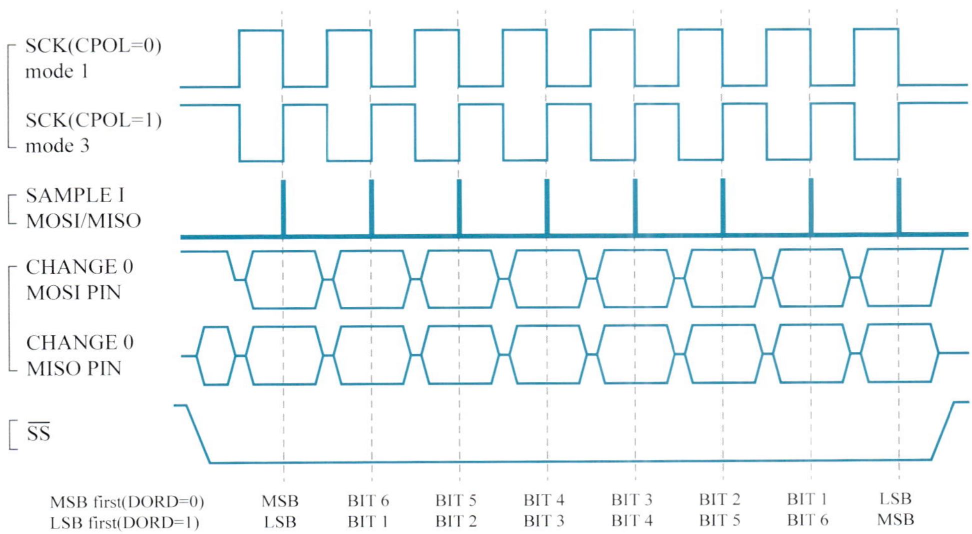

그림 11-4 CPHA=1일 때 SPI 전송 파형

C 프로그램 SPI 초기화(마스터모드)

```
01  void InitSPI_master(void)
02  {
03      SPCR = 0xD1;
04      DDRB |= 0x07;
05      DDRB &= 0xF7;
06      PORTB |= 0x0F;
07  }
```

프로그램 설명

1. SPI 마스터모드 초기화 함수명
3. SPIE=1, SPE=1, MSTR=1(마스터모드), SCK = fosc/16 (SPI2X:SPR1:SPR0=0:0:1)
SPSR 레지스터의 SPI2X비트(비트0)는 초기값이 0이다.
4. PB2(MOSI),PB1(SCK),PB0(/SS)을 출력으로 설정한다.
5. PB3(MISO)을 입력으로 설정한다.
6. 입력으로 사용하는 PB3(MISO)에 풀업 저항을 연결하고, 출력으로 사용하는 PB2(MOSI), PB1(SCK), PB0(/SS)에는 1을 출력한다.

C 프로그램 SPI 초기화(슬레이브모드)

```
01  void InitSPI_slave(void)
02  {
03      SPCR = 0xC1;
04      DDRB |= 0x0A;
05      DDRB &= 0xFA;
06      PORTB |= 0x0E;
07      PORTB &= 0xFE;
08  }
```

프로그램 설명

1. SPI 슬레이브모드 초기화 함수명
3. SPIE=1, SPE=1, MSTR=0(슬레이브모드), SCK = fosc/16 (SPI2X:SPR1:SPR0=0:0:1)
SPSR 레지스터의 SPI2X비트(비트0)는 초기값이 0이다.
4. PB3(MISO), PB1(SCK)을 출력으로 설정한다.
5. PB2(MOSI), PB0(/SS)을 입력으로 설정한다.
6. 출력으로 사용하는 PB3(MISO), PB1(SCK)에 1을 출력하고 입력으로 사용하는 PB2(MOSI)에 1을 출력한다.
7. 입력으로 사용하는 PB0(/SS)에는 풀업 저항을 연결하지 않는다.

연습문제

1 ATmega128의 SPI 직렬 통신에 사용되는 MOSI, MISO, SCK, /SS 핀의 용도에 대해 설명하시오.

2 SPI 마스터와 슬레이브의 연결도를 그리고 데이터의 흐름에 대해 설명하시오.

3 마스터모드와 슬레이브모드에서 SPI 초기화 프로그램을 작성하시오.

4 ATmega128의 SPI 직렬 통신으로 'AT93C46 EEPROM에 데이터 쓰기', 'AT93C46 EEPROM에서 데이터 읽기' 프로그램을 설계하시오.(AT93C46 데이터시트 참조)

12 USART

12-1 USART 개요

USART(Universal Synchronous and Asynchronous Receiver and Transmitter)는 통신장치 간의 직렬통신에 많이 사용되는 장치로서 클럭발생부, 송신부, 수신부로 구성되고 주요 기능은 다음과 같다.

- 양방향 전송 방식(Full Duplex Operation)
- 동기식 또는 비동기식 동작(Synchronous or Asynchronous Operation)
- 마스터 또는 슬레이브 클럭 동기 동작
- 고분해능 전송속도 발생기
- 5~9비트의 데이터 비트, 1~2비트의 정지 비트
- 홀수 또는 짝수 패리티 발생
- 데이터 오버 런, 프레임 에러 검출
- 3개의 분리된 인터럽트 소스(송신 완료, 전송 데이터 비어 있음, 수신 완료)
- 멀티-프로세서 통신 모드
- 2배속 비동기 통신 모드

ATmega128은 2개의 USART, 즉 USART0, USART1이 있고 각각 별도의 입출력 레지스터를 가지고 있다. 내부 구성은 그림 12-1에서 보여지는 바와 같다. 클럭발생부는 전송속도 발생기와 클럭동기회로로 이루어진다. 전송부는 송신버퍼(UDR), 송신시프트레지스터, 패리티발생기 등으로 구성되며 수신부는 수신버퍼(UDR), 수신시프트레지스터, 패리티 검사기 등으로 구성된다.

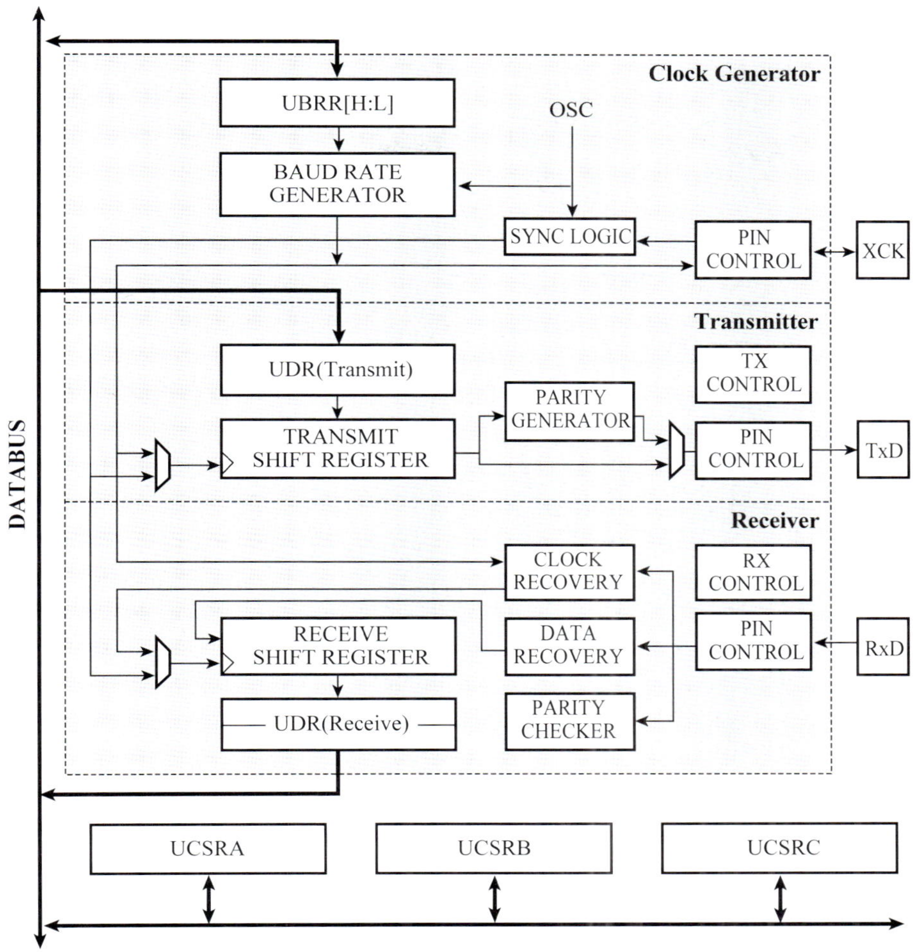

그림 12-1 USART 블록도

12-2 클럭 발생

클럭발생부는 데이터 송수신을 위한 기준 클럭을 발생시킨다. USART는 4가지 클럭동작 모드, 즉 일반 비동기, 2배속 비동기, 마스터 동기, 슬레이브 동기 모드를 지원한다. UCSRC 레지스터의 UMSEL 비트가 비동기인지 동기인지를, UCSRA 레지스터의 U2X 비트가 2배속인지 아닌지를 결정한다. UMSEL=1로 설정하여 동기모드를 사용할 때 XCKn 핀을 클럭소스로 사용할지, 아니면 내부의 클럭을 사용할지는 DDR 레지스터에 의해 결정된다.

XCK0은 PE2, XCK1은 PD5이다. XCK0, XCK1핀은 동기모드일 때만 클럭소스 핀으로 사용할 수 있다.

그림 12-2에서 txclk는 송신클럭, rxclk는 수신 클럭, xcki는 XCK 핀으로 입력되는 클럭, xcko는 XCK핀으로 출력되는 클럭, fosc는 시스템 클럭이다.

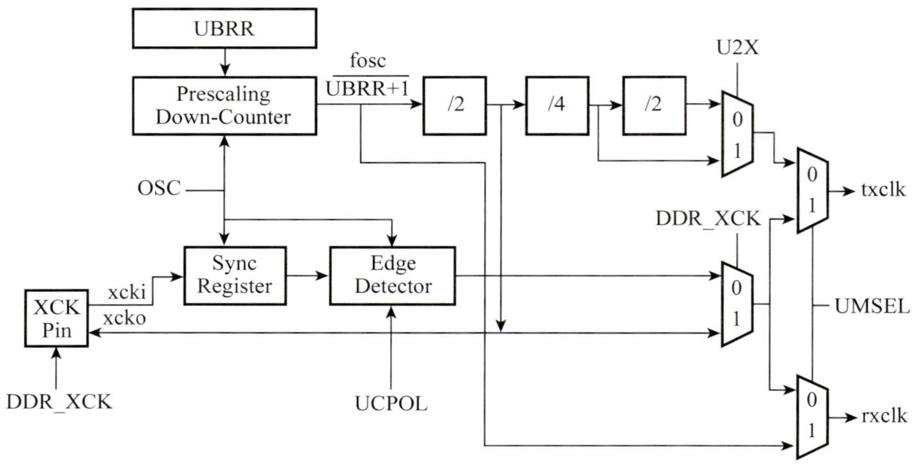

그림 12-2 클럭발생부 블록도

USART 통신을 위한 내부 클럭은 비동기 모드와 동기 마스터 모드에 사용된다. 그림 12-2는 클럭발생부의 블록도이다.

전송속도 레지스터 UBRR(USART Baud Rate Register)와 다운카운터가 전송속도 발생기로 동작한다. 시스템 클럭(f_{OSC})에 의해 동작하는 다운카운터의 값은, 값을 하나씩 감소시켜 0이 되거나 UBRRL 레지스터에 임의의 값을 쓸 때마다 UBRR의 값을 가져와 하나씩 감소하기 시작한다. 그리고 이 때 클럭이 발생되어 전송속도 발생기의 클럭이 된다 ($=f_{OSC}/(UBRR+1)$). 송신부에서는 이 클럭을 모드 종류에 따라 2, 8, 16 분주하여 클럭 출력으로 내보낸다. 출력된 클럭은 수신부 클럭과 데이터 복구부에도 사용된다.

표 12-1에 전송속도를 정하기 위한 계산식과 그에 따른 UBRR값 계산식을 나타내고 있다. 여기서 BAUD는 전송속도, f_{OSC}는 시스템 클럭을 나타낸다.

2배속 동작(U2X) UCSRA 레지스터의 U2X 비트를 1로 설정하면 전송속도 분주기를 16에서 8로 낮추어 전송속도를 2배로 높일 수 있다. 이 비트는 비동기 동작에만 사용할 수 있고, 동기식 동작에는 0으로 설정하여야 한다.

표 12-1 전송속도 레지스터(UBRR) 값 계산식

동작 모드	전송속도[주1] 계산식	UBRR값 계산식
비동기 일반 모드(U2X=0)	BAUD = f_{OSC} / 16(UBRR+1)	UBRR = f_{OSC}/16BAUD −1
비동기 2배속 모드(U2X=1)	BAUD = f_{OSC} / 8(UBRR+1)	UBRR = f_{OSC}/8BAUD −1
동기 마스터 모드	BAUD = f_{OSC} / 2(UBRR+1)	UBRR = f_{OSC}/2BAUD −1

– 주1) 전송속도(Baud Rate)는 '1초당 전송하는 비트수'(bps:bit per second)로 정의한다.

외부 클럭 외부 클럭은 동기식 슬레이브 동작에서 사용한다. 그림 12-2와 같이 XCK핀으로 들어온 클럭은 안정화를 위해 동기화 레지스터를 거친다. 동기화 레지스터의 출력은 에지 검출기를 거쳐 송신부와 수신부에 공급된다. 이 과정을 거치는 동안 2CPU 클럭 지연이 생기므로 XCK의 최대 클럭 주파수는 다음과 같다.

$$f_{XCK} < (f_{OSC}/4)$$

f_{OSC}는 시스템 클럭의 영향을 받기 때문에 데이터의 손실을 막기 위해 정밀도가 높은 시스템 클럭을 사용하는 것이 좋다.

프레임 포맷 USART 통신을 위한 직렬 프레임은 다음과 같이 시작비트, 5~9비트의 데이터, 패리티 비트, 정지비트의 30가지 조합으로 이루어진다.

- 시작비트: 1비트
- 데이터 비트: 5~9비트
- 패리티 비트: 없음(NO), 짝수, 홀수
- 정지 비트: 1~2비트

데이터 프레임은 맨 처음 시작비트로 시작하여 5~9비트의 데이터를 LSB부터 보낸다. 이어서 패리티 비트가 있으면 데이터의 MSB 다음에 보내고 정지비트를 보내어 전송을 마친다.

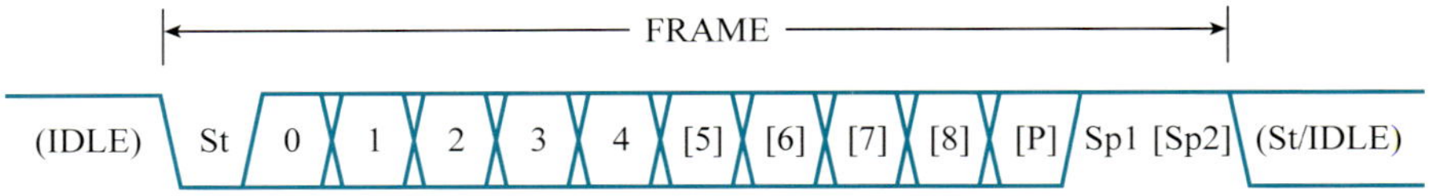

- St: 시작비트, 항상 0이다.
- (n): 데이터 비트(0 ~ 8)
- P: 패리티 비트(짝수 또는 홀수)
- Sp: 정지비트, 항상 1이다.
- IDLE: 통신로(RxD 또는 TxD)상에 전송되는 데이터가 없다. 반드시 1(high)이어야 한다.

그림 12-3 프레임 포맷

프레임 포맷은 UCSRB, UCSRC 레지스터의 UCSZ2:0, UPM1:0, USBS 비트 설정에 의해 송신부, 수신부가 동일하게 결정된다. 만일 데이터 통신 중에 프레임 포맷 설정을 바꾸면 통신 중인 데이터가 깨지게 되므로 주의해야 한다. 각 레지스터의 설정방법은 'USART 레지스터' 설명 부분을 참조하기 바란다.

패리티 비트 계산 짝수 패리티는 데이터 비트의 1의 개수와 패리티 비트를 더하면 1의 개수가 짝수개가 되고 홀수 패리티는 데이터 비트의 1의 개수와 패리티 비트를 더하면 1의 개수가 홀수개가 되도록 패리티 비트를 설정한다.

12-3 USART 초기화

USART는 통신을 시작하기 전에 전송속도, 프레임 포맷, 송수신 동작 허용, 인터럽트 허용 여부 등의 설정을 위해 제어 및 상태레지스터(UCSRnA, UCSRnB, UCSRnC), 전송속도 레지스터(UBRRnH, UBRRnL)를 필요한 값으로 초기화해야 한다. 데이터 송수신을 인터럽트 처리 방식으로 동작하도록 초기화할 때는 전 영역 인터럽트 허용 플래그(global interrupt flag)를 지워서 인터럽트 발생을 금지시킨 상태에서 초기화해야 한다.

USART가 동작 중인 상태에서 전송속도나 프레임 포맷 등을 변경하기 위해 레지스터 값을 바꿀 때에는 현재 전송중인 데이터가 있는지 없는지를 반드시 확인해야 한다. UCSRnA 레지스터의 TXCn, RXCn 플래그가 모두 0이 된 것을 확인하고 제어 및 상태레지스터(UCSRnA, UCSRnB, UCSRnC) 값을 변경한다.

어셈블리 프로그램 USARTn 초기화

```
01  USART_Init:
      ; Set baud rate
02    out  UBRRH, r17
03    out  UBRRL, r16
      ; Enable receiver and transmitter
04    ldi  r16, (1<<RXEN) | (1<<TXEN)
05    out  UCSRB, r16
      ; Set frame format: 8data, 2stop bit
06    ldi  r16, (1<<USBS) | (3<<UCSZ0)
07    out  UCSRC, r16
08    ret
```

프로그램 설명

1. USART 초기화 함수명

2~3. 전송속도 값이 저장된 r17:r16의 데이터를 전송속도 레지스터 UBRRn에 값을 써넣는다. 반드시 상위바이트에 먼저 쓰고 하위바이트에 나중에 써야 한다.

4~5. UCSRnB 레지스터의 RXEN, TXEN 비트에 1을 써서 USART 동작을 하도록 허용한다. 6~7항에서 데이터 비트수를 결정하는데 사용하는 UCSZn2는 0이다.

6~7. UCSRnC 레지스터의 USBS 비트에 1을 써서 정지비트를 2비트로 설정한다. 또한 UCSZn1:0에 3을 써서 데이터 비트를 8비트로 설정한다.

C 프로그램 USARTn 초기화

```
#define FOSC 14745600  //Clock Speed
#define BAUD 115200
#define MYUBRR  FOSC/16/BAUD-1

void main(void)
{
  ...
  USART_Init(MYUBRR);
  ...
}

void USART_Init(unsigned int ubrr)
{
```

```
        /* Set baud rate */
10      UBRRH = (unsigned char) (ubrr>>8);
11      UBRRL = (unsigned char) ubrr;
        /* Enable receiver and transmitter */
12      UCSRB = (1<<RXEN) | (1<<TXEN);
        /* Set frame format: 8data, 2stop bit */
13      UCSRC = (1<<USBS) | (3<<UCSZ0);
14    }
```

프로그램 설명

1. 시스템 클럭으로 14.7456MHz 주파수를 사용한다.
2. 사용하는 전송속도는 115,200 bps 이다.
3. UBRRn 레지스터에 저장할 전송속도 계산식(UCSRnA 레지스터의 U2X는 0이다.)
6. USART 초기화 함수
8. USART 초기화 함수명

10~11. 전송속도 레지스터 UBRRn에 값을 써넣는다. 반드시 상위바이트에 먼저 쓰고 하위바이트에 나중에 써야 한다.

12. UCSRnB 레지스터의 RXEN, TXEN 비트에 1을 써서 USART 동작을 하도록 허용한다. 6~7항에서 데이터 비트수를 결정하는데 사용하는 UCSZn2는 0이다.

13. UCSRnC 레지스터의 USBS 비트에 1을 써서 정지비트를 2비트로 설정한다. 또한 UCSZn1:0에 3을 써서 데이터 비트를 8비트로 설정한다.

12-4 USART 송신

USART 송신은 UCSRB 레지스터의 TXEN 비트를 1로 설정하면 동작이 허용되어 TXD 핀은 입출력 포트가 아닌 전송단자로 사용된다. USART로 동작하기 위해서는 전송 동작 전에 전송속도_동작모드, 프레임 포맷 등을 미리 설정하여야 한다. 동기 동작에서는 전송 클럭으로 XCK핀으로 입력되는 클럭이 사용된다.

데이터 전송은 전송 버퍼에 보낼 데이터를 쓰는 것으로 시작된다. CPU는 이 데이터를 UDR 입출력 장소에 옮겨 넣는다. 옮겨진 데이터는 출력 핀으로 내보낼 수 있는 준비가 되면 쉬프트레지스터로 이동한다. 쉬프트레지스터의 데이터는 비동기 전송에서는 정해진 전송속도로, 동기 전송에서는 XCK 클럭에 의해 TXD핀으로 내보내진다.

다음의 프로그램은 UDRE 플래그를 주기적으로 검사하여 전송하는 방식의 간단한 송신

프로그램 코드이다. 데이터가 8비트보다 작을 때는 유효 데이터에 해당하지 않는 비트들은 무시된다. 아래의 전송프로그램이 사용되기 전에 초기화 프로그램이 반드시 실행되어야 한다.

어셈블리 코드에서는 보낼 데이터가 r16에 저장되어 있다. 전송 버퍼에 새로운 데이터를 넣기 전에 UDRE 플래그를 검사하여 버퍼가 비어있는지 확인하여야 한다. 버퍼가 비어있고 송신 인터럽트 방식으로 설정되어 있으면 인터럽트 처리 루틴에서 전송버퍼에 데이터를 써 넣는다.

어셈블리 프로그램 USARTn 송신(5~8비트)

```
01    USART_Transmit:
        ; Wait for empty transmit buffer
02      sbis  UCSRA, UDRE
03      rjmp  USART_Tranmit
        ; Put data (r16) into buffer, sends the data
04      out  UDR, r16
05      ret
```

프로그램 설명

1. USART 송신 함수명
2~3. 송신버퍼가 비어 있는지 확인한다. UDRn에 새로운 데이터를 쓰면 UDREn 비트는 0으로 지워진다.
4. r16에 들어있는 송신할 데이터를 UDRn 레지스터에 쓴다.

C 프로그램 USARTn 송신 (5~8비트)

```
01      void USART_Transmit(unsigned char  data)
02      {
          /* Wait for empty transmit buffer */
03        while  ( !(UCSRA & (1<<UDRE))) ;
          /* Put data into buffer, sends the data */
04        UDR = data;
05      }
```

프로그램 설명

1. USART 송신 함수명
3. 송신버퍼가 비어 있는지 확인한다. UDRn에 새로운 데이터를 쓰면 UDREn 비트는 0으로 지워진다.
4. 송신할 데이터를 UDRn 레지스터에 쓴다.

UCSZ=7로 하여 9비트 데이터를 사용할 때는 하위 8비트를 UDR 레지스터에 써넣기 전에 최상위 비트를 UCSRB 레지스터의 TXB8에 먼저 써넣어야 한다. 다음의 코드(203쪽)는 9비트를 보내기 위한 데이터 처리 과정을 나타낸다. 어셈블리 코드에서는 보낼 데이터가 r17:r16에 저장되어 있다.

전송 플래그와 인터럽트 데이터 전송과 관련된 플래그는 데이터가 비어있음을 알리는 UDRE, 전송이 완료되었음을 알리는 TXC가 있다. 이 두 플래그는 인터럽트를 발생하는데 사용되기도 한다.

UDRE는 전송 버퍼가 새로운 데이터를 받을 준비가 되어 있음을 나타낸다. UDRE가 1이면 전송 버퍼가 비어 있음을, 0이면 쉬프트 레지스터로 옮길 데이터가 아직 남아 있음을 나타낸다.

UCSRB 레지스터의 UDRIE를 1로 설정하면 SREG 레지스터의 I=1, UDRE=1일 때 '데이터 없음 인터럽트'가 발생한다. UDR 레지스터에 데이터를 쓰면 UDRE는 자동으로 지워진다. 인터럽트에 의한 전송방식을 사용할 경우에는 인터럽트 처리 루틴에서 UDR 레지스터에 새로운 데이터를 쓰거나 해당 인터럽트를 금지시켜 UDRE를 지워야 한다. UDRE를 지우지 않으면 인터럽트 처리 루틴을 빠져나왔을 때 다시 인터럽트가 걸리게 된다.

TXC는 전송 쉬프트레지스터에 있는 데이터가 모두 나가고 전송 버퍼에 더 이상 보낼 데이터가 없으면 1이 된다. TXC는 전송 완료 인터럽트 루틴이 실행되거나 그 비트에 1을 쓰면 0으로 지워진다. TXC는 송신 완료 후에 즉시 수신모드와 전환해야 하는, RS485 통신과 같은 단방향 통신에서 유용하게 사용할 수 있다.

UCSRB 레지스터의 TXCIE를 1로 설정하면 SREG 레지스터의 I=1, TXC=1일 때 '송신 종료 인터럽트'가 발생한다. 인터럽트 처리를 위해 인터럽트 벡터로 점프하면 TXC는 자동으로 지워진다.

패리티 발생기 패리티 발생기는 데이터를 직렬로 보내면서 패리티 비트를 계산한다. UPM1=1이면 전송 제어부에서 데이터의 맨 마지막 비트와 첫 번째 정지비트 사이에 패리티 비트를 끼워 넣는다.

전송 금지 데이터 전송 중에는 TXEN을 0으로 설정하더라고 보내고 있는 데이터는 전부 다 내보낸다. TXEN을 0으로 하여 전송 금지가 되면 TxD핀은 더 이상 역할을 하지 않는다.

어셈블리 프로그램 USARTn 송신(9비트)

```
01  USART_Transmit9:
      ; Wait for empty transmit buffer
02    sbis  UCSRA, UDRE
03    rjmp  USART_Tranmit9
      ; Copy 9th bit from r17 to TXB8
04    cbi  UCSRB, TXB8
05    sbrc  r17, 0
06    sbi  UCSRB, TXB8
      ; Put LSB data (r16) into buffer, sends the data
07    out  UDR, r16
08    ret
```

프로그램 설명

1. USART 9비트 송신 함수명
2~3. 송신버퍼가 비어 있는지 확인한다. UDRn에 새로운 데이터를 쓰면 UDREn 비트는 0으로 지워진다.
4. UCSRB 레지스터의 TXB8 비트를 지운다.
5. r17 레지스터의 비트0이 0이면 다음의 명령어(sbi UCSRB, TXB8)를 건너뛴다.
6. UCSRB 레지스터의 TXB8 비트를 1로 쓴다.
7. 송신할 데이터를 UDRn 레지스터에 쓴다.

C 프로그램 USARTn 송신(9비트)

```
01  void USART_Transmit9(unsigned int  data)
02  {
      /* Wait for empty transmit buffer */
03    while  (!(UCSRA & (1<<UDRE))) ;
      /* Copy 9th bit to TXB8 */
04    UCSRB &= ~(1<<TXB8);
05    if(data & 0x0100)
06      UCSRB |= (1<<TXB8);
      /* Put data into buffer, sends the data */
07    UDR = data;
08  }
```

프로그램 설명

1. USART 9비트 송신 함수명
3. UDREn비트를 검사하여 송신버퍼가 비어 있는지 확인한다.

4. UCSRB 레지스터의 TXB8 비트를 지운다.
5. 보낼 데이터의 비트9가 1이면 UCSRB 레지스터의 TXB8 비트에 1을 쓴다.
7. 송신할 데이터 중에서 8비트를 UDRn 레지스터에 쓴다.

12-5 USART 수신

UART 수신을 허용하기 위해서는 UCSRB 레지스터의 RXEN을 1로 설정한다. 수신이 허용되면 RxD핀은 전송단자 동작하여 직렬 입력값을 받아들인다. USART로 동작하기 위해서는 전송 동작 전에 전송속도_동작모드, 프레임 포맷 등을 미리 설정하여야 한다. 동기 동작에서는 전송 클럭으로 XCK핀으로 입력되는 클럭이 사용된다.

데이터 수신은 유효한 시작 비트를 검출하는 것으로 시작된다. 시작비트 다음에 오는 비트들은 비동기 전송에서는 정해진 전송속도로, 동기 전송에서는 XCK 클럭에 의해 샘플링되어 첫 번째 정지비트를 수신할 때까지 수신 쉬프트레지스터에 보내진다. 두 번째 정지비트는 무시된다. 첫 번째 정지비트가 수신되면 쉬프트레지스터에 데이터가 수신 버퍼로 옮겨진다. 그렇게 되면 UDR 레지스터를 읽어 수신 데이터를 읽어낸다.

아래의 프로그램은 RXC 플래그를 주기적으로 검사하여 수신하는 방식의 간단한 송신프로그램 코드이다. 데이터가 8비트보다 작을 때는 유효 데이터에 해당하지 않는 비트들은 0이 된다. 아래의 전송프로그램이 사용되기 전에 초기화 프로그램이 반드시 실행되어야 한다.

어셈블리 프로그램 USARTn 수신(5~8비트)

```
1    USART_Receive:
       ; Wait for data to be received
2      sbis UCSRA, RXC
3      rjmp USART_Receive
       ; Get and return received data from buffer
4      in r16, UDR
5      ret
```

프로그램 설명

1. USART 수신 함수명
2~3. 수신버퍼에 새로운 데이터가 들어 있는지 확인한다. USART 인터럽트로 데이터를 수신할 때는 새로운 데이터가 들어 올 때 인터럽트가 발생하므로 인터럽트 처리 루틴에서는 새로운 데이터가 있는지 확인할 필요가 없다.
4. 수신할 데이터를 UDRn 레지스터로부터 읽어서 r16에 저장한다.

C 프로그램 USARTn 수신(5~8비트)

```
01  unsigned char USART_Receive(void)
02  {
      /* Wait for data to be received */
03    while ( !(UCSRA & (1<<RXC))) ;
      /* Get and return received data from buffer */
04    return UDR;
05  }
```

프로그램 설명

1. USART 수신 함수명
3. 수신버퍼에 새로운 데이터가 들어 있는지 확인한다. USART 인터럽트로 데이터를 수신할 때는 새로운 데이터가 들어 올 때 인터럽트가 발생하므로 인터럽트 처리 루틴에서는 새로운 데이터가 있는지 확인할 필요가 없다.
4. 수신할 데이터를 UDRn 레지스터로부터 읽어서 반환한다.

UCSZ=7로 하여 9비트 데이터를 사용할 때는 하위 8비트를 UDR 레지스터에서 읽기 전에 최상위 비트를 UCSRB 레지스터의 RXB8에서 먼저 읽어내야 한다. 이러한 규칙은 FE, DOR, UPE 상태 플래그에 대해서도 마찬가지로 적용된다. 그러므로 상태레지스터 UCSRA는 UDR 데이터를 읽기 전에 먼저 읽어야 한다. 아래의 코드는 9비트 데이터와 상태비트들을 처리 과정을 나타낸다. 어셈블리 코드에서는 수신 데이터를 r17:r16에 저장한다.

어셈블리 프로그램 USARTn 수신(9비트)

```
USART_Receive9:
  ; Wait for data to be received
  sbis  UCSRA, RXC
  rjmp  USART_Receive9
  ; Get and return received data from buffer
  in  r18, UCSRA
  in  r17, UCSRB
  in  r16, UDR
  ; If error, return-1
  andi  r18, (1<<FE) | (1<<DOR) | (1<<UPE)
  breq  USART_ReceiveNoError
```

```
09      ldi  r17, HIGH(-1)
10      ldi  r16, LOW(-1)
11     USART_ReceiveNoError:
        ; Filter the 9th bit, then return
12      lsr  r17
13      andi  r17, 0x01
14      ret
```

프로그램 설명

1. USART 9비트 수신 함수명

2~3. 수신버퍼에 새로운 데이터가 들어 있는지 확인한다. USART 인터럽트로 데이터를 수신할 때는 새로운 데이터가 들어 올 때 인터럽트가 발생하므로 인터럽트 처리 루틴에서는 새로운 데이터가 있는지 확인할 필요가 없다.

4~5. USART 상태레지스터 UCSRnA, UCSRnB를 읽는다.

6. 수신할 데이터를 UDRn 레지스터로부터 읽어서 r16에 저장한다.

7~8. 수신 데이터에 에러가 없으면 12항으로 건너뛴다.

9~10. 수신 데이터에 에러가 발생하면 r17:r16에 에러코드, 0xFFFF를 표시한다.

12. r17을 오른쪽으로 1비트 이동한다(만일 수신 에러가 발생하였다면 r17은 0x7F가 될 것이다).

13. RXBn 비트만 취한다.

14. 함수를 종료한다. 만일 수신 에러가 발생하였다면 이 함수를 호출한 곳에서는 r17:r16에 저장된 0x01FF 값을 반환값으로 받을 것이다. 그러므로 0x1FF값을 반환값으로 받으면 버려야 한다.

C 프로그램 USARTn 수신(9비트)

```
01      unsigned int USART_Receive9(void)
02      {
03        unsigned char  status, resh, resl;

          /* Wait for data to be received */
04        while  ( !(UCSRA & (1<<RXC))) ;
          /* Get status and 9th bit, then data from buffer */
05        status = UCSRA;
06        resh = UCSRB;
07        resl = UDR;
          /* If error, return -1 */
08        if (status & (1<<FE) | (1<<DOR) | (1<<UPE))
09          return -1;
          /* Filter the 9th bit, then return */
```

```
10        resh = (resh >> 1) & 0x01;
11        return ((resh << 8) | resl);
12    }
```

프로그램 설명

1. USART 9비트 수신 함수명
3. 내부 변수 지정
4. 수신버퍼에 새로운 데이터가 들어 있는지 확인한다. USART 인터럽트로 데이터를 수신할 때는 새로운 데이터가 들어 올 때 인터럽트가 발생하므로 인터럽트 처리 루틴에서는 새로운 데이터가 있는지 확인할 필요가 없다.
5~6. USART 상태레지스터 UCSRnA, UCSRnB를 읽는다.
7. 수신할 데이터를 UDRn 레지스터로부터 읽어서 resl에 저장한다.
8~9. 수신 데이터에 에러가 발생하면 (−1)값을 반환한다.
10. RXBn 비트만 취하여 resh에 저장한다.
11. RXBn 비트와 하위 8비트를 조합하여 9비트를 만든 후 반환한다.

수신 완료 플래그와 인터럽트 데이터 전송과 관련된 플래그는 데이터가 비어있음을 알리는 UDRE, 전송이 완료되었음을 알리는 TXC가 있다. 이 두 플래그는 인터럽트를 발생하는 데 사용되기도 한다.

수신완료 플래그 RXC는 수신 버퍼에 아직 읽어내지 않은 데이터가 있음을 나타낸다. 이 플래그는 수신 버퍼 데이터를 읽어내어 버퍼가 비게 되면 0이 된다. 수신이 금지되어 있으면(RXEN=0) 수신 버퍼의 데이터는 버려지고 RXC는 0으로 지워진다.

UCSRB 레지스터의 RXCIE를 1로 설정하면 SREG 레지스터의 I=1, RXC=1일 때 '수신완료 인터럽트'가 발생한다. 인터럽트에 의한 전송방식을 사용할 경우에는 인터럽트 처리 루틴에서 UDR 레지스터의 데이터를 읽어서 RXC를 지워야 한다. 데이터를 읽어내지 않으면 인터럽트 처리 루틴을 빠져나왔을 때 다시 인터럽트가 걸리게 된다.

수신 오류 플래그 수신 오류 플래그는 프레임 오류(FE), 데이터 넘침(DOR), 패리티 오류(PE)의 3종류가 UCSRA 레지스터에 있다. UCSRA의 오류 플래그들은 수신 버퍼, UDR을 읽기 전에 검사하여야 한다. UDR을 읽으면 오류 플래그의 상태가 변하기 때문이다. UCSRA 레지스터에 데이터를 쓸 때 이 비트들은 반드시 0을 쓴다.

- 프레임 오류(FE): 수신 버퍼에서 읽어낼 데이터의 첫 번째 정지비트의 상태를 나타낸다. 정지 비트가 정상(1)이면 0, 비정상(0)이면 1이 된다. FE는 첫 번째 정지 비트의 상태를

나타내기 때문에 UCSRC 레지스터의 USBS 비트의 설정에는 영향을 받지 않는다.

- 데이터 넘침(DOR): 수신 버퍼에 데이터가 가득 차서 데이터 손실이 있음을 나타낸다. 이 플래그가 1이면 한 바이트 이상의 프레임 손실이 발생한 것이다. DOR은 수신된 프레임이 시프트레지스터에서 수신 버퍼로 성공적으로 옮겨지면 지워진다.
- 패리티 오류(PE): UPE 비트는 읽어내려는 수신버퍼의 데이터에 패리티 오류가 있을 때 1이 된다. 패리티 검사가 금지되어 있으면 UPE는 항상 0이다.

패리티 검출기 UPM1=1이면 패리티 발생기가 동작한다. 홀수패리티인지 짝수패리티인지는 UPM0 비트에 의해 선택된다. 패리티 발생기가 동작하면 들어오는 프레임으로 패리티 비트를 계산하여 결과값이 수신데이터, 정지비트와 함께 수신 버퍼에 저장된다.

패리티 오류 발생여부는 UPE 플래그를 읽으면 알 수 있다. UPE 비트는 읽어내려는 수신 버퍼의 데이터에 패리티 오류가 있을 때 1이 된다. 이 비트는 UDR 레지스터를 읽을 때까지 1을 유지한다.

수신 금지 송신기와는 반대로 RXEN=0으로 설정하면 수신은 즉시 멈추고 받고 있던 데이터는 잃어버린다. RXEN을 0으로 하여 수신 금지가 되면 RxD핀은 더 이상 역할을 하지 않으며 수신버퍼 FIFO 데이터는 버려진다.

수신 버퍼 버리기 RXEN=1이 되어 수신이 금지되면 수신버퍼 FIFO 데이터는 버린다. 정상동작 중에 버퍼를 비우려면 RXC 플래그가 0이 될 때까지 UDR을 계속 읽어내야 한다. 아래의 코드는 수신 버퍼를 비우는 간단한 예시이다.

어셈블리 프로그램 USARTn 수신버퍼(UDR) 비우기

```
01    USART_Flush:
02      sbis UCSRA, RXC
03      ret
04      in r16, UDR
50      rjmp USART_Flush
```

프로그램 설명

1. USART '수신버퍼 지우기' 함수명
2. 수신버퍼에 수신할 데이터가 들어 있는지 확인한다. 데이터가 있으면 3항을 건너뛴다.
3. 수신할 데이터가 없으면 함수를 빠져나간다.

4~5. UDR 레지스터 데이터를 읽어서 버리고 1항으로 돌아간다.

C 프로그램 USARTn 수신버퍼(UDR) 비우기

```
01    void USART_Flush:
02    {
03      unsigned char dummy;
04      while (UCSRA & (1<<RXC))  dummy = UDR;
05    }
```

프로그램 설명

1. USART '수신버퍼 지우기' 함수명
4. 수신 데이터가 모두 비어질 때까지 UDR 레지스터를 읽어서 버린다.

12-6 USART 멀티-프로세서 통신모드

UCSRA 레지스터의 MPCM(Multi-Processor Communication Mode) 비트 설정으로 수신단에 들어오는 데이터에서 필요없는 걸러낼 수 있다. 프레임의 첫 번째 바이트에 주소 정보가 없으면 수신 버퍼로 받아들이지 않고 버린다. 이렇게 하면 하나의 직렬 버스로 여러 개의 MCU와 통신을 하는 시스템에서 수신하지 않아도 되는 데이터는 CPU가 처리하지 않기 때문에 효율적이다.

수신단이 5~8비트 통신을 하도록 설정되어 있다면 맨 처음에 들어오는 데이터의 정지비트가, 그 데이터가 주소정보인지 데이터정보인지를 알려준다. 정지비트가 1이면 주소정보이고 0이면 데이터이다. 수신단이 9비트 통신을 하도록 설정되어 있다면 9번째 비트(RXB8)가, 그 데이터가 주소정보인지 데이터정보인지를 알려준다. RXB8이 1이면 주소정보이고 0이면 데이터이다.

멀티-프로세서 통신모드는 마스터 MCU에서 보낸 데이터를 여러 개의 슬레이브 수신단에서 받을 수 있도록 해준다. 수신단에서는 맨 처음 들어오는 주소 정보를 받아서 자신의 주소와 같으면 이어서 들어오는 데이터를 수신하고 자신의 주소가 아니면 그 다음 들어오는 데이터를 버리고 다음 주소 정보가 들어올 때까지 기다린다.

MCU가 마스터처럼 동작하기 위해서 9비트 데이터 프레임을 사용한다. 9번째 비트인 TXB8은 주소 정보를 보낼 때는 1, 데이터를 보낼 때는 0을 보낸다. 이 경우 슬레이브 MCU는 반드시 9비트 프레임을 사용해야 한다.

멀티-프로세서 통신 모드에서 데이터 교환은 다음과 같은 절차로 진행된다.

1. 모든 슬레이브 MCU는 9비트 데이터 크기로 설정하고 UCSRA 레지스터의 MPCM 비트를 1로 써서 멀티-프로세서 통신 모드로 동작하도록 한다.
2. 마스터 MCU에서 주소 정보를 보내고 모든 슬레이브는 UCSRA 레지스터의 RXC 플래그가 1이 되면 수신완료 인터럽트 처리 루틴에서 UDR 레지스터의 주소 정보를 읽어서 자기 주소인지 확인한다.
3. 자기 주소와 일치하는 슬레이브 MCU는 MPCM 비트를 지우고 다른 슬레이브 MCU들은 MPCM 비트를 1로 계속 유지하며 다음 주소 정보를 기다린다.
4. MPCM 비트를 지운 MCU는 이어서 오는 데이터 정보들을 수신한다. 반면에 다른 슬레이브 MCU들은 MPCM 비트가 1로 되어 있어서 데이터 정보들을 무시한다.
5. 데이터 정보를 받는 MCU는 정보를 다 받으면 MPCM 비트를 다시 1로 설정하여 새로운 주소 정보를 기다린다.

12-7 USART 레지스터

1. UDRn(USARTn I/O Data Register)

UDRn은 USARTn의 송수신 데이터 버퍼 레지스터이다. 송신 UDRn과 수신 UDRn은 같은 번지에 위치하지만 내부적으로 서로 다른 레지스터로서, UDRn 레지스터에 데이터를 쓰면 송신레지스터(TXBn)에 저장되고 UDRn 레지스터에서 데이터를 읽으면 수신레지스터(RXBn)에서 데이터를 읽는다. 7~5비트 통신을 할 때는 사용하지 않는 상위비트는 송수신 시 0으로 처리된다.

송신버퍼인 TXBn에는 UCSRAn 레지스터의 UDREn 비트가 1일 때만 쓸 수 있다. 만약 UDREn 비트가 0일 때 데이터를 쓰면 무시된다.

Bit	7	6	5	4	3	2	1	0	
	RXBn[7:0]								UDRn(Read)
	TXBn[7:0]								UDRn(Write)
Read/Write	R/W	R/W	R/W	R/W	R/W	R/W	R/W	R/W	
Initial Value	0	0	0	0	0	0	0	0	

2. UCSRnA(USART Control and Status Register A)

Bit	7	6	5	4	3	2	1	0	
	RXCn	TXCn	UDREn	FEn	DORn	UPEn	U2Xn	MPCMn	UCSRnA
Read/Write	R	R/W	R	R	R	R	R/W	R/W	
Initial Value	0	0	1	0	0	0	0	0	

● 비트7 – RXCn : USART Receive Complete

수신완료 상태임을 나타내는 플래그로 수신버퍼에 새로운 데이터가 들어오면 1이 된다. RXCn이 1일 때 수신완료 인터럽트가 발생하고, 인터럽트 처리 루틴에서 UDRn 데이터를 읽으면 RXCn이 0으로 지워진다.

● 비트6 – TXCn : USART Transmit Complete

송신완료 상태임을 나타내는 플래그로 송신 쉬프트 레지스터에서 데이터가 모두 전송되어 송신 버퍼가 비어 있는 상태가 되면 1이 된다. TXCn이 1이 되면 송신완료 인터럽트가 발생하고 인터럽트 처리 루틴이 실행되면 자동으로 0으로 지워진다. 강제로 지우고 싶으면 1을 쓰면 된다.

● 비트5 – UDREn : USART Data Register Empty

송신 버퍼인 UDRn(TXBn)가 새로운 데이터를 받을 준비가 되어 있으면 1이 된다. 즉 UDRn(TXBn)이 비어 있으면 1이 된다. UDRn이 1이 되면 UDRIEn 비트가 1인 경우 인터럽트가 발생한다. UDRn에 새로운 데이터를 쓰면 0으로 지워진다.

● 비트4 – FEn : Frame Error

데이터를 수신하는 동안 프레임 에러가 발생하였음을 나타내는 플래그로 수신 데이터의 첫 번째 정지비트(Stop Bit)가 0일 때 발생한다. FEn은 UDRn을 읽을 때까지 유효하며 UCSRnA 레지스터에 데이터를 쓰면0으로 지워진다.

● 비트3 – DORn : Data OverRun

데이터를 수신할 때 오버런 에러를 나타내는 플래그이다. 오버런 에러는 UDRn에 아직 읽지 않은 수신데이터가 있는 상태에서 수신 쉬프트레지스터에 새로운 데이터 수신이 완료되고 그 다음 수신데이터의 시작비트(Start Bit)가 검출될 때 발생한다. DORn은 UDRn을 읽을 때까지 유효하며 UCSRnA에 데이터를 쓰면 0으로 지워진다.

• 비트2 – UPEn : Parity Error

수신데이터에서 패리티 에러가 발생하면 1이 된다. UPEn은 UDRn을 읽을 때까지 유효하며 UCSRnA에 데이터를 쓰면 0으로 지워진다.

• 비트1 U2Xn : Double the USART Transmission Speed

비동기 모드에서만 사용 가능한 비트이며 U2Xn이 1이면 클럭 분주비를 16분주에서 8분주로 낮추어 통신속도가 2배로 빨라진다.

• 비트0 – MPCMn : Multi-Processor Communication Mode

USARTn의 동작모드를 멀티-프로세서 통신모드로 설정하기 위해 사용한다. 이 비트가 1로 설정되면 수신부를 통해 들어온 데이터가 어드레스 정보를 포함하지 않는 경우에는 모두 무시된다.

3. UCSRnB(USART Control and Status Register B)

Bit	7	6	5	4	3	2	1	0	
	RXCIEn	TXCIEn	UDRIEn	RXENn	TXENn	UCSZn2	RXB8n	TXB8n	UCSRnB
Read/Write	R/W	R/W	R/W	R/W	R/W	R/W	R	R/W	
Initial Value	0	0	0	0	0	0	0	0	

• 비트7 – RXCIEn : RX Complete Interrupt Enable

수신완료 인터럽트 허용 비트이다. SREG 레지스터의 I=1, RXCIEn=1로 설정되어 있을 때 UCSRnA 레지스터의 RXCn=1이면 수신완료 인터럽트가 발생하여 인터럽트 처리 루틴이 실행된다.

• 비트6 – TXCIEn : TX Complete Interrupt Enable

송신완료 인터럽트 허용 비트이다. SREG 레지스터의 I=1, TXCIEn=1로 설정되어 있을 때 UCSRnA 레지스터의 TXCn=1이면 송신완료 인터럽트가 발생하여 인터럽트 처리 루틴이 실행된다.

• 비트5 – UDRIEn : USART Data Register Empty Interrupt Enable

데이터 레지스터가 비어 있음을 알리는 인터럽트 허용 비트이다. SREG 레지스터의 I=1, UDRIEn=1로 설정되어 있을 때 UCSRnA 레지스터의 UDREn=1이면 인터럽트가 발생하여 인터럽트 처리 루틴이 실행된다.

● 비트4 – RXENn : Receiver Enable

USARTn 수신부가 동작하도록 허용하는 비트이다. RXENn=1이면 RXDn핀이 일반 입출력 포트가 아닌 데이터 수신 핀으로 동작한다.

● 비트3 – TXENn : Transmitter Enable

USARTn 송신부가 동작하도록 허용하는 비트이다. TXENn=1이면 TXDn핀이 일반 입출력 포트가 아닌 데이터 송신 핀으로 동작한다.

● 비트2 – UCSZn2 : Character Size

통신 데이터의 비트 크기를 설정하는 비트이다. 표 12-3과 같이 UCSRnC 레지스터의 UCSZn1:0와 함께 송수신 데이터의 비트수를 결정한다.

● 비트1 – RXB8n : Receive Data Bit 8

통신 데이터를 9비트로 사용할 때 9번째 수신 비트이다. UDRn을 읽기 전에 반드시 RXB8n을 먼저 읽어내야 한다.

● 비트0 – TXB8n : Transmit Data Bit 8

통신 데이터를 9비트로 사용할 때 9번째 송신 비트이다. UDRn을 쓰기 전에 반드시 TXB8n을 먼저 써넣어야 한다.

4. UCSRnC(USART Control and Status Register C)

Bit	7	6	5	4	3	2	1	0	
	–	UMSELn	UPMn1	UPMn0	USBSn	UCSZn1	UCSZn0	UCPOLn	UCSRnC
Read/Write	R/W	R/W	R/W	R/W	R/W	R/W	R/W	R/W	
Initial Value	0	0	0	0	0	1	1	0	

● 비트6 – UMSELn : USART Mode Select

통신 모드를 비동기 방식으로 할지 동기 방식으로 할지 결정하는 비트이다. 0이면 비동기 방식, 1이면 동기 방식으로 동작한다.

• 비트5:4 – UPMn1:0 : Parity Mode

패리티 모드를 설정하는 비트이다. 패리티 모드 설정은 표 12-2와 같다.

표 12-2 패리티 모드 설정

UPMn1	UPMn0	패리티 모드
0	0	사용하지 않음
0	1	–
1	0	짝수(Even) 패리티
1	1	홀수(Odd) 패리티

• 비트3 – USBSn : Stop Bit Select

정지비트(Stop Bit) 수를 설정하는 비트이다. 0이면 1비트, 1이면 2비트로 설정된다.

• 비트2:1 – UCSZn1:0 : Character Size

통신 데이터의 비트 크기를 설정하는 비트이다. 표 12-3과 같이 UCSRnB 레지스터의 UCSZn2와 함께 3비트로 구성되어 송수신 데이터의 비트 크기를 설정하는데 사용된다.

표 12-3 통신데이터 비트 크기 설정

UCSZn2	UCSZn1	UCSZn0	비트 크기
0	0	0	5비트
0	0	1	6비트
0	1	0	7비트
0	1	1	8비트
1	0	0	–
1	0	1	–
1	1	0	–
1	1	1	9비트

• 비트0 – UCPOLn : Clock Polarity

동기 방식 통신에서만 사용되고 비동기 방식에서는 0으로 설정한다. 동기 방식에서 UCPOLn=0이면 송신 데이터는 클럭의 상승 에지(Rising Edge)에서 TXDn핀으로 출력되고 수신 데이터는 클럭의 하강 에지(Falling Edge)에서 RXDn핀으로 받아들인다. 반대로 UCPOLn=1이면 송신 데이터는 클럭의 하강 에지(Falling Edge)에서 TXDn핀으로 출력되고 수신 데이터는 클럭의 상승 에지(Rising Edge)에서 RXDn핀으로 받아들인다.

5. UBRRnL and UBRRnH(USART Baud rate Registers)

Bit	15	14	13	12	11	10	9	8	
	-	-	-	-	UBRRn[11:8]				UBRRnH
	UBRRn[7:0]								UBRRnL
	7	6	5	4	3	2	1	0	
Read/Write	R	R	R	R	R/W	R/W	R/W	R/W	
	R/W	R/W	R/W	R/W	R/W	R/W	R/W	R/W	
Initial Value	0	0	0	0	0	0	0	0	
	0	0	0	0	0	0	0	0	

- 비트15:12 – Reserved Bits

사용하지 않으며 반드시 0으로 써야 한다.

- 비트11:0 – UBRRn11:0 – USARTn Baud Rate Registers

USARTn의 전송속도를 설정하는 레지스터이며 12비트를 사용한다. UBRRnH, UBRRnL에 값을 쓸 때 항상 UBRRnH에 값을 먼저 쓴 후에 UBRRnL에 값을 써야 한다. 전송속도를 구하는 계산식은 표 12-1에 보여지고 있다.

12-8 전송속도 설정 예시

시중에서 쉽게 구입할 수 있는 크리스탈이나 리조네이터를 사용하여 자주 쓰이는 전송속도를 발생하기 위해 UBRR 레지스터 설정값을 표 12-4~표 12-7에 나타내었다.

표 12-4 시스템 클럭 주파수에 따른 전송속도별 UBBRn 레지스터 값 예시1

Baud Rate (bps)	f_{osc} = 1.0000MHz				f_{osc} = 1.8432MHz				f_{osc} = 2.0000MHz			
	U2X = 0		U2X = 1		U2X = 0		U2X = 1		U2X = 0		U2X = 1	
	UBRR	Error	UBRR	Error	UBRR	Error	UBRR	Error	UBRR	Error	UBRR	Error
2400	25	0.2%	51	0.2%	47	0.0%	95	0.0%	51	0.2%	103	0.2%
4800	12	0.2%	25	0.2%	23	0.0%	47	0.0%	25	0.2%	51	0.2%

9600	6	−7.0%	12	0.2%	11	0.0%	23	0.0%	12	0.2%	25	0.2%
14.4k	3	8.5%	8	−3.5%	7	0.0%	15	0.0%	8	−3.5%	16	2.1%
19.2k	2	8.5%	6	−7.0%	5	0.0%	11	0.0%	6	−7.0%	12	0.2%
28.8k	1	8.5%	3	8.5%	3	0.0%	7	0.0%	3	8.5%	8	−3.5%
38.4k	1	−18.6%	2	8.5%	2	0.0%	5	0.0%	2	8.5%	6	−7.0%
57.6k	0	8.5%	1	8.5%	1	0.0%	3	0.0%	1	8.5%	3	8.5%
76.8k	–	–	1	−18.6%	1	−25.0%	2	0.0%	1	−18.6%	2	8.5%
115.2k	–	–	0	8.5%	0	0.0%	1	0.0%	0	8.5%	1	8.5%
230.4k	–	–	–	–	–	–	0	0.0%	–	–	–	–
250k	–	–	–	–	–	–	–	–	–	–	0	0.0%
Max	62.5Kbps		125Kbps		115.2Kbps		230.4Kbps		125Kbps		250Kbps	

표 12-5 시스템 클럭 주파수에 따른 전송속도별 UBBRn 레지스터 값 예시2

Baud Rate (bps)	f_{osc} = 3.6864MHz				f_{osc} = 4.0000MHz				f_{osc} = 7.3728MHz			
	U2X = 0		U2X = 1		U2X = 0		U2X = 1		U2X = 0		U2X = 1	
	UBRR	Error	UBRR	Error	UBRR	Error	UBRR	Error	UBRR	Error	UBRR	Error
2400	95	0.0%	191	0.0%	103	0.2%	207	0.2%	191	0.0%	383	0.0%
4800	47	0.0%	95	0.0%	51	0.2%	103	0.2%	95	0.0%	191	0.0%
9600	23	0.0%	47	0.0%	25	0.2%	51	0.2%	47	0.0%	95	0.0%
14.4k	15	0.0%	31	0.0%	16	2.1%	34	−0.8%	31	0.0%	63	0.0%
19.2k	11	0.0%	23	0.0%	12	0.2%	25	0.2%	23	0.0%	47	0.0%
28.8k	7	0.0%	15	0.0%	8	−3.5%	16	2.1%	15	0.0%	31	0.0%
38.4k	5	0.0%	11	0.0%	6	−7.0%	12	0.2%	11	0.0%	23	0.0%
57.6k	3	0.0%	7	0.0%	3	8.5%	8	−3.5%	7	0.0%	15	0.0%
76.8k	2	0.0%	5	0.0%	2	8.5%	6	−7.0%	5	0.0%	11	0.0%
115.2k	1	0.0%	3	0.0%	1	8.5%	3	8.5%	3	0.0%	7	0.0%
230.4k	0	0.0%	1	0.0%	0	8.5%	1	8.5%	1	0.0%	3	0.0%
250k	0	−7.8%	1	−7.8%	0	0.0%	1	0.0%	1	−7.8%	3	−7.8%
0.5M	–	–	0	−7.8%	–	–	0	0.0%	0	−7.8%	1	−7.8%
1M	–	–	–	–	–	–	–	–	–	–	0	−7.8%
Max	230.4Kbps		460.8Kbps		250Kbps		0.5Mbps		460.8Kbps		921.6Kbps	

표 12-6 시스템 클럭 주파수에 따른 전송속도별 UBBRn 레지스터 값 예시3

Baud Rate (bps)	f_{osc} = 8.0000MHz				f_{osc} = 11.0592MHz				f_{osc} = 14.7456MHz			
	U2X = 0		U2X = 1		U2X = 0		U2X = 1		U2X = 0		U2X = 1	
	UBRR	Error	UBRR	Error	UBRR	Error	UBRR	Error	UBRR	Error	UBRR	Error
2400	207	0.2%	416	−0.1%	287	0.0%	575	0.0%	383	0.0%	767	0.0%
4800	103	0.2%	207	0.2%	143	0.0%	287	0.0%	191	0.0%	383	0.0%
9600	51	0.2%	103	0.2%	71	0.0%	143	0.0%	95	0.0%	191	0.0%
14.4k	34	−0.8%	68	0.6%	47	0.0%	95	0.0%	63	0.0%	127	0.0%
19.2k	25	0.2%	51	0.2%	35	0.0%	71	0.0%	47	0.0%	95	0.0%
28.8k	16	2.1%	34	−0.8%	23	0.0%	47	0.0%	31	0.0%	63	0.0%
38.4k	12	0.2%	25	0.2%	17	0.0%	35	0.0%	23	0.0%	47	0.0%
57.6k	8	−3.5%	16	2.1%	11	0.0%	23	0.0%	15	0.0%	31	0.0%
76.8k	6	−7.0%	12	0.2%	8	0.0%	17	0.0%	11	0.0%	23	0.0%
115.2k	3	8.5%	8	−3.5%	5	0.0%	11	0.0% 7	0.0%	15	0.0%	
230.4k	1	8.5%	3	8.5%	2	0.0%	5	0.0%	3	0.0%	7	0.0%
250k	1	0.0%	3	0.0%	2	−7.8%	5	−7.8%	3	−7.8%	6	5.3%
0.5M	0	0.0%	1	0.0%	–	–	2	−7.8%	1	−7.8%	3	−7.8%
1M	–	–	0	0.0%	–	–	–	–	0	−7.8%	1	−7.8%
Max	0.5Mbps		1Mbps		691.2Kbps		1.3824Mbps		921.6Kbps		1.8432Mbps	

표 12-7 시스템 클럭 주파수에 따른 전송속도별 UBBRn 레지스터 값 예시4

Baud Rate (bps)	f_{osc} = 16.0000MHz			
	U2X = 0		U2X = 1	
	UBRR	Error	UBRR	Error
2400	416	−0.1%	832	0.0%
4800	207	0.2%	416	−0.1%
9600	103	0.2%	207	0.2%
14.4k	68	0.6%	138	−0.1%
19.2k	51	0.2%	103	0.2%
28.8k	34	−0.8%	68	0.6%
38.4k	25	0.2%	51	0.2%
57.6k	16	2.1%	34	−0.8%

76.8k	12	0.2%	25	0.2%
115.2k	8	−3.5%	16	2.1%
230.4k	3	8.5%	8	−3.5%
250k	3	0.0%	7	0.0%
0.5M	1	0.0%	3	0.0%
1M	0	0.0%	1	0.0%
Max (1)	1Mbps		2Mbps	

연습문제

1 ATmega128의 USART 특징에 대해 설명하시오.

2 아래와 같은 조건에서 USART0, USART1을 사용하기 위한 초기화 프로그램을 작성하시오.
1) 통신 조건: 115,200bps, 8 데이터 비트, 1 정지 비트, 패리티 비트 없음
2) 사용하는 크리스탈 주파수: 16MHz

3 USARTn 레지스터인 UDRn, UCSRnA, UCSRnB, UCSRnC 레지스터에 대해 설명하시오.(n=0,1)

4 RS232C, RS485, RS422의 규격에 대해 비교 설명하시오.

5 USART 통신에서 데이터를 송신할 때 인터럽트를 사용할 경우, 사용하지 않고 보내는 경우에 대해 송신 방법을 설명하시오.

6 PC로부터 USART0을 통해 숫자 '1234'를 받았을 때, 아래의 회로에서 FND에 1234를 표시하는 프로그램을 작성하시오.(각 숫자는 2msec마다 표시)

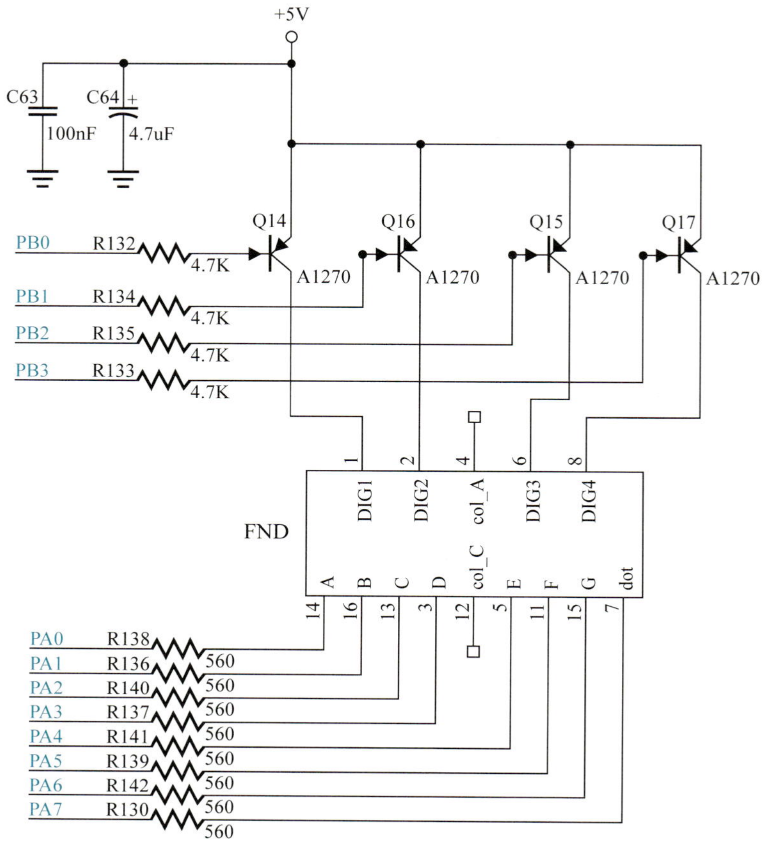

13 TWI(I^2C 통신)

TWI(Two-Wire Interface)는 SCL, SDA의 2선만을 사용하여 소자간에 데이터 통신을 하는 방식이다. 1980년 초에 필립스사에서 제안한 I^2C(Inter-Integrated Circuit) 방식으로 다음과 같은 특징이 있다.

- SCL, SDA의 2핀만을 사용하여 양방향 통신
- 마스터모드/슬레이브모드 동작 지원
- 7비트 주소 공간으로 최대 128개의 슬레이브 연결 가능
- 마스터를 여러 개 둘 수 있음
- 최대 400KHz의 데이터 전송 속도
- 통신핀에 50ns 이하의 짧은 펄스 신호를 걸러주는 필터 내장
- 모든 슬레이브를 동시에 호출하는 기능
- TWI의 주소인식으로 슬립모드에서 깨어남

13-1 TWI 모듈 개요

TWI는 두 개의 양방향 버스선, SCL(Serial CLock)과 SDA(Serial DAta)를 사용하여 최대 128개의 장치와 통신할 수 있다. ATmega128에서는 PD0(SCL)와 PD1(SDA) 핀을 사용한다. 이 핀들은 여러 개의 장치를 연결하기 위해 오픈 컬렉터(TR) 또는 오픈 드레인(FET) 방식으로 되어 있다. 따라서 두 핀에는 반드시 수 kΩ 정도의 풀업 저항을 연결해야 한다.

SDA는 송수신 데이터 신호이며, SCL은 SDA 신호와 동기되는 클럭 신호이다. TWI 통신은 마스터(Master)와 슬레이브(Slave)간에 정해진 통신 규약으로 데이터 통신을 실행한

다. 클럭을 발생시켜 양단간의 통신을 관장하는 장치를 마스터라고 하고 마스터에 의해 고유한 주소가 지정되어 동작하는 장치를 슬레이브라고 한다. SCL은 마스터에서 발생시키고, SDA는 마스터와 슬레이브간의 데이터 송수신을 실행한다.

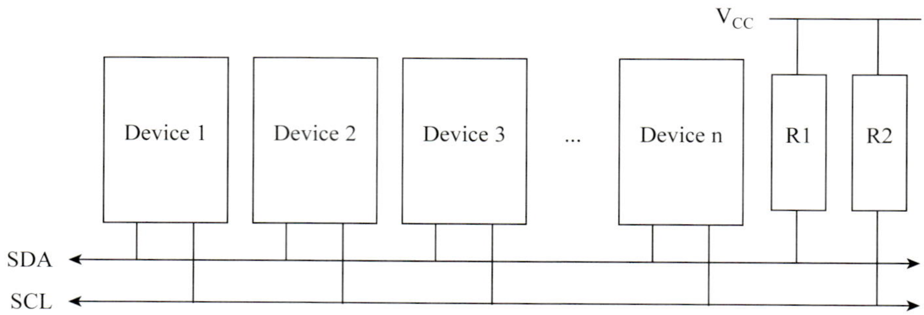

그림 13-1 TWI 버스 연결도

13-2 데이터 전송 파형

그림 13-2는 유효한 데이터 전송을 위한 SDA, SCL 파형을 나타낸 것으로, 데이터 전송은 SCL 신호의 상승 에지에서 전송된다. 따라서 SDA 신호는 SCL이 1(high)로 바뀌기 전에 레벨이 변하지 않고 안정되어야 한다. SDA 신호의 안정화에 필요한 시간을 셋업시간(t_{su})이라 부른다. SDA 신호는 SCL 클럭 신호가 0(low)일 때 변경할 수 있다.

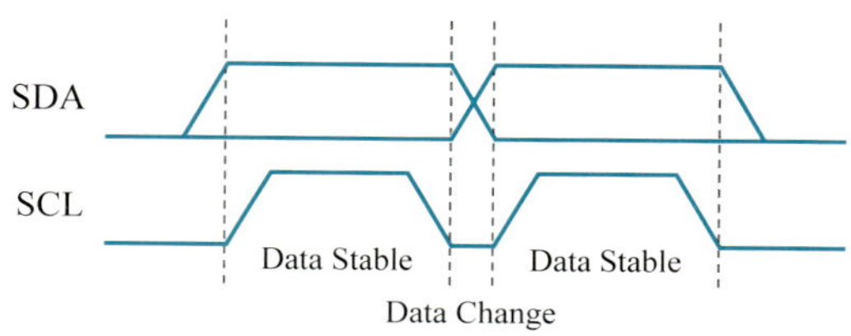

그림 13-2 SDA, SCL의 유효한 파형

1. 시작(START), 반복시작(REPEATED START), 종료(STOP)

데이터 전송은 마스터가 시작조건(START condition), 즉 SCL이 1인 상태에서 SDA로 하강 에지 신호를 만들어 시작하고 종료조건(STOP condition)인 SCL이 1인 상태에서 SDA로 상승 에지 신호를 만들어 종료한다. 시작조건과 종료조건 사이에서 데이터 통신이 이루어지는데 그 때 버스는 사용중상태(BUSY state)가 되어 다른 마스터는 버스 제어를 할 수 없다. 시작조건과 종료조건 사이에서 시작조건을 발생할 수 있는데 이것을 반복시작조건(REPEATED START condition)이라 하고 이 조건은 데이터를 전송한 후 종료조건을 발생하지 않고 다시 시작조건을 발생하는 것과 같다. 이것은 마스터가 제어권을 가지고 새로운 데이터를 연속적으로 전송할 때 사용한다.

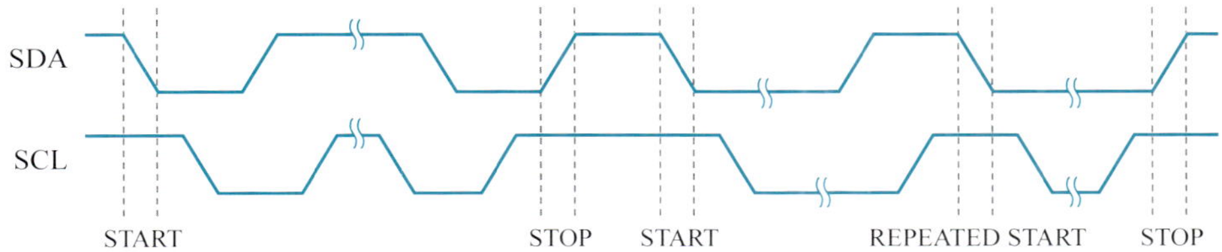

그림 13-3 START, REPEATED START, STOP 파형

TWI 통신에서 마스터와 슬레이브간의 데이터 송수신은 9비트로 주고받는다. 시작조건 후 8비트 데이터와 1비트의 확인(ACK)비트로 이루어지고 데이터는 최상위 비트(MSB)부터 전송된다. 주소와 데이터를 전송한 후에는 반드시 확인비트를 체크하여 정상적으로 전송되었는지 확인하여야 한다.

2. 주소 패킷

주소 패킷은 그림13-4와 같이 9비트이며 7비트의 주소비트(SLA), 1비트의 읽기/쓰기 비트(R/W)와 1비트의 확인(ACK)비트로 구성된다. 마스터가 슬레이브에 데이터를 쓸 때는 SLA+/W, 슬레이브의 데이터를 읽을 때는 SLA+R 패킷이다. 128개의 주소 중에서 0000 000 주소는 전체호출(General Call)에 사용하며 1111 xxx 주소는 사용하지 않는다. 전체호출은 모든 슬레이브에 동일한 데이터를 쓸 때만 사용한다.

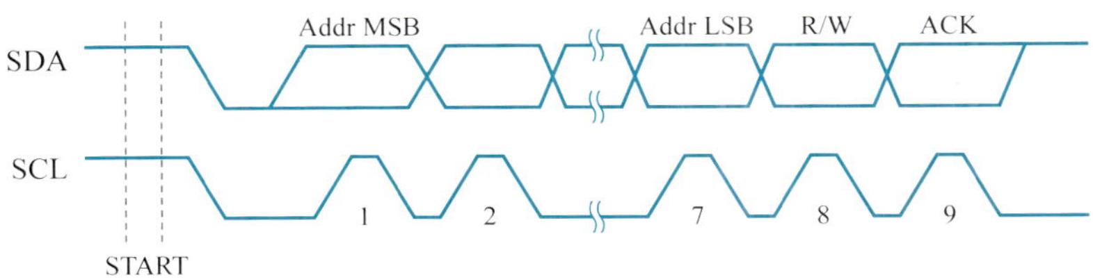

그림 13-4 어드레스 패킷 파형

3. 데이터 패킷

데이터 패킷은 그림 13-5와 같이 8비트의 데이터 비트와 1비트의 확인(ACK)비트로 구성되며 최상위 비트부터 전송된다. 데이터를 주고받을 때 마스터는 클럭, 시작조건(START)과 종료조건(STOP)을 발생하고 슬레이브는 확인신호로 응답한다. 확인신호는 9번째 SCL 클럭이 발생하기 전에 0(low)으로 응답해야 한다. 만일 슬레이브가 어떠한 이유로 마스터 요청을 받아들일 수 없는 상태이면 1(high)로 응답한다. 이때에 마스터는 종료조건을 전송하거나 반복시작조건을 전송하여 새로운 데이터를 전송해야 한다.

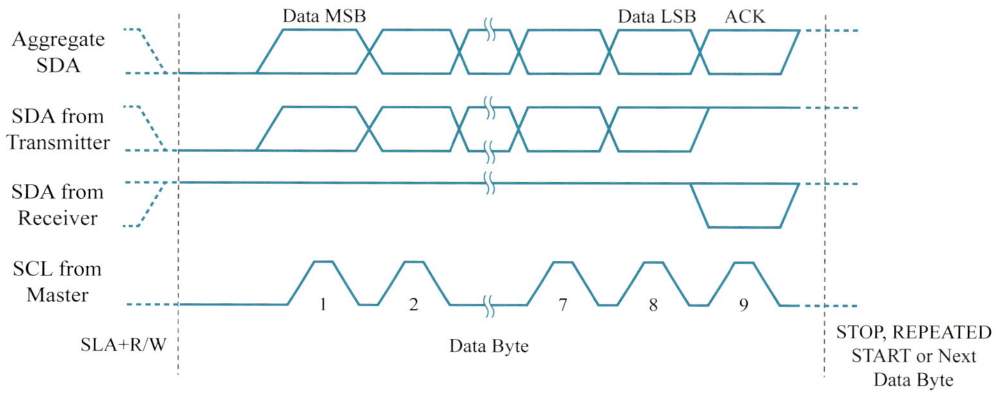

그림 13-5 데이터 패킷 파형

이제 그림 13-6처럼 주소 패킷과 데이터 패킷을 조합한 데이터 송수신 패킷을 생각해 보자. 마스터가 슬레이브에게 데이터를 전송할 때, 먼저 시작조건을 보낸 후 7비트 슬레이브 주소(SLA)를 보내고 '쓰기'를 의미하는 R/W=0을 보내면 지정한 주소를 가진 슬레이브는 확인(ACK) 신호 0을 보낸다. 마스터는 확인신호를 받으면 이어서 보낼 데이터를 연속적으로 보내면서 각 바이트마다 확인신호를 받는다. 데이터 전송이 끝나면 마스터에서 종료조건을 보내 전송을 끝낸다.

마스터가 슬레이브로부터 데이터를 수신할 때는 7비트 슬레이브 주소(SLA)를 보내고 '읽기'를 의미하는 R/W=1을 보내면 슬레이브는 확인(ACK) 신호 0을 보낸다. 마스터는 확인신호를 받으면 수신할 데이터를 연속적으로 읽어 들이면서 각 바이트마다 확인신호를 내보낸다. 데이터 수신이 끝나면 마스터에서 종료조건을 보내 데이터 수신을 끝낸다.

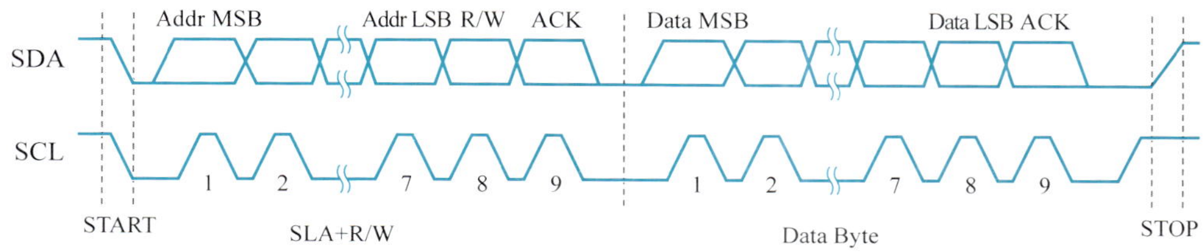

그림 13-6 기본적인 데이터 전송 파형

13-3 여러 개의 마스터 버스 시스템, 중재와 동기화

TWI 프로토콜은 여러 개의 마스터가 연결된 버스 시스템을 가능하게 한다. 여러 개의 마스터가 동시에 전송을 시작할 때 정상적인 전송을 보장하기 위해 유의할 점이 몇 가지 있다. 이 경우 두 가지 문제점을 생각해 보자.

(1) 하나의 마스터만 정상적인 전송을 할 수 있는 알고리즘이 구현되어야 한다. 다른 마스터들은 중재(Arbitration)라 불리는 선택프로세스(Selection Process)를 잃어버리면 전송을 중지하여야 한다. 서로 경합하던 마스터가 중재프로세스(Arbitration Process)를 잃었다고 판단되면 즉시 슬레이브 모드로 전환하고 마스터가 내 주소를 부르는지 검사한다. 슬레이브 입장에서는 여러 개의 마스터가 동시에 전송하려 한다는 사실을 알아차리지 못해야 한다. 즉, 마스터가 보내는 데이터가 손상되지 않아야 한다.
(2) 마스터마다 SCL 주파수가 다른 경우에도 문제없이 전송되어야 한다. 이 경우 오히려 중재프로세스를 용이하게 한다.

버스선이 서로 묶여 있기 때문에 위의 두 가지 문제점을 해결할 수 있다. SCL이 묶여 있어서, 하이(1) 구간은 마스터 중 가장 짧은 하이(1) 구간을 갖는 마스터의 구간과 같다. 반대로, 로우(0) 구간은 마스터 중 가장 긴 로우(0) 구간을 갖는 마스터의 구간과 같다. 모든 마스터들은 SCL의 하이(1)나 로우(0) 타임아웃 구간을 계속 검사하고 있다.

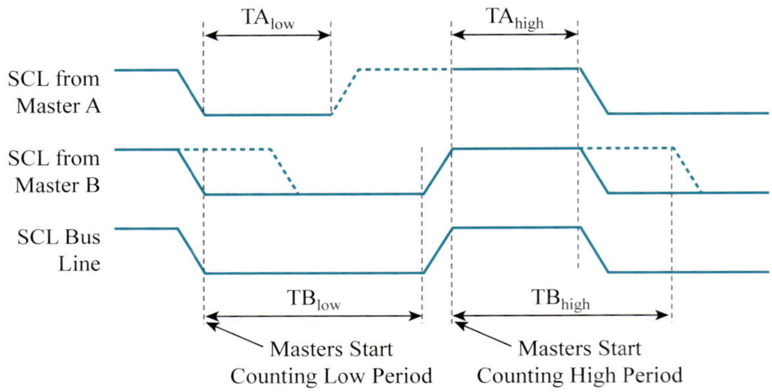

그림 13-7 여러 개의 마스터간 SCL 동기화

중재는 모든 마스터들이 데이터를 내보낸 후 SDA를 연속적으로 모니터링하면서 이루어진다. SDA에서 읽은 데이터가 마스터가 내보낸 값과 같지 않으면 중재를 잃어버린다. 즉, SDA에 하이(1)를 내보낸 마스터가 로우(0) 값을 읽으면 중재를 잃게 된다. 이 마스터는 즉시 슬레이브 모드로 전환하고 마스터가 내 주소를 부르는지 검사한다. SDA는 하이(1)를 유지하고, 현재 내보내고 있는 데이터나 주소 패킷이 다 나갈 때까지는 클럭 신호를 발생할 수 있게 한다. 중재는 마스터가 하나 남을 때까지 계속 되어야 하므로 여러 비트가 사용되어, 시간이 걸릴 수 있다. 여러 마스터가 같은 슬레이브를 부를 때는 데이터 패킷까지 중재가 이어질 수도 있다.

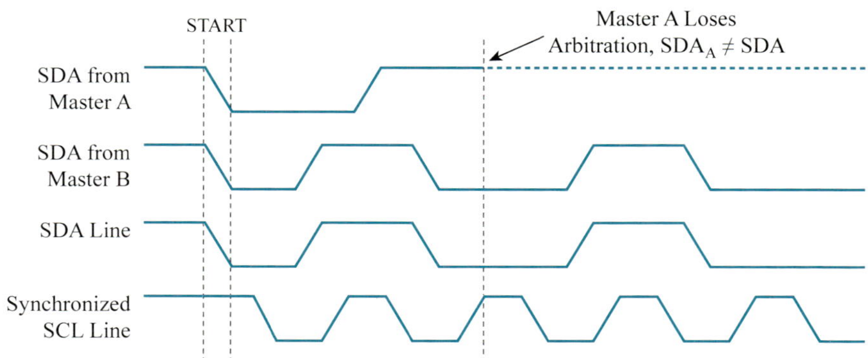

그림 13-8 두 개의 마스터간 중재

다음의 경우에는 중재가 허용되지 않는다.

(1) 반복시작(REPEATED START) 조건과 데이터 비트
(2) 정지(STOP) 조건과 데이터 비트
(3) 반복시작(REPEATED START) 조건과 정지(STOP) 조건

여러 개의 마스터를 사용하는 시스템에서 프로그래머는 위의 세 가지 비정상 중재 조건이 발생하지 않도록, 'SLA+R/W+데이터 패킷' 형태의 데이터 패킷 수가 같은 전송 데이터를 사용해야 한다.

13-4 TWI 모듈의 구조

TWI는 그림 13-9과 같이 버스인터페이스 모듈(Bus Interface Unit), 주소일치 모듈(Address match Unit), SCL 클럭 주파수 발생기(Bit Rate Generator), 제어모듈(Control Unit)로 구성된다.

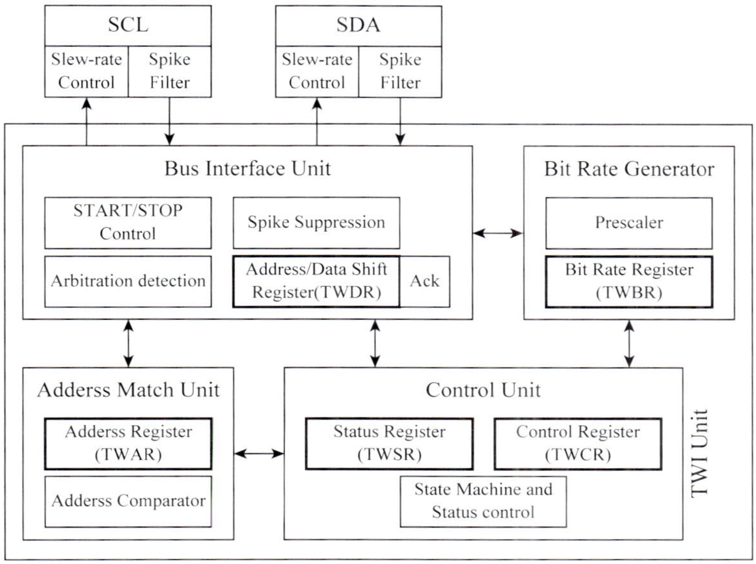

그림 13-9 TWI 모듈 구성도

버스인터페이스 모듈 버스인터페이스 모듈에는 입력단에 50ns 이하의 짧은 펄스를 걸러 주는 필터가 내장되어 있다. TWDR은 주소나 데이터를 전송할 때 사용하고 ACK는 응용 프로그램에서 직접 접근할 수 없지만 송신모드에서는 TWSR에 의해 결정되고, 수신모드

에서는 TWCR에 의해 1이나 0이 된다. START/STOP 제어부는 START, REPEATED START, STOP 파형을 발생시키거나 감지하는 역할을 담당한다.

SCL, SDA 핀 각 핀에는 50ns 이하의 짧은 펄스 신호를 걸러주는 필터가 달려 있다. 또한 PORTD1:0 비트를 1로 하면 내부의 풀업저항을 사용할 수 있다.

주소일치 모듈 TWAR과 주소비교기로 구성되어 있다. 주소비교기에서 수신된 주소값과 TWAR을 비교하여 값이 같으면 그에 따른 적절한 동작을 실행할 수 있도록 제어모듈에 알린다. 주소일치 모듈은 MCU가 슬립모드일 때도 동작하여 주소가 같으면 MCU는 정상 동작모드로 깨어난다.

SCL 클럭 주파수 발생기 마스터모드에서 SCL 클럭을 발생시킨다. SCL 클럭 주기는 TWBR 레지스터와 TWSR 레지스터의 TWPS1:0에 의해 결정된다.

$$\text{SCL 주파수} = \frac{\text{CPU 클럭 주파수}}{16+8(\text{TWBR})\cdot 4_{\text{TWPS}}}$$

여기서 TWPS는 TWPS1:0 값이다. 또한 TWBR 레지스터의 값은 10 이상이어야 한다.

슬레이브모드로 동작할 때는 마스터에서 SCL을 받기 때문에 TWSR 레지스터나 TWPS1:0 설정과 관계없지만 슬레이브의 MCU 클럭이 SCL 클럭보다 16배 이상 되어야 한다.

제어모듈 제어모듈은 TWCR 레지스터를 통하여 TWI 버스를 감시하여 어떤 이벤트가 발생하면 TWINT가 1로 되고, 그에 따른 적절한 동작을 실행하도록 제어한다. TWINT는 다음과 같은 상황에서 1로 되고 그에 따라 TWCR, TWSR 상태코드가 변하게 된다.

- START/REPEATED START 파형 전송 후
- 주소 패킷(SLA+R 또는 SLA+/W) 전송 후
- 주소 데이터 전송 후
- 전송 규약을 벗어날 때
- 슬레이브모드이고 자신의 주소와 같거나 전체호출 주소 수신 후
- 데이터 수신 후
- 슬레이브모드이고 START/REPEATED START 파형 수신 후
- 잘못된 START/STOP 파형 수신하여 버스에러 발생했을 때

13-5 TWI 레지스터

TWI 통신을 위해 사용하는 레지스터는 TWBR, TWCR, TWSR, TWDR, TWAR이 있다.

1. TWBR(TWI Bit Rate Register)

Bit	7	6	5	4	3	2	1	0	
	TWBR7	TWBR6	TWBR5	TWBR4	TWBR3	TWBR2	TWBR1	TWBR0	TWBR
Read/Write	R/W	R/W	R/W	R/W	R/W	R/W	R/W	R/W	
Initial Value	0	0	0	0	0	0	0	0	

● 비트7~0 : TWI 클럭 주파수 분할기이다. 마스터모드에서 SCL 클럭 주파수의 분주비를 정한다.

2. TWCR(TWI Control Register)

Bit	7	6	5	4	3	2	1	0	
	TWINT	TWEA	TWSTA	TWSTO	TWWC	TWEN	-	TWIE	TWCR
Read/Write	R/W	R/W	R/W	R/W	R	R/W	R	R/W	
Initial Value	0	0	0	0	0	0	0	0	

● 비트7 : TWINT(TWI Interrupt Flag)

TWI 비트는 현재 실행되고 있는 루틴이 끝나면 하드웨어적으로 1이 된다. SREG의 I비트와 TWCR의 TWIE가 1이 되어 있다면 MCU는 인터럽트 처리 루틴을 실행한다. TWINT가 1인 동안에는 SCL 신호는 0(low) 상태를 유지한다. TWINT는 인터럽트 루틴이 실행되더라도 0으로 지워지지 않기 때문에 프로그래머가 1을 써서 TWINT를 0으로 지워줘야 한다. 여기서 주의할 점은, TWINT를 0으로 지우면 다음 TWI 동작을 계속 실행하기 때문에 이 플래그를 지우기 전에 TWAR, TWSR, TWDR 레지스터를 엑세스(읽기/쓰기)해야 한다.

● 비트6 : TWEA(TWI Enable Acknowledge Bit)

TWEA는 ACK 펄스 발생을 제어한다. TWEA가 1이 되면 다음의 경우에 ACK 펄스를 발생시킨다.

- 슬레이브모드에서 자기 주소를 수신했을 때
- TWAR의 TWGCE 비트가 1로 되어 있고 전체호출을 수신했을 때
- 마스터 수신모드나 슬레이브 수신모드에서 1바이트 데이터를 수신했을 때

TWI에 0을 써서 TWI 버스를 일시적으로 끊을 수 있다. 다시 연결하기 위해서는 1로 써준다.

● 비트5 : TWSTA(TWI START Condition Bit)

마스터로 동작하여 START 파형을 내보낼 때 TWSTA를 1로 만든다. TWSTA가 1이 되면 TWI 버스가 사용 가능한지 체크하여 START 파형을 출력하며, 만일 사용 중이면 STOP 조건이 될 때까지 기다렸다가 START 파형을 출력한다. START 파형이 출력되면 다시 0으로 지워야 한다.

● 비트4 : TWSTO(TWI STOP Condition Bit)

마스터모드에서 TWSTO를 1로 쓰면 STOP 파형을 내보낸 후 자동으로 지워진다. 슬레이브모드에서는 TWI 버스가 에러 상태가 되어 있을 때 TWSTO를 1로 쓰면 에러 상태가 해제되어 SCL, SDA핀이 초기상태(High-Z)로 복구된다.

● 비트3 : TWWC(TWI Write Collision)

TWINT가 0인 상태에서 TWDR에 데이터를 쓰려고 하면 TWWC가 1이 된다. 또한 TWINT가 1인 상태에서 TWDR에 데이터를 쓰면 0으로 지워진다.

● 비트2 : TWEN(TWI Enable Bit)

TWI 통신을 하기 위해서는 TWEN을 1로 써주어야 한다. 이 비트를 1로 설정하면 PD0, PD1 핀이SCL, SDA핀으로 동작하고 내부의 슬루레이트제어기(Slew-rate Control)와 스파이크 필터가 동작한다.

● 비트0 : TWIE(TWI Interrupt Enable)

TWI 인터럽트를 허용하는 비트이다. SREG의 I비트가 1이고 TWIE가 1인 상태에서 TWINT가 1이 되면 TWI 인터럽트가 요청된다.

3. TWSR(TWI Status Register)

Bit	7	6	5	4	3	2	1	0	
	TWS7	TWS6	TWS5	TWS4	TWS3	-	TWPS1	TWPS0	TWSR
Read/Write	R	R	R	R	R	R	R/W	R/W	
Initial Value	1	1	1	1	1	1	1	1	

- 비트7..3 : TWS(TWI Status)

TWI 동작 상태에 따라 각각 다른 값을 갖게 되어 TWI 동작 상태를 확인할 수 있다.

- 비트1..0 : TWPS(TWI Prescaler Bits)

마스터모드에서 TWI 통신 속도를 결정한다. SCL 클럭 주기는 TWBR 레지스터와 TWSR 레지스터의 TWPS1:0에 의해 결정된다.

표 13-1 TWI 프리스케일러

TWPS1	TWPS0	프리스케일러 값
0	0	1
0	1	4
1	0	16
1	1	64

4. TWDR(TWI Data Register)

Bit	7	6	5	4	3	2	1	0	
	TWD7	TWD6	TWD5	TWD4	TWD3	TWD2	TWD1	TWD0	TWDR
Read/Write	R/W	R/W	R/W	R/W	R/W	R/W	R/W	R/W	
Initial Value	1	1	1	1	1	1	1	1	

송신모드에서는 다음에 전송할 데이터를 저장하고, 수신모드어서는 마지막으로 수신된 데이터를 나타낸다.

5. TWAR(TWI (Slave) Address Register)

Bit	7	6	5	4	3	2	1	0	
	TWA6	TWA5	TWA4	TWA3	TWA2	TWA1	TWA0	TWGCE	TWAR
Read/Write	R/W	R/W	R/W	R/W	R/W	R/W	R/W	R/W	
Initial Value	1	1	1	1	1	1	1	0	

● 비트7..1 : TWA(TWI (Slave) Address Register)
슬레이브모드에서 자신의 주소를 나타낸다.

● 비트0 : TWGCE(TWI General Call Recognition Enable Bit)
TWGCE가 1로 되어 있으면 마스터가 주소 0x00으로 전체호출을 할 때 슬레이브가 이를 인식하게 된다.

13-6 TWI 동작

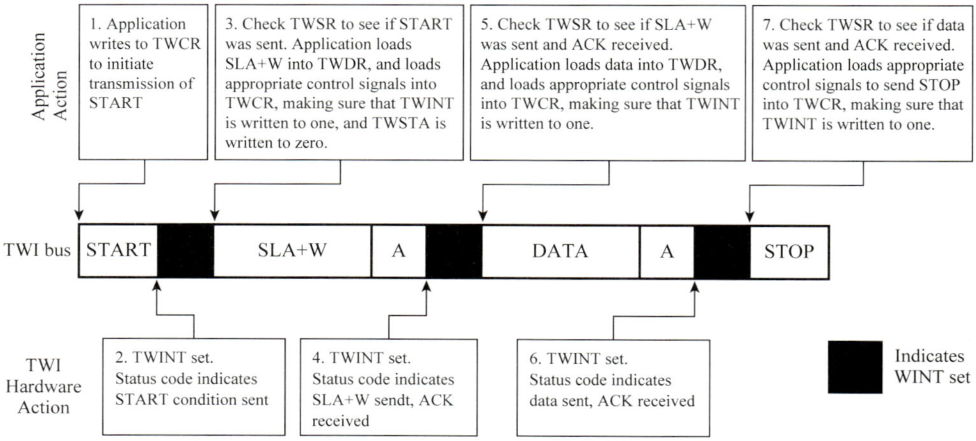

그림 13-10 TWI 데이터 전송 인터페이스

1. 전송모드

TWI 동작은 마스터송신, 마스터수신, 슬레이브송신, 슬레이브수신 동작모드가 있다. 이 4가지 동작모드에 대해 자세히 설명하기로 한다. 설명 중에 사용되는 약어는 다음과 같다.

- S: 시작조건(START condition)
- Rs: 반복시작조건(REPEATED START condition)
- R: 읽기비트 (SDA의 비트1)
- W: 쓰기비트 (SDA의 비트0)
- A: ACK비트 (SDA의 비트0)
- /A: NACK비트 (SDA의 비트1)
- Data: 8비트 데이터
- P: 종료조건(STOP condition)
- SLA: 슬레이브 주소

그림 13-12~그림 13-18에서 원(圓)안의 표시는 TWINT=1인 상태에서 TWSR 레지스터의 상태 코드값을 나타낸다. TWI 전송은 TWINT를 프로그램으로 0으로 지울 때까지 계속된다. TWINT가 1이면 TWSR 레지스터의 상태코드에 따라 소프트웨어 동작이 결정된다. 상태코드에 대한 소프트웨어 동작과 직렬 전송에 대한 자세한 내용은 표 13-2와 표 13-5에 나타나 있다. 이 표에서 프리스케일러 비트들은 0이다.

2. 마스터 송신모드

마스터 송신 모드는 데이터를 마스터에서 슬레이브로 송신하는 모드이다. 데이터 송신은 시작조건(START condition)을 보낸 것으로 시작된다. 이어서 주소 패킷으로 SLA + /W를 보내면 마스터 송신 모드가 된다. 아래의 설명에서 TWSR 레지스터의 모든 상태코드는 프리스케일러 비트들이 0이거나 0으로 마스크된 것으로 가정한다.

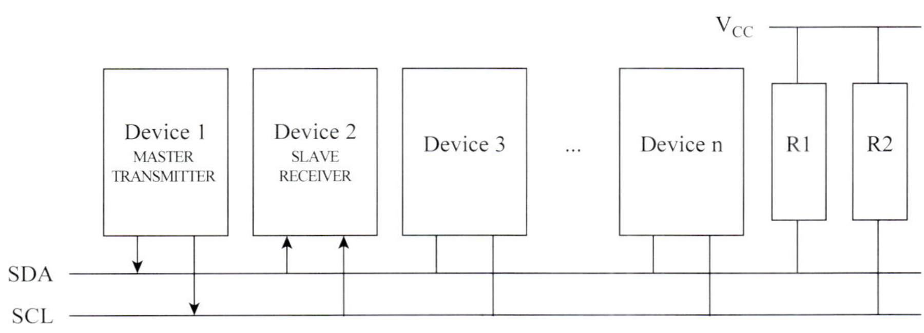

그림 13-11 마스터 송신모드에서 데이터 전송

- TWCR 레지스터에 0xA4를 써서 시작조건(START condition)을 보낸다.

TWCR	TWINT	TWEA	TWSTA	TWSTO	TWWC	TWEN	-	TWIE
value	1	×	1	0	×	1	0	×

- TWEN=1: TWI 직렬통신 허용
- TWSTA=1: 시작조건(START condition)을 전송한다.
- TWINT=1: TWINT 플래그를 지운다.

직렬버스가 사용할 수 있는 상태인지 확인한 후 시작조건을 보낸다. 이 신호가 전송되면 TWINT가 1이 되고 TWSR 레지스터의 상태코드는 0x08이 된다.

- TWDR 레지스터에 SLA + /W를 쓰고 TWINT 플래그를 지우기 위해 TWINT=1로 쓴다. 이를 위해 TWCR 레지스터에 0x84를 쓴다.

TWCR	TWINT	TWEA	TWSTA	TWSTO	TWWC	TWEN	-	TWIE
value	1	×	0	0	×	1	0	×

SLA + /W전송이 완료되면 슬레이브로부터 확인(ACK) 비트가 수신된다. 이 때 TWINT=1이 되면서, TWSR 레지스터의 상태코드는 전송이 성공적으로 완료되어 확인비트가 수신되면 0x18, 수신되지 않으면 0x20이 된다.

- SLA + /W가 전송되고 나면 데이터를 보내야 한다. TWDR 레지스터에 보낼 데이터를 쓰고 TWCR 레지스터에 다음과 같이 0x84를 쓰면 데이터가 보내진다.

TWCR	TWINT	TWEA	TWSTA	TWSTO	TWWC	TWEN	-	TWIE
value	1	×	0	0	×	1	0	×

TWINT=1일 때만 TWDR 레지스터에 데이터를 쓸 수 있다. TWINT=1일 때 데이터를 쓰면 데이터는 써지지 않고 TWCR 레지스터의 TWWC 비트(쓰기 충돌 플래그)가 1이 된다. 따라서 데이터를 연속적으로 보내기 위해서는 TWDR 레지스터에 데이터를 쓰기 전에 먼저 TWINT를 지워야 한다.

● 모든 데이터를 보낼 때까지 위의 과정을 반복하고 난 후 종료조건이나 반복시작조건을 보내면 데이터 전송은 끝난다.

TWCR	TWINT	TWEA	TWSTA	TWSTO	TWWC	TWEN	-	TWIE
value	1	×	0	1	×	1	0	×

종료조건을 보내기 위해 TWCR 레지스터에 0x94를 쓴다.

TWCR	TWINT	TWEA	TWSTA	TWSTO	TWWC	TWEN	-	TWIE
value	1	×	1	0	×	1	0	×

반복시작조건을 보내기 위해 TWCR 레지스터에 0xA4를 쓴다. 이 신호를 보내면 상태코드는 0x10이 되어서 종료조건을 보내지 않고서도 같은 슬레이브와 다시 연결하거나 새로운 슬레이브와 연결할 수 있다.

표 13-2 마스터 송신모드의 상태코드

Status Code (TWSR) Prescaler Bits are 0	Status of the Two-wire Serial Bus and Two-wire Serial Interface Hardware	Application Software Response					Next Action Taken by TWI Hardware
		To/from TWDR	To TWCR				
			STA	STO	TWINT	TWEA	
$08	A START condition has been transmitted	Load SLA+W	0	0	1	X	SLA+W will be transmitted; ACK or NOT ACK will be received
$10	A repeated START condition has been transmitted	Load SLA+W or	0	0	1	X	SLA+W will be transmitted; ACK or NOT ACK will be received
		Load SLA+R	0	0	1	X	SLA+R will be transmitted; Logic will switch to master receiver mode
$18	SLA+W has been transmitted; ACK has been received	Load data byte or	0	0	1	X	Data byte will be transmitted and ACK or NOT ACK will be received
		No TWDR action or	1	0	1	X	Repeated START will be transmitted
		No TWDR action or	0	1	1	X	STOP condition will be transmitted and TWSTO flag will be reset
		No TWDR action	1	1	1	X	STOP condition followed by a START condition will be transmitted and TWSTO flag will be reset

$20	SLA+W has been transmitted; NOT ACK has been received	Load data byte or	0	0	1	X	Data byte will be transmitted and ACK or NOT ACK will be received
		No TWDR action or	1	0	1	X	Repeated START will be transmitted
		No TWDR action or	0	1	1	X	STOP condition will be transmitted and TWSTO flag will be reset
		No TWDR action	1	1	1	X	STOP condition followed by a START condition will be transmitted and TWSTO flag will be reset
$28	Data byte has been transmitted; ACK has been received	Load data byte or	0	0	1	X	Data byte will be transmitted and ACK or NOT ACK will be received
		No TWDR action or	1	0	1	X	Repeated START will be transmitted
		No TWDR action or	0	1	1	X	STOP condition will be transmitted and TWSTO flag will be reset
		No TWDR action	1	1	1	X	STOP condition followed by a START condition will be transmitted and TWSTO flag will be reset
$30	Data byte has been transmitted; NOT ACK has been received	Load data byte or	0	0	1	X	Data byte will be transmitted and ACK or NOT ACK will be received
		No TWDR action or	1	0	1	X	Repeated START will be transmitted
		No TWDR action or	0	1	1	X	STOP condition will be transmitted and TWSTO flag will be reset
		No TWDR action	1	1	1	X	STOP condition followed by a START condition will be transmitted and TWSTO flag will be reset
$38	Arbitration lost in SLA+W or data bytes	No TWDR action or	0	0	1	X	Two-wire Serial Bus will be released and not addressed slave mode entered
		No TWDR action	1	0	1	X	A START condition will be transmitted when the bus becomes free

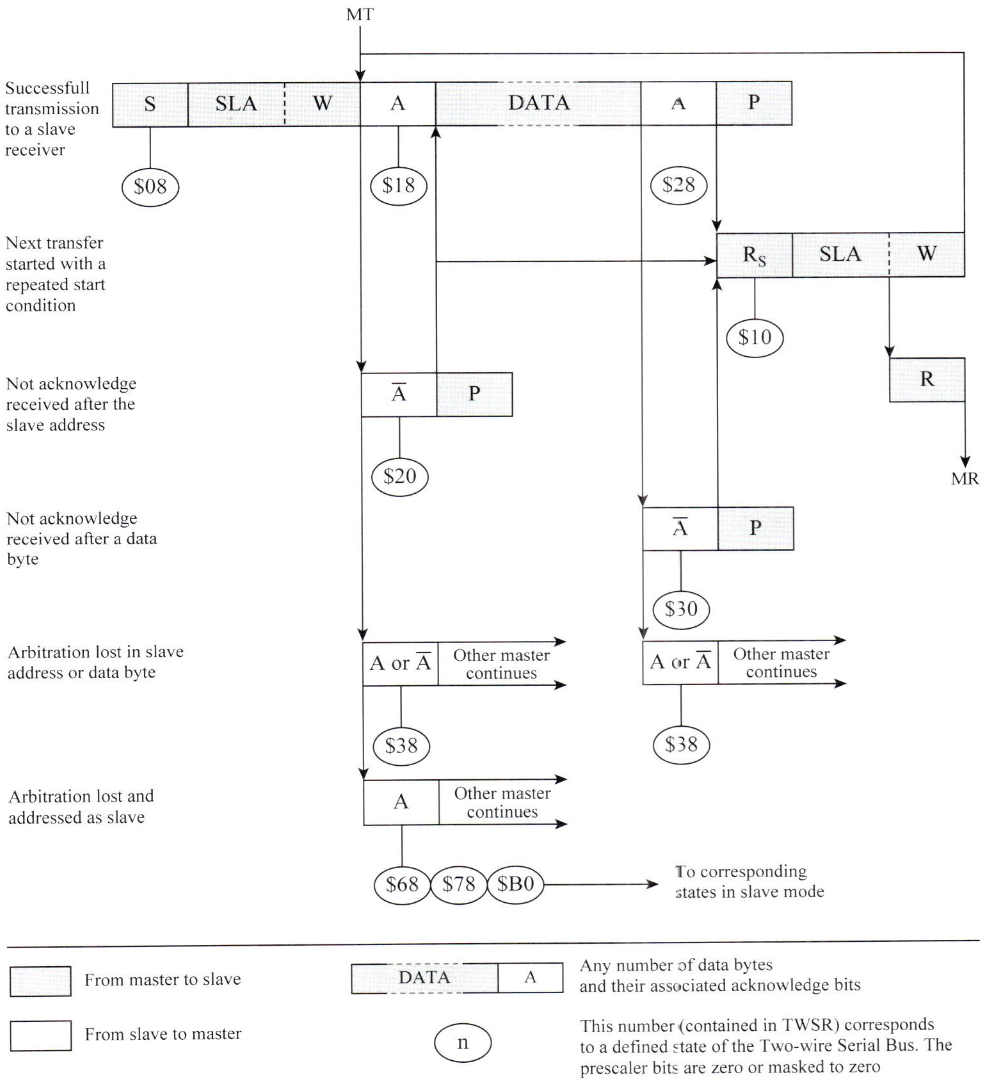

그림 13-12 마스터 송신모드에서 데이터 전송 절차

3. 마스터 수신모드

마스터 수신 모드는 슬레이브의 데이터를 마스터에서 수신하는 모드이다. 데이터 수신은 시작조건(START condition)을 보낸 것으로 시작된다. 이어서 주소 패킷으로 SLA + R를 보내면 마스터 수신 모드가 된다. 아래의 설명에서 TWSR 레지스터의 모든 상태코드는 프리스케일러 비트들이 0이거나 0으로 마스크된 것으로 가정한다.

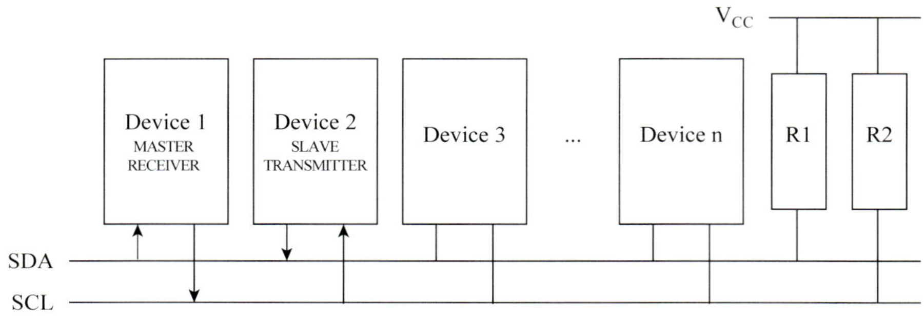

그림 13-13 마스터 수신모드에서 데이터 전송

- TWCR레지스터에 0xA4를 써서 시작조건(START condition)을 보낸다.

TWCR	TWINT	TWEA	TWSTA	TWSTO	TWWC	TWEN	-	TWIE
value	1	×	1	0	×	1	0	×

- TWEN=1: TWI 직렬통신 허용
- TWSTA=1: 시작조건(START condition)을 전송한다.
- TWINT=1: TWINT 플래그를 지운다.

직렬버스가 사용할 수 있는 상태인지 확인한 후 시작조건을 보낸다. 이 신호가 전송되면 TWINT가1이 되고 TWSR 레지스터의 상태코드는 0x08이 된다.

- TWDR 레지스터에 SLA + R를 쓰고 TWINT 플래그를 지우기 위해 TWINT=1로 쓴다. 이를 위해 TWCR 레지스터에 0x84를 쓴다.

TWCR	TWINT	TWEA	TWSTA	TWSTO	TWWC	TWEN	-	TWIE
value	1	×	0	0	×	1	0	×

SLA + R 전송이 완료되면 슬레이브로부터 확인(ACK) 비트가 수신된다. 이 때 TWINT=1이 되면서, TWSR 레지스터의 상태코드는 전송이 성공적으로 완료되어 확인비트가 수신되면 0x40, 수신되지 않으면 0x48이 된다.

수신 데이터는 TWINT가 하드웨어에 의해 1로 되면 TWDR 레지스터로부터 읽어낼 수 있다.

● 모든 데이터를 읽어낼 때까지 위의 과정을 반복하고 난 후 종료조건이나 반복시작조건을 보내면 데이터 수신은 끝난다.

TWCR	TWINT	TWEA	TWSTA	TWSTO	TWWC	TWEN	-	TWIE
value	1	×	0	1	×	1	0	×

종료조건을 보내기 위해 TWCR 레지스터에 0x94를 쓴다.

TWCR	TWINT	TWEA	TWSTA	TWSTO	TWWC	TWEN	-	TWIE
value	1	×	1	0	×	1	0	×

반복시작조건을 보내기 위해 TWCR 레지스터에 0xA4를 쓴다. 이 신호를 보내면 상태코드는 0x10이 되어서 종료조건을 보내지 않고서도 같은 슬레이브와 다시 연결하거나 새로운 슬레이브와 연결할 수 있다.

표 13-3 마스터 수신모드의 상태코드

Status Code (TWSR) Prescaler Bits are 0	Status of the Two-wire Serial Bus and Two-wire Serial Interface Hardware	Application Software Response					Next Action Taken by TWI Hardware
		To/from TWDR	To TWCR				
			STA	STO	TWINT	TWEA	
$08	A START condition has been transmitted	Load SLA+R	0	0	1	X	SLA+R will be transmitted ACK or NOT ACK will be received
$10	A repeated START condition has been transmitted	Load SLA+R or	0	0	1	X	SLA+R will be transmitted ACK or NOT ACK will be received
		Load SLA+W	0	0	1	X	SLA+W will be transmitted Logic will switch to master transmitter mode
$38	Arbitration lost in SLA+R or NOT ACK bit	No TWDR action or	0	0	1	X	Two-wire Serial Bus will be released and not addressed slave mode will be entered
		No TWDR action	1	0	1	X	A START condition will be transmitted when the bus becomes free
$40	SLA+R has been transmitted; ACK has been received	No TWDR action or	0	0	1	0	Data byte will be received and NOT ACK will be returned
		No TWDR action	0	0	1	1	Data byte will be received and ACK will be returned

$48	SLA+R has been transmitted; NOT ACK has been received	No TWDR action or	1	0	1	X	Repeated START will be transmitted
		No TWDR action or	0	1	1	X	STOP condition will be transmitted and TWSTO flag will be reset
		No TWDR action	1	1	1	X	STOP condition followed by a START condition will be transmitted and TWSTO flag will be reset
$50	Data byte has been received; ACK has been returned	Read data byte or	0	0	1	0	Data byte will be received and NOT ACK will be returned
		Read data byte	0	0	1	1	Data byte will be received and ACK will be returned
$58	Data byte has been received; NOT ACK has been returned	Read data byte or	1	0	1	X	Repeated START will be transmitted
		Read data byte or	0	1	1	X	STOP condition will be transmitted and TWSTO flag will be reset
		Read data byte	1	1	1	X	STOP condition followed by a START condition will be transmitted and TWSTO flag will be reset

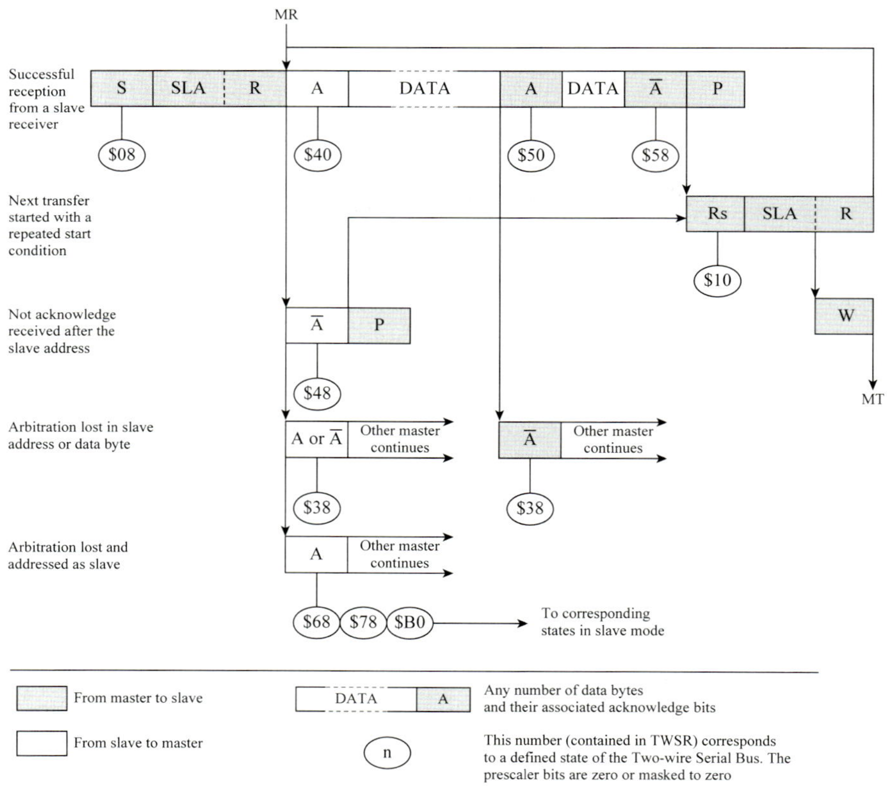

그림 13-14 마스터 수신모드에서 데이터 수신 절차

4. 슬레이브 수신모드

슬레이브 수신모드는 마스터의 데이터를 수신하는 모드이다. 아래의 설명에서 TWSR 레지스터의 모든 상태코드는 프리스케일러 비트들이 0이거나 0으로 마스크된 것으로 가정한다.

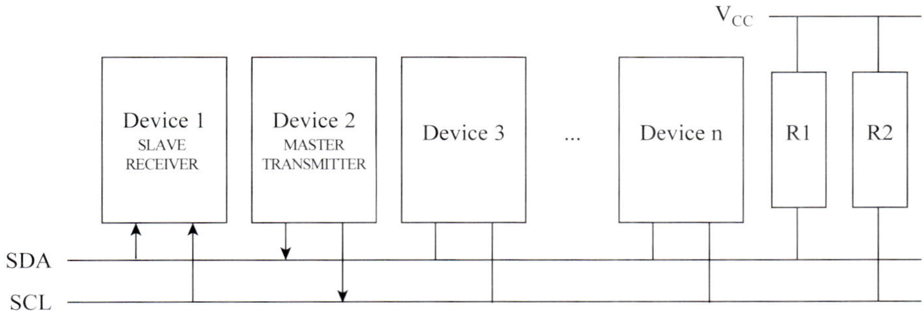

그림 13-15 슬레이브 수신모드에서 데이터 전송

수신 모드로 초기화하기 위해 TWAR, TWCR을 다음과 같이 초기화한다.

- TWAR 레지스터의 상위 7비트는 슬레이브 자신의 주소이다. 슬레이브는 마스터가 호출할 때 자신의 주소와 일치하면 응답하고, 또한 전체 호출을 했을 때 맨 하위비트 TWGCE가 1이면 응답한다.

TWAR	TWA6	TWA5	TWA4	TWA3	TWA2	TWA1	TWA0	TWGCE
value	Device's Own Slave Address							

- TWEN을 1로 설정하여 직렬통신을 허용하고, 자신을 호출하거나 전체 호출을 할 때 응답할 수 있도록 TWEA에 1을 쓴다. TWSTA와 TWSTO에는 0을 쓴다.

TWCR	TWINT	TWEA	TWSTA	TWSTO	TWWC	TWEN	-	TWIE
value	0	1	0	0	0	1	0	×

TWAR, TWCR 레지스터를 위와 같이 초기화하면 슬레이브는 수신 모드로 대기 상태가 된다. SLA + /W가 수신되어 SLA가 자신의 주소이면 TWINT 플래그가 1이 되고 TWSR

레지스터의 상태코드를 읽을 수 있다. 상태코드가 유효하면 표 13-4와 같이 그에 맞는 동작을 하게 된다.

데이터 전송 중에 TWEA=0이 되면 슬레이브는 데이터를 받을 때 NACK를 응답하여 더 이상 수신할 수 없음을 알린다. TWEA=0일 때는 자신의 주소를 인식하지 못하지만 직렬 버스를 계속 모니터링하다가 1이 되면 다시 슬레이브 주소를 인식하게 된다.

대기모드(Idle Mode)를 제외한 모든 슬립모드에서는 TWI 통신에 필요한 클럭을 비롯하여 모든 시스템 클럭이 멈춘다. 그렇지만 이 상태에서도 TWI 통신의 클럭 SCL은 마스터로부터 받기 때문에 TWEA=1이면 슬레이브 자신의 주소나 전체 호출을 인식할 수 있다. 호출을 인식하면 슬립모드에서 깨어나고 TWINT 플래그가 지워질 때까지 SCL 클럭을 0(low)으로 유지한다. 슬립모드에서 깨어난 후에는 AVR 시스템 클럭에 의해 정상동작을 하게 된다.

표 13-4 슬레이브 수신모드의 상태코드

Status Code (TWSR) Prescaler Bits are 0	Status of the Two-wire Serial Bus and Two-wire Serial Interface Hardware	Application Software Response					Next Action Taken by TWI Hardware
		To/from TWDR	To TWCR				
			STA	STO	TWINT	TWEA	
$60	Own SLA+W has been received; ACK has been returned	No TWDR action or	X	0	1	0	Data byte will be received and NOT ACK will be returned
		No TWDR action	X	0	1	1	Data byte will be received and ACK will be returned
$68	Arbitration lost in SLA+R/W as master; own SLA+W has been received; ACK has been returned	No TWDR action or	X	0	1	0	Data byte will be received and NOT ACK will be returned
		No TWDR action	X	0	1	1	Data byte will be received and ACK will be returned
$70	General call address has been received; ACK has been returned	No TWDR action or	X	0	1	0	Data byte will be received and NOT ACK will be returned
		No TWDR action	X	0	1	1	Data byte will be received and ACK will be returned
$78	Arbitration lost in SLA+R/W as master; General call address has been received; ACK has been returned	No TWDR action or	X	0	1	0	Data byte will be received and NOT ACK will be returned
		No TWDR action	X	0	1	1	Data byte will be received and ACK will be returned
$80	Previously addressed with own SLA+W; data has been received; ACK has been returned	Read data byte or	X	0	1	0	Data byte will be received and NOT ACK will be returned
		Read data byte	X	0	1	1	Data byte will be received and ACK will be returned

$88	Previously addressed with own SLA+W; data has been received; NOT ACK has been returned	Read data byte or	0	0	1	0	Switched to the not addressed slave mode; no recognition of own SLA or GCA
		Read data byte or	0	0	1	1	Switched to the not addressed slave mode; own SLA will be recognized; GCA will be recognized if TWGCE = "1"
		Read data byte or	1	0	1	0	Switched to the not addressed slave mode; no recognition of own SLA or GCA; a START condition will be transmitted when the bus becomes free
		Read data byte	1	0	1	1	Switched to the not addressed slave mode; own SLA will be recognized; GCA will be recognized if TWGCE = "1"; a START condition will be transmitted when the bus becomes free
$90	Previously addressed with general call; data has been received; ACK has been returned	Read data byte or	X	0	1	0	Data byte will be received and NOT ACK will be returned
		Read data byte	X	0	1	1	Data byte will be received and ACK will be returned
$98	Previously addressed with general call; data has been received; NOT ACK has been returned	Read data byte or	0	0	1	0	Switched to the not addressed slave mode; no recognition of own SLA or GCA
		Read data byte or	0	0	1	1	Switched to the not addressed slave mode; own SLA will be recognized; GCA will be recognized if TWGCE = "1"
		Read data byte or	1	0	1	0	Switched to the not addressed slave mode; no recognition of own SLA or GCA; a START condition will be transmitted when the bus becomes free
		Read data byte	1	0	1	1	Switched to the not addressed slave mode; own SLA will be recognized; GCA will be recognized if TWGCE = "1"; a START condition will be transmitted when the bus becomes free
$A0	A STOP condition or repeated START condition has been received while still addressed as slave	No Action	0	0	1	0	Switched to the not addressed slave mode; no recognition of own SLA or GCA
			0	0	1	1	Switched to the not addressed slave mode; own SLA will be recognized; GCA will be recognized if TWGCE = "1"
			1	0	1	0	Switched to the not addressed slave mode; no recognition of own SLA or GCA; a START condition will be transmitted when the bus becomes free
			1	0	1	1	Switched to the not addressed slave mode; own SLA will be recognized; GCA will be recognized if TWGCE = "1"; a START condition will be transmitted when the bus becomes free

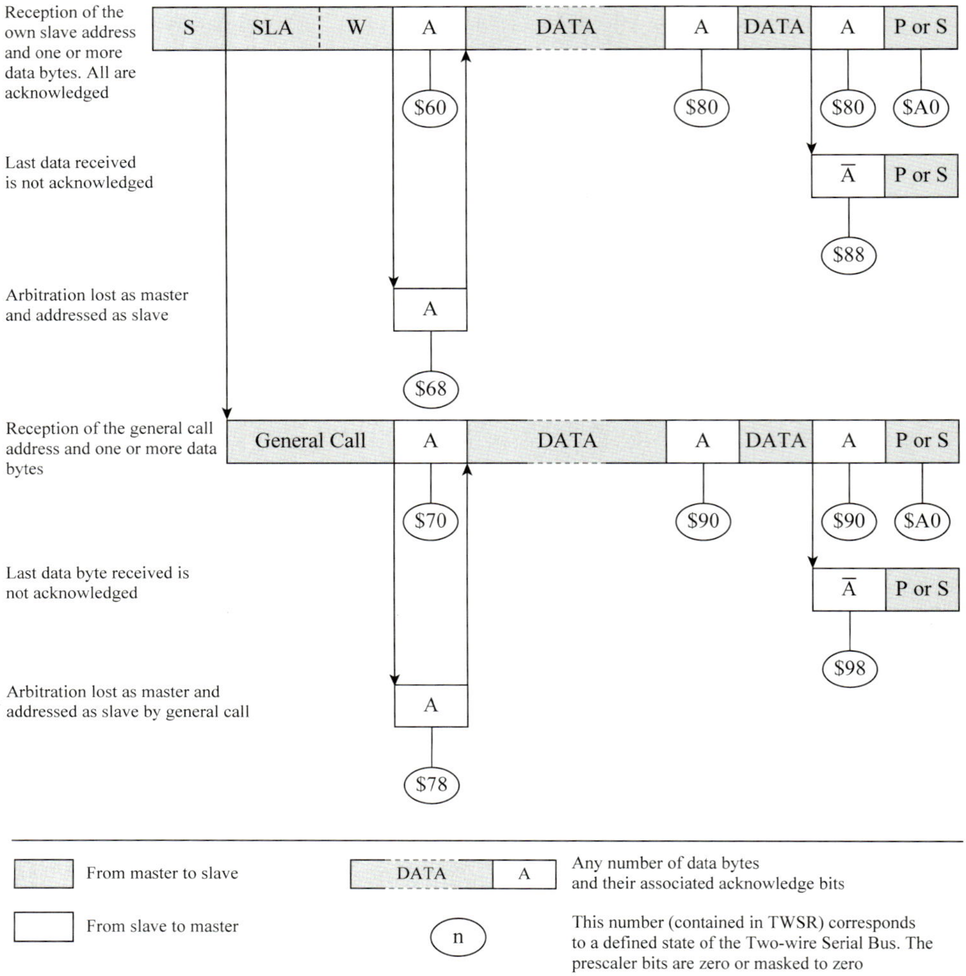

그림 13-16 슬레이브 수신모드에서 데이터 수신 절차

5. 슬레이브 송신모드

슬레이브 송신모드는 슬레이브가 마스터로 데이터를 송신하는 모드이다. 아래의 설명에서 TWSR 레지스터의 모든 상태코드는 프리스케일러 비트들이 0이거나 0으로 마스크된 것으로 가정한다.

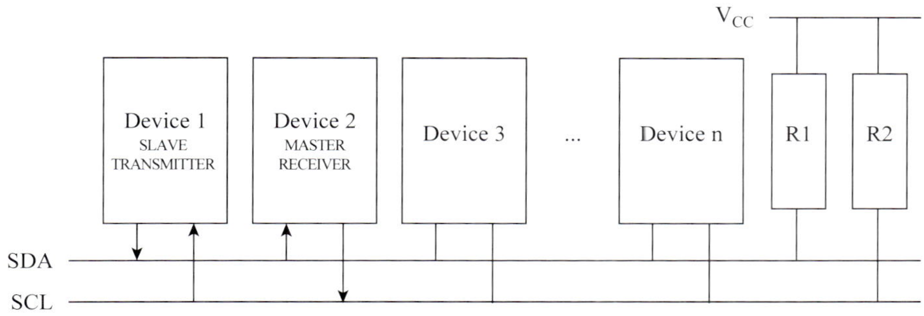

그림 13-17 슬레이브 송신모드에서 데이터 전송

송신 모드로 초기화하기 위해 TWAR, TWCR을 다음과 같이 초기화한다.

- TWAR 레지스터의 상위 7비트는 슬레이브 자신의 주소이다. 슬레이브는 마스터가 호출할 때 자신의 주소와 일치하면 응답하고, 또한 전체 호출을 했을 때 맨 하위비트 TWGCE가 1이면 응답한다.

TWAR	TWA6	TWA5	TWA4	TWA3	TWA2	TWA1	TWA0	TWGCE
value	Device's Own Slave Address							

- TWEN을 1로 설정하여 직렬통신을 허용하고, 자신을 호출하거나 전체 호출을 할 때 응답할 수 있도록 TWEA에 1을 쓴다. TWSTA와 TWSTO에는 0을 쓴다.

TWCR	TWINT	TWEA	TWSTA	TWSTO	TWWC	TWEN	-	TWIE
value	0	1	0	0	0	1	0	×

TWAR, TWCR 레지스터를 위와 같이 초기화하면 슬레이브는 대기 상태가 된다. SLA + R가 수신되어 SLA가 자신의 주소이고 데이터 방향비트(R)가 1이면 슬레이브 송신, TWINT 플래그가 1이 되고 TWSR 레지스터의 상태코드를 읽을 수 있다. 상태코드가 유효하면 표 13-5와 같이 그에 맞는 동작을 하게 된다.

데이터 전송 중에 TWEA=0이 되면 TWI는 마지막 바이트를 보낸다. 그 후 상태코드는 마스터에서 NACK를 보내면 0xC0, ACK를 보내면 0xC8이 된다. 또한 슬레이브가 마지막

바이트를 보냈더라도 마스터가 ACK를 보내 추가 바이트를 요구하면 상태코드는 0xC8이 된다.

TWEA=0일 때는 자신의 주소를 인식하지 못하지만 직렬 버스를 계속 모니터링하다가 1이 되면 다시 슬레이브 주소를 인식하게 된다.

대기모드(Idle Mode)를 제외한 모든 슬립모드에서는 TWI 통신에 필요한 클럭을 비롯하여 모든 시스템 클럭이 멈춘다. 그렇지만 이 상태에서도 TWI 통신의 클럭 SCL은 마스터로부터 받기 때문에 TWEA=1이면 슬레이브 자신의 주소나 전체 호출을 인식할 수 있다. 호출을 인식하면 슬립모드에서 깨어나고 TWINT 플래그가 지워질 때까지 SCL 클럭을 0(low)으로 유지한다. 슬립모드에서 깨어난 후에는 AVR 시스템 클럭에 의해 정상동작을 하게 된다.

표 13-5 슬레이브 송신모드에서 상태코드

Status Code (TWSR) Prescaler Bits are 0	Status of the Two-wire Serial Bus and Two-wire Serial Interface Hardware	Application Software Response					Next Action Taken by TWI Hardware
		To/from TWDR	To TWCR				
			STA	STO	TWINT	TWEA	
$A8	Own SLA+R has been received; ACK has been returned	Load data byte or	X	0	1	0	Last data byte will be transmitted and NOT ACK should be received
		Load data byte	X	0	1	1	Data byte will be transmitted and ACK should be received
$B0	Arbitration lost in SLA+R/W as master; own SLA+R has been received; ACK has been returned	Load data byte or	X	0	1	0	Last data byte will be transmitted and NOT ACK should be received
		Load data byte	X	0	1	1	Data byte will be transmitted and ACK should be received
$B8	Data byte in TWDR has been transmitted; ACK has been received	Load data byte or	X	0	1	0	Last data byte will be transmitted and NOT ACK should be received
		Load data byte	X	0	1	1	Data byte will be transmitted and ACK should be received
$C0	Data byte in TWDR has been transmitted; NOT ACK has been received	No TWDR action or	0	0	1	0	Switched to the not addressed slave mode; no recognition of own SLA or GCA
		No TWDR action or	0	0	1	1	Switched to the not addressed slave mode; own SLA will be recognized; GCA will be recognized if TWGCE = "1"
		No TWDR action or	1	0	1	0	Switched to the not addressed slave mode; no recognition of own SLA or GCA; a START condition will be transmitted when the bus becomes free
		No TWDR action	1	0	1	1	Switched to the not addressed slave mode; own SLA will be recognized; GCA will be recognized if TWGCE = "1"; a START condition will be transmitted when the bus becomes free

$C8	Last data byte in TWDR has been transmitted (TWEA = "0"); ACK has been received	No TWDR action or	0	0	1	0	Switched to the not addressed slave mode; no recognition of own SLA or GCA
		No TWDR action or	0	0	1	1	Switched to the not addressed slave mode; own SLA will be recognized; GCA will be recognized if TWGCE = "1"
		No TWDR action or	1	0	1	0	Switched to the not addressed slave mode; no recognition of own SLA or GCA; a START condition will be transmitted when the bus becomes free
		No TWDR action	1	0	1	1	Switched to the not addressed slave mode; own SLA will be recognized; GCA will be recognized if TWGCE = "1"; a START condition will be transmitted when the bus becomes free

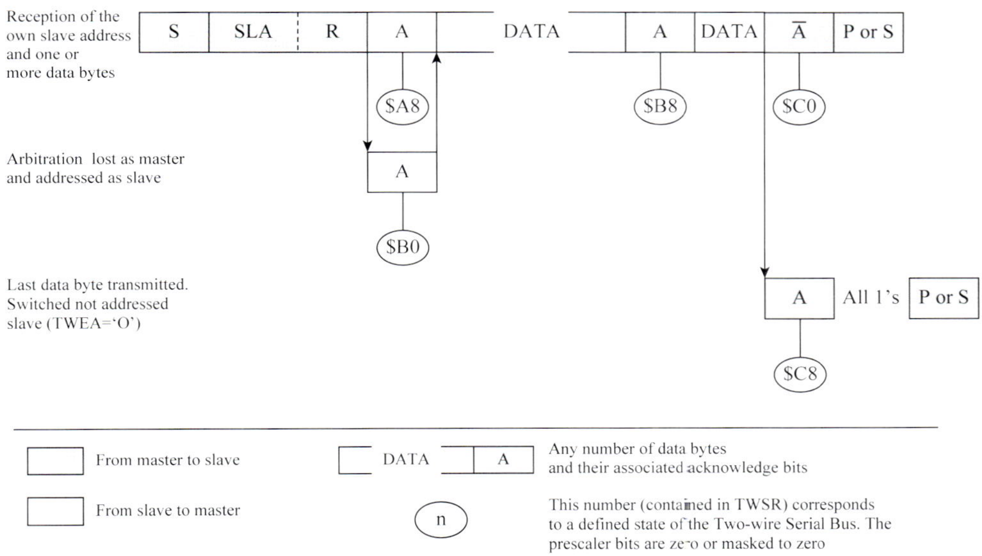

그림 13-18 슬레이브 송신모드에서 데이터 송신 절차

6. TWI 모드의 조합

TWI는 원하는 동작을 실행하기 위해 각 모드를 조합하는 경우가 있다. 예를 들어 EEPROM의 데이터를 읽기 위해서는 다음과 같은 과정을 거친다.

1) START 파형을 보낸다.

2) 읽어낼 EEPROM 주소를 내보낸다(마스터 송신모드).

3) EEPROM 데이터를 읽어낸다(마스터 수신모드).

4) STOP 파형을 보낸다.

마스터는 START 파형을 내보낸 다음 읽어낼 데이터의 주소를 슬레이브에 지시한다. 이어서 마스터 수신모드에서 EEPROM 데이터를 읽어낸다. 이 과정에서 마스터가 송신모드에서 수신모드로 바뀌는 것은, 마스터가 읽어낼 데이터의 위치를 보낸 후 REPEATED START 파형을 내보냄으로써 하드웨어적으로 자동으로 이루어진다. 그림 13-19는 이러한 진행 절차를 보여준다.

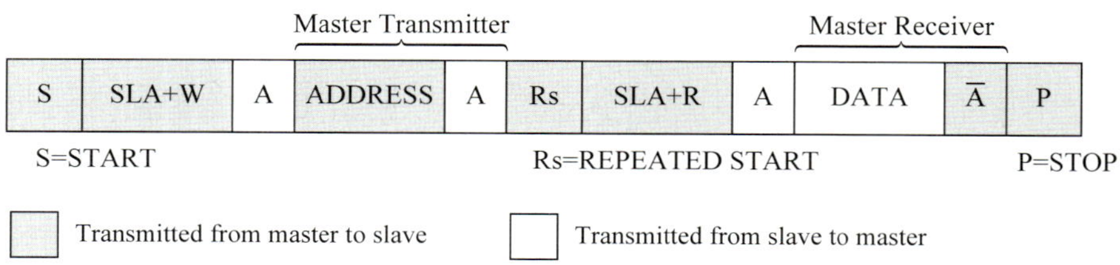

그림 13-19 EEPROM 읽기/쓰기를 위한 TWI 모드의 조합

7. 여러 개의 마스터 시스템과 중재

여러 개의 마스터가 동일한 버스에 연결되어 있을 때 여러 개의 마스터에서 동시에 전송이 일어날 수 있다. 이런 경우 TWI 규격에서는 하나의 마스터에서만 전송을 실행할 수 있도록 중재(Arbitration) 알고리즘이 동작하여 데이터 손실을 막아준다. 그림 13-20에 두 개의 마스터가 슬레이브에 데이터를 전송하는 예시를 나타내었다.

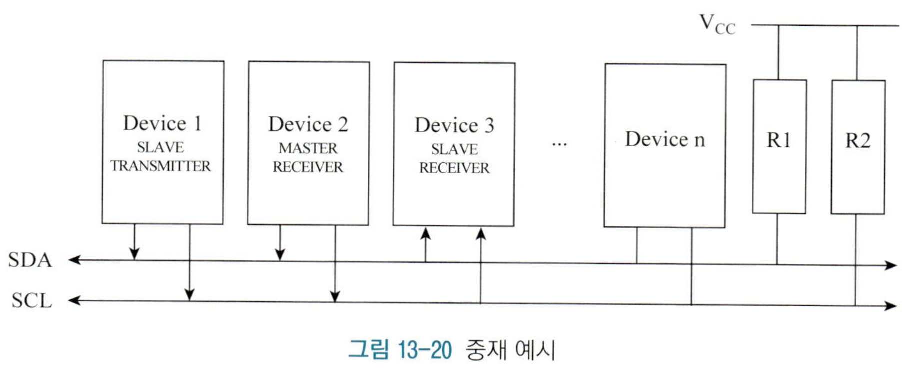

그림 13-20 중재 예시

중재 과정에서 나타날 수 있는 몇 가지 시나리오는 다음과 같다.

(1) 여러 개의 마스터가 동일한 슬레이브와 완전히 같은 타이밍, 같은 데이터으로 통신하는 경우이다. 이 경우 슬레이브나 마스터는 데이터 충돌이 없으므로 동시에 통신하는지 알아차리지 못한다.

(2) 여러 개의 마스터가 동일한 슬레이브와 서로 다른 데이터나 방향(READ/WRITE)으로 통신하는 경우이다. 이 경우 READ/WRITE 비트나 데이터 비트에서 중재가 이루어진다. 다른 마스터가 SDA에 로우(0)를 내보내고 있을 때 하이(1)를 내보내고 있는 마스터는 중재를 놓치게 된다. 놓친 마스터는 슬레이브 모드로 바꾸어 버스가 사용 가능할 때까지 기다린 후 프로그램으로 새로운 시작(START)조건을 전송한다.

(3) 마지막으로, 여러 개의 마스터가 서로 다른 슬레이브와 등신하는 경우이다. 이 경우 SLA 비트에서 중재가 이루어진다. 다른 마스터가 SDA에 로우(0)를 내보내고 있을 때 하이(1)를 내보내고 있는 마스터는 중재를 놓치게 된다. SLA에서 중재를 놓친 마스터는 슬레이브 모드로 바꾸어 자신의 주소를 부르고 있는지 확인한다. 만약 자신의 주소이면 READ/WRITE 비트 상태에 따라 SR 모드나 ST 모드로 바꾼다. 자신의 주소가 아니면 버스가 사용 가능할 때까지 기다린 후 프로그램으로 새로운 시작(START)조건을 전송한다.

위의 시나리오를 요약하여 그림 13-21에 나타내었다. 원 안이 있을 수 있는 상태값이다.

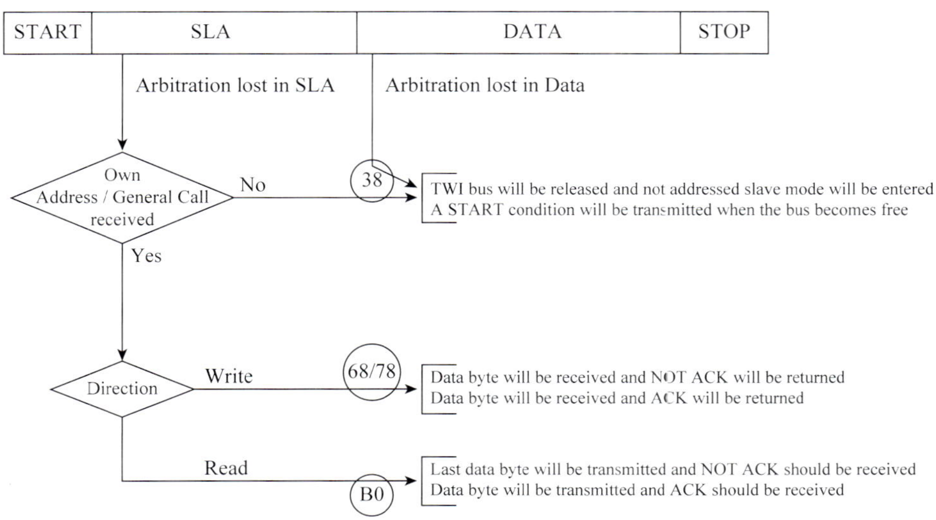

그림 13-21 중재에 의해 나타날 수 있는 상태 코드

C 프로그램 TWI 초기화

```
01  void InitTWI(void)
02  {
        // fsys_clk = 14.7456 MHz
        // Fscl = fsys_clk/(16+2(TWBR x 4TWPS)) = 53 KHz ==> I2C serial clock
03      TWBR = 131;     // TWI bit rate
04      TWSR = 0x00;    // TWI status register, 4TWPS = 40 = 1
05      TWAR = 0x00;    // TWI address in SLAVE MODE
06      TWDR = 0x00;    // TWI data register
07      TWCR = 0x00;    // TWI control register
08  }
```

프로그램 설명

1. TWI 초기화 함수
4. TWPS1:0=00이므로 Fscl = 14.7456MHz/(16+2(131×4^0)) = 53KHz
5~7. TWI 동작과 관계된 레지스터들을 지운다.

C 프로그램 TWI 데이터 읽기

```
unsigned char ReadTWI(unsigned char device, unsigned char reg_adrs)
{
    unsigned char rd_dat = 0;

    TWCR = 0xA4;                        // START condition
    while((TWCR & 0x80) == 0x00);       // START complete ?
    Delay(2);

    TWDR = device;                      // SLA+W
    TWCR = 0x84;
    while((TWCR & 0x80) == 0x00);       // SLA+W complete ?
    Delay(2);

    TWDR = reg_adrs;                    // register address
    TWCR = 0x84;
    while((TWCR & 0x80) == 0x00);       // address complete ?
    Delay(20);

    TWCR = 0xA4;                        // REPEATED START condition
```

```
16      while((TWCR & 0x80) == 0x00);       // START complete ?
17      Delay(20);

18      TWDR = device+1;                    // SLA+R
19      TWCR = 0x84;
20      while((TWCR & 0x80) == 0x00);       // SLA+R complete ?
21      Delay(20);

22      TWCR = 0x84;                        // read data with no acknowledge
23      while((TWCR & 0x80) == 0x00);       // data complete ?

24      rd_dat = TWDR;                      // read data
25      TWCR = 0x94;                        // STOP condition
26      Delay(10);

27      return rd_dat;                      // return data
28  }
```

프로그램 설명

1. 'TWI 데이터 읽기' 함수명
4. TWINT에 1을 써서 지운다. TWSTA=1: '시작파형'을 내보낸다. TWEN=1: TWI 통신을 허용한다.
5. TWINT가 1이 될 때까지 기다린다('시작파형'이 모두 나갈 때까지 기다린다).
7. 선택할 디바이스의 주소를 TWDR 레지스터에 넣는다. TWDR 레지스터의 최하위비트인 비트0을 0으로 설정하여 '쓰기'(/W)모드로 설정한다.
8. TWINT에 1을 써서 지운다. TWEN=1: TWI 통신을 허용한다.
9. TWINT가 1이 될 때까지 기다린다(디바이스 주소가 모두 나갈 때까지 기다린다).
11. 선택한 디바이스내의 읽어낼 주소를 TWDR 레지스터에 넣는다.
12. TWINT에 1을 써서 지운다. TWEN=1: TWI 통신을 허용한다.
13. TWINT가 1이 될 때까지 기다린다(디바이스내의 읽어낼 주소가 모두 나갈 때까지 기다린다).
15. TWINT에 1을 써서 지운다. TWSTA=1: '반복시작파형'을 내보낸다. TWEN=1: TWI 통신을 허용한다.
16. TWINT가 1이 될 때까지 기다린다('반복시작파형'이 모두 나갈 때까지 기다린다).
18. 디바이스내의 읽어낼 주소를 TWDR 레지스터에 넣는다. TWDR 레지스터의 최하위비트인 비트0을 1으로 설정하여 '읽기'(R)모드로 설정한다.
19. TWINT에 1을 써서 지운다. TWEN=1: TWI 통신을 허용한다.
20. TWINT가 1이 될 때까지 기다린다(디바이스내의 읽어낼 주소가 모두 나갈 때까지 기다린다).
21. TWINT에 1을 써서 지운다. TWEN=1: TWI 통신을 허용한다.
22. TWINT가 1이 될 때까지 기다린다(TWDR 레지스터에 데이터가 저장될 때까지 기다린다).
24. TWDR 레지스터의 데이터를 가져온다.
25. '정지조건' 파형을 내보낸다.
27. 읽어낸 데이터 값을 반환한다.

C 프로그램 TWI 데이터 쓰기

```
01 void WriteAddrTWI(unsigned char  device, unsigned int  addr, unsigned char  data)
02 {
03    TWCR = 0xA4;                                          // START condition
04    while(((TWCR&0x80)==0x00)||((TWSR&0xF8)!=0x08));      //START complete ?

05    TWDR = device;                                        // SLA+W
06    TWCR = 0x84;
07    while(((TWCR&0x80)==0x00)||((TWSR&0xF8)!=0x18));      //SLA+W complete ?

08    TWDR = (addr>>8) & 0xff;                              // High Address
09    TWCR = 0x84;
10    while(((TWCR&0x80)==0x00)||((TWSR&0xF8)!=0x28));      //address complete ?

11    TWDR = addr & 0xff;                                   // Low Address
12    TWCR = 0x84;
13    while(((TWCR&0x80)==0x00)||((TWSR&0xF8)!=0x28));      //address complete ?

14    TWDR = data;                                          // write data
15    TWCR = 0x84;
16    while(((TWCR&0x80)==0x00)||((TWSR&0xF8)!=0x28));      //data complete ?

17    TWCR = 0x94;                                          // STOP condition
18    Delay(10);
19 }
```

프로그램 설명

1. 'TWI 데이터 쓰기' 함수명
3. TWINT에 1을 써서 지운다. TWSTA=1: '시작파형'을 내보낸다. TWEN=1: TWI 통신을 허용한다.
4. TWINT가 1이 될 때까지 기다린다('시작파형'이 모두 나갈 때까지 기다린다).
5. 선택할 디바이스의 주소를 TWDR 레지스터에 넣는다. TWDR 레지스터의 최하위비트인 비트0을 0으로 설정하여 '쓰기'(/W)모드로 설정한다.
6. TWINT에 1을 써서 지운다. TWEN=1: TWI 통신을 허용한다.
7. TWINT가 1이 될 때까지 기다린다(디바이스 주소가 모두 나갈 때까지 기다린다).
8. 선택한 디바이스내의 쓸 주소 중에서 상위바이트를 TWDR 레지스터에 넣는다.
9. TWINT에 1을 써서 지운다. TWEN=1: TWI 통신을 허용한다.
10. TWINT가 1이 될 때까지 기다린다(디바이스내의 쓸 주소가 모두 나갈 때까지 기다린다).
11. 선택한 디바이스내의 쓸 주소 중에서 하위바이트를 TWDR 레지스터에 넣는다.
12. TWINT에 1을 써서 지운다. TWEN=1: TWI 통신을 허용한다.

13. TWINT가 1이 될 때까지 기다린다(디바이스내의 쓸 주소가 모두 나갈 때까지 기다린다).
14. TWDR레지스터에 데이터를 쓴다.
15. TWINT에 1을 써서 지운다. TWEN=1: TWI 통신을 허용한다.
16. TWINT가 1이 될 때까지 기다린다(디바이스내의 읽어낼 주소가 모두 나갈 때까지 기다린다).
17. '정지조건' 파형을 내보낸다.

| 연습문제 |

1 ATmega128의 TWI(I^2C: Inter-Integrated Circuit) 특징에 대해 기술하시오.

2 TWI 제어레지스터, TWCR(TWI Control Register)의 비트 기능에 대해 설명하시오.

Bit	7	6	5	4	3	2	1	0	
	TWINT	TWEA	TWSTA	TWSTO	TWWC	TWEN	-	TWIE	TWCR
Read/Write	R/W	R/W	R/W	R/W	R	R/W	R	R/W	
Initial Value	0	0	0	0	0	0	0	0	

(1) 비트7 TWINT:

(2) 비트6 TWEN:

(3) 비트5 TWSTA:

(4) 비트4 TWSTO:

(5) 비트3 TWWC:

(6) 비트2 TWEN:

(7) 비트0 TWIE:

3 다음과 같은 조건에서 'TWI 초기화' 프로그램을 작성하시오.

조건 1: 시스템 클럭은 14.7456MHz이다.

조건 2: I^2C 시리얼 클럭을 53KHz로 설정한다.

4 아래의 회로에서 ATmega128의 TWI 통신으로 'M24512 EEPROM에 데이터 쓰기', 'M24512 EEPROM에서 데이터 읽기' 프로그램을 설계하시오.(M24512 데이터시트 참조)

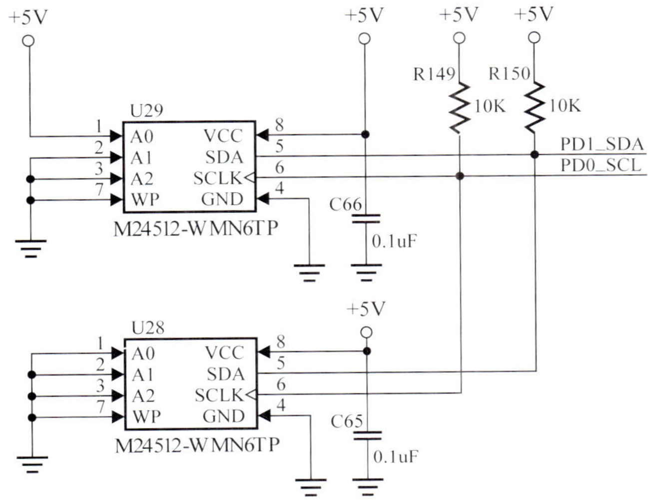

14 아날로그 비교기

아날로그 비교기는 AIN0(+)과 AIN1(−)의 전압을 비교하여 AIN0이 AIN1보다 높으면 ACSR 레지스터의 ACO 비트를 1로 만든다. 비교기 출력은 타이머/카운터1의 입력 캡처 기능과 연동은 물론 별도의 아날로그 비교기 인터럽트를 발생시킬 수도 있다.

사용자는 인터럽트 동작을, 상승에지, 하강에지 또는 레벨 인터럽트 중 하나를 선택하여 사용한다. 비교기의 블록도와 주변 로직을 그림 14-1에 나타내었다.

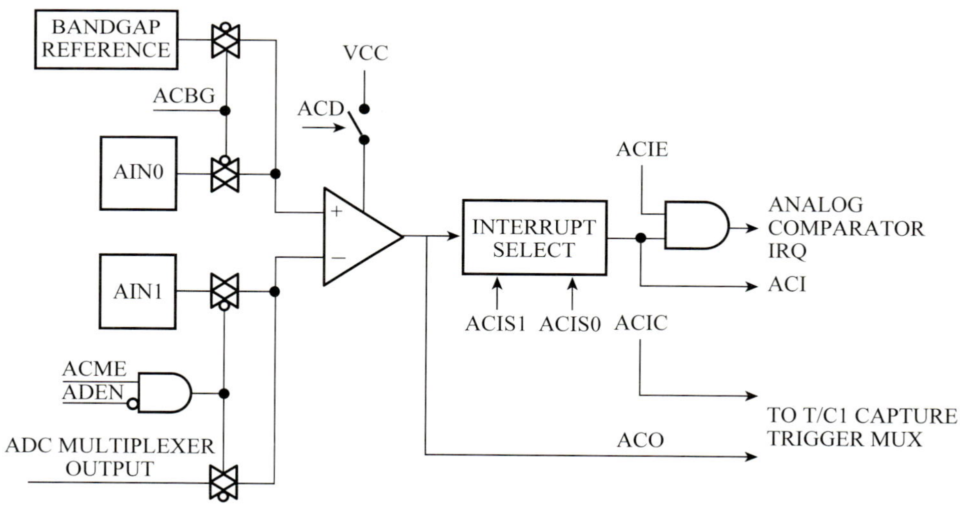

그림 14-1 아날로그 비교기 블록도

14-1 아날로그 비교기의 입력 신호 선택

아날로그 비교기의 (–)입력으로 ADC7:0을 선택하여 사용할 수 있다. ACME=1이고 ADEN=0이면 ADMUX 레지스터의 MUX2:0 비트로 아날로그 비교기의 (–)입력을 선택한다. ACME=0이거나 ADEN=1이면 AIN1이 아날로그 비교기의 (–)입력이 된다.

표 14-1 아날로그 비교기의 입력 신호 선택

ACME	ADEN	MUX2:0	아날로그 비교기 (–) 입력
0	x	xxx	AIN1
1	1	xxx	AIN1
1	0	000	ADC0
1	0	001	ADC1
1	0	010	ADC2
1	0	011	ADC3
1	0	100	ADC4
1	0	101	ADC5
1	0	110	ADC6
1	0	111	ADC7

14-2 레지스터

1. 특수 기능 입출력 레지스터 – SFIOR

Bit	7	6	5	4	3	2	1	0	
	TSM	-	-	-	ACME	PUD	PSR0	PSR321	SFIOR
Read/Write	R/W	R	R	R	R/W	R/W	R/W	R/W	
Initial Value	0	0	0	0	0	0	0	0	

- 비트3 ACME : Analog Comparator Multiplexer Enable

ACME=1, ADEN=0: 아날로그 비교기의 (–)입력으로 ADC0~ADC7 중 하나를 선택한다.

ACME=0 또는 ACME=1, ADEN=1: 아날로그 비교기의 (–)입력으로 AIN1을 선택한다.

아날로그 비교기의 입력 신호 선택에 대한 자세한 설명을 표 14-1에 나타내었다.

2. 아날로그 비교기 제어/상태 레지스터 – ACSR

Bit	7	6	5	4	3	2	1	0	
	ACD	ACBG	ACO	ACI	ACIE	ACIC	ACIS1	ACIS0	ACSR
Read/Write	R/W	R/W	R	R/W	R/W	R/W	R/W	R/W	
Initial Value	0	0	N/A	0	0	0	0	0	

● 비트7 ACD: Analog Comparator Disable

ACD=1이면 아날로그 비교기 기능이 정지(Disable)된다. 이 비트는 어느 때라도 1로 설정하여 비교기 기능을 정지함으로써 전력 소비를 줄일 수 있다. 이 비트를 변경할 때는 ACSR 레지스터의 ACIE 비트를 0으로 지워서 아날로그 비교기 인터럽트를 금지시켜야 한다.

● 비트6 ACBG: Analog Comparator Bandgap Select

ACBG=1: 기준전압(fixed bandgap reference voltage)이 아날로그 비교기의 (+) 입력이 된다. 이 경우 전압이 안정될 때까지 약간의 시간이 걸린다. 전압이 안정되지 않으면 맨 처음 변환값이 오차가 있을 수 있다.

ACBG=0: AIN0이 아날로그 비교기의 (+) 입력이 된다.

● 비트5 ACO: Analog Comparator Output

아날로그 비교기의 출력이 1~2클럭 사이클 후에 ACO로 나간다.

● 비트4 ACI: Analog Comparator Interrupt Flag

ACIS0, ACIS1에 의해 인터럽트 모드로 설정되었을 때 비교기 출력 이벤트로 하드웨어적으로 1이 된다. ACIE=1이고 SREG의 I비트가 1이면 인터럽트 처리 루틴이 실행된다. ACI 비트는 인터럽트 처리 루틴이 실행되거나 이 비트에 1을 쓰면 하드웨어에 의해 0으로 지워진다.

● 비트3 ACIE: Analog Comparator Interrupt Enable

ACIE=1이고 SREG의 I비트가 1이면 아날로그 비교기 인터럽트가 허용된다. ACIE=0이면 이 인터럽트는 금지된다.

● 비트2 ACIC: Analog Comparator Input Capture Enable

ACIC=1: 아날로그 비교기에 의해 타이머/카운터1의 입력 캡처 기능이 동작한다. 이 경우 비교기 출력이 입력 캡처 앞단의 로직에 연결된다. 이 신호는 잡음 제거기와 에지 검출기를 거쳐 입력 캡처 인터럽트를 가능하게 한다.

ACIC=0: 아날로그 비교기와 입력 캡처 인터럽트는 연결되지 않는다.

- 비트1..0 ACIS1..ACIS0: Analog Comparator Interrupt Mode Select

표 14-2와 같이 아날로그 인터럽트 모드를 설정한다. ACIS1/ACIS0 비트를 변경할 때는 ACSR 레지스터의 ACIE 비트를 0으로 지워서 아날로그 비교기 인터럽트를 금지시켜야 한다. 그렇게 하지 않으면 비트값을 바꿀 때 인터럽트가 발생할 수 있다.

표 14-2 ACIS1/ACIS0 설정

ACIS1	ACIS0	인터럽트 모드
0	0	하강/상승 에지 비교기 인터럽트
0	1	-
1	0	하강 에지 비교기 인터럽트
1	1	상승 에지 비교기 인터럽트

15 A/D 변환기

A/D 변환기(Analog to Digital Converter)는 아날로그 신호를 디지털 데이터로 변환하는 부호기이다. ATmega128은 10비트의 분해능(resolution)을 가진 8개의 입력 채널을 내장하고 있기 때문에 각종 센서로부터 입력되는 아날로그 신호를 디지털 데이터로 변환하여 받아 들여서 원하는 동작을 할 수 있다.

15-1 A/D 변환기 기능

ATmega128에 내장된 A/D 변환기는 다음과 같은 특징을 가지고 있다.

- 10비트 분해능: 아날로그 신호를 0~1023의 디지털 데이터로 표현한다.
- 13~260 usec 변환시간
- 8개의 단극성입력 채널
- 22개의 차동 입력 채널
- 0~Vcc 입력 전압 범위(REF 전압을 V_{CC}로 설정할 경우)
- 기준전압을 2.56V로 선택할 수 있다(입력되는 아날로그 신호가 2.56V를 넘지 않을 경우에 최대 입력전압을 2.56V로 설정하면 입력전압을 10비트로 표현할 때 분해능을 높일 수 있는 이점이 있다).

A/D 변환기는 8채널 아날로그 입력을 PORTF(ADC0~ADC7)로 입력받아서 멀티플렉서에 의해 A/D 변환기로 입력된다.

15-2 A/D 변환기 동작

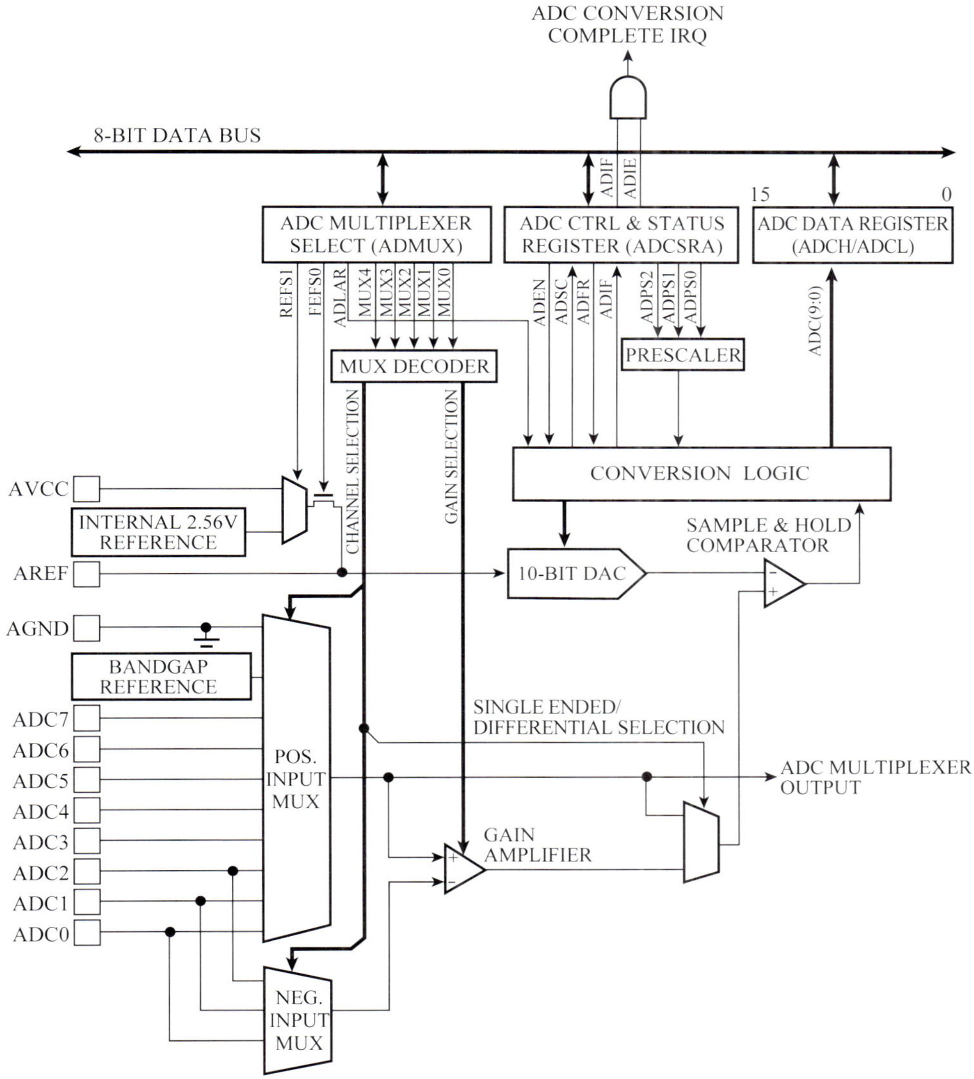

그림 15-1 A/D 변환기 블록도

ADC는 아날로그 입력은 단일입력과 차동입력의 두 종류가 있다. 이 ADC는 10비트 분해능의 연속비교방식(successive approximation) 변환구조이다. 단일 입력에 대한 ADC는 포트F에 8개의 아날로그 입력을 받아들인다. 차동입력에 대한 ADC는 8개의 입력포트

(ADC0~ADC7) 중 두 개의 아날로그 입력을 (+)전압과 (-)전압으로 받아서 두 전압의 차이를 디지털값으로 변환하는 것이다. 두 종류의 차동입력, ADC1/ADC0과 ADC3/ADC2는 AD변환 전에 차동입력 전압이득을 세 가지, 즉 0dB(1x), 20dB(10x), 46dB(200x) 레벨로 설정할 수 있다. 전압이득이 1x, 10x인 경우 분해능은 8비트이고 200x인 경우에는 7비트가 된다. 또한 7개의 (+)차동입력 채널(ADC0, ADC2~ADC7)의 (-)차동입력은 ADC1이 된다.

ADC 앞단에는 샘플/유지(sample and hold)회로가 있어서 ADC가 실행되고 있는 동안에는 입력전압이 일정하게 유지되도록 한다.

ADC는 안정적이고 정확한 변환값을 검출하기 위해 아날로그 전압공급 핀(AVCC)과 기준전원 입력핀(AREF)을 별도로 가지고 있다. AVCC는 V_{CC}에 비해 ±3V를 넘지 않도록 해야 한다.

ADC를 위한 기준 전압으로 내부에 있는 2.56V나 AVCC를 사용한다. 또한 AREF핀으로 공급되는 전압을 기준전압으로 사용하기도 한다. AVCC에는 그림 15-5와 같이 V_{CC}를 LC 필터로 안정화시켜 공급하는 것이 좋다.

15-3 프리스케일링과 변환 시간

ATmega128의 ADC는 연속비교방식(successive approximation) 변환을 사용하고 10비트 변환값을 얻기 위해 50~200KHz의 클럭이 필요하다. 10비트의 분해능을 낮추면 변환속도를 빠르게 하기 위해 입력 클럭 주파수를 200KHz 이상으로 높일 수 있다.

ADC 모듈은 프리스케일러가 내장되어 ADC 클럭 주파수로 사용할 수 있는 100KHz 이상의 주파수를 발생한다. 발생 주파수는 ADCSRA 레지스터의 ADPS2~ADPS0 비트로 설정한다. 프리스케일러는 ADEN 비트를 설정하면 동작하기 시작하여 ADEN 비트가 1이 되어 있는 동안에는 동작을 계속한다. ADEN 비트가 0이 되면 프리스케일러는 0으로 리셋된다.

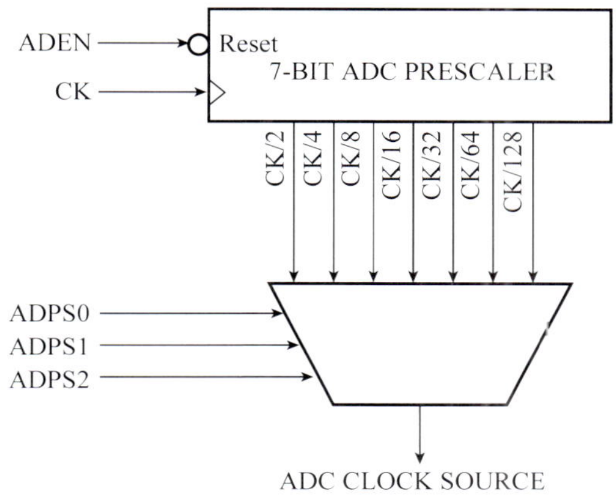

그림 15-2 ADC 프리스케일러

그림 15-3(a)는 ADC의 단일모드 변환일 때 동작 타이밍도이다. ADCSRA 레지스터의 ADEN=1, ADSC=1로 설정하면 clk_{ADC}의 첫 번째 상승 에지에서 AD변환이 시작된다. 맨 처음 AD변환에서는 13.5개 클럭의 샘플/유지 시간을 포함하여 25개 클럭의 시간이 걸린다. 변환이 완료되면 결과값이 ADCH, ADCL에 저장되면서 ADIF=1이 되어 AD 변환 완료 인터럽트가 요청되고 ADSC 비트는 자동으로 지워진다. 결과값을 읽어 들인 후 다시 AD변환을 시작하려면 ADSC를 1로 설정한다. 최초 변환 이후에는 그림 15-3(b)와 같이 1.5개 클럭의 샘플/유지 시간을 포함하여 13 클럭에 AD변환이 완료된다.

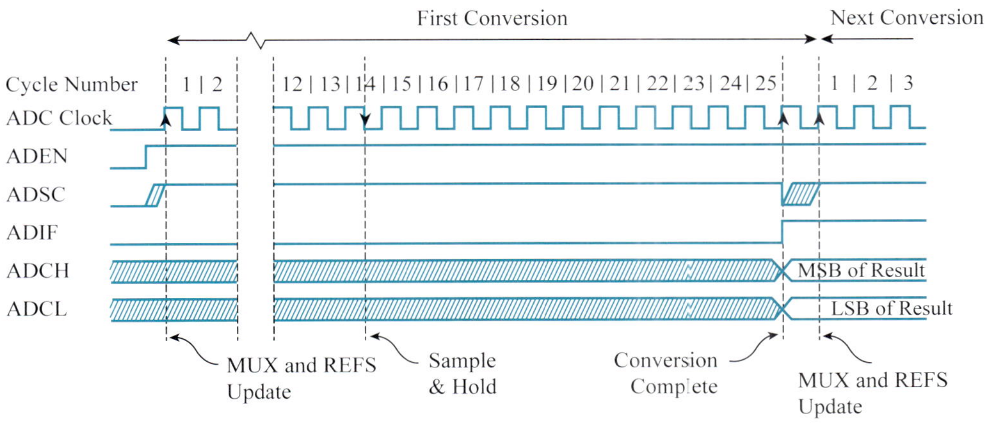

그림 15-3(a) ADEN=1 설정 이후 맨 처음 변환할 때

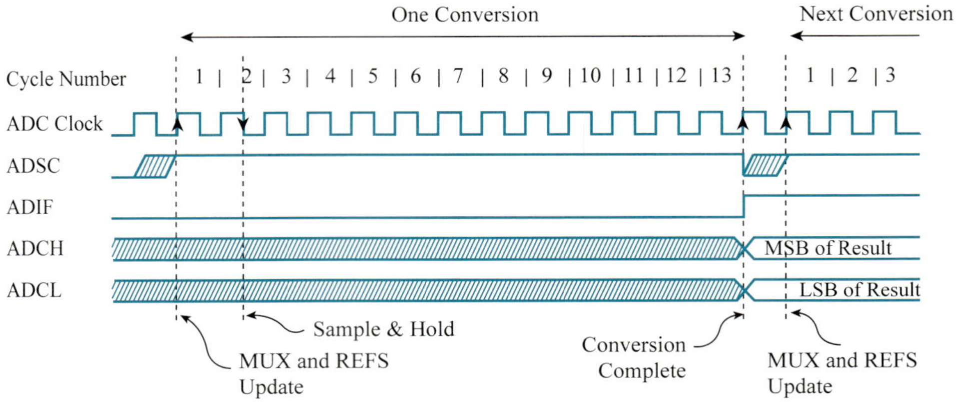

그림 15-3(b) 그 이후 변환할 때

그림 15-4는 ADFR=1로 설정하여 ADC가 프리러닝 모드로 동작할 때의 타이밍도이다. 프리러닝 모드에서는 ADSC 비트를 한번만 1로 설정하면 AD변환이 반복된다. 프리러닝 모드에서는 1.5개 클럭의 샘플/유지 시간을 포함하여 13 클럭에 AD변환이 완료되어 ADCH, ADCL에 결과값이 저장되고 AD변환을 다시 시작한다. ADCH, ADCL 값은 가장 최근에 변환한 결과값이다.

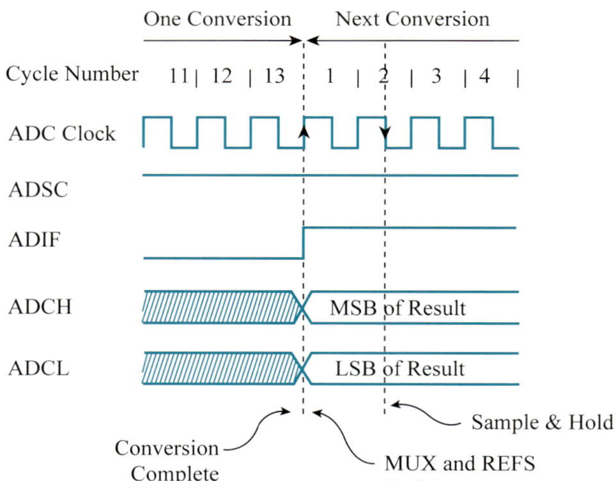

그림 15-4 프리러닝 모드에서 동작 타이밍도

표 15-1 ADC 변환 시간

조건	샘플 1개 추출하는데 걸리는 시간 (변환 시작 후 필요한 사이클)	변환 시간(사이클)
최초 변환	13.5	25
일반 변환(단일 입력)	1.5	13
일반 변환(차동 입력)	1.5/2.5	13/14

ADC의 모든 동작 모드에서는 AD변환을 시작할 때마다 ADMUX의 REFS1, REFS0 비트와 MUX4~MUX0 비트를 참조하여 가장 최근에 설정된 기준 전압에 의해 아날로그 입력 채널을 변환한다. 그러므로 이 비트들을 변경하려면 AD변환을 멈추고 변경하는 것이 좋고, REFS1, REFS0 비트로 기준전압을 변경하면 125usec 이후에 AD변환을 시작해야 한다. 또한 차동입력 채널을 검출할 때 안정된 AD변환 결과값을 얻기 위해서는 검출할 채널로 바꾸고 최소한 125usec 이후에 결과값을 가져와야 한다.

디지털 회로는 EMI(Electro Magnetic Interference)를 발생시켜 아날로그 전압을 검출할 때 정확도가 떨어지는 경우가 있다. ADC 정확도를 높이기 위해 다음과 같은 방법을 사용한다.

1. 아날로그 입력선은 가능하면 짧게 배선하고 주위에 GND 패턴을 많이 배치한다.
2. AVCC에는 디지털 전원 V_{CC}를 LC 필터를 통과해서 공급한다. 그림 15-5에서 사용하는 L=10uH이며 C=0.1uF이다.
3. V_{CC}에 바이패스 콘덴서를 달아서 ADC 입력핀 부근의 전원 잡음을 제거한다.
4. ADC핀의 일부를 디지털 출력 핀으로 사용할 때는 AD변환 중에 출력상태를 스위칭하지 않는 것이 좋다.

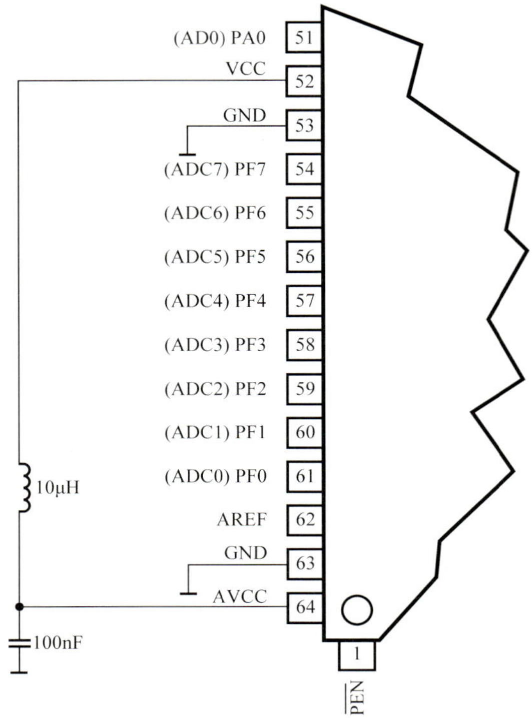

그림 15-5 LC 필터를 적용한 AVCC 전압 공급회로

AD변환이 끝나면 변환값은 ADC 결과 레지스터인 ADCH, ADCL에 저장된다.

단일 입력의 변환값은 다음과 같다.

$$ADC = (V_{IN} \cdot 1024) / V_{REF}$$

여기서 V_{IN}은 단일입력 채널의 전압, V_{REF}는 기준전압이고 변환값은 0~1023 범위의 값이다.

차동 입력 변환값은 다음과 같다.

$$ADC = ((V_{POS} - V_{NEG}) \cdot AGIN \cdot 512) / V_{REF}$$

여기서 V_{POS}는 차동입력의 (+)입력전압이고 V_{NEG}는 (−)입력전압이다. GAIN은 이득으로 1, 10, 200 중 하나이고 V_{REF}는 기준전압이다. 차동입력의 변환 결과값은 −512 ~ 511 범위의 값을 가진다. 결과값이 음수인지 양수인지를 쉽게 알아보려면 ADCH의 ADC9 비트만 읽어보면 된다. 그 비트가 1이면 음수, 0이면 양수이다.

표 15-2에 입력전압과 출력값의 관계가 나타나 있다.

표 15-2 입력 전압과 출력값의 관계

V_{ADCn}	출력값(16진수)	출력값(10진수)
V_{ADCm} + V_{REF}/GAIN	0x1FF	511
V_{ADCm} + 511/512 V_{REF}/GAIN	0x1FF	511
V_{ADCm} + 511/512 V_{REF}/GAIN	0x1FE	510
…	…	…
V_{ADCm} + 1/512 V_{REF}/GAIN	0x001	1
V_{ADCm}	0x000	0
V_{ADCm} − 1/512 V_{REF}/GAIN	0x3FF	−1
…	…	…
V_{ADCm} − 511/512 V_{REF}/GAIN	0x201	−511
V_{ADCm} − V_{REF}/GAIN	0x200	−512

예시

ADMUX=0xEC(ADC3−ADC2, 10x 이득, 2.56V 기준전압, 좌측 조정 결과값), ADC3 전압=300mV, ADC2 전압=500mV일 때,

ADCR = 512·10·(300−500) / 2560 = −400 = 0x270

ADCL값은 0x00, ADCH값은 0x9C가 얻어질 것이다. ADLAR=0으로 설정하면 우측 조정 결과값은 ADCL=0x70, ADCH=0x02가 얻어진다.

15-4 A/D 변환기 레지스터

1. ADMUX(ADC Multiplexer Selection Register)

Bit	7	6	5	4	3	2	1	0	
	REFS1	REFS0	ADLAR	MUX4	MUX3	MUX2	MUX1	MUX0	ADMUX
Read/Write	R/W	R/W	R/W	R/W	R/W	R/W	R/W	R/W	
Initial Value	0	0	0	0	0	0	0	0	

- 비트7:6 - REFS1:0 : Reference Selection Bits

ADC의 기준전압을 선택하는 비트이며 표 15-3과 같다. 변환 도중에 이 비트값이 바뀌면 현재 진행되고 있는 변환이 끝나고 다음 변환부터 바뀐 기준전압에 의해 변환된다.

표 15-3 ADC의 기준전압 선택

REFS1	REFS0	기준 전압 선택
0	0	AREF 전압, 내부 V_{ref}는 꺼진다.
0	1	AVCC 전압, AREF핀에 커패시터를 연결한다.
1	0	–
1	1	내부의 2.56V 기준 전압, AREF핀에 커패시터를 연결한다.

- 비트5 - ADLAR : ADC Left Adjust Result

ADC 결과값을 ADCH, ADCL에 쓰는 형식을 지정하는 비트이다.

ADLAR=0: ADCH, ADCL의 하위비트부터 10비트를 채운다. ADCH의 상위 6비트는 사용하지 않는다.

ADLAR=1: ADCH, ADCL의 상위비트부터 10비트를 채운다. ADCL의 하위 6비트는 사용하지 않는다.

- 비트4:0 - MUX4:0 : Analog Channel and Gain Selection Bits

ADC의 아날로그 입력채널을 선택하는 비트이다. 아날로그 입력채널은 표 15-4에 나타낸 것과 같이 8개의 단극성 입력과 22개의 차동입력으로 구분된다.

표 15-4 ADC의 입력 선택 종류

MUX4..0	단일 입력	차동입력 (+)단자	차동입력 (-)단자	이득
00000	ADC0	N/A		
00001	ADC1			
00010	ADC2			
00011	ADC3			
00100	ADC4			
00101	ADC5			
00110	ADC6			
00111	ADC7			

01000	N/A	ADC0	ADC0	10x
01001		ADC1	ADC0	10x
01010		ADC0	ADC0	200x
01011		ADC1	ADC0	200x
01100		ADC2	ADC2	10x
01101		ADC3	ADC2	10x
01110		ADC2	ADC2	200x
01111		ADC3	ADC2	200x
10000		ADC0	ADC1	1x
10001		ADC1	ADC1	1x
10010		ADC2	ADC1	1x
10011		ADC3	ADC1	1x
10100		ADC4	ADC1	1x
10101		ADC5	ADC1	1x
10110		ADC6	ADC1	1x
10111		ADC7	ADC1	1x
11000		ADC0	ADC2	1x
11001		ADC1	ADC2	1x
11010		ADC2	ADC2	1x
11011		ADC3	ADC2	1x
11100		ADC4	ADC2	1x
11101		ADC5	ADC2	1x
11110	1.23V(V_{BG})	N/A		
11111	0V(GND)			

2. ADCSRA(ADC Control and Status Register A)

Bit	7	6	5	4	3	2	1	0	
	ADEN	ADSC	ADFR	ADIF	ADIE	ADPS2	ADPS1	ADPS0	ADCSRA
Read/Write	R/W	R/W	R/W	R/W	R/W	R/W	R/W	R/W	
Initial Value	0	0	0	0	0	0	0	0	

- 비트7 – ADEN : ADC Enable

ADC 허용 비트이다. ADEN=1이면 ADC 동작이 이루어지고 ADEN=0이면 ADC 동작이 정지된다.

● 비트6 – ADSC : ADC Start Conversion

ADSC=1이면 ADC가 시작된다. 프리 러닝 모드에서 ADSC가 1이 되면 최초 ADC에서는 25클럭이 필요하고 다음 변환부터는 매 13클럭마다 ADC를 실행한다. ADSC 도중에 ADSC 비트를 읽으면 1이고 변환이 완료되면 자동적으로 0으로 지워진다.

● 비트5 – ADFR : ADC Free Running Select

이 비트를 1로 설정하면 ADC가 프리러닝 모드로 동작한다. 이 모드에서는 ADC를 연속적으로 실행한다.

● 비트4 – ADIF : ADC Interrupt Flag

AD 변환이 완료되고 결과값이 갱신되면 1이 된다. 만일 ADIE=1이고 SREG의 I-비트가 1이라면 ADC 완료 인터럽트 처리 루틴을 실행하고 0으로 지워진다. 이 플래그를 강제적으로 0으로 지우려면 1을 쓰면 된다.

● 비트3 – ADIE : ADC Interrupt Enable

ADC 완료 인터럽트를 허용하는 비트이다. 이 비트와 SREG의 I-비트를 1로 설정하면 AD 완료 인터럽트가 발생될 때 ADC 완료 인터럽트 처리 루틴을 실행한다.

● 비트2:0 – ADPS2:0 : ADC Prescaler Select Bits

ADC 입력 클럭의 분주비를 선택하는 비트이며 분주비는 표 15-5와 같다.

표 15-5 ADC 분주비 선택

ADPS2	ADPS1	ADPS0	분주비
0	0	0	2
0	0	1	2
0	1	0	4
0	1	1	8
1	0	0	16
1	0	1	32
1	1	0	64
1	1	1	128

3. ADCL and ADCH(The ADC Data Register)

Bit	15	14	13	12	11	10	9	8	
	-	-	-	-	-	-	ADC9	ADC8	ADCH
	ADC7	ADC6	ADC5	ADC4	ADC3	ADC2	ADC1	ADC0	ADCL
	7	6	5	4	3	2	1	0	
Read/Write	R	R	R	R	R	R	R	R	
	R	R	R	R	R	R	R	R	
Initial Value	0	0	0	0	0	0	0	0	
	0	0	0	0	0	0	0	0	

그림 15-6 ADLAR=0일 때

Bit	15	14	13	12	11	10	9	8	
	ADC9	ADC8	ADC7	ADC6	ADC5	ADC4	ADC3	ADC2	ADCH
	ADC1	ADC0	-	-	-	-	-	-	ADCL
	7	6	5	4	3	2	1	0	
Read/Write	R	R	R	R	R	R	R	R	
	R	R	R	R	R	R	R	R	
Initial Value	0	0	0	0	0	0	0	0	
	0	0	0	0	0	0	0	0	

그림 15-7 ADLAR=1일 때

8비트 레지스터 ADCH, ADCL로 이루어진 ADC9:0은 A/D 변환값을 저장하는 레지스터이다. 그림 15-6과 그림 15-7에 나타낸 것과 같이 ADMUX 레지스터의 ADLAR=0이면 ADCH, ADCL의 하위비트부터 10비트를 채우고 ADLAR=1이면 상위비트부터 10비트를 채운다. 아날로그 입력 채널을 단극성을 사용할 때는 A/D 변환값이 0~1023 범위의 값이 되고 차동 입력을 사용할 때는 −512~511 범위의 값이 된다.

ADCL 레지스터 값을 읽으면 ADC 변환값은 ADCH 레지스터를 읽을 때까지 갱신되지 않는다. 또한 ADLAR=1이고 8비트 분해능(0~255)을 사용할 때는 ADCH 레지스터 값만 읽어내면 된다. 10비트 분해능을 사용할 때는 ADCL 값을 먼저 읽은 후에 ADCH 값을 읽어야 한다.

C 프로그램 **A/D 변환기 초기화**

```
void InitADC(void)
{
   ADMUX = 0x00;  // 00 0 00000
   ADCSR = 0xE5;  // ADC enable, ADC start conversion, Free_run mode, Prescaler 32
}
```

프로그램 설명

1. ADC 초기화 프로그램 함수명
3. REFS1~0=00: 기준전압으로 AREF핀(핀62)의 전압을 사용한다.
ADLAR=0: ADCH, ADCL의 하위비트부터 10비트를 채운다. ADCH는 비트1:0을, ADCL은 비트7:0을 사용한다.
MUX4:0=00000: 단일입력 채널 ADC0~ADC7(핀61~54)을 사용한다.
4. ADEN=1: ADC 동작을 허용한다. ADSC=1: AD 변환을 시작한다.
ADFR=1: ADC가 프리러닝 모드로 동작한다. ADIE=0: ADC 인터럽트는 사용하지 않는다.
ADPS2~0=101: ADC 입력 클럭의 분주비를 32분주로 설정한다.

C 프로그램 A/D 변환기 입력값 읽기

```
01  unsigned int ReadADC(unsigned char channel)
02  {
03      unsigned int AdcDet = 0;
04      unsigned int AdcDetSum = 0;
05      unsigned char i, AdcDetL, AdcDetH = 0;

06      ADMUX= channel;          // Select Channel

07      for (i=0; i<20; i++)     // A/D값을 20회 읽어서 평균값을 얻는다.
08      {
09        while(!(ADCSR&0x10));
10        Delay(70);             // 70usec
11        ADCSR |= 0x10;         // ADIF 를 '1'로 써서 지운다.

12        AdcDetL = ADCL;
13        AdcDetH = ADCH;
14        AdcDet = (((AdcDetH&0xff)<<8) | (AdcDetL&0xff));
15        AdcDetSum += AdcDet;
16      }
17     AdcDetSum /= 20;
18     return AdcDetSum;
19  }
```

프로그램 설명

1. 'ADC 입력값 읽기' 프로그램 함수명
3~5. 변수명 지정
6. 읽어낼 단일입력 채널을 설정하며 비트 4:0는 00000~00111의 값을 가진다.

7. ADC값을 20회 읽어서 평균값을 취한다. 횟수는 입력핀의 신호 안정도어 따라서 변경 가능하다. 통상적으로 아날로그 입력 신호는 RC 회로(R=1KΩ, C=0.1uF)를 거쳐 입력되도록 설계한다.
9. ADCSR 레지스터의 ADIF 비트가 1이 될 때까지 기다린다. 즉, AD 변환이 완료될 때까지 기다린다.
10. 결과값을 읽기 전에 약간의 시간 지연을 두었다. 이 시간은 20회 읽을 때 사이에 약간을 간격을 두어 결과값을 갱신하는 시간을 보장하기 위함이다.
11. ADIF 비트에 1을 써서 강제로 지운다.
12~15. 결과값을 읽어 20회 축적한다.
17. 평균값을 계산한다.
18. 검출한 AD 변환값을 반환한다.

연습문제

1 ATmega128에 내장된 AD 변환기의 특징에 대해 설명하시오.

2 ADC의 아날로그 입력은 단일입력과 차동입력의 두 종류가 있다. 두 입력에 대해 설명하시오.

3 ADC 동작을 위한 입력핀 AREF(핀 62)에 대해 설명하시오.

4 ADC에서 프리러닝(Free Running) 모드란 무엇인가?

5 아날로그 전압을 검출할 때 정확도를 높이기 위한 방법에 대해 설명하시오.

6 단일입력을 ADC5, VREF=AREF, ADLAR=1(상위비트부터 10비트 채움)로 설정하려면 ADMUX의 값은?

7 ATmega128의 시스템 클럭이 16MHz일 때, ADC 입력 클럭을 500KHz로 하려면 ADCSRA 레지스터의 비트 2:0(ADPS2:0)을 어떤 값으로 설정해야 하나?

8 ADC 변환을 위한 트리거 소스를 프리러닝 모드로 선택하려면 설정해야할 레지스터 비트는 무엇인가?

9 ATmega128의 시스템 클럭이 16MHz일 때, 다음의 조건을 만족하도록 ADC 변환기 초기화 프로그램을 작성하시오.

1) ADC 변환기의 단일입력 ADC7~0을 사용한다.
2) 트리거 소스를 프리러닝 모드로 선택한다.
3) 기준전압으로 AREF핀(핀62)의 전압을 사용한다.
4) ADCH, ADCL의 하위비트부터 10비트를 채운다.
5) ADC 입력 클럭의 분주비를 16분주로 설정한다.
6) ADC 인터럽트는 사용하지 않는다.

10 아래의 회로에서 ADC 포트 PF0, PF1에 입력되는 전압값을 읽어내는 프로그램을 작성하시오.

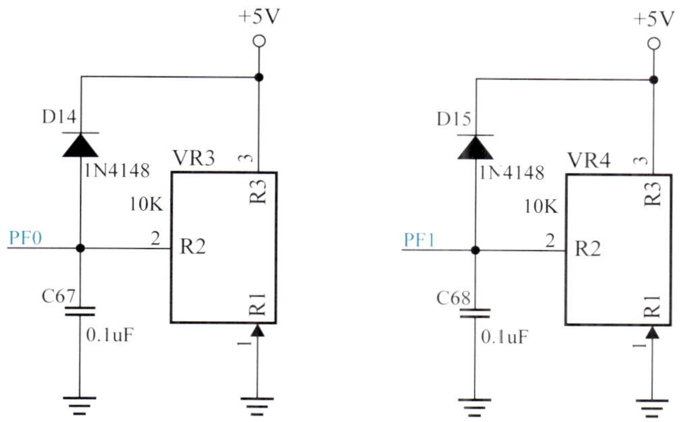

16 부트로더

부트로더는 프로그램 코드를 업로드하거나 다운로드하기 위해 MCU 자체에 RWW(Read-While-Write) 자기프로그래밍 구조를 가지고 있다. 이 기능은 플래시 영역에 부트로더 프로그램을 심어 놓고 MCU에 의해 응용프로그램을 갱신할 때 사용한다. 부트로더 영역의 프로그램 코드는 부트로더 메모리를 포함하여 플래시 전 영역을 프로그래밍할 수 있다.

부트로더 메모리의 크기는 4가지(0.5K, 1K, 2K, 4K 바이트) 중 하나를 휴즈로 설정할 수 있고 응용프로그램 영역과 부트로드 영역 프로그램 보호를 위해 락비트를 이용하여 쓰기(SPM: Store Program Memory) 금지, 읽기(LPM: Load Program Memory) 금지를 따로따로 설정할 수 있다.

- RWW(Read-While-Write) 자기프로그래밍
- 부트 메모리 크기 조정 가능(0.5K, 1K, 2K, 4K 바이트)
- 프로그램 보호 기능(부트 락비트)
- 리셋벡터 선택을 위한 휴즈 구비
- 최적화된 페이지 크기
- 효율적인 코딩 알고리즘
- 효율적인 RMW(Read-Modify-Write) 지원

16-1 응용프로그램 영역과 부트로더프로그램 영역

플래시 메모리는 응용프로그램 영역과 부트로더 영역으로 나눈다. 각 영역의 크기는 표 16-6의 BOOTSZ[1:0] 휴즈 설정으로 결정된다. 각 영역은 프로그램 보호를 위한 락비트가 각각 있어서 쓰기 금지, 읽기 금지를 따로따로 설정할 수 있다.

응용프로그램 영역 이 영역은 응용프로그램 코드가 저장되는 곳이다. 이 영역은 락비트 0(BLS0:Boot Lock Bits 0) 설정으로 프로그램을 보호한다. 또한 이 영역에서는 SPM 명령어를 사용할 수 없으므로 부트로더 코드를 저장할 수 없다.

부트로더 영역(BLS:Boot Loader Section) 부트로더 프로그람은 SPM 명령어를 사용할 수 있는 곳, 즉 BLS에 저장되어야 한다. SPM 명령어는 BLS를 포함한 플래시 전 영역에서 엑세스가 가능하다. 이 영역은 락비트1(BLS0:Boot Lock Bits 1) 설정으로 프로그램을 보호한다.

16-2 RWW(Read-While-Write) 영역과 NRWW(No Read-While-Write) 영역

부트로더 프로그램을 갱신할 때 CPU가 RWW를 지원하는지, 아니면 멈추는지는 플래시의 어느 영역이 프로그램되고 있는지에 따라 다르다. 플래시는 그림 16-1에 나타나 있는 것처럼 RWW 영역과 NRWW 영역으로 나뉜다. NRWW 영역은 플래시의 맨 마지막 4K 바이트 부분이다. 부트로더 영역 4K바이트의 일부를 부트로더 프로그램으로 사용한다면 나머지 부분은 응용프로그램 영역으로 사용할 수 있다. 그렇게 되면 응용프로그램이 들어가는 영역은 RWW 영역과 NRWW 영역의 일부분이 된다.

RWW 영역과 NRWW 영역의 차이점은 다음과 같다.

- RWW 영역 '지우기'나 '쓰기' 동작을 할 때 NRWW 영역을 읽어낼 수 있다.
- NRWW 영역 '지우기'나 '쓰기' 동작을 할 때는 CPU 동작은 멈춘다.

RWW 영역 부트로더 프로그램이 RWW 영역 페이지를 갱신할 때는 NRWW 영역의 코드만 읽어낼 수 있다. 만일 사용자 프로그램이 RWW 영역 프로그래밍 도중에 RWW 영역 코드를 읽으려고 하면 프로그램은 오동작을 일으킨다. 이것을 막기 위해서는 인터럽트를 금지시키든지 인터럽트 실행 루틴을 부트로더 영역에 두어야 한다. 부트로더 영역은 항상 NRWW 영역에 위치한다. RWW 영역 코드 읽는 것을 막기 위해 SPMCSR(Store Program Memory Control and Status Register)의 RWWSB(RWW Section Busy)는 항상 1이다. 프로그래밍이 끝나면 RWW 영역 코드를 읽기 전에 RWWSB를 소프트웨어로 지워야 한다. RWWSB를 지우는 방법은 SPMCSR 설명 부분을 참조하기 바란다.

NRWW 영역 NRWW 영역의 코드는 부트로더 프로그램이 RWW 영역 페이지를 갱신할 때도 읽어낼 수 있다. 반면에 NRWW 영역을 갱신할 때는 '페이지 지우기'나 '페이지 쓰기' 동작을 하는 동안 CPU 동작은 멈춘다.

표 16-1 RWW 기능

프로그래밍하는 동안 Z포인터는 어느 영역을 어드레싱하는가?	프로그래밍하는 동안 어느 영역을 읽을 수 있는가?	CPU가 멈추는가?	RWW가 지원되는가?
RWW 영역	NRWW 영역	아니오	예
NRWW 영역	읽을 수 있는 영역 없음	예	아니오

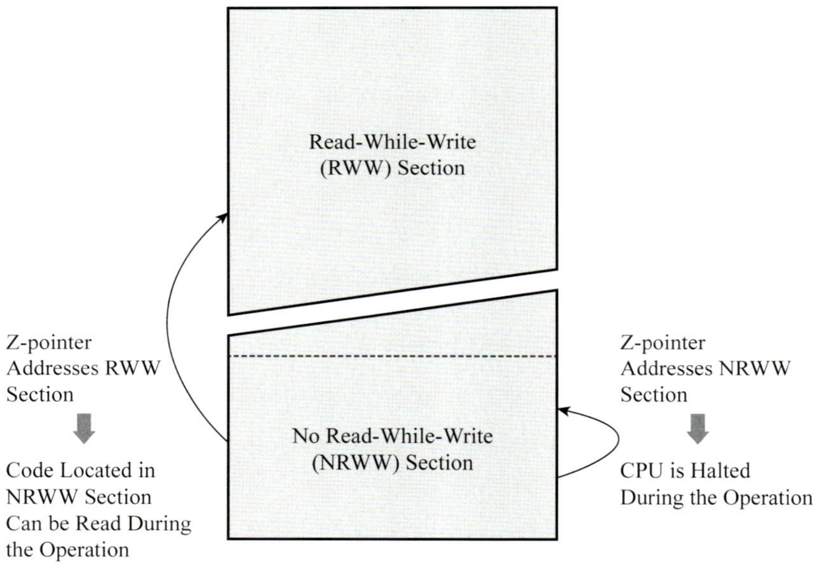

그림 16-1 RWW와 NRWW

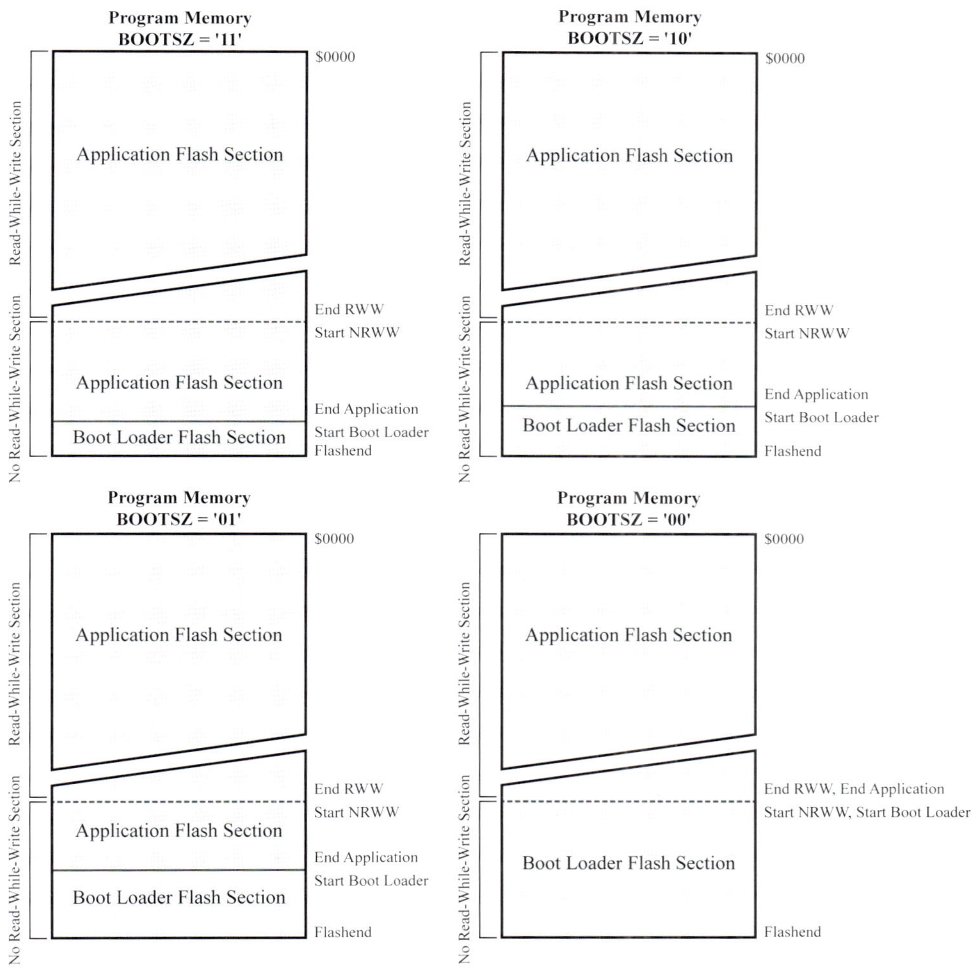

그림 16-2 메모리 영역

16-3 부트로더 락비트(Lock Bits)

부트로더를 사용하지 않을 때는 플래시 전체 영역을 응용프로그램 영역으로 사용할 수 있다. 락 비트는 부트로더 영역과 응용프로그램 영역을 각각 별도로 설정할 수 있어서 프로그래머가 보호 레벨을 자유롭게 선택할 수 있다.

- 프로그램을 갱신할 때 전 영역을 보호
- 프로그램을 갱신할 때 부트로더 영역만 보호
- 프로그램을 갱신할 때 응용프로그램 영역만 보호

• 플래시 전 영역을 프로그램 갱신 허용

표 16-2와 표 16-3에 각 영역의 4가지 보호 모드를 나타내었다. 락비트는 1로 설정할 때 직렬 또는 병렬 프로그래밍 모드로 설정할 수 있지만 지울 때는 '지우기 커맨드'만으로 지울 수 있다. 모드2로 설정되면 SPM 명령어로 쓰기를 시도해도 동작하지 않고, 모드3으로 설정되면 LPM/SPM 명령어ㅈ로 읽기/쓰기를 시도해도 동작하지 않는다.

표 16-2 부트 락비트0 보호 모드(응용프로그램 영역)

BLB0 모드	BLB02	BLB01	보호 영역
1	1	1	응용프로그램 영역의 SPM, LPM 모두 가능
2	1	0	– 응용프로그램 영역의 SPM 불가
3	0	0	– 응용프로그램 영역의 SPM 불가 – 부트로더 영역에서 응용프로그램 영역을 읽기 위한 LPM 실행 불가 – 인터럽트 벡터가 부트로더 영역에 있는 경우, 응용프로그램 영역에서 실행되는 동안에는 인터럽트가 실행되지 않는다.
4	0	1	– 부트로더 영역에서 응용프로그램 영역을 읽기 위한 LPM 실행 불가 – 인터럽트 벡터가 부트로더 영역에 있는 경우, 응용프로그램 영역에서 실행되는 동안에는 인터럽트가 실행되지 않는다.

– '1'은 프로그램 되지 않는 것, '0'은 프로그램 되는 것을 의미한다.

표 16-3 부트 락비트1 보호 모드(부트로더 영역)

BLB1 모드	BLB12	BLB11	보호 영역
1	1	1	부트로더 영역의 SPM, LPM 모두 가능
2	1	0	– 부트로더 영역의 SPM 불가
3	0	0	– 부트로더 영역의 SPM 불가 – 응용프로그램 영역에서 부트로더 영역을 읽기 위한 LPM 실행 불가 – 인터럽트 벡터가 응용프로그램 영역에 있는 경우, 부트로더 영역에서 실행되는 동안에는 인터럽트가 실행되지 않는다.
4	0	1	– 응용프로그램 영역에서 부트로더 영역을 읽기 위한 LPM 실행 불가 – 인터럽트 벡터가 응용프로그램 영역에 있는 경우, 부트로더 영역에서 실행되는 동안에는 인터럽트가 실행되지 않는다.

– '1'은 프로그램 되지 않는 것, '0'은 프로그램 되는 것을 의미한다.

16-4 부트로더 프로그램 넣기

응용프로그램에서 부트로더로의 진입은 USART나 SPI 인터페이스로 수신한 커맨드에 의해 JUMP나 CALL 명령어로 이루어진다. CPU를 리셋할 때 부트 플래시 시작 주소를 가리키는 리셋 벡터는 부트 리셋 휴즈로 설정할 수 있다. 이 경우 리셋하면 부트로더가 실행되어 응용프로그램을 다운로드하는 모드로 진입할 지, 아니면 응용프로그램을 바로 실행할 지 판단한다.

휴즈는 MCU가 직접 바꿀 수는 없고 직렬이나 병렬인터페이스가 가능한 프로그램, 예를 들면 AVR Studio4, Ponyprog 프로그램 등을 이용하여 바꿀 수 있다.

표 16-4 부트 리셋 휴즈

BOOTRST	리셋 주소
1	리셋 벡터 = 응용프로그램 영역 리셋(0x0000 번지)
0	리셋 벡터 = 부트로더 영역 리셋(표 16-6 참조)

– '1'은 프로그램 되지 않는 것, '0'은 프로그램 되는 것을 의미한다.

1. SPMCSR(Store Program Memory Control and Status Register)

SPMCSR 레지스터는 부트로더 동작에 필요한 제어비트들로 구성된다.

Bit	7	6	5	4	3	2	1	0	
	SPMIE	RWWSB	-	RWWSRE	BLBSET	PGWRT	PGERS	SPMEN	SPMCSR
Read/Write	R/W	R	R	R/W	R/W	R/W	R/W	R/W	
Initial Value	0	0	0	0	0	0	0	0	

● 비트7 – SPMIE : SPM Interrupt Enable

SPMIE 비트가 1이고 SREG의 I–비트가 1이라면 SPM 준비 인터럽트가 허용된다. 이 비트가 1이면 SPMEN 비트가 0으로 지워질 때 SPM 준비 인터럽트가 발생한다.

● 비트6 – RWWSB : Read–While_Write Section Busy

RWW 영역에 '페이지 지우기'나 '페이지 쓰기'가 시작되면 RWWSB 비트가 1이 되고 이 영역으로 접근이 금지된다. 이 비트는 프로그래밍이 끝나서 RWWSRE 비트가 1이 되면 지워진다. 또한 '페이지 가져오기' 동작이 시작되어도 자동으로 지워진다.

• 비트4 – RWWSRE : Read-While_Write Section Read Enable

RWW 영역에 '페이지 지우기'나 '페이지 쓰기'를 할 때는 RWWSB가 1이 되어 그 영역을 읽을 수 없다. 그 영역은 프로그래밍이 완료되고 SPMEN 비트가 지워지고 난 후 읽을 수 있다. SPMEN비트와 함께 이 비트를 1로 설정하면 다음 4클럭 동안 SPM 명령어는 RWW 영역을 읽을 수 있도록 허용한다. 플래시 프로그래밍 실행 도중에 RWWSRE 비트를 제어하면 프로그래밍이 멈추어 데이터를 잃어버린다.

• 비트3 – BLBSET : Boot Lock Bit Set

SPMEN 비트와 함께 이 비트를 1로 설정하면 다음 4클럭 동안 SPM 명령어는 R0의 데이터로 부트락 비트를 설정한다. 페이지 R1데이터와 Z-포인터의 주소는 무시된다. 락비트 설정이 완료되거나 SPM 명령어가 없을 때 4클럭 후에 자동으로 지워진다.

• 비트2 – PGWRT : Page Write

SPMEN 비트와 함께 이 비트를 1로 설정하면 다음 4클럭 동안 SPM 명령어는 '페이지 쓰기'를 실행한다. 페이지 주소는 Z-포인터의 상위 바이트로 지정한다. R1, R0 데이터는 무시된다. PGWRT 비트는 '페이지 쓰기'가 완료되거나 SPM 명령어가 없을 때 4클럭 후에 자동으로 지워진다. NRWW 영역이 지정되어 '페이지 쓰기' 동작을 할 때는 CPU는 동작을 멈춘다.

• 비트1 – PGERS : Page Erase

SPMEN 비트와 함께 이 비트를 1로 설정하면 다음 4클럭 동안 SPM 명령어는 '페이지 지우기'를 실행한다. 페이지 주소는 Z-포인터의 상위 바이트로 지정한다. R1, R0 데이터는 무시된다. PGERS 비트는 '페이지 지우기'가 완료되거나 SPM 명령어가 없을 때 4클럭 후에 자동으로 지워진다. NRWW 영역이 지정되어 '페이지 지우기' 동작을 할 때는 CPU는 동작을 멈춘다.

• 비트0 – SPMEN : Store Program Memory Enable

SPMEN 비트를 1로 설정하면 다음 4클럭 동안 SPM 명령어가 실행된다. RWWSRE, BLBSET, PGWRT, 또는 PGERS와 함께 1이 되면 이어서 오는 SPM 명령어는 특별한 의미를 갖는다. 또한 SPMEN 비트만 1이 되면 SPM 명령어는 Z-포인터가 가리키는 버퍼의 내용을 R1:R0에 저장한다. Z-포인터의 LSB는 무시된다. SPMEN 비트는 SPM 명령어 실행이 끝나거나 SPM 명령어가 없을 때 4클럭 후에 자동으로 지워진다. 플래시 영역의 페이지를 지우거나 쓸 때는 이 동작이 완료될 때까지 1로 유지된다.

2. 부트로더 프로그램 주소지정 레지스터

Bit	15	14	13	12	11	10	9	8
ZH(R31)	Z15	Z14	Z13	Z12	Z11	Z10	Z9	Z8
ZL(R30)	Z7	Z6	Z5	Z4	Z3	Z2	Z1	Z0
	7	6	5	4	3	2	1	0

Z-포인터는 SPM 커맨드 주소 지정을 위해 RAMPZ(RAM Page Z Select Register) 레지스터와 함께 사용된다.

플래시는 페이지 단위, 즉 128바이트 단위로 구성되어 있어서 프로그램 카운터를 두 부분으로 나눌 수 있다. 하위 7비트는 페이지 내의 바이트 주소를, 상위 비트는 페이지 주소를 나타낸다.

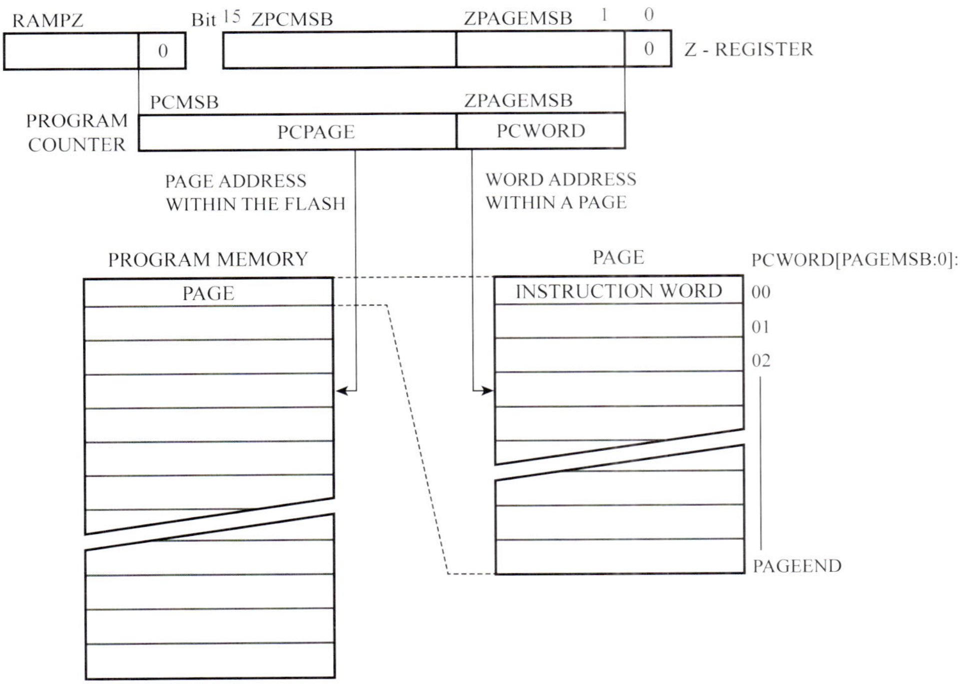

그림 16-3 SPM 실행시 플래시 주소 지정

16-5 부트로더 프로그래밍

프로그램 메모리는 페이지 단위로 갱신된다. 임시 페이지 버퍼에 저장된 데이터를 프로그래밍하기 전에 그 페이지를 반드시 먼저 지워야 한다. '페이지 쓰기'는 다음과 같이 2가지 방법으로 실행할 수 있다.

방법 1

- 프로그래밍할 데이터를 임시 페이지 버퍼에 채운다.
- '페이지 지우기'를 실행한다.
- '페이지 쓰기'를 실행한다.

방법 2

- '페이지 지우기'를 실행한다.
- 프로그래밍할 데이터를 임시 페이지 버퍼에 채운다.
- '페이지 쓰기'를 실행한다.

어떤 페이지 내의 일부분만 바꾸고자 할 때는 그 페이지의 바뀌지 않는 데이터도 임시 페이지 버퍼에 저장하고 한 페이지를 다시 써야 한다. 이 경우 방법1을 사용하여 그 페이지를 읽어 임시 페이지 버퍼에 저장하고 일부분을 바꾼 다음 바뀐 데이터를 다시 써준다.

1. SPM으로 페이지 지우기

'페이지 지우기'를 하려면 Z-포인터와 RAMPZ 레지스터에 주소를 설정한 후 SPMCSR 레지스터에 "X0000011"을 쓰고 4클럭 이내에 SPM을 실행한다. 이 때 R1, R0는 무시된다. 페이지 주소는 Z-레지스터의 PCPAGE에 써넣는다. 이 동작 중에는 Z-포인터의 다른 비트들은 0으로 써넣어야 한다.

- RWW 영역에서 페이지 지우기: '페이지 지우기' 동작 중에 NRWW 영역을 읽을 수 있다.
- NRWW 영역에서 페이지 지우기: 동작 중에 CPU가 멈춘다.

2. 임시버퍼 채우기(쓸 데이터 가져오기)

명령어를 쓰기 위해 Z-포인터와 R1:R0에 주소를 설정한 후 SPMCSR 레지스터에 “00000001”을 쓰고 4클럭 이내에 SPM을 실행한다. Z-레지스터의 PCWORD 내용은 임시버퍼의 데이터 주소이다. 임시버퍼는 '페이지 쓰기'를 하거나 SPMCSR의 RWWSRE 비트를 쓰면 자동으로 지워진다. 물론 시스템 리셋할 때도 지워진다.

3. 페이지 쓰기

'페이지 쓰기'를 하려면 Z-포인터와 RAMPZ 레지스터에 주소를 설정한 후 SPMCSR 레지스터에 “X0000101”을 쓰고 4클럭 이내에 SPM을 실행한다. 이 때 R1, R0는 무시된다. 페이지 주소는 Z-레지스터의 PCPAGE에 써넣는다. 이 동작 중에는 Z-포인터의 다른 비트들은 0으로 써넣어야 한다.

- RWW 영역에서 페이지 쓰기: '페이지 쓰기' 동작 중에 NRWW 영역을 읽을 수 있다.
- NRWW 영역에서 페이지 쓰기: 동작 중에 CPU가 멈춘다.

4. SPM 인터럽트 사용

SPM 인터럽트가 허용되어 있으면 SPMCSR의 SPMEN 비트가 지워질 때 SPM 인터럽트를 발생시킨다. 인터럽트를 사용하면 소프트웨어에서 SPMCSR 레지스터를 주기적으로 읽어서 확인할 필요가 없다. SPM 인터럽트를 사용할 때는 인터럽트가 RWW 영역을 엑세스하는 것을 방지하기 위해 인터럽트 벡터를 BLS 영역으로 옮겨놔야 한다.

5. BLS 갱신시 유의사항

부트락 비트 BLB11을 1로 설정하여 부트로더 영역을 갱신할 수 있도록 허용할 때는 유의할 점이 있다. 실수로 부트로더 자체에 프로그램을 써버리면 부트로더 프로그램이 깨져서 더 이상 응용프로그램을 갱신할 수 없게 된다. 이 문제를 해결하기 위해, 부트로더 프로그램을 더 이상 변경할 필요가 없을 때는 BLB11을 0으로 설정하여 부트로더 프로그램을 보호하는 것이 좋다.

6. 프로그래밍시 RWW 영역 읽기 방지

'페이지 지우기'나 '페이지 쓰기' 등의 프로그래밍(Self-Programming)을 할 때는 RWW 영역 읽기가 금지된다. 사용자는 프로그래밍할 때 이 영역의 주소 지정을 하지 않아야 한다. RWW 영역이 사용중일 때는 SPMCSR의 RWWSB 비트는 1이다. 프로그래밍 도중에는 인터럽트 벡터를 BLS로 옮겨놓거나 금지시켜야 한다. 프로그래밍이 끝나고 RWW 영역으로 주소 지정을 할 때는 반드시 RWWSRE의 RWWSB 비트에 1을 써서 그 비트를 지워야 한다.

7. SPM으로 부트로더 락비트 설정

Bit	7	6	5	4	3	2	1	0
R0	1	1	BLB12	BLB11	BLB02	BLB01	1	1

부트로더 락비트를 설정하려면 R0에 설정하려는 데이터를, SPMCSR 레지스터에 "X0001001"을 쓰고 4클럭 이내에 SPM을 실행한다. 부트락 비트는 MCU가 응용프로그램 영역이나 부트로드 영역을 갱신할 수 없도록 한다.

R0의 비트 5~2를 0으로 쓰고 SPMCSR 레지스터의 BLBSET와 SPMEN을 1로 설정 후 4클럭 이내에 SPM 명령어를 실행하면 부트락 비트가 프로그램된다. 이 동작과 Z-포인터는 관계가 없지만 향후 호환성을 위해 0x0001로 지정하길 권장한다. 또한, 락비트를 쓸 때 R0의 사용하지 않는 비트 7, 6, 1, 0을 1로 설정하길 바란다. 락비트를 프로그래밍할 때 플래시 전 영역을 읽을 수 있다.

8. EEPROM 쓰기 동작 때 유의사항

EEPROM 쓰기 동작을 할 때는 플래시 프로그래밍뿐만 아니라 휴즈, 락비트 읽기를 할 수 없다. SPMCSR 레지스터에 데이터를 쓸 때도 EECR 레지스터의 상태비트인 EEWE를 읽어 0인지 확인하는 것이 좋다.

9. 소프트웨어로 휴즈비트, 락비트 읽기

휴즈비트나 락비트는 소프트웨어로 읽어낼 수 있다. 락비트(BLB: Bootloader Lock Bits)를 읽으려면 Z레지스터에 0x0001을 쓰고 SPMCSR 레지스터의 BLBSET, SPMEN 비트에 1을 쓴다. BLBSET, SPMEN 비트에 1을 쓰고 3개의 CPU 사이클 내에 LPM 명령어를 실행하면 락비트 값이 원하는 레지스터로 들어온다. 락비트를 읽어내거나 3개의 CPU 사이클 내에 LPM 명령어를 실행하지 않을 때, 또는 4개의 CPU 사이클 내에 SPM 명령어를 실행하지 않으면 자동으로 지워진다. BLBSET, SPMEN 비트가 지워지면 LPM이 작동한다. 각 비트의 기능은 표 16-9, 표 16-10에 자세히 설명되어 있다.

Bit	7	6	5	4	3	2	1	0
Rd	-	-	BLB12	BLB11	BLB02	BLB01	LB2	LB1

휴즈 하위바이트(FLB:Fuse Low Bits)를 읽어내는 알고리즘은 락비트를 읽어내는 방법과 유사하다. 휴즈 하위바이트를 읽으려면 Z 레지스터에 0x0000을 쓰고 SPMCSR 레지스터의 BLBSET, SPMEN 비트에 1을 쓴다. BLBSET, SPMEN 비트에 1을 쓰고 3개의 CPU 사이클 내에 LPM 명령어를 실행하면 휴즈 하위바이트 값이 원하는 레지스터로 들어온다. 각 비트의 기능은 표 16-13에 자세히 설명되어 있다.

Bit	7	6	5	4	3	2	1	0
Rd	FLB7	FLB6	FLB5	FLB4	FLB3	FLB2	FLB1	FLB0

휴즈 상위바이트(FHB:Fuse High Bits)를 읽으려면 Z 레지스터에 0x0003을 쓰고 SPMCSR 레지스터의 BLBSET, SPMEN 비트에 1을 쓴다. BLBSET, SPMEN 비트에 1을 쓰고 3개의 CPU 사이클 내에 LPM 명령어를 실행하면 휴즈 상위바이트 값이 원하는 레지스터로 들어온다. 각 비트의 기능은 표 16-12에 자세히 설명되어 있다.

Bit	7	6	5	4	3	2	1	0
Rd	FHB7	FHB6	FHB5	FHB4	FHB3	FHB2	FHB1	FHB0

확장 휴즈비트(EFB:Extended Fuse Bits)를 읽으려면 Z 레지스터에 0x0002를 쓰고 SPMCSR 레지스터의 BLBSET, SPMEN 비트에 1을 쓴다. BLBSET, SPMEN 비트에 1을 쓰고 3개의 CPU 사이클 내에 LPM 명령어를 실행하면 확장 휴즈비트 값이 원하는 레지스터로 들어온다. 각 비트의 기능은 표 16-12에 자세히 설경되어 있다.

Bit	7	6	5	4	3	2	1	0
Rd	-	-	-	-	-	-	EFB1	EFB0

휴즈비트나 락비트는 프로그램되어 있으면 0이, 프로그램되어 있지 않으면 1이 읽혀진다.

10. 플래시 깨짐 방지

CPU의 공급전압 V_{CC}가 너무 낮아 정상적으로 동작하지 않으면 플래시 프로그램이 깨질 수 있다. 이것을 방지하기 위해 다음과 같은 방법 중 하나를 사용하길 권한다.

1. 부트로더 갱신이 필요없는 시스템의 경우에는 부트로더 락비트를 설정하여 놓는다.
2. 공급전압이 충분하지 않을 때는 AVR 리셋이 되도록 내부 BOD(Brown-out Detector)를 작동시키거나 외부에 리셋회로를 추가한다.
3. V_{CC}가 낮아지면 슬립모드로 동작하도록 설정한다. 이렇게 해두면 CPU가 명령어 실행을 멈추고 SPMCSR 레지스터를 보호하여 원하지 않는 쓰기 동작을 하지 않는다.

11. 플래시 프로그래밍 시간

플래시 엑세스를 위해 내부의 RC 오실레이터가 사용된다. CPU에서 플래시를 엑세스하여 프로그래밍하는 시간이 표 16-5에 나타나 있다.

표 16-5 SPM 프로그래밍 시간

심볼	프로그래밍하는데 걸리는 최소 시간	프로그래밍하는데 걸리는 최대 시간
플래시 쓰기(페이지 지우기, 페이지 쓰기, SPM으로 락비트 쓰기)	3.7ms	4.5ms

12. 부트로더 파라메터

플래시를 프로그래밍할 때 사용되는 여러 가지 파라메터가 표 16-6, 표 16-7, 표 16-8에 나타나 있다. 표 16-6은 부트로더 영역 크기를, 표 16-7은 RWW와 NRWW 페이지 크기를, 표 16-8은 그림16-1에 보인 것처럼 플래시 프로그래밍할 때 주소 지정을 위한 다양한 변수를 나타내고 있다.

표 16-6 부트로더 크기 설정

BOOTSZ1	BOOTSZ0	부트 크기 (words)	페이지 수	응용프로그램 영역	부트로더 영역
1	1	512	4	0x0000 – 0xFDFF	0xFE00 – 0xFFFF
1	0	1024	8	0x0000 – 0xFBFF	0xFC00 – 0xFFFF
0	1	2048	16	0x0000 – 0xF7FF	0xF800 – 0xFFFF
0	0	4096	32	0x0000 – 0xEFFF	0xF000 – 0xFFFF

표 16-7 RWW 페이지 크기 및 영역 위치

영역	페이지 수	주소
RWW 영역	480	0x0000 – 0xEFFF
NRWW 영역	32	0xF000 – 0xFFFF

표 16-8 플래시 프로그래밍할 때 주소 지정을 위한 다양한 변수

변수		연관되는 Z-값	상서 설명주[2)]
PCMSB	15		프로그램 카운터의 MSB이다. 프로그램 카운터는 16비트(PC[15:0])이다.
PAGEMSB	6		한 페이지 안에서 가리키는 주소의 MSB이다. 한 페이지는 128워드(words)이므로 7비트(PC[6:0])가 필요하다.
ZPCMSB		Z16[주1)]	PCMSB에 맵핑되는 Z 레지스터 비트 Z0는 사용하지 않으므로 ZPCMSB = PCMSG + 1
ZPAGEMSB		Z7	PAGEMSB에 맵핑되는 Z 레지스터 비트 Z0는 사용하지 않으므로 ZPAGEMSB = PAGEMSG + 1
PXPAGE	PC[15:7]	Z16[주1)]:Z8	프로그램 카운터 페이지 주소: '페이지 지우기'와 '페이지 쓰기'를 위한 페이지 선택
PCWORD	PC[6:0]	Z7:Z1	프로그램 카운터 워드(words) 주소: 임시 버퍼를 채우기 위한 워드 선택('페이지 쓰기' 동작 중에는 0이어야 한다).

– 주1) Z 레지스터는 16비트(Z15–Z0)이므로 Z16은 RAMPZ 레지스터에 있다.

– 주2) 플래시 메모리는 16비트이므로 바이트를 선택할 수 있는 Z0는 항상 0이어야 한다.

16-6 메모리 프로그래밍

1. 프로그램 메모리와 데이터 메모리의 락비트

ATmega128은 프로그램 메모리와 데이터 메모리의 추가적인 락기능을 위해 표 16-9와 같이 6개의 락비트를 제공한다.

표 16-9 락비트

락비트 바이트	비트	기능	초기값
	7	–	1(프로그램 되지 않음)
	6	–	1(프로그램 되지 않음)
BLB12	5	부트 락비트	1(프로그램 되지 않음)
BLB11	4	부트 락비트	1(프로그램 되지 않음)
BLB02	3	부트 락비트	1(프로그램 되지 않음)
BLB01	2	부트 락비트	1(프로그램 되지 않음)
LB2	1	락비트	1(프로그램 되지 않음)
LB1	0	락비트	1(프로그램 되지 않음)

표 16-10 락비트 보호 모드

메모리 락비트			보호 내용
LB 모드	LB2	LB1	
1	1	1	메모리 락 기능 해제
2	1	0	병렬 또는 SPI/JTAG 직렬 프로그래밍 모드에서 플래시나 EEPROM 프로그래밍을 금지시킨다. 직렬/병렬 프로그래밍 모드에서 휴즈비트들도 락(Lock)된다.
3	0	0	병렬 또는 SPI/JTAG 직렬 프로그래밍 모드에서 플래시나 EEPROM 프로그래밍/검증을 금지시킨다. 직렬/병렬 프로그래밍 모드에서 휴즈비트들도 락(Lock)된다.
BLB0 모드	BLB02	BLB01	
1	1	1	응용프로그램 영역의 SPM, LPM 모두 가능
2	1	0	– 응용프로그램 영역의 SPM 불가

3	0	0	– 응용프로그램 영역의 SPM 불가 – 부트로더 영역에서 응용프로그램 영역을 읽기 위한 LPM 실행 불가 – 인터럽트 벡터가 부트로더 영역에 있는 경우, 응용프로그램 영역에서 실행되는 동안에는 인터럽트가 실행되지 않는다.
4	0	1	– 부트로더 영역에서 응용프로그램 영역을 읽기 위한 LPM 실행 불가 – 인터럽트 벡터가 부트로더 영역에 있는 경우, 응용프로그램 영역에서 실행되는 동안에는 인터럽트가 실행되지 않는다.
BLB1 모드	BLB12	BLB11	
1	1	1	부트로더 영역의 SPM, LPM 모두 가능
2	1	0	– 부트로더 영역의 SPM 불가
3	0	0	– 부트로더 영역의 SPM 불가 – 응용프로그램 영역에서 부트로더 영역을 읽기 위한 LPM 실행 불가 – 인터럽트 벡터가 응용프로그램 영역에 있는 경우, 부트로더 영역에서 실행되는 동안에는 인터럽트가 실행되지 않는다.
4	0	1	– 응용프로그램 영역에서 부트로더 영역을 읽기 위한 LPM 실행 불가 – 인터럽트 벡터가 응용프로그램 영역에 있는 경우, 부트로더 영역에서 실행되는 동안에는 인터럽트가 실행되지 않는다.

락비트를 프로그래밍하기 전에 휴즈비트를 먼저 프로그램해야 한다. '1'은 프로그래밍하지 않은 것을, '0'은 프로그래밍(설정)하는 것을 의미한다.

2. 휴즈 비트

ATmega128은 3바이트의 휴즈를 가지고 있다. 표 16-11~표 16-13에 각 바이트의 기능이 나타나 있다. 휴즈는 프로그래밍(설정)되어 있으면 '0'이고 그렇지 않으면 '1'이다.

표 16-11 확장 휴즈 바이트

확장 휴즈 바이트	비트	기능	초기값
–	7	–	1
–	6	–	1

–	5	–	1
–	4	–	1
–	3	–	1
–	2	–	1
M103C	1	ATmega103 호환 모드	0(프로그램 됨)
WDTON	0	항상 워치독 타이머 온	1(프로그램 되지 않음)

표 16-12 휴즈 상위 바이트

휴즈 상위 바이트	비트	기능	초기값
OCDEN	7	OCD 허용	1(OCD 금지)
JTAGEN	6	JTAG 허용	0(JTAG 허용)
SPIEN	5	직렬 프로그램, 데이터 다운로딩 허용	0(SPI 프로그래밍 허용)
CKOPT	4	오실레이터 옵션	1(프로그램 되지 않음)
EESAVE	3	EEPROM 데이터 보존	1(EEPROM 보존하지 않음)
BOOTSZ1	2	부트 크기 지정	0(표 16-6 참조)
BOOTSZ0	1	부트 크기 지정	0(표 16-6 참조)
BOOTRST	0	리셋 벡터 선택	1(프로그램 되지 않음)

SPIEN 휴즈는 SPI 직렬 프로그래밍 모드에서는 엑세스할 수 없다. CKOPT 휴즈 기능은 CKSEL 비트 설정과 연동하여 동작한다. BOOTSZ1..0의 초기값은 최대 부트 크기, 즉 4K바이트로 설정된다.

표 16-13 휴즈 하위 바이트

휴즈 하위 바이트	비트	기능	초기값
BODLEVEL	7	브라운아웃 검출 레벨	1(프로그램 되지 않음)
BODEN	6	브라운아웃 검출 허용	1(프로그램 되지 않음, BOD 금지)
SUT1	5	동작시작 시간 선택	1(프로그램 되지 않음)
SUT0	4	동작시작 시간 선택	0(프로그램 됨)
CKSEL3	3	클럭 소스 선택	0(프로그램 됨)
CKSEL2	2	클럭 소스 선택	0(프로그램 됨)
CKSEL1	1	클럭 소스 선택	0(프로그램 됨)
CKSEL0	0	클럭 소스 선택	1(프로그램 되지 않음)

SUT1..0의 초기값은 최대 동작시작 시간으로 설정된다. CJSEL3..0의 초기값은 내부 RC 오실레이터 1MHz로 설정된다.

휴즈비트의 상태는 '칩지우기'에 영향을 받지 않으며 LB1이 '0'으로 프로그래밍되어 있으면 락상태가 된다. 휴즈비트는 락비트를 프로그래밍하기 전에 먼저 프로그램해야 한다.

휴즈값은 프로그래밍 모드로 들어가서 값을 변경하면 즉시 래치되지만 프로그래밍 모드를 빠져나올 때까지는 영향을 미치지 않는다. 다만 EESAVE 휴즈는 예외적으로 프로그래밍 모드를 빠져나오지 않아도 바로 영향을 미친다. 모든 휴즈는 전원이 공급되는 순간 래치된다.

3. 서명 바이트

Atmel사의 모든 마이크로컨트롤러는 부품을 구별하기 위해 3바이트의 고유한 식별코드를 가지고 있다. 이 식별코드는 부품의 락(Lock) 여부와 관계없이 직렬모드나 병렬모드에서 읽어낼 수 있다. 3바이트가 위치한 주소와 코드는 다음과 같다.

1. 0x0000 번지: 0x1E (제조사: Atmel사)
2. 0x0001 번지: 0x97(128Kbyte 플래시 메모리)
3. 0x0002 번지: 0x02(ATmega128 마이크로프로세서)

4. 내부 RC 오실레이터 교정 바이트

ATmega128은 내부 RC 오실레이터의 주파수 교정을 위해 4개의 값을 가지고 있다. 오실레이터 주파수는 1MHz, 2MHz, 4MHz, 8MHz의 4개 중 하나를 선택할 수 있고 이 값들은 각각 0x000~0x003번지에 있다. 리셋되면 1MHz값이 자동으로 OSCCAL 레지스터에 들어간다. 다른 주파수를 선택하고 싶으면 원하는 값을 프로그램으로 넣어주어야 하는데 '4-5 내부 RC 오실레이터'의 OSCCAL 레지스터에 대한 설명을 참조하기 바란다.

16-7 직렬 다운로드

플래시와 EEPROM 메모리는 /RESET핀을 GND로 한 후 직렬 SPI 버스로 프로그램할 수 있다. 직렬 인터페이스를 위해 SCK, MOSI(입력), MISO(출력)핀을 사용한다. /RESET핀을 로우(0)로 설정한 다음 쓰기/지우기 동작을 실행하기 전에 프로그래밍 허용 명령어를 실행한다. SPI 프로그래밍을 위한 핀맵핑은 표 16-14와 같다.

1. SPI 직렬 프로그램을 위한 핀 맵핑

SPI 프로그래밍 인터페이스와 SPI 입출력 모듈 인터페이스와는 차이점이 있다. SPI 프로그래밍 위한 PDI/PDO핀은 PE0/PE1이 사용되고 SPI 입출력 모듈 인터페이스의 MOSI/MISO핀은 PB2/PB3이 사용된다.

표 16-14 SPI 직렬 프로그래밍을 위한 핀 맵핑

심볼	핀	입출력	기능
MOSI (PDI)	PE0	입력	직렬 데이터 입력
MISO (PDO)	PE1	출력	직렬 데이터 출력
SCK	PB1	입력	직렬 클럭

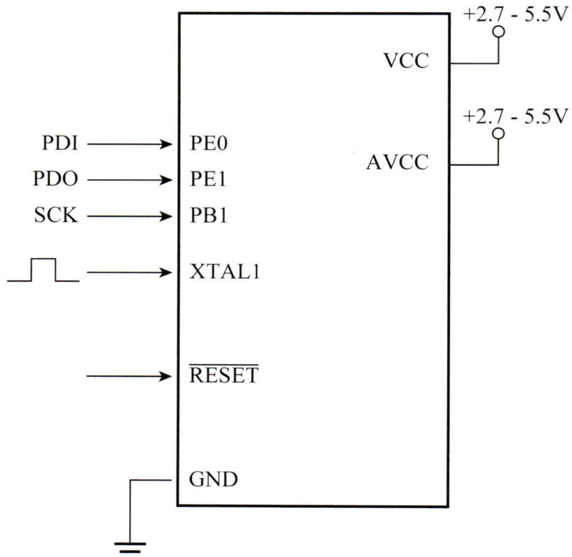

그림 16-4 SPI 직렬 프로그래밍 핀 연결

직렬 모드로 EEPROM을 프로그래밍할 때는 내부에서 자동으로 'EEPROM 지우기' 동작을 실행하므로 '칩 지우기' 명령어를 따로 실행할 필요가 없다. 내부에서 '칩 지우기' 동작을 실행하면 프로그램 영역이나 EEPROM의 내용은 0xFF로 바뀐다.

SCK 입력은 CKSEL 휴즈에 의해 결정되는데, 최소값과 최대값은, CPU 클럭이 12MHz보다 작을 때는 2CPU 클럭이, 12MHz보다 클 때는 3CPU 클럭이 필요하다.

직렬 데이터를 쓸 때는 SCK의 상승 에지에서 쓰이고, 읽을 때는 하강 에지에서 읽혀진다.

2. SPI 직렬 프로그램 알고리즘

SPI 직렬 프로그래밍 모드에서 프로그래밍하고 검증할 때는 다음과 같은 순서로 진행하는 것이 좋다.

1. /RESET과 SCK를 0으로 한 상태에서 전원을 공급한다. 어떤 시스템에서는 전원을 공급할 때 SCK를 0으로 설정해도 0이 안 되는 경우도 있다. 이런 경우에는 SCK를 0으로 제어하고 최소 2CPU 클럭 크기의 펄스를 /RESET핀에 주어야 한다.
   /RESET핀을 사용하기 위한 또 다른 방법으로, SCK를 0으로 제어하고 /PEN핀을 로우(0)로 할 수도 있다. 이 방법을 사용할 때 정상 동작을 하기 위해서는 디바이스가 파워다운 모드가 되어야 한다.
2. 20msec 이상 기다린 후 MOSI핀으로 프로그래밍 허용 명령어를 보내서 SPI 직렬 프로그래밍을 허용한다.
3. SPI 직렬 프로그래밍 명령어는 통신이 동기화되지 않으면 동작하지 않는다. 동기화가 되고 프로그램 허용 명령어의 세 번째 바이트를 보낼 때 두 번째 바이트, 0x53가 되돌아온다. 되돌아온 데이터가 맞든지 틀리든지 4바이트 모두 보내야 한다. 만일 0x53이 되돌아오지 않으면 /RESET 펄스를 주고 이어서 프로그래밍 허용 커맨드를 보낸다.
4. 플래시 영역은 페이지 단위, 즉 128워드(256바이트)씩 프로그램된다. 프로그램 메모리 페이지는 하위 128바이트가 먼저, 상위 128바이트가 나중에 프로그램된다. 데이터 프로그램이 완료되었는지 해당비트를 체크하는 폴링 방식을 사용하지 않는다면 다음 페이지를 쓰기 전에 최소한 t_{WD_FLASH}(5ms)만큼 기다려야 한다.
5. EEPROM은 원하는 곳에 쓰기 명령어에 의해 1 바이트씩 프로그램된다. 지정된 주소의 데이터가 쓰이기 전에 기존의 데이터는 자동으로 지워진다. 프로그래머가 여러 바이트를 연속으로 쓰고자 할 때는, 폴링을 사용하지 않는다면 다음 데이터를 쓰기 전에 최소한 t_{WD_EEPROM}(10ms)만큼 기다려야 한다.
6. 메모리의 어느 영역이든 읽기 명령어로 검사할 수 있다. 선택된 주소의 내용이 MISO 출력 핀을 통해 나온다.
7. 프로그래밍이 모두 끝나면 /RESET핀을 1로 하여 정상 동작을 시작할 수 있다.
8. 전원을 끄고자 할 때는 /RESET핀을 1로 하고 전원을 끈다.

3. 플래시 영역 폴링

플래시 영역을 프로그래밍하는 도중에 지금 쓰고 있는 영역의 내용을 읽으면 0xFF가 읽힌다. 페이지 쓰기가 끝나고 새로운 페이지 쓰기를 기다리고 있을 때는 프로그래밍된 데이터가 정확히 읽힌다. 이것은 새로운 페이지를 쓸 수 있는지 없는지를 판단하는데 사용된다. 그런데 만일 쓰는 데이터가 0xFF이라면 이 방법으로는 정확히 판단할 수 없다. 그래서 프로그래머가 여러 페이지를 연속으로 쓰고자 할 때는 다음 페이지를 쓰기 전에 반드시 최소한 t_{WD_FLASH}(5ms)만큼 기다려야 한다. 칩 전체 내용이 0xFF로 채워진 경우에는 표 16-15의 기다리는 시간을 생략할 수 있다.

4. EEPROM 영역 폴링

EEPROM 영역에 새로운 데이터를 써서 프로그래밍하는 도중에 지금 쓰고 있는 영역의 내용을 읽으면 0xFF가 읽힌다. 바이트 쓰기가 끝나고 새로운 바이트 쓰기를 기다리고 있을 때는 프로그래밍된 데이터가 정확히 읽힌다. 이것은 새로운 바이트를 쓸 수 있는지 없는지를 판단하는데 사용된다. 그런데 만일 쓰는 데이터가 0xFF이라면 이 방법으로는 정확히 판단할 수 없다. 그래서 프로그래머가 여러 바이트를 연속으로 쓰고자 할 때는 다음 바이트를 쓰기 전에 반드시 최소한 t_{WD_EEPROM}(10ms)만큼 기다려야 한다. EEPROM 전체 내용이 0xFF로 채워진 경우에는 표 16-15의 기다리는 시간을 생략할 수 있다.

표 16-15 프로그래밍할 때 다음 플래시/EEPROM 쓰기 전에 기다려야 하는 최소 시간(V_{CC}=5V)

심볼	플래시/EEPROM 쓰기 전에 기다려야 하는 최소 시간
t_{WD_FUSE}	4.5ms
t_{WD_FLASH}	5ms
t_{WD_EEPROM}	10ms
t_{WD_ERASE}	10ms

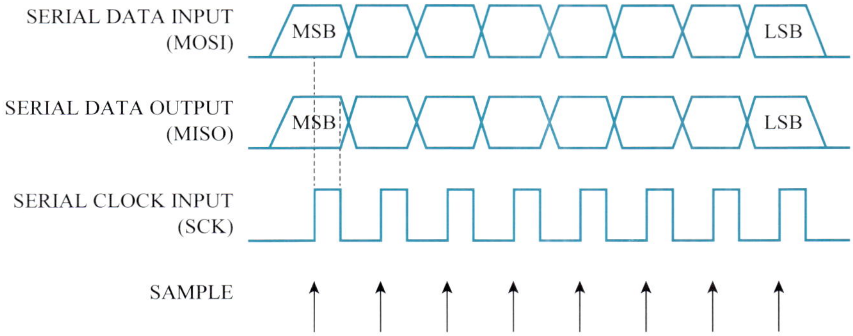

그림 16-5 SPI 직렬 프로그래밍 파형

표 16-16 SPI 직렬 프로그래밍 명령어

명령어	명령어 형태				동작
	바이트 1	바이트 2	바이트 3	바이트 4	
프로그래밍 허용	1010 1100	0101 0011	xxxx xxxx	xxxx xxxx	/RESET핀이 로우(0)가 된 후 SPI 직렬 프로그래밍 허용
칩 지우기	1010 1100	100x xxxx	xxxx xxxx	xxxx xxxx	EEPROM, 플래시 지우기
프로그램 메모리 읽기	0010 H000	aaaa aaaa	bbbb bbbb	oooo oooo	프로그램 메모리 a:b번지의 H 데이터 o를 읽는다.
프로그램 메모리 페이지 가져오기	0100 H000	xxxx xxxx	xbbb bbbb	iiii iiii	프로그램 메모리 한 페이지 내의 b번지 H데이터 i를 읽는다. 하위 바이트를 먼저 읽어내야 한다.
프로그램 메모리 쓰기	0100 1100	aaaa aaaa	bxxx xxxx	xxxx xxxx	프로그램 메모리 a:b번지부터 한 페이지 쓰기
EEPROM 메모리 읽기	1010 0000	xxxx aaaa	bbbb bbbb	oooo oooo	EEPROM 메모리 a:b번지의 데이터 o를 읽는다.
EEPROM 메모리 쓰기	1100 0000	xxxx aaaa	bbbb bbbb	iiii iiii	데이터 i를 EEPROM 메모리 a:b번지에 쓰기
락비트 읽기	0101 1000	0000 0000	xxxx xxxx	xxoo oooo	i=0:Lock(programmed) i=1:Unlock(unprogrammed) 표16-9 참조
락비트 쓰기	1010 1100	111x xxxx	xxxx xxxx	11ii iiii	i=0:Lock(programmed) i=1:Unlock(unprogrammed) 표 16-9 참조
서명 바이트 읽기	0011 0000	xxxx xxxx	xxxx xxbb	oooo oooo	b번지에서 서명 바이트 o를 읽는다.

휴즈 비트 쓰기	1010 1100	1010 0000	xxxx xxxx	iiii iiii	i=0:Lock(programmed) i=1:Unlock(unprogrammed) 표 16-9 참조
휴즈 상위 비트 쓰기	1010 1100	1010 1000	xxxx xxxx	iiii iiii	i=0:Lock(programmed) i=1:Unlock(unprogrammed) 표 16-12 참조
확장 휴즈 비트 쓰기	1010 1100	1010 0100	xxxx xxxx	xxxx xxii	i=0:Lock(programmed) i=1:Unlock(unprogrammed) 표 16-9 참조
휴즈 비트 읽기	0101 0000	0000 0000	xxxx xxxx	oooo oooo	o=0:Lock(programmed) o=1:Unlock(unprogrammed) 표 16-9 참조
확장 휴즈 비트 읽기	0101 0000	0000 1000	xxxx xxxx	oooo oooo	o=0:Lock(programmed) o=1:Unlock(unprogrammed) 표 16-9 참조
휴즈 상위 비트 읽기	0101 1000	0000 1000	xxxx xxxx	oooo oooo	o=0:Lock(programmed) o=1:Unlock(unprogrammed) 표 16-12 참조
교정 바이트 읽기	0011 1000	xxxx xxxx	0000 00bb	oooo oooo	b번지의 교정 바이트 o를 읽는다.

- a: 주소 상위 비트, b: 주소 하위 비트, H=0: 하위 바이트, H=1: 상위 바이트
- o: 데이터 출력, I: 데이터 입력, x: Don't Care

16-8 JTAG 인터페이스로 프로그래밍 하기

JTAG 인터페이스로 프로그래밍하기 위해서 사용하는 핀은 TCK, TMS, TDI, TDO이다. 리셋과 클럭핀은 사용하지 않는다.

JTAG 인터페이스를 사용하려면 JTAGEN 휴즈가 프로그래밍되어야 한다(칩 출하시에는 JTAGEN 휴즈가 프로그래밍되어 있다). 또한 MCUCSR의 JTD 비트가 0으로 되어야 한다. 만일 그 핀이 1로 되어 있다면 리셋핀을 외부에서 강제로 로우(0)로 만들 수 있어야 한다. 리셋핀을 0으로 만들면 2클럭 후에 JTD 비트가 0으로 되어 JTAG핀으로 프로그래밍 할 수 있다. 이렇게 만들어 놓은 이유는 CPU가 정상동작할 때 JTAG핀들을 일반포트로 사용할 수 있도록 하기 위해서이다.

JTAG 인터페이스에서 모든 데이터는 LSB가 먼저 입력된다.

1. 프로그래밍에 사용하는 JTAG 명령어

명령어는 4비트 크기의 16개 명령어가 있다. 각 명령어의 OPCODE와 명령어 실행시 TDI와 TDO를 통해 통신하면서 사용되는 데이터 레지스터는 다음과 같다.

- AVR_RESET(0x0C): AVR 디바이스를 리셋모드로 만들거나 리셋모드에서 해제한다.

TAP(Test Access Port) 제어기는 이 명령어에 의해 리셋되지는 않는다. 1비트 리셋 레지스터가 데이터 레지스터로 선택된다. 이 1비트가 1이 되어 있는 동안에는 리셋은 계속 유지된다.

- PROG_ENABLE(0x04): JTAG 포트로 프로그래밍할 수 있도록 허용한다.

16비트 프로그래밍 허용 레지스터가 데이터 레지스터로 선택되어 프로그래밍 허용 신호가 이 레지스터에 인가된다. 인가된 신호가 유효한 신호이면 프로그래밍 모드로 진입한다.

- PROG_COMMANDS(0x05): JTAG 포트로 프로그래밍 커맨드를 넣기 위해 사용한다.

15비트 프로그래밍 커맨드 레지스터가 데이터 레지스터로 선택된다. 이 명령어에 의해 다음과 같은 동작을 실행한다.

1. 이전 커맨드의 결과값이 데이터 레지스터에 들어간다.
2. 이 데이터 레지스터 값이 TCK 입력에 따라 한 비트씩 이동하고 이어서 새로운 커맨드가 이동한다.
3. 프로그래밍 커맨드가 플래시 입력에 적용된다.
4. 한 클럭이 발생되어 적용된 커맨드를 실행한다.

- PROG_PAGELOAD(0x06): JTAG 포트로 페이지 단위의 플래시 데이터를 가져온다.

2048비트(256바이트) 가상 플래시 페이지 로드 레지스터가 데이터 레지스터로 선택된다. 다른 JTAG 명령어와는 달리 이 명령어는 쉬프트 레지스터를 사용하지 않는다. 데이터는 바이트 단위로 플래시 페이지 버퍼에 자동으로 전송된다. 플래시 페이지 데이터는 TCK 입력에 따라 TDI로 한 비트씩 이동하여 1바이트가 만들어지면 플래시 페이지에 넣는다.

- PROG_PAGEREAD(0x07): JTAG 포트로 페이지 단위의 플래시 데이터를 읽어온다.

2048비트(256바이트) 가상 플래시 페이지 읽기 레지스터가 데이터 레지스터로 선택된다. 다른 JTAG 명령어와는 달리 이 명령어는 시프트 레지스터를 사용하지 않는다. 데이터는 바이트 단위로 플래시 페이지 버퍼에 자동으로 전송된다. 플래시 데이터는 자동으로 한 바이트씩 읽어서 TCK 입력에 따라 TDO로 한 비트씩 이동한다. TDI 입력은 무시된다.

2. 데이터 레지스터

프로그래밍 동작과 관련된 데이터 레지스터는 아래와 같이 5개가 있고 JTAG 명령어 레지스터로 선택한다.

- 리셋 레지스터

리셋 레지스터는 프로그래밍 도중에 리셋을 유지하기 위해 사용하는 시험 데이터 레지스터이다. 프로그래밍 모드로 진입하기 전에는 반드시 리셋되어야 한다.

1비트인 리셋 레지스터가 1이면 외부 리셋핀을 로우(0)로 당긴다. 리셋핀은 래치가 되지 않는 핀이므로 레지스터가 0으로 되는 즉시 리셋이 풀어진다.

- 프로그래밍 허용 레지스터

16비트 레지스터로 프로그래밍 허용 신호 1010_0011_0111_0000와 비교하여 같으면 JTAG 포트로 프로그래밍하는 것이 허용된다. 이 레지스터는 전원 인가 시 0으로 초기화되고, 프로그래밍 모드에서 빠져 나올 때는 반드시 리셋시켜야 한다.

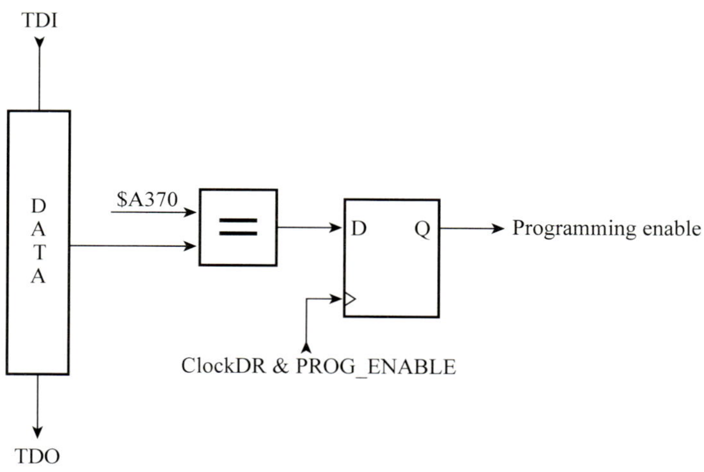

그림 16-6 프로그래밍 허용 레지스터

- 프로그래밍 커맨드 레지스터

프로그래밍 커맨드 레지스터는 15비트이다. 이 레지스터는 프로그래밍 커맨드를 직렬로 입력시키거나 이전 커맨드 결과값을 직렬로 출력시키는데 사용된다. JTAG 프로그래밍 명령어가 표 16-17에 나타나 있다. 프로그래밍 커맨드를 직렬로 이동시키는 순서는 그림 16-7에 나타내었다.

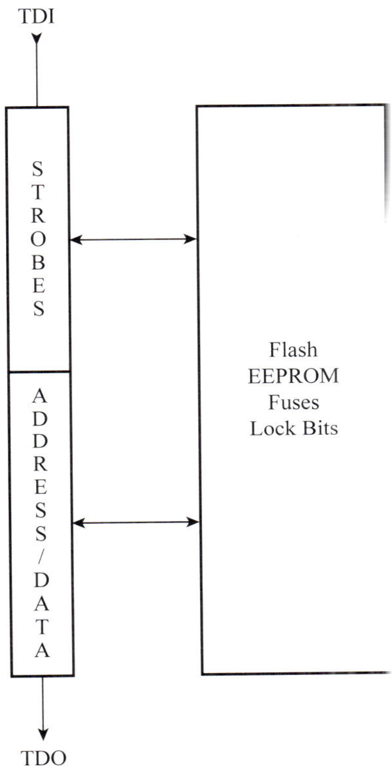

그림 16-7 프로그래밍 커맨드 레지스터

표 16-17 JTAG 프로그래밍 명령어

- a: 주소 상위 비트, b: 주소 하위 비트, H=0: 하위 바이트, H=1: 상위 바이트
- o: 데이터 출력, I: 데이터 입력, x: Don't Care

명령어	TDI 동작	TDO 동작	비고
1a. 칩 지우기	0100011_10000000 0110001_10000000 0110011_10000000 0110011_10000000	xxxxxxxx_xxxxxxxx xxxxxxxx_xxxxxxxx xxxxxxxx_xxxxxxxx xxxxxxxx_xxxxxxxx	
1b. '칩 지우기'가 완료되었는지 묻기	0110011_10000000	xxxxxxox_xxxxxxxx	(2)
2a. '플래시 쓰기'로 진입	0100011_00010000	xxxxxxxx_xxxxxxxx	

2b. 주소 상위 바이트 가져오기	0000111_aaaaaaaa	xxxxxxxx_xxxxxxxx	(9)
2c. 주소 하위 바이트 가져오기	0000011_bbbbbbbb	xxxxxxxx_xxxxxxxx	
2d. 데이터 하위 바이트 가져오기	0010011_iiiiiiii	xxxxxxxx_xxxxxxxx	
2e. 데이터 상위 바이트 가져오기	0010111_iiiiiiii	xxxxxxxx_xxxxxxxx	
2f. 데이터 래치	0110111_00000000 1110111_00000000 0110111_00000000	xxxxxxxx_xxxxxxxx xxxxxxxx_xxxxxxxx xxxxxxxx_xxxxxxxx	(1)
2g. 플래시 페이지 쓰기	0110111_00000000 0110101_00000000 0110111_00000000 0110111_00000000	xxxxxxxx_xxxxxxxx xxxxxxxx_xxxxxxxx xxxxxxxx_xxxxxxxx xxxxxxxx_xxxxxxxx	(1)
2h. '플래시 쓰기'가 완료되었는지 묻기	0110111_00000000	xxxxxxox_xxxxxxxx	(2)
3a. '플래시 읽기'로 진입	0100011_00000000	xxxxxxxx_xxxxxxxx	
3b. 주소 상위 바이트 가져오기	0000111_aaaaaaaa	xxxxxxxx_xxxxxxxx	(9)
3c. 주소 하위 바이트 가져오기	0000011_bbbbbbbb	xxxxxxxx_xxxxxxxx	
3d. 데이터 하위 바이트 / 상위 바이트 읽기	0110010_00000000 0110110_00000000 0110111_00000000	xxxxxxxx_xxxxxxxx xxxxxxxx_oooooooo xxxxxxxx_oooooooo	 하위 바이트 상위 바이트
4a. 'EEPROM 쓰기'로 진입	0100011_00000000	xxxxxxxx_xxxxxxxx	
4b. 주소 상위 바이트 가져오기	0000111_aaaaaaaa	xxxxxxxx_xxxxxxxx	(9)
4c. 주소 하위 바이트 가져오기	0000011_bbbbbbbb	xxxxxxxx_xxxxxxxx	
4d. 데이터 바이트 가져오기	0010011_iiiiiiii	xxxxxxxx_xxxxxxxx	
4e. 데이터 래치	0110111_00000000 1110111_00000000 0110111_00000000	xxxxxxxx_xxxxxxxx xxxxxxxx_xxxxxxxx xxxxxxxx_xxxxxxxx	(1)
4f. EEPROM 페이지 쓰기	0110011_00000000 0110001_00000000 0110011_00000000 0110011_00000000	xxxxxxxx_xxxxxxxx xxxxxxxx_xxxxxxxx xxxxxxxx_xxxxxxxx xxxxxxxx_xxxxxxxx	(1)
4g. '페이지 쓰기'가 완료되었는지 묻기	0110011_00000000	xxxxxxox_xxxxxxxx	(2)
5a. 'EEPROM 읽기'로 진입	0100011_00000011	xxxxxxxx_xxxxxxxx	
5b. 주소 상위 바이트 가져오기	0000111_aaaaaaaa	xxxxxxxx_xxxxxxxx	(9)
5c. 주소 하위 바이트 가져오기	0000011_bbbbbbbb	xxxxxxxx_xxxxxxxx	

5d. 데이터 바이트 읽기	0110011_bbbbbbbb 0110010_00000000 0110011_00000000	xxxxxxxx_xxxxxxxx xxxxxxxx_xxxxxxxx xxxxxxxx_oooooooo	
6a. '휴즈 쓰기'로 진입	0100011_01000000	xxxxxxxx_xxxxxxxx	
6b. 데이터 하위 바이트 가져오기(6)	0010011_iiiiiiii	xxxxxxxx_xxxxxxxx	(3)
6c. 휴즈 확장 바이트 쓰기	0111011_00000000 0111001_00000000 0111011_00000000 0111011_00000000	xxxxxxxx_xxxxxxxx xxxxxxxx_xxxxxxxx xxxxxxxx_xxxxxxxx xxxxxxxx_xxxxxxxx	(1)
6d. '휴즈 쓰기'가 완료되었는지 묻기	0110111_00000000	xxxxxxox_xxxxxxxx	(2)
6e. 데이터 하위 바이트 가져오기(7)	0010011_iiiiiiii	xxxxxxxx_xxxxxxxx	(3)
6f. 휴즈 상위 바이트 쓰기	0110111_00000000 0110101_00000000 0110111_00000000 0110111_00000000	xxxxxxxx_xxxxxxxx xxxxxxxx_xxxxxxxx xxxxxxxx_xxxxxxxx xxxxxxxx_xxxxxxxx	(1)
6g. '휴즈 쓰기'가 완료되었는지 묻기	0110111_00000000	xxxxxxox_xxxxxxxx	(2)
6h. 데이터 하위 바이트 가져오기(7)	0010011_iiiiiiii	xxxxxxxx_xxxxxxxx	(3)
6i. 휴즈 하위 바이트 쓰기	0110011_00000000 0110001_00000000 0110011_00000000 0110011_00000000	xxxxxxxx_xxxxxxxx xxxxxxxx_xxxxxxxx xxxxxxxx_xxxxxxxx xxxxxxxx_xxxxxxxx	(1)
6j. '휴즈 쓰기'가 완료되었는지 묻기	0110011_00000000	xxxxxxox_xxxxxxxx	(2)
7a. '락비트 쓰기'로 진입	0100011_00100000	xxxxxxxx_xxxxxxxx	
7b. 데이터 바이트 가져오기	0010011_11iiiiii	xxxxxxxx_xxxxxxxx	(4)
7c. 락비트 쓰기	0110011_00000000 0110001_00000000 0110011_00000000 0110011_00000000	xxxxxxxx_xxxxxxxx xxxxxxxx_xxxxxxxx xxxxxxxx_xxxxxxxx xxxxxxxx_xxxxxxxx	(1)
7d. '락비트 쓰기'가 완료되었는지 묻기	0110011_00000000	xxxxxxox_xxxxxxxx	(2)
8a. '휴즈/락비트 읽기'로 진입	0100011_00000010	xxxxxxxx_xxxxxxxx	
8b. 확장 휴즈 바이트 읽기(6)	0111010_00000000 0111011_00000000	xxxxxxxx_xxxxxxxx xxxxxxxx_oooooooo	
8c. 휴즈 상위 바이트 읽기(7)	0111110_00000000 0111111_00000000	xxxxxxxx_xxxxxxxx xxxxxxxx_oooooooo	
8d. 휴즈 하위 바이트 읽기(8)	0110010_00000000 0110011_00000000	xxxxxxxx_xxxxxxxx xxxxxxxx_oooooooo	

8e. 락비트 읽기(9)	0110110_00000000 0110111_00000000	xxxxxxxx_xxxxxxxx xxxxxxxx_oooooooo	(5)
8f. 휴즈, 락비트 읽기	0111010_00000000 0111110_00000000 0110010_00000000 0110110_00000000 0110111_00000000	xxxxxxxx_xxxxxxxx xxxxxxxx_oooooooo xxxxxxxx_oooooooo xxxxxxxx_oooooooo xxxxxxxx_oooooooo	(5) 휴즈 확장 바이트 휴즈 상위 바이트 휴즈 하위 바이트 락비트
9a. '서명 바이트 읽기'로 진입	0100011_00001000	xxxxxxxx_xxxxxxxx	
9b. 주소 바이트 가져오기	0000011_bbbbbbbb	xxxxxxxx_xxxxxxxx	
9c. 서명 바이트 읽기	0110010_00000000 0110011_00000000	xxxxxxxx_xxxxxxxx xxxxxxxx_oooooooo	
10a. '교정 바이트 읽기'로 진입	0100011_00001000	xxxxxxxx_xxxxxxxx	
10b. 주소 바이트 가져오기	0000011_bbbbbbbb	xxxxxxxx_xxxxxxxx	
10c. 교정 바이트 읽기	0110110_00000000 0110111_00000000	xxxxxxxx_xxxxxxxx xxxxxxxx_oooooooo	
11a. NOP(No OPeration) 커맨드 가져오기	0100011_00000000 0110011_00000000	xxxxxxxx_xxxxxxxx xxxxxxxx_xxxxxxxx	

(1) 이 커맨드는 바로 직전 커맨드의 정상적인 실행으로 상위 7비트만 올바르게 설정되어 있다면 없어도 된다.
(2) o='1'일 때까지 반복한다.
(3) 관련되는 휴즈 비트를 프로그램할 때는 '0'을, 프로그램하지 않을 때는 '1'을 쓴다.
(4) 관련되는 락비트를 프로그램할 때는 '0'을, 프로그램하지 않을 때는 '1'을 쓴다.
(5) '0' = 프로그램, '1' = 프로그램하지 않음
(6) 휴즈 확장 바이트의 비트 맵핑은 표 16-11을 참조한다.
(7) 휴즈 상위 바이트의 비트 맵핑은 표 16-12를 참조한다.
(8) 휴즈 하위 바이트의 비트 맵핑은 표 16-13을 참조한다.
(9) 락비트 바이트의 비트 맵핑은 표 16-9를 참조한다.

• 가상 플래시 페이지 로드 레지스터

8비트로 구성된 2048비트(256바이트) 크기의 레지스터이다. 이 레지스터의 값들은 바이트 단위로 플래시 페이지 버퍼에 자동으로 전송된다.

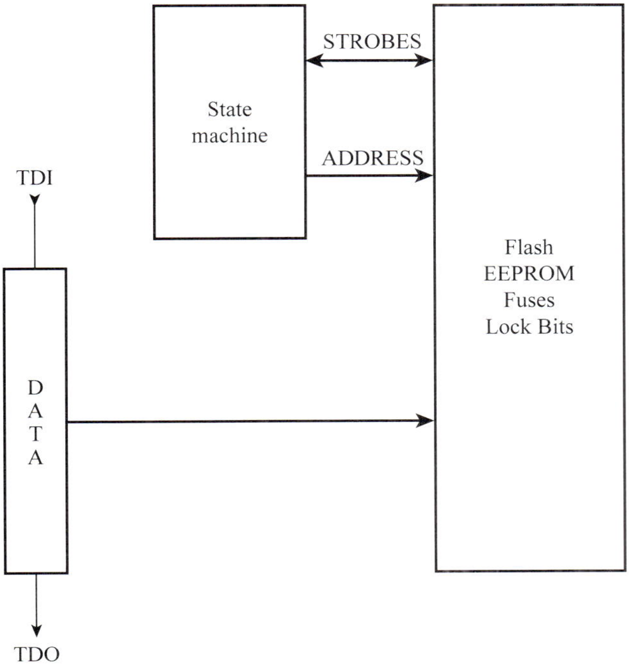

그림 16-8 가상 플래시 페이지 로드 레지스터

• 가상 플래시 페이지 읽기 레지스터

8비트로 구성된 2048비트(256바이트)의 레지스터에 한 바이트가 추가된 크기이다. 이 레지스터의 값들은 바이트 단위로 플래시 데이터 페이지로부터 자동으로 전송된다. 처음 8 클럭 동안 첫 바이트가 내부 시프트 레지스터에 입력되고, 이 때 출력되는 직렬 데이터는 무시된다. 이어서 한 페이지가 LSB에서 MSB 순서로 직렬로 전송된다.

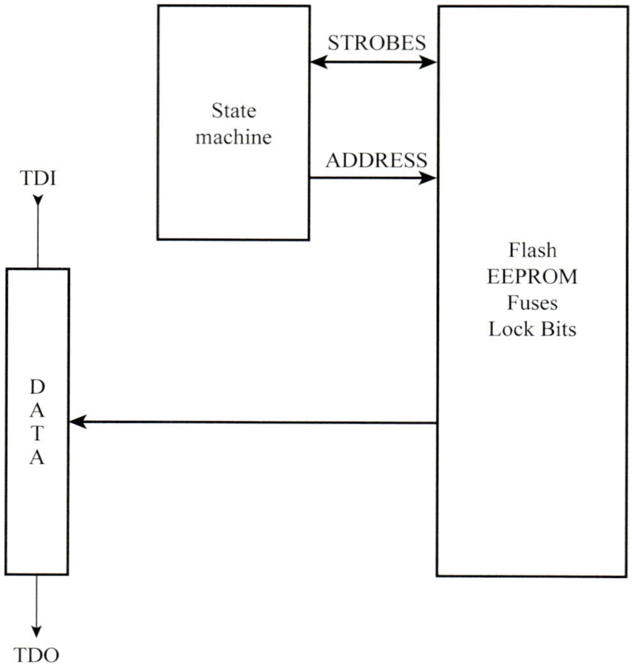

그림 16-9 가상 플래시 페이지 읽기 레지스터

3. 프로그래밍 알고리즘

- 프로그래밍 모드 진입
  1. 명령어 AVR_RESET을 실행시키고 리셋 레지스터에 1을 넣는다.
  2. 명령어 PROG_ENABLE을 실행시키고 프로그래밍 허용레지스터에 1010_0011_0111_0000을 넣는다.

- 프로그래밍 모드에서 빠져나오기
  1. 명령어 PROG_COMMANDS를 실행시킨다.
  2. 명령어 11a를 사용하여 모든 프로그래밍 명령어를 금지시킨다.
  3. 명령어 PROG_ENABLE을 실행시키고 프로그래밍 허용레지스터에 0000_0000_0000_0000을 넣는다.
  4. 명령어 AVR_RESET을 실행시키고 리셋 레지스터에 0을 넣는다.

- '칩 지우기' 실행

1. 명령어 PROG_COMMANDS를 실행시킨다.
2. 명령어 1a를 사용하여 '칩 지우기'를 실행한다.
3. 명령어 1b를 사용하여 '칩 지우기'가 끝났는지 확인하거나 t_{WLRH_CE}시간 동안 기다린다.

- 플래시 프로그래밍

플래시 프로그래밍을 하기 전에 '칩 지우기'를 먼저 해야 한다.

1. 명령어 PROG_COMMANDS를 실행시킨다.
2. 명령어 2a를 사용하여 '플래시 쓰기'를 허용한다.
3. 명령어 2b를 사용하여 주소 상위 바이트를 가져온다.
4. 명령어 2c를 사용하여 주소 하위 바이트를 가져온다.
5. 명령어 2d, 2e, 2f를 사용하여 데이터를 가져온다.
6. 순서4,5를 반복하여 한 페이지 내의 모든 데이터를 가져온다.
7. 명령어 2g를 사용하여 '페이지 쓰기'를 실행한다.
8. 명령어 2h를 사용하여 '플래시 쓰기'가 끝났는지 확인하거나 t_{WLRH}시간 동안 기다린다.
9. 모든 데이터를 프로그래밍할 때까지 순서 3~7을 반복한다.

좀 더 효율적인 데이터 전송을 위해 다음과 같이 명령어 PROG_PAGELOAD를 사용할 수 있다.

1. 명령어 PROG_COMMANDS를 실행시킨다.
2. 명령어 2a를 사용하여 '플래시 쓰기'를 허용한다.
3. 명령어 2b, 2c를 사용하여 주소 바이트를 가져온다. 주소지정을 위해 PCWORD를 사용하고 주소 0을 쓴다.
4. 명령어 PROG_PAGELOAD를 실행시킨다.
5. 첫 명령어의 LSB로 시작하여 마지막 명령어의 MSB로 끝나는 모든 명령어를 시프트하여 한 페이지 내의 모든 데이터를 가져온다.
6. 명령어 PROG_COMMANDS를 실행시킨다.
7. 명령어 2g를 사용하여 '페이지 쓰기'를 실행한다.
8. 명령어 2h를 사용하여 '플래시 쓰기'가 끝났는지 확인하거나 t_{WLRH}시간 동안 기다린다.
9. 모든 데이터를 프로그래밍할 때까지 순서 3~8을 반복한다.

- 플래시 영역 읽기
  1. 명령어 PROG_COMMANDS를 실행시킨다.
  2. 명령어 3a를 사용하여 '플래시 읽기'를 허용한다.
  3. 명령어 3b, 3c를 사용하여 주소 바이트를 가져온다.
  4. 명령어 3d를 사용하여 데이터를 읽어낸다.
  5. 모든 데이터를 읽어 낼 때까지 순서 3~4를 반복한다.

좀 더 효율적인 데이터 전송을 위해 다음과 같이 명령어 PROG_PAGEREAD를 사용할 수 있다.

1. 명령어 PROG_COMMANDS를 실행시킨다.
2. 명령어 3a를 사용하여 '플래시 읽기'를 허용한다.
3. 명령어 3b, 3c를 사용하여 주소 바이트를 가져온다. 주소지정을 위해 PCWORD를 사용하고 주소 0을 쓴다.
4. 명령어 PROG_PAGEREAD를 실행시킨다.
5. 첫 명령어의 LSB로 시작하여 마지막 명령어의 MSB로 끝나는 모든 명령어를 시프트하여 한 페이지 내의 모든 데이터를 읽어낸다).
6. 명령어 PROG_COMMANDS를 실행시킨다.
7. 모든 데이터를 읽어낼 때까지 순서 3~6을 반복한다.

- EEPROM 프로그래밍
  1. 명령어 PROG_COMMANDS를 실행시킨다.
  2. 명령어 4a를 사용하여 'EEPROM 쓰기'를 허용한다.
  3. 명령어 4b를 사용하여 주소 상위 바이트를 가져온다.
  4. 명령어 4c를 사용하여 주소 하위 바이트를 가져온다.
  5. 명령어 4d, 4e를 사용하여 데이터를 가져온다.
  6. 순서 4, 5를 반복하여 한 페이지 내의 모든 데이터를 가져온다.
  7. 명령어 4f를 사용하여 '데이터 쓰기'를 실행한다.
  8. 명령어 4g를 사용하여 'EEPROM 쓰기'가 끝났는지 확인하거나 t_{WLRH}시간 동안 기다린다.
  9. 모든 데이터를 프로그래밍할 때까지 순서 3~8을 반복한다.

- EEPROM 읽기

1. 명령어 PROG_COMMANDS를 실행시킨다.
2. 명령어 5a를 사용하여 'EEPROM 읽기'를 허용한다.
3. 명령어 5b, 5c를 사용하여 주소 바이트를 가져온다.
4. 명령어 5d를 사용하여 데이터를 읽어낸다.
5. 모든 데이터를 읽어 낼 때까지 순서 3~4를 반복한다.

- 휴즈 프로그래밍

1. 명령어 PROG_COMMANDS를 실행시킨다.
2. 명령어 6a를 사용하여 '휴즈 쓰기'를 허용한다.
3. 명령어 6b를 사용하여 데이터를 가져온다. 비트값이 "0"이 휴즈 설정을, "1"이면 휴즈 미설정을 의미한다.
4. 명령어 6c를 사용하여 '확장 휴즈 바이트 쓰기'를 실행한다.
5. 명령어 6d를 사용하여 '휴즈 쓰기'가 끝났는지 확인하거나 t_{WLRH}시간 동안 기다린다.
6. 명령어 6e를 사용하여 데이터를 가져온다. 비트값이 "0"이 휴즈 설정을, "1"이면 휴즈 미설정을 의미한다.
7. 명령어 6f를 사용하여 '휴즈 상위바이트 쓰기'를 실행한다.
8. 명령어 6g를 사용하여 '휴즈 쓰기'가 끝났는지 확인하거나 t_{WLRH}시간 동안 기다린다.
9. 명령어 6h를 사용하여 데이터를 가져온다. 비트값이 "0"이 휴즈 설정을, "1"이면 휴즈 미설정을 의미한다.
10. 명령어 6i를 사용하여 '휴즈 하위바이트 쓰기'를 실행한다.
11. 명령어 6j를 사용하여 '휴즈 쓰기'가 끝났는지 확인하거나 t_{WLRH}시간 동안 기다린다.

- 락비트 프로그래밍

1. 명령어 PROG_COMMANDS를 실행시킨다.
2. 명령어 7a를 사용하여 '락비트 쓰기'를 허용한다.
3. 명령어 7b를 사용하여 데이터를 가져온다. 비트값이 "0"이 락비트 설정을, "1"이면 락비트 미설정을 의미한다.
4. 명령어 7c를 사용하여 '락비트 쓰기'를 실행한다.
5. 명령어 7d를 사용하여 '락비트 쓰기'가 끝났는지 확인하거나 t_{WLRH}시간 동안 기다린다.

- 휴즈/락비트 읽기

1. 명령어 PROG_COMMANDS를 실행시킨다.
2. 명령어 8a를 사용하여 '휴즈/락비트 읽기'를 허용한다.
3. 모든 휴즈/락비트를 읽으려면 명령어 8f를 사용한다.
   확장 휴즈 바이트만 읽으려면 명령어 8b를 사용한다.
   휴즈 상위바이트만 읽으려면 명령어 8c를 사용한다.
   휴즈 하위바이트만 읽으려면 명령어 8d를 사용한다.
   락비트만 읽으려면 명령어 8e를 사용한다.

- 서명바이트 읽기

1. 명령어 PROG_COMMANDS를 실행시킨다.
2. 명령어 9a를 사용하여 '서명바이트 읽기'를 허용한다.
3. 명령어 9b를 사용하여 주소 0으로 만든다.
4. 명령어 9c를 사용하여 첫 번째 서명바이트를 읽어낸다.
5. 주소를 1로 하고 두 번째 서명바이트를, 주소를 2로 하고 세 번째 서명바이트를 읽어낸다.

- 교정바이트 읽기

1. 명령어 PROG_COMMANDS를 실행시킨다.
2. 명령어 10a를 사용하여 '교정바이트 읽기'를 허용한다.
3. 명령어 10b를 사용하여 주소 0으로 만든다.
4. 명령어 10c를 사용하여 '교정바이트'를 읽어낸다.

16-9 부트로더 프로그램 예시

1. 다운로드 절차

ATmega128로 설계된 펌웨어의 HEX 코드를 보드에 다운로드하기 위해 개발된 '다운로드 프로그램'에서 플래시 메모리 데이터를 보드에 다운로드하는 절차는 다음과 같다.

(1) 보드가 부트로더에서 다운로드 대기상태로 들어가도록 한다.
(2) GUI에서 시작코드, 0x2b를 보낸다.
(3) 보드에서 응답코드, 0x2b를 보낸다.
(4) GUI에서 플래시 메모리 주소의 상위바이트를 보낸다.
(5) 보드에서 응답코드로 수신한 주소 상위바이트를 그대로 보낸다.
(6) GUI에서 플래시 메모리 주소의 하위바이트를 보낸다.
(7) 보드에서 응답코드로 수신한 주소 하위바이트를 그대로 보낸다.
(8) GUI에서 플래시 메모리 데이터 256바이트를 보낸다.
(9) GUI에서 체크썸(Check-sum) 데이터 1바이트를 보낸다. 체크썸 데이터는 주소 2바이트, 데이터 256바이트를 합해서 나온 하위 1바이트이다.

체크썸 = 주소 상위바이트 + 주소 하위바이트 + 데이터 256 바이트

(10) 데이터를 전부 보낼 때까지 (4)~(9)항을 반복한다.
(11) 데이터를 전부 보내고 나면 종료코드, 0x2c를 보낸다.
(12) 보드에서 종료 응답코드, 0x2c를 보낸다.

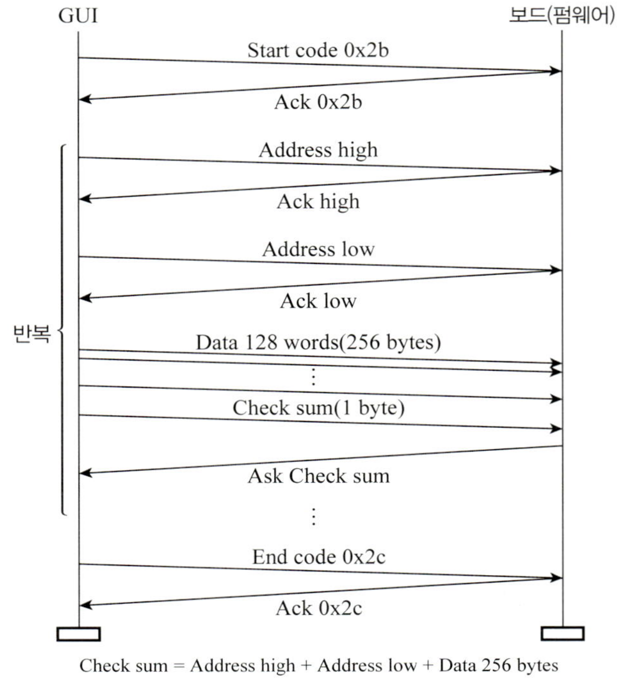

그림 16-10 펌웨어 다운로드 절차

2. GUI(다운로드 프로그램)로 펌웨어 다운로드 하기

(1) PC에 펌웨어 다운로드 프로그램(GUI)을 설치하고 USB나 시리얼 포트로 보드와 연결한다.

(2) 보드가 부트로더 프로그램 실행으로 다운로드 대기상태로 들어가도록 한다.

(3) '다운로드 프로그램'을 구동시킨다.

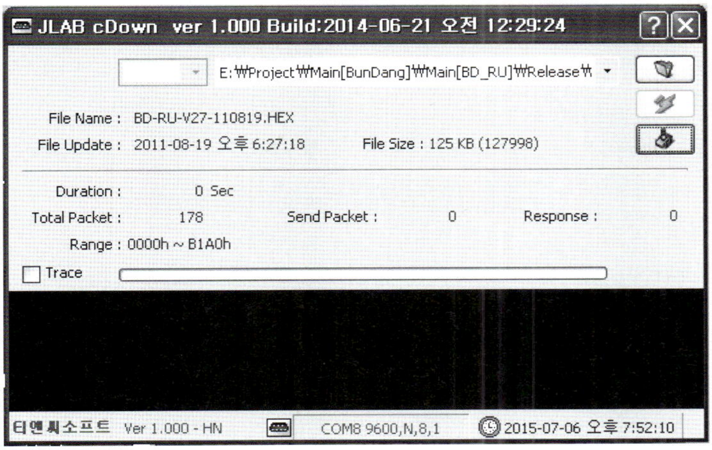

그림 16-11 '다운로드 프로그램'의 초기 화면

(4) 하단의 아이콘을 눌러서 통신포트, 전송속도 등을 맞춘다.

(5) 오른쪽 상단의 아이콘을 눌러서 다운로드할 HEX 코드를 불러온다.

(6) 오른쪽 상단의 아이콘을 눌러서 다운로드를 시작한다. 다운로드를 시작하면 위에서 설명한 절차에 따라 다운로드를 실행한다. 다운로드가 진척되는 상황이 '녹색바'로 표시된다.

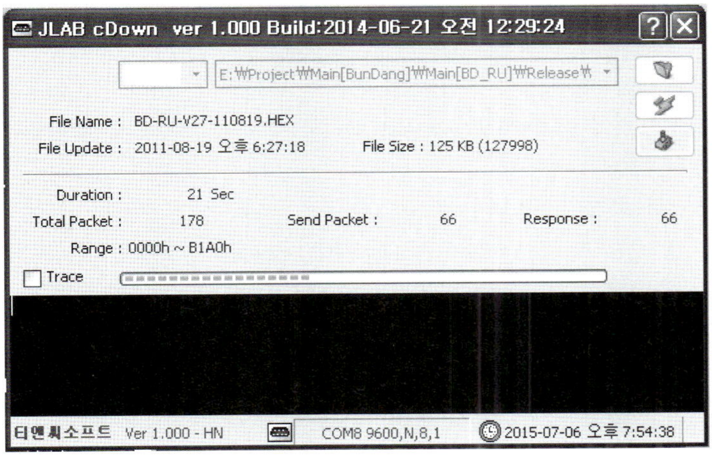

그림 16-12 '다운로드 프로그램'의 진행 화면

(7) 다운로드가 끝나면 '완료메시지'가 표시되고 3초 후에 사라진다.

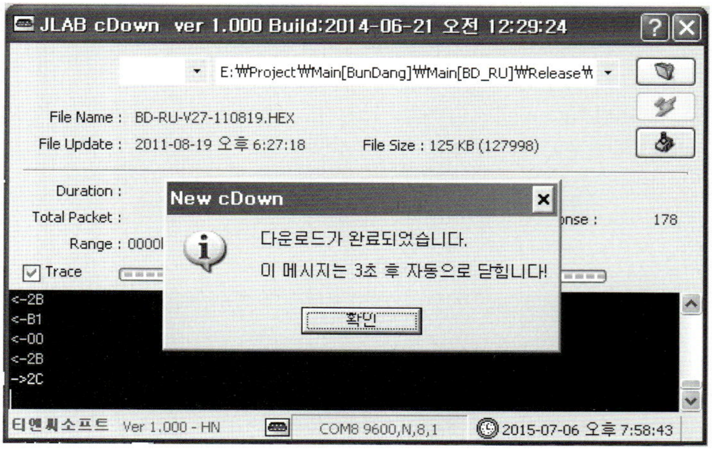

그림 16-13 '다운로드 프로그램'의 완료 화면

3. 샘플 프로그램

부트로더 프로그램을 이해하기 전에 다음의 사항을 숙지하여야 한다.

- PE2: 다운로드 버튼

보드를 리셋했을 때 PE2=1: 정상동작 모드로 동작한다.
보드를 리셋했을 때 PE2=0: 다운로드 모드로 진입하여 부트로더 프로그램이 동작한다.

다운로드 버튼을 누른 상태에서 전원을 켜거나 리셋 버튼을 누르면 다운로드 대기 상태로 진입하고 버튼을 누르지 않은 상태에서 보드를 리셋시키면 정상동작 모드로 돌아간다.

- 다운로드 모드로 진입 후 대기 시간

다운로드 모드로 진입 후 대기 상태에서 USART0 포트로 일정시간(여기서는 30,000,000회 카운트) 내에 데이터가 들어오지 않으면 워치독 리셋을 구동시켜 14msec 후에 다운로드 모드로부터 빠져나간다.

- 다운로드 종료 후 정상동작 모드로 돌아가기

다운로드가 완료되면 워치독 리셋을 구동시켜 정해진 시간(여기에서는 56.2msec) 후에 워치독 리셋이 동작한다. 이 때 다운로드 버튼이 눌러져 있지 않으면 정상동작 모드로 돌아간다.

간단한 부트로더 프로그램은 다음과 같다. 아래의 프로그램을 사용하는 프로그래머는 firmware_download() 함수 내에 LED 제어 등의 함수를 추가하여 다운로드 과정을 가시적으로 확인하면 프로그램 설계나 디버깅을 쉽게 할 수 있다.

```
/* ---------------------------------------------------------------
//   BOOTLOADER for KTX Repeater Controller
//   Date : 2015. 7. 7
//   Designer : B. S. Jeon / JLAB R&D
------------------------------------------------------------- */
#include <iom128.h>      // This file declares the internal addresses for ATmega128.
#include <ina90.h>       // Intrinsics for iccAVR. Compatibility file for icca90 users.

/*===============================================================*/
//         CONSTANT DEFINE
/*===============================================================*/
// MCU : ATmega128 (Operating voltage : 4.5 ~ 5.5 V)
// System clock : 14.7456 MHz
// UCSRnA : U2X=0

#define   PAGE_SIZE      128
#define   BAUD0_BOOT     7 // 115,200 bps

/*===============================================================
//         TYPE DEFINE
/*===============================================================*/
#define   BYTE           unsigned char
#define   WORD           unsigned int
#define   _LONG          unsigned long

/*===============================================================*/
/*         FUNCTION DEFINE
/*===============================================================*/
#define   _WAIT_FOR_SPM() while(SPMCSR&(1<<SPMEN));   //ATmega : 128
#define   _ENABLE_RWW_SECTION() __DataToR0ByteToSPMCR_SPM(0x00,0x11)
```

```
void init_ports(void);
void init_uart0(void);
void uart_tx(BYTE  rxdt);
BYTE       uart_rx(void);
void firmware_download(void);

//=============================================================
//    Bootloader Program Start !!
//=============================================================
void main(void)
{
     void (*funcptr)( void ) = 0x0000; // Set up function pointer to RESET vector.

     BYTE local_down_mode;
     BYTE down_mode = 0;
     BYTE DownloadFail = 0;

     MCUCSR = 0;      // User should reset the MCUCSR as early as possible in the program.
     WDTCR = 0x00;
     SPH = 0x10;
     SPL = 0xff;      // Stack Pointer Setting.

     init_ports();

     if((PINE&0x04)==0x00)  // if 'DownLoad' key is pressed, then jump to Download mode !!
     {
          init_uart0();
          firmware_download();
     }

     _WAIT_FOR_SPM();
     _ENABLE_RWW_SECTION();
     funcptr();              // Jump to Reset vector 0x0000 in Application Section.
}

/*-----------------------------------------------------------
//    PORTS Initialize
-----------------------------------------------------------*/
```

```
void init_ports(void)
{
	// External SRAM Init.
	MCUCR = 0x80;
	XMCRA = 0x00;
	XMCRB = 0x80;

	PORTB= 0xFF;
	DDRB= 0xFF;

	//A8~A15
	PORTC= 0xFF;	// Pull Up
	DDRC= 0x80;	// Input

	PORTD=0x00;
	DDRD= 0xFF;	// Output

	PORTE= 0x0F;	// PE2 = DnLd key input !! (pull-up)
	DDRE = 0x03;

	//ADC Used
	PORTF = 0x00;
	DDRF = 0x00;

	//DI Input Used
	PORTG = 0xFF;	// Pull Up
	DDRG = 0xFF;	// Output
}

/*-----------------------------------------------------------
//	UART0 Initialize
-----------------------------------------------------------*/
void init_uart0(void)
{
	UBRR0H = 0x00;
	UBRR0L = BAUD0_BOOT;	// for115,200 bps
	UCSR0B = 0x18;
	UCSR0C = 0x86;
```

```
}

/*-----------------------------------------------------------
//    UART0 TX/RX
-----------------------------------------------------------*/
void uart_tx(BYTE  rxdt)
{
    while(!(UCSR0A & (1<<UDRE0)))    asm("wdr");
    UDR0 = rxdt;
}

BYTE  uart_rx(void)
{
    BYTE rxbuf = 0;
    _LONG cnt= 0;

    while(!(UCSR0A & (1<<RXC0))) // while(!(UCSR0A&0x80));
    {
        cnt++;
        if(cnt>30000000)        // 'Wait Time' expired?
        {
            WDTCR = 0x18;       // Watchdog Reset :After 14ms
            while(1);
        }
    }
    cnt = 0;
    rxbuf = UDR0;
    return rxbuf;
}

//////////////////////////////////////////////////////////////////////////////////////////////////
//    FIRMWARE DOWNLOAD PROCESSING !!
//////////////////////////////////////////////////////////////////////////////////////////////////
void firmware_download(void)
{
    BYTE rx_data[300] = {0x00};  // STX -> addr(H, L) -> DATA256 + CHKSUM
    BYTE rx_num = 0;             // process order
    BYTE chksum_dt = 0;          // checksum_data
```

```
WORD rx_cnt = 0;         // general counte
WORD addr= 0;            // "Address"
WORD temp_addr = 0;      // address buffer
WORD dat_cnt = 0;        // counte for 1page+chksum
WORD page_cnt = 0;       // general counte buffer
WORD temp_data = 0;      // general data buffer
WORD offset_cnt = 3;     // data location buffer

while(1) //DownLoad Mode
{
    if(rx_num == 0)// 1.  START or END code?
    {
        rx_data[rx_cnt] = uart_rx(); //Get Sync Data

        if(rx_data[0]==0x2b);                   // Start Sync

        else if(rx_data[0] == 0x2c) break;      // End Sync

        uart_tx(rx_data[rx_cnt]);               // Return Sync Data
        rx_cnt++; //Increment rx_cnt
        rx_num++; //Increment rx_num
    }
    if(rx_num == 1)   //2.  receive Address High
    {
        rx_data[rx_cnt] = uart_rx();    // Get Address High
        chksum_dt = rx_data[rx_cnt];    // Get First Chksum
        uart_tx(rx_data[rx_cnt]);       // Return Address High
        rx_cnt++;                       // Increment rx_cnt
        rx_num++;                       // Increment rx_num
    }
    if(rx_num == 2)   //3.  receive Address Low
    {
        rx_data[rx_cnt] = uart_rx();    // Get Address Low
        chksum_dt += rx_data[rx_cnt];   // Add Chksum
        uart_tx(rx_data[rx_cnt]);       // Return Address Low
        rx_cnt++;                       // Increment rx_cnt
        rx_num++;                       // Increment rx_num
    }
```

```
if(rx_num == 3)   // 4.  receive 1Page[256] + Chksum[1]
{
    for(dat_cnt=0; dat_cnt<257; dat_cnt++)
    {
        rx_data[rx_cnt] = uart_rx();          // Get 1page + Chksum
        if(dat_cnt<256)
        {
            chksum_dt += rx_data[rx_cnt];  // Add Chksum
            rx_cnt++;  // Increment rx_cnt
        }
    }
    rx_num++;    // Incremetn rx_num
}
if(rx_num == 4)   // 5.  write 1Page into FLASH MEMORY
{
    if(rx_data[259]!=chksum_dt)    break;    // chksum error?

    addr = ((rx_data[1]<<8) | rx_data[2]);      // Address H,L

    #ifdef LARGE_MEMORY
    if(addr >= 0xFFFF)     RAMPZ = (1<<RAMPZ0);
    else       RAMPZ = 0;
    #endif

    _WAIT_FOR_SPM();       // Prior to executing the SPM instruction
    _SPM_ERASE(addr);      // 1Page Erase

    _WAIT_FOR_SPM();         // Prior to executing the SPM instruction
    _ENABLE_RWW_SECTION(); // RE_ENABLE the RWW_SECTION

    temp_addr = addr;                   // Remember Page Start Address
    for(page_cnt=0, offset_cnt=3; page_cnt<PAGE_SIZE; page_cnt++)
    {
      temp_data = rx_data[offset_cnt++];          // Data Low
      temp_data |= (rx_data[offset_cnt++]<<8);  // Data High
      _WAIT_FOR_SPM();
      _SPM_FILLTEMP(temp_addr,temp_data);       // Fill 2byte Data into "addr"
```

```
            temp_addr += 2;         // Increment Address
        }               // FILL TEMPRORY BUFFE
        _WAIT_FOR_SPM();            // Prior to executing the SPM instruction
        _SPM_PAGEWRITE(addr);   // Page Write

        uart_tx(chksum_dt);         // Return Chksum
        rx_num++;                   // Increment rx_num
    }
    if(rx_num == 5)//6.  repeat until 'Firmware download' ends.
    {
        rx_num = 0;                 // Count Clear for receive Next Frame Data
        rx_cnt = 0;
        chksum_dt = 0;
    }
} //while

_WAIT_FOR_SPM();                    // Prior to executing the SPM instruction
_ENABLE_RWW_SECTION();              // RE_ENABLE the RWW_SECTION

WDTCR = 0x1A;   // Watchdog Reset : After 56.2ms
while(1);       // reset and go to normal operation !

}
//===========End of Bootloader Program ================================
```

CHAPTER 03

ATmega128을 이용한 간단한 전체 프로그램

contents

01 간단한 전체 프로그램

1-1 회로도

- CPU & UART
  - CPU: ATmega128-16AI, 64-Lead TQFP, X-TAL=14.7456MHz
  - UART: ST16C554DIQ64, EXAR Corporation, Quad UART with 16-byte FIFO'S
  - SRAM: GM76C256C, 32Kbytes

- 어드레스 디코더
  - CPLD: M4A5-32, Lattice Semiconductor

- 입출력 포트 확장
  - Output Latch: 74HC374, Octal D-Type Flip-Flop
  - Input Buffer: 74HC244, Octal buffer/line driver

- RS232 인터페이스
  - RS232 Driver: SP232EN, RS232 Line Drivers/Receivers, Sipex

1-2 기능

- 프로그램 규격 개요
  - 보드 온도 센서: DS1620S(Digital Thermometer) 사용
  - 외부 SRAM 사용

- 입출력 포트 확장 가능
- UART: 6포트(ATmega128 2포트, ST16C554 4포트)
- 아날로그 입력: 8채널
- 클럭 주파수: 14.7456MHz
- 입력 전압: +8V

● 사용하는 인터럽트
- Timer0, Timer1 인터럽트
- 외부 인터럽트: INT4~7(ST16C554 인터페이스)
- USART0, USART1 인터럽트

● 사용하는 통신 포트
- UART(ST16C554) 통신(4포트)
- USART0, USART1 통신

1-3 프로그램 파일

● 헤더 파일: define.h, clib.h, eeprom.h, extern.h, init.h, packet.h, TWIInit.h

● main.c
- 초기화 및 메인 루프
- 100msec Task 1종
- 1sec Task 4종
- UART 통신: 수신버퍼 체크(GetPacket)하여 함수(PacketCheck) 실행
- Timer0, Timer1 인터럽트 벡터
- EXTINTR4, EXTINTR5, EXTINTR6, EXTINTR7 인터럽트 벡터
- USART0, USART1 인터럽트 벡터

● clib.c
- char 입출력(getch, getche, putch, putch1, sputc)
- BCD 출력(sputb, sputb1), WORD 출력(sputw), LONG 출력(sputl)
- char string 출력(sputs, sputs1)

- char line 입력(getline), command 입력(getcommand)
- ASCII to int 변환: atoi

- eeprom.c
  - EEPROM 쓰기(EepromWr)
  - EEPROM 읽기(EepromRd)

- init.c
  - Time Delay
  - ATmega128 포트 초기화
  - Output Latch(74HC374) 초기화
  - 내부 Timer 초기화, USART 초기화
  - 외부 인터럽트 초기화
  - ADC 초기화
  - 내부 RAM 초기화

- packet_fsk1.c
  - 수신버퍼 데이터 유무 체크(GetPacket)하여 일(PacketCheck) 수행

- packet_fsk2.c
  - 수신버퍼 데이터 유무 체크(GetPacket)하여 일(PacketCheck) 수행

- packet_gui.c
  - 수신버퍼 데이터 유무 체크(GetPacket)하여 일(PacketCheck) 수행

- packet_inter.c
  - 수신버퍼 데이터 유무 체크(GetPacket)하여 일(PacketCheck) 수행

- ST16C554.c
  - ST16C554 초기화 및 인터럽트 허용

- TWIInit.c
  - TWI 초기화(InitTWI) 및 쓰기(WriteTWI)/읽기(ReadTWI)

02 회로도

• 회로도1: CPU & UART

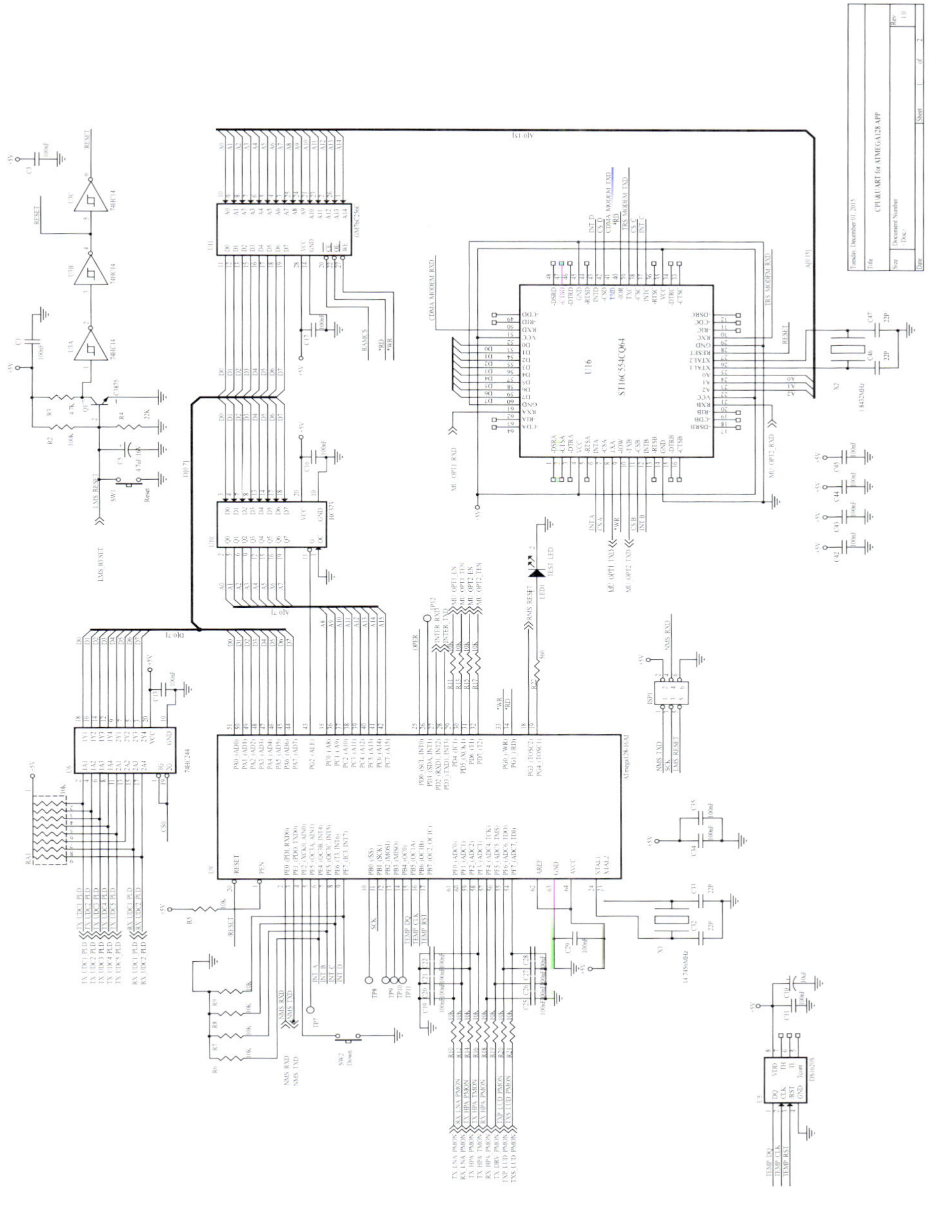

• 회로도2: 어드레스 디코더

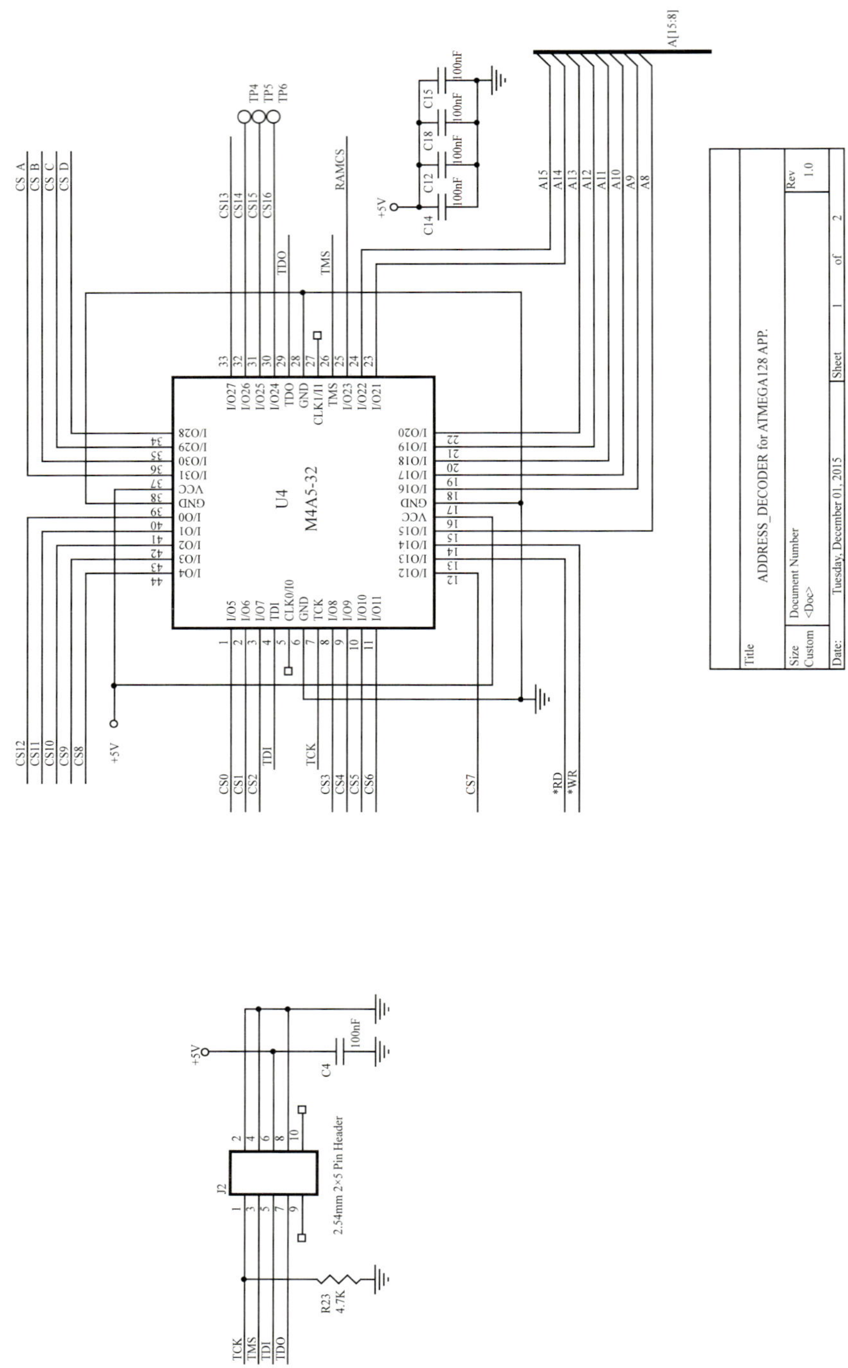

●회로도3: 입출력 포트 확장

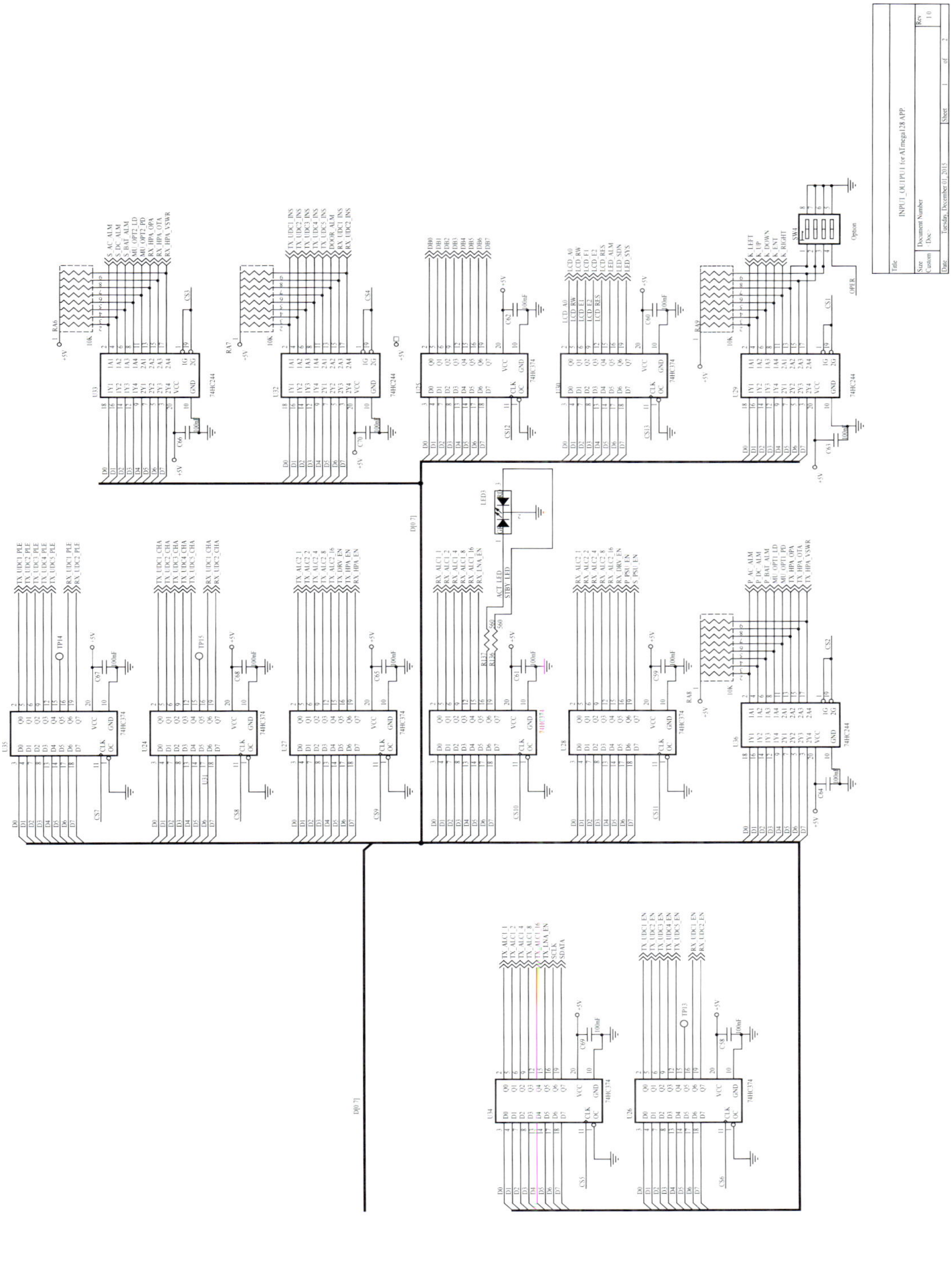

• 회로도4: RS232 인터페이스

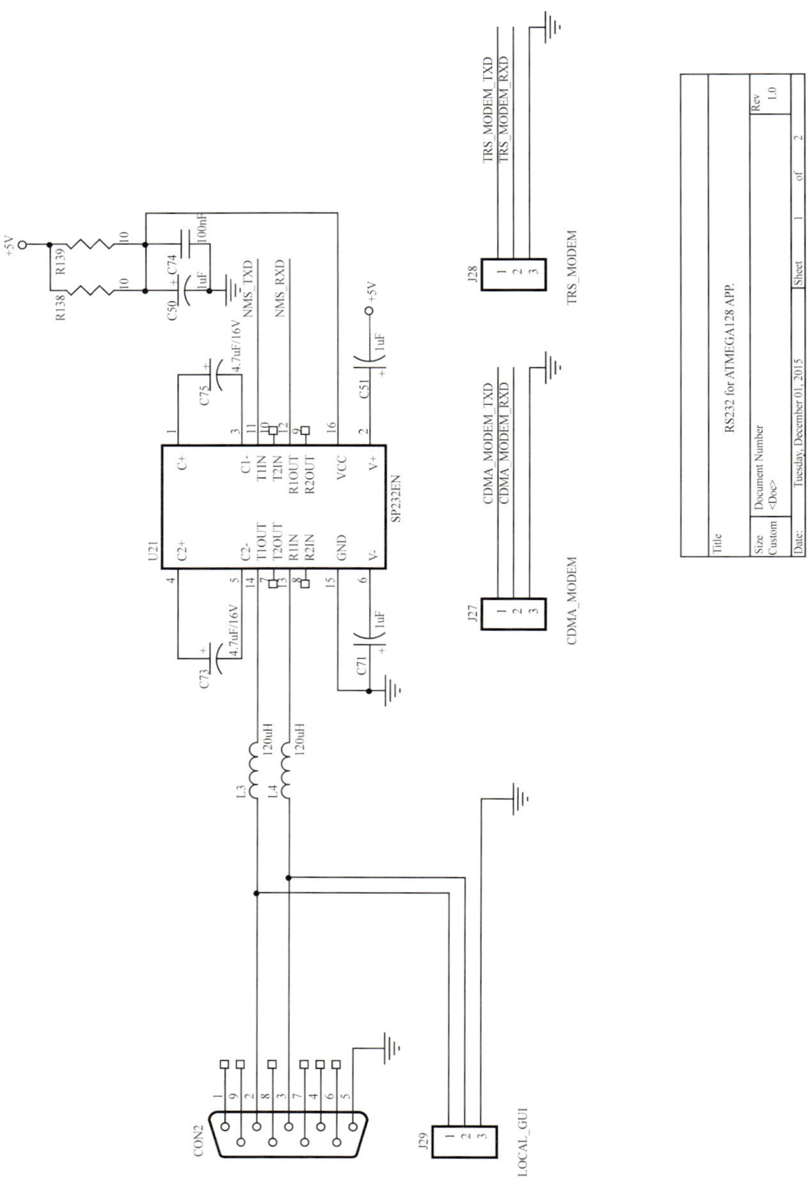

• 회로도5

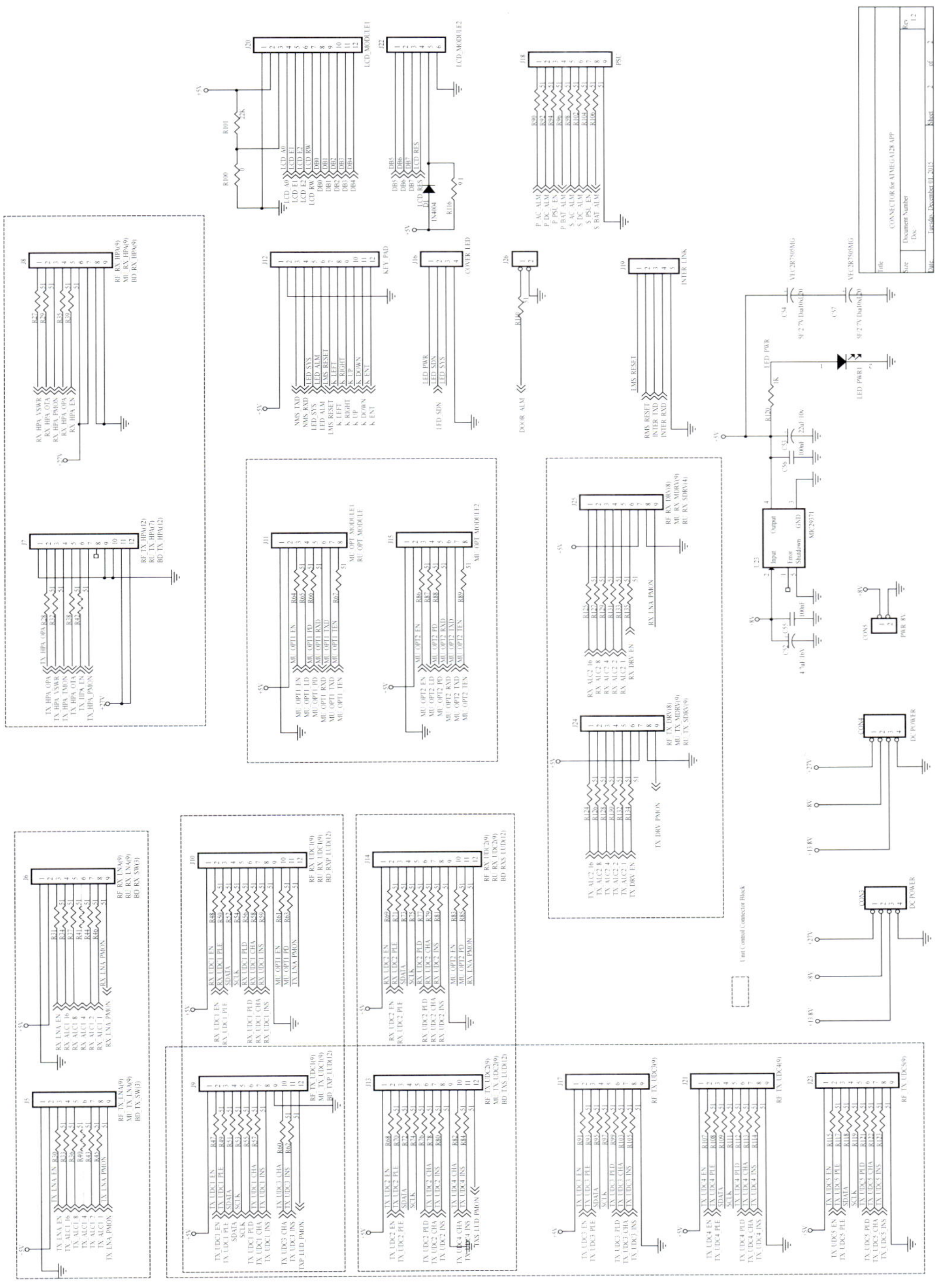

03 프로그램 파일

3-1 헤더 파일

1. define.h

```
#ifndef DEFINE
#define DEFINE

#define   ESC      0x1b
#define   CR       0x0d
#define   LF       0x0a
#define   BS       0x08
#define   BELL     0x07
#define   DEL      0x7F

#define BYTE       unsigned char
#define WORD       unsigned int
#define LONG       unsigned long
#define L_LONG     unsigned long long

#define SBYTE      signed char
#define SWORD      signed int
#define SLONG      signed long
#define SL_LONG    signed long long

#define u8         unsigned char
#define u16        unsigned int
#define u32        unsigned long
```

```
#define u64         unsigned long long

#define s8          signed char
#define s16         signed int
#define s32         signed long
#define s64         signed long long


#define ON          '1'
#define OFF         '0'
#define SECONDARY   '1'
#define PRIMARY     '0'

#define SUCESS      0x01
#define FAIL        0x00
#define ALARM       0x01
#define NORMAL      0x00
#define MASK        0x00
#define UNMASK      0x01

/////////////////////////////////////////////////////////////////////////
/* Bit Flag */
#define  BIT0       0x01
#define  BIT1       0x02
#define  BIT2       0x04
#define  BIT3       0x08
#define  BIT4       0x10
#define  BIT5       0x20
#define  BIT6       0x40
#define  BIT7       0x80

/* Define Ext Device(HC374,HC244)Address */
#define ADDR_CS0        (*(BYTE*)0xF000)  // Input
#define ADDR_CS1        (*(BYTE*)0xF100)  // Input
#define ADDR_CS2        (*(BYTE*)0xF200)  // Input
#define ADDR_CS3        (*(BYTE*)0xF300)  // Input
#define ADDR_CS4        (*(BYTE*)0xF400)  // Input
#define ADDR_CS5        (*(BYTE*)0xF500)  // Output
```

```
#define ADDR_CS6        (*(BYTE*)0xF600)  // Output
#define ADDR_CS7        (*(BYTE*)0xF700)  // Output

#define ADDR_CS8        (*(BYTE*)0xF800)  // Output
#define ADDR_CS9        (*(BYTE*)0xF900)  // Output
#define ADDR_CS10       (*(BYTE*)0xFA00)  // Output
#define ADDR_CS11       (*(BYTE*)0xFB00)  // Output
#define ADDR_CS12       (*(BYTE*)0xFC00)  // Output
#define ADDR_CS13       (*(BYTE*)0xFD00)  // Output
#define ADDR_CS14       (*(BYTE*)0xFE00)  // Output
#define ADDR_CS15       (*(BYTE*)0xFF00)  // Output

#define ADDR_CSA_DLL    (*(BYTE*)0xE000)
#define ADDR_CSA_DLM    (*(BYTE*)0xE001)
#define ADDR_CSA_RHR    (*(BYTE*)0xE000)
#define ADDR_CSA_THR    (*(BYTE*)0xE000)
#define ADDR_CSA_IER    (*(BYTE*)0xE001)
#define ADDR_CSA_FCR    (*(BYTE*)0xE002)
#define ADDR_CSA_ISR    (*(BYTE*)0xE002)
#define ADDR_CSA_LCR    (*(BYTE*)0xE003)
#define ADDR_CSA_MCR    (*(BYTE*)0xE004)
#define ADDR_CSA_LSR    (*(BYTE*)0xE005)
#define ADDR_CSA_MSR    (*(BYTE*)0xE006)
#define ADDR_CSA_SPR    (*(BYTE*)0xE007)

#define ADDR_CSB_DLL    (*(BYTE*)0xE100)
#define ADDR_CSB_DLM    (*(BYTE*)0xE101)
#define ADDR_CSB_RHR    (*(BYTE*)0xE100)
#define ADDR_CSB_THR    (*(BYTE*)0xE100)
#define ADDR_CSB_IER    (*(BYTE*)0xE101)
#define ADDR_CSB_FCR    (*(BYTE*)0xE102)
#define ADDR_CSB_ISR    (*(BYTE*)0xE102)
#define ADDR_CSB_LCR    (*(BYTE*)0xE103)
#define ADDR_CSB_MCR    (*(BYTE*)0xE104)
#define ADDR_CSB_LSR    (*(BYTE*)0xE105)
#define ADDR_CSB_MSR    (*(BYTE*)0xE106)
#define ADDR_CSB_SPR    (*(BYTE*)0xE107)
```

```
#define ADDR_CSC_DLL     (*(BYTE*)0xE200)
#define ADDR_CSC_DLM     (*(BYTE*)0xE201)
#define ADDR_CSC_RHR     (*(BYTE*)0xE200)
#define ADDR_CSC_THR     (*(BYTE*)0xE200)
#define ADDR_CSC_IER     (*(BYTE*)0xE201)
#define ADDR_CSC_FCR     (*(BYTE*)0xE202)
#define ADDR_CSC_ISR     (*(BYTE*)0xE202)
#define ADDR_CSC_LCR     (*(BYTE*)0xE203)
#define ADDR_CSC_MCR    (*(BYTE*)0xE204)
#define ADDR_CSC_LSR     (*(BYTE*)0xE205)
#define ADDR_CSC_MSR     (*(BYTE*)0xE206)
#define ADDR_CSC_SPR     (*(BYTE*)0xE207)

#define ADDR_CSD_DLL     (*(BYTE*)0xE300)
#define ADDR_CSD_DLM     (*(BYTE*)0xE301)
#define ADDR_CSD_RHR     (*(BYTE*)0xE300)
#define ADDR_CSD_THR     (*(BYTE*)0xE300)
#define ADDR_CSD_IER     (*(BYTE*)0xE301)
#define ADDR_CSD_FCR     (*(BYTE*)0xE302)
#define ADDR_CSD_ISR     (*(BYTE*)0xE302)
#define ADDR_CSD_LCR     (*(BYTE*)0xE303)
#define ADDR_CSD_MCR     (*(BYTE*)0xE304)
#define ADDR_CSD_LSR     (*(BYTE*)0xE305)
#define ADDR_CSD_MSR     (*(BYTE*)0xE306)
#define ADDR_CSD_SPR     (*(BYTE*)0xE307)

#define ADDR_RAM         (BYTE *)0x1100

#endif
```

2. clib.h

```
extern    void putch(unsigned char ch);
extern    void putch1(unsigned char ch);
extern    void sputc(unsigned char ch);
extern    void sputs(unsigned char *str);
extern    void sputc1(unsigned char ch);
extern    void sputs1(unsigned char* str);
extern    unsigned char getch(void);
extern    unsigned char getche(void);
extern    void sputb(unsigned char ch);
extern    void sputb1(unsigned char ch);
extern    void sputw( unsigned short ch);
extern    void sputl(unsigned long ch);
extern    void getline(unsigned char *line, unsigned char n);
extern    BYTE cmpstr(BYTE *sor, BYTE  *tar, BYTE n);
extern    BYTE getcommand(void);
extern    void strncpy(BYTE *s, BYTE *d, WORD n);
extern    int atoi (BYTE *line);
extern    void TRACEDATA(BYTE *ptr, WORD len);
```

3. eeprom.h

```
extern    void EepromWr(WORD EpAddr, BYTE EpData);
extern    u8 EepromRd(WORD EpAddr);
```

4. extern.h

```
#ifndef   EXTERN
#define   EXTERN

#include  "define.h"
#include  "packet.h"
#include  "eeprom.h"
#include  "init.h"
#include  "clib.h"
#include  "TWIInit.h"

//////////////////////////////////////////////////////////////////////////////////
//          INTERNAL RAM ALLOCATION
//////////////////////////////////////////////////////////////////////////////////

//clib.c
extern    BYTE Print_OnOff;
extern    __flash BYTE *hexdigit;

//crc.c
extern    WORD CrcData;

//eeprom.c

//init.c
extern    WORD ReadADC(BYTE channel);
extern    BYTE State;
extern    BYTE KeyTmOut;

//main.c
extern    BYTE PollFlag;
extern    BYTE PollCnt;

extern    BYTE TimerFlag;
extern    WORD TimerCnt;
extern    BYTE Timer1Flag;
extern    WORD Timer1Cnt;
```

```
extern    BYTE TaskOrder;

extern    BYTE PORT_CS0;
extern    BYTE PORT_CS1;
extern    BYTE PORT_CS2;
extern    BYTE PORT_CS3;
extern    BYTE PORT_CS4;
extern    BYTE PORT_CS5;
extern    BYTE PORT_CS6;
extern    BYTE PORT_CS7;
extern    BYTE PORT_CS8;
extern    BYTE PORT_CS9;
extern    BYTE PORT_CS10;
extern    BYTE PORT_CS11;
extern    BYTE PORT_CS12;
extern    BYTE PORT_CS13;

//packet_gui.c
extern    WORD CommHead;
extern    WORD CommTail;
extern    BYTE CommBuf[COMM_DATA_MAX];
extern    BYTE TxBuff[COMM_DATA_MAX];

//packet_tcpip.c
extern    WORD Comm2Head;
extern    WORD Comm2Tail;
extern    BYTE Comm2Buf[COMM_DATA_MAX];

extern    BYTE Comm2Len;
extern    BYTE Packet2FrameOn;
extern    WORD Packet2Cnt;
extern    WORD Packet2DataLen;


//packet_fsk1.c
extern    WORD Comm5Head;
extern    WORD Comm5Tail;
extern    BYTE Comm5Buf[COMM_DATA_MAX];
```

```
extern    BYTE Comm5Len;
extern    BYTE Packet5FrameOn;
extern    WORD Packet5Cnt;
extern    WORD Packet5DataLen;

//packet_fsk2.c
extern    WORD Comm6Head;
extern    WORD Comm6Tail;
extern    BYTE Comm6Buf[COMM_DATA_MAX];

extern    BYTE Comm6Len;
extern    BYTE Packet6FrameOn;
extern    WORD Packet6Cnt;
extern    WORD Packet6DataLen;

//ST16C554.c

////////////////////////////////////////////////////////////////////////////////
//        FUNCTIONS
////////////////////////////////////////////////////////////////////////////////

//clib.c
extern    void putch(unsigned char ch);
extern    void putch1(unsigned char ch);
extern    void sputc(unsigned char ch);
extern    void sputs(unsigned char *str);
extern    void sputc1(unsigned char ch);
extern    void sputs1(unsigned char* str);
extern    unsigned char getch(void);
extern    unsigned char getche(void);
extern    void sputb(unsigned char ch);
extern    void sputb1(unsigned char ch);
extern    void sputw( unsigned short ch);
extern    void sputl(unsigned long ch);
extern    void getline(unsigned char *line, unsigned char n);
extern    BYTE cmpstr(BYTE *sor, BYTE  *tar, BYTE n);
extern    BYTE getcommand(void);
```

```
extern    void strncpy(BYTE *s, BYTE *d, WORD n);
extern    int atoi (BYTE *line);
extern    void TRACEDATA(BYTE *ptr, WORD len);

//eeprom.c

//init.c
extern    void InitExtVar(void);
extern    void InitPort(void);
extern    void Init74HC374(void);
extern    void InitTimer0(void);
extern    void InitUart0(void);
extern    void InitUart1(void);
extern    void InitExtIntr(void);
extern    void InitADC(void);
extern    void InitTable(void);
extern    void InitOnOff(void);
extern    void InitEepVar(void);
extern    void InitIntRam(void);

//main.c
extern    void Polling_OpticModule(BYTE PollOrder);
extern    void KeyScan(void);
extern    void Test_KeyScan(void);

//packet.c
extern    void GetPacket(void);
extern    void PacketCheck(void);

//packet_tcpip.c
extern    void Get2Packet(void);
extern    void Put2Packet(WORD len);

//packet_fsk1.c
extern    void Get5Packet(void);
extern    void Put5Packet(WORD len);

//packet_fsk2.c
```

```
extern    void Get6Packet(void);
extern    void Put6Packet(WORD len);

//ST16C554.c
extern    void InitST16C554(void);

#endif
```

5. init.h

```
#define   BAUD_RATE0 115200
#define   BAUD_RATE1 115200

extern    void Delay(unsigned long delay);
extern    void DelayMSec(int delay);
extern    void InitPort(void);
extern    void Init74HC374(void);
extern    void InitTimer0(void);
extern    void InitTimer1(void);
extern    void InitUart0(void);
extern    void InitUart1(void);
extern    void InitExtIntr(void);
extern    void InitADC(void);
extern    WORD ReadADC(BYTE channel);
```

6. packet.h

```
#include "define.h"

/*==========================================================*/
/*   DEFINE
/*==========================================================*/
#define   COMM_DATA_MAX   200
/*==========================================================*/
/*   EXTERNAL PROTOTYPE
/*==========================================================*/
extern void (* funcptr)( void ); //Set up function poniter
/*==========================================================*/
/*   EXTERNAL VARIABLE DEFINE
/*==========================================================*/
extern    WORD CommHead;
extern    WORD CommTail;
extern    BYTE CommBuf[COMM_DATA_MAX];

extern    WORD Comm2Head;
extern    WORD Comm2Tail;
extern    BYTE Comm2Buf[COMM_DATA_MAX];

extern    WORD Comm5Head;
extern    WORD Comm5Tail;
extern    BYTE Comm5Buf[COMM_DATA_MAX];

extern    WORD OnePacket;
extern    BYTE CommMode;
extern    BYTE CommLen;

extern    WORD One1Packet;
extern    BYTE Comm1Mode;
extern    BYTE Comm1Len;

extern    BYTE PacketFrameOn;
extern    WORD PacketCnt;
extern    WORD PacketDataLen;
```

```
extern    BYTE Packet1FrameOn;
extern    WORD Packet1Cnt;
extern    WORD Packet1DataLen;

//////////////////////////////////////////////////////////////////////////////
typedef struct History
{
     BYTE Year;
     BYTE Mon;
     BYTE Day;
     BYTE Hour;
     BYTE Min;
     BYTE Sec;
}HISTORY;
```

7. TWIInit.h

```
#include "define.h"

extern    void InitTWI(void);
extern    void WriteTWI(BYTE device, BYTE reg_adrs, BYTE value);
extern    BYTE ReadTWI(BYTE device, BYTE reg_adrs);
```

3-2 메인 루틴(main.c)

```
///////////////////////////////////////////////////////////////////////////////
// Project Name      : BunDang Line TRS Controller...[MOR]
// Programed By      : Jeon, Bong-Shin
// Function          : Main Control Routine
// File Name         : main.c
// Version           : 1.0
// Last Updated      : 2015.12.02
// COPYRIGHT (C) JLAB Corporation
///////////////////////////////////////////////////////////////////////////////

#include <iom128.h>
#include <ina90.h>   // Compatibility header for IAR C compiler
#include <stdio.h>
#include <math.h>
#include "extern.h"

#define  DEBUG 0

BYTE      TimerFlag = 0;
WORD      TimerCnt = 0;
BYTE      Timer1Flag = 0;
WORD      Timer1Cnt = 0;

BYTE      Oper_Status;      // ON('1'):Oper, OFF('0'):Stby
BYTE      TaskOrder=0;
BYTE      PollFlag = 0;
BYTE      PollCnt = 0;
BYTE      PollOrder = 0;

BYTE      PORT_CS0 = 0;
BYTE      PORT_CS1 = 0;
BYTE      PORT_CS2 = 0;
BYTE      PORT_CS3 = 0;
BYTE      PORT_CS4 = 0;
BYTE      PORT_CS5 = 0;
BYTE      PORT_CS6 = 0;
```

```
BYTE      PORT_CS7 = 0;
BYTE      PORT_CS8 = 0;
BYTE      PORT_CS9 = 0;
BYTE      PORT_CS10 = 0;
BYTE      PORT_CS11 = 0;
BYTE      PORT_CS12 = 0;
BYTE      PORT_CS13 = 0;

///////////////////////////////////////////////////////////////////////////
void KeyScan(void);
void Test_KeyScan(void);
///////////////////////////////////////////////////////////////////////////
void main(void)
{
    _CLI();           // Interrupt Disabled

    WDTCR = 0x00;
    InitPort();       // Init I/O Port
    Init74HC374(); // Init 74HC374

    InitEepVar();
    InitTable();

    InitADC();        // Init AD Control

    InitTimer0();  // Init Timer0, Init Register
    InitTimer1();  // Init Timer1, Init Register
    InitExtIntr(); // EXT INT 4~7 used !!
    InitUart0();      // Init Uart0  (115200)
    InitUart1();      // Init Uart0  (19200 - Modem)
    InitIntRam();  // Init Internal Ram

    asm("wdr");       // reset the Watchdog timer
    WDTCR = 0x1F;  // WDT enabled, Time-out timer = 1.8sec

    _SEI();           // Interrupt Enabled (I bit of SREG is set)

    InitST16C554();       // Init ST16C554 (QUAD UART)
```

```
while(1)
{
    asm("wdr");    // reset the Watchdog timer

    if(TimerFlag)  // job EXE every 100mm sec
    {
        //Task exe every 100msec
        TimerFlag = 0;
    }

    if(Timer1Flag)   // job EXE every 0.25 sec
    {
        TaskOrder++;
        TaskOrder &= 0x03;
        if(TaskOrder == 0)
        {
            // Task0 exe every 1sec
        }
        else if(TaskOrder == 1)
        {
            // Task1 exe every 1sec

        }

        else if(TaskOrder == 2)
        {
            // Task2 exe every 1sec
        }

        else
        {
            // Task3 exe every 1sec
        }

        Timer1Flag = 0;
    }

    if(CommHead != CommTail)            GetPacket();        //Data Comm GUI
```

```
        if(Comm2Head  != Comm2Tail)        Get2Packet();      //data Comm
        if(Comm5Head  != Comm5Tail)        Get5Packet();      //data Comm
        if(Comm6Head  != Comm6Tail)        Get6Packet();      //data Comm
    }
}

/////////////////////////////////////////////////////////////////////////////
//TIMER0 INTERRUPT SERVICE ROUTINE
/////////////////////////////////////////////////////////////////////////////

#pragma vector = TIMER0_OVF_vect    // TIMER0 Interrupt Service Routine
__interrupt void TMR0_OVF_SRV(void)
{
    TCNT0 = 112;          // TCNT =184 -->(1024 / 14.7456M)  * (256-112) = 10mm sec

//----- MAIN JOB EXE Timer run
    TimerCnt++;
    if(TimerCnt >= 10) //10 x 10 = 100mm sec
    {
            TimerFlag = 1;
            TimerCnt = 0;

            //KeyScan();          // Key Scan (MENU,UP,DOWN,ENT,ALM)
            //Test_KeyScan();     // Test_Key Scan (TEST KEY1,2,3,...)
    }

    Timer1Cnt++;
    if(Timer1Cnt >= 25)             // 10 x 25 = 0.25 sec
    {
            Timer1Flag = 1;
            Timer1Cnt = 0;

            if(KeyTmOut != 0)
            {
                if(KeyTmOut < 80)
                KeyTmOut++;
            }
    }
```

```
    PollCnt++;
    if(PollCnt >= 200)              // 10 x 100 = 2 sec
    {
            PollFlag = 1;
            PollCnt = 0;
    }
}

//////////////////////////////////////////////////////////////////////////
//TIMER1 INTERRUPT SERVICE ROUTINE
//////////////////////////////////////////////////////////////////////////
#pragma vector = TIMER1_OVF_vect     // TIMER1 Interrupt Service Routine
__interrupt void TMR1_OVF_SRV(void)
{
    TCNT1 = (65536-43);  // 3msec
}

//////////////////////////////////////////////////////////////////////////
//UART0 RX/TX INTERRUPT SERVICE ROUTINE
//////////////////////////////////////////////////////////////////////////

#pragma vector = USART0_RXC_vect     // USART0 Interrupt Service Routine
__interrupt void UART0_RX_SRV(void)
{
    CommBuf[CommHead++] = UDR0;
    if(CommHead >= COMM_DATA_MAX) CommHead = 0;
}

#pragma vector = USART0_TXC_vect
__interrupt void UART0_TX_SRV(void)
{

}

//////////////////////////////////////////////////////////////////////////
//UART1 RX/TX INTERRUPT SERVICE ROUTINE
//////////////////////////////////////////////////////////////////////////
```

```
#pragma vector = USART1_RXC_vect    //USART1 Interrupt Service Routine
__interrupt void UART1_RX_SRV(void)
{
    Comm2Buf[Comm2Head++] = UDR1;
    if(Comm2Head >= COMM_DATA_MAX) Comm2Head = 0;
}

#pragma vector = USART1_TXC_vect
__interrupt void UART1_TX_SRV(void)
{

}

//////////////////////////////////////////////////////////////////////////////
//INT4 (FSK RX/TX) INTERRUPT SERVICE ROUTINE
//////////////////////////////////////////////////////////////////////////////

#pragma vector = INT4_vect
__interrupt void INT4_SRV(void)
{
    BYTE ExtInt4Isr,ExtInt4Rxd;

    ExtInt4Isr =  ADDR_CSA_ISR;
    if((ExtInt4Isr & 0x3F) == 0x06) // LSR intr ?
    ADDR_CSA_THR = 0x00;            // clr flag! (Notice !!)

    ExtInt4Isr =  ADDR_CSA_ISR;
    if((ExtInt4Isr & 0x3F) == 0x04) // Received Data Ready ?
    {
        ExtInt4Rxd =  ADDR_CSA_RHR;
        Comm5Buf[Comm5Head++] = ExtInt4Rxd^0xAA;
        if(Comm5Head >= COMM_DATA_MAX) Comm5Head = 0;
    }
}

//////////////////////////////////////////////////////////////////////////////
//INT5 (TCPIP RX/TX) INTERRUPT SERVICE ROUTINE
```

```
////////////////////////////////////////////////////////////////////////////////

#pragma vector = INT5_vect
__interrupt void INT5_SRV(void)
{
      BYTE ExtInt5Isr,ExtInt5Rxd;

      ExtInt5Isr =  ADDR_CSB_ISR;
      if((ExtInt5Isr & 0x3F) == 0x06) // LSR intr ?
      ADDR_CSB_THR = 0x00;              // clr flag! (Notice !!)

      ExtInt5Isr =  ADDR_CSB_ISR;
      if((ExtInt5Isr & 0x3F) == 0x04) // Received Data Ready ?
      {
            ExtInt5Rxd =  ADDR_CSB_RHR;
            Comm6Buf[Comm6Head++] = ExtInt5Rxd^0xAA;
            if(Comm6Head >= COMM_DATA_MAX)      Comm6Head = 0;
      }
}

////////////////////////////////////////////////////////////////////////////////
//INT6 (INTER RX/TX) INTERRUPT SERVICE ROUTINE <<MASTER-SLAVE>>
////////////////////////////////////////////////////////////////////////////////

#pragma vector = INT6_vect
__interrupt void INT6_SRV(void)
{
      BYTE ExtInt6Isr,ExtInt6Rxd;

      ExtInt6Isr =  ADDR_CSC_ISR;
      if((ExtInt6Isr & 0x3F) == 0x06) // LSR intr ?
      ADDR_CSC_THR = 0x00;              // clr flag! (Notice !!)

      ExtInt6Isr =  ADDR_CSC_ISR;
      if((ExtInt6Isr & 0x3F) == 0x04) // Received Data Ready ?
      {
            ExtInt6Rxd =  ADDR_CSC_RHR;
//          Comm1Buf[Comm1Head++] = ExtInt6Rxd;
```

```
//          if(Comm1Head >= COMM_DATA_MAX)      Comm1Head = 0;
      }
}

/////////////////////////////////////////////////////////////////////////////
//INT7 (EMERG RX/TX) INTERRUPT SERVICE ROUTINE
/////////////////////////////////////////////////////////////////////////////

#pragma vector = INT7_vect
__interrupt void INT7_SRV(void)
{
      BYTE ExtInt7Isr,ExtInt7Rxd;

      ExtInt7Isr =  ADDR_CSD_ISR;
      if((ExtInt7Isr & 0x3F) == 0x06) // LSR intr ?
      ADDR_CSD_THR = 0x00;              // clr flag! (Notice !!)

      ExtInt7Isr =  ADDR_CSD_ISR;
      if((ExtInt7Isr & 0x3F) == 0x04) // Received Data Ready ?
      {
            ExtInt7Rxd =  ADDR_CSD_RHR;
//          Comm7Buf[Comm7Head++] = ExtInt7Rxd;
//          if(Comm7Head >= COMM_DATA_MAX)      Comm7Head = 0;
      }
}

/////////////////////////////////////////////////////////////////////////////
//KEY SCAN ROUTINE
/////////////////////////////////////////////////////////////////////////////

void KeyScan()        // Key Scan (MENU,UP,DOWN,ENT,ALM)
{

}

void Test_KeyScan() // Test_Key Scan (TEST KEY1,2,3,...)
{

}
```

3-3 clib.c

```
#include <iom128.h>
#include <ina90.h>  // Compatibility header for IAR C compiler
#include <stdio.h>
#include <ctype.h>
#include "extern.h"

#define TOT_COMMAND 15

BYTE       Print_OnOff;
BYTE       cmdbuf[12];

BYTE       command[][6]= {"CMD1","CMD2","CMD3","CMD4","HELP","RRST"};
__flash    BYTE command_n[]={4,4,4,4,4,4};
__flash    BYTE *hexdigit = "0123456789ABCDEF";

//////////////////////////////////////////////////////////////////////////////////////////////////////////////////////////////
//////
void putch(unsigned char ch)
{
     while(!(UCSR0A&0x20))asm("wdr");
     UDR0 = ch;
     UCSR0A |= 0x20;
}

void putch1(unsigned char ch)
{
     while(!(UCSR1A&0x20))asm("wdr");
     UDR1 = ch;
     UCSR1A |= 0x20;
}

void sputc(unsigned char ch)
{
     if(ch != '\n' && ch != 0)
     {
          while(!(UCSR0A&0x20))asm("wdr");
```

```
        UDR0 = ch;
        UCSR0A |= 0x20;
    }
    else
    {
        while(!(UCSR0A&0x20))asm("wdr");
        UDR0 = CR;
        UCSR0A |= 0x20;
        while(!(UCSR0A&0x20))asm("wdr");
        UDR0 = LF;
        UCSR0A |= 0x20;
    }
}


void sputs(unsigned char *str)
{
    int i;
    for( i=0; *(str+i) != 0; i++)    sputc( *(str+i));
}

void sputc1(unsigned char ch)
{
    if(ch != '\n' && ch != 0)
    {
        while(!(UCSR1A&0x20))asm("wdr");
        UDR1 = ch;
        UCSR1A |= 0x20;
    }
    else
    {
        while(!(UCSR1A&0x20))asm("wdr");
        UDR1 = CR;
        UCSR1A |= 0x20;
        while(!(UCSR1A&0x20))asm("wdr");
        UDR1 = LF;
        UCSR1A |= 0x20;
```

```
    }
}

void sputs1(unsigned char* str)
{
    int i;
    for( i=0; *(str+i) != 0; i++)     sputc1( *(str+i));
}

/////////////////////////////////////////////////////////////////////////////////////
unsigned char getch(void)
{
    u8 ch;
    while(!(UCSR0A&0x80))asm("wdr");
    ch = UDR0;

    return (ch);
}

unsigned char getche(void)
{
    u8 ch;

    while(!(UCSR0A&0x80))asm("wdr");
    ch = UDR0;

    sputc(ch); // Echo!!
    return (ch);
}

/////////////////////////////////////////////////////////////////////////////////////
void sputb(unsigned char ch)
{
    BYTE val;
    val = ((ch>>4)&0x0f);
    sputc(hexdigit[val]);
    val = (ch&0x0f);
    sputc(hexdigit[val]);
```

```
}

void sputb1(unsigned char ch)
{
    BYTE val;
    val = ((ch>>4)&0x0f);
    sputc1(hexdigit[val]);
    val = (ch&0x0f);
    sputc1(hexdigit[val]);
}
void sputw( unsigned short ch)
{
    sputb((ch>>8)&0xff);
    sputb(ch&0xff);
}
void sputl(unsigned long ch)
{
    sputw((ch>>16)&0xffff);
    sputw(ch&0xffff);
}

//////////////////////////////////////////////////////////////////////////////
void getline(unsigned char *line, unsigned char n)      //getline
{
    u8 cnt = 0; u8 c;
    do {
            c=getch();
            UCSR0A &= 0x7F;
            if (c == CR)
            c = LF;
            if (c == BS  || c == DEL)
            {
                if (cnt != 0)  {
                cnt--;

                line--;
                sputc(0x08); //BS
                sputc(' ');
```

```
                    sputc(0x08); //BS
                }
            }
            else
            {
                sputc(*line = c);
                line++;
                cnt++;
            }
        } while (cnt < n - 1  &&  c != LF);
        *line = 0;
}



////////////////////////////////////////////////////////////////////////////////
BYTE cmpstr(BYTE *sor, BYTE  *tar, BYTE n)
{
        BYTE i;
        for(i=0;(sor[i]==tar[i]) && (i<n);i++);
        return(i==n & sor[i]==LF);
}

BYTE getcommand(void)
{
    BYTE i;
    getline(&cmdbuf[0],10);
    for (i = 0; cmdbuf[i] != 0; i++)
    {
        cmdbuf[i] = (unsigned char)toupper((int)cmdbuf[i]);
    }

    for(i=0; ( !(cmpstr(&cmdbuf[0],command[i],command_n[i] ))) && (i <=TOT_COMMAND); i++)
    ;
    if(cmdbuf[0]==LF) return(99);
    return(i+1);
}
```

```
void strncpy(BYTE *s, BYTE *d, WORD n)
{
    while (n--)
    *d++ = *s++;
    *d = 0;
}

int atoi (BYTE *line)
{
    int number;

    for (number=0; *line >= '0' && *line <= '9'; line++)
            number = (number * 10) + (*line - '0');
    return (number);
}

void TRACEDATA(BYTE *ptr, WORD len)
{
    WORD i;

    for(i = 0 ; i < len; i++)
    {
        if(i % 10 == 0) {
            sputs("\n");
            sputs("["); sputb(i); sputs("]"); sputb(*(ptr-+)); sputc(0x20);
        }
        else{
            sputs("["); sputb(i); sputs("]"); sputb(*(ptr++)); sputc(0x20);
        }
    }
}
```

3-4 eeprom.c

```
#include <iom128.h>
#include <ina90.h>                  // --> Header file declare section..
#include "extern.h"

#define EEMWE0      EECR_Bit2
#define EEWE0  EECR_Bit1
#define EERE0  EECR_Bit0
//*********************************************************************

void EepromWr(WORD EpAddr, BYTE EpData)
{
        _CLI();
        while(EEWE0)asm("wdr");     // Wait complete write to EEPROM (previous data)
        EEAR = EpAddr;              // Set address (0h ~ 1111 11111111h)
        EEDR = EpData;              // Be write data..
        EEMWE0 = 1;                 // mask write enable..   clear by H/W
        EEWE0 = 1;                  // write enable..       clear by H/W
        _SEI();
}

BYTE EepromRd(WORD EpAddr)
{
        BYTE EpData = 0;

        while(EEWE0)asm("wdr");     // Wait complete write to EEPROM (previous data)
        EEAR = EpAddr;              // Set address
        EERE0 = 1;                  // read enable..
        EpData = EEDR;              // RETURN be readed data into EEPROM
        return EpData;
}
```

3-5 init.c

```
#include <iom128.h>
#include <ina90.h>
#include "extern.h"

void InitExtVar(void);
void InitPort(void);
void Init74HC374(void);
void InitTimer0(void);
void InitUart0(void);
void InitUart1(void);
void InitExtIntr(void);
void InitADC(void);
void InitTable(void);
void InitOnOff(void);
void InitEepVar(void);
void InitIntRam(void);

void Delay_ms(unsigned int time_ms);
void Delay_us(WORD time_us);
void Delay(unsigned long delay);

WORD      ReadADC(BYTE channel);
BYTE      State;
BYTE  KeyTmOut;

/////////////////////////////////////////////////////////////////////////////////
void Delay(unsigned long delay)
{
     while(delay--) asm("wdr");
}

void DelayMSec(int delay)
{
   int i=0;
   int one_msec= 800;

   for(i=0; i<delay; i++)
```

```
  {
    while(one_msec--)   asm("wdr");
  }
}

void Delay_us(WORD time_us) // Time Delay For us
{
    WORD i;

    for(i=0; i<time_us; i++)     // 4Cycle +
    {
      asm("PUSH R0");            // 2Cycle +
      asm("nop");                // 1Cycle +
      asm("nop");                // 1Cycle +
      asm("nop");                // 1Cycle +
      asm("wdr");                // 2Cycle +

      asm("POP R0");             // 2Cycle = 13Cycle = 1us For 14.7456MHz
    }
}

void Delay_ms(unsigned int time_ms) // Time Delay For ms
{
  register unsigned int i;
  for( i=0; i<time_ms; i++)
  {
    Delay_us(250);
    Delay_us(250);
    Delay_us(250);
    Delay_us(250);
  }
}

/*--------------------------------------------------------*/
// Port Initialize
/*--------------------------------------------------------*/
void InitPort(void)
{
    //External SRAM Init.
```

```
    MCUCR = 0x80;
    XMCRA = 0x00;
    XMCRB = 0x80;

    //Init DS1620(Temperature)
    PORTB= 0xFF;
    DDRB= 0xFF;

    //A8~A15
    PORTC= 0x00;    // Pull Up
    DDRC= 0x00;     // Input

    //INTER_RXD,TXD
    PORTD=0xA0;     // OPT OFF, TEN (=DISABLED)
    DDRD= 0xFC;     // bit7~4=OPTIC module control,  bit3~0=Output

    //InitDS1307 Used
    PORTE= 0x0F;    // High Interrupt, Init
    DDRE = 0x0B;    // INT A,B,C,D SQW & Down Switch (Input)

    //ADC Used
    PORTF = 0x00;
    DDRF = 0x00;

    PORTG = 0xEF;   // Pull Up
    DDRG = 0xFF;    // Output
}




/*---------------------------------------------------------*/
// 74HC374 Initialize
/*---------------------------------------------------------*/
void Init74HC374(void)
{
    PORT_CS5 = 0x00;
    ADDR_CS5 = PORT_CS5;                // TX LNA OFF, ATT=31
```

```
    PORT_CS6 = 0x00;
    ADDR_CS6 = PORT_CS6;            // UDC OFF

    PORT_CS7 = 0xFF;
    ADDR_CS7 = PORT_CS7;            // PLL LE (=DISABLED)

    PORT_CS0 = 0x00;
    ADDR_CS0 = PORT_CS0;            // CH ATT EN (=DISABLED)

    PORT_CS9 = 0xC0;
    ADDR_CS9 = PORT_CS9;            // TX DRV OFF, HPA OFF

    PORT_CS10 = 0x40;
    ADDR_CS10 = PORT_CS10;          //LED ON, RX LNA OFF, ATT=31

    PORTE_Bit3 = 0;                 // OC = 0 (LOW) !!
    PORT_CS11 = 0x00;
    ADDR_CS11 = PORT_CS11;          // PSU ON, RX DRV OFF, ATT=31

    PORT_CS12 = 0x00;
    ADDR_CS12 = PORT_CS12;          // LCD DATA

    PORT_CS13 = 0xA0;
    ADDR_CS13 = PORT_CS13;          // LED OFF, LCD CTL
}

/*-------------------------------------------------------*/
// Enable Timer0 Interrupt
/*-------------------------------------------------------*/
void InitTimer0(void)
{
    TimerFlag = 0;
    TimerCnt = 0;

    Timer1Flag = 0;
    Timer1Cnt = 0;
```

```
    TCCR0 = 0x07;   // Trigger => Fclock/1024
    TCNT0 = 0x00;   // Timer Counter Register
    TIMSK = 0x01;   // Timer0 Interrupt Enable Mask Register
}

void InitTimer1(void)
{
    TCNT1 = 0;
    TCCR1B = 0x05;   // Trigger => Fclock/1024
    TIMSK |= 0x04;   // Timer0 Interrupt Enable Mask Register
}

/*-----------------------------------------------------------*/
// Enable Uart0,Uart1 Interrupt
/*-----------------------------------------------------------*/
void InitUart0(void)
{
  WORD UBRR;
  BYTE UBRH,UBRL;

  if(BAUD_RATE0 == 2400)UBRR = 383;
  else if(BAUD_RATE0 == 4800)        UBRR = 191;
  else if(BAUD_RATE0 == 9600)        UBRR = 95;
  else if(BAUD_RATE0 == 14400)       UBRR = 63;
  else if(BAUD_RATE0 == 19200)       UBRR = 47;
  else if(BAUD_RATE0 == 28800)       UBRR = 31;
  else if(BAUD_RATE0 == 38400)       UBRR = 23;
  else if(BAUD_RATE0 == 57600)       UBRR = 15;
  else if(BAUD_RATE0 == 76800)       UBRR = 11;
  else if(BAUD_RATE0 == 115200)      UBRR = 7;

  UBRH = (BYTE)(UBRR >>8);
  UBRL = (BYTE)(UBRR);

  UBRR0H = UBRH; // UBRR register xxxxUUUU UUUUUUUU( x=reserved, U=use)
   UBRR0L = UBRL; // for 115200BPS Baud_rate (error rate : @)  Baud_rate=Fosc/
(16*(UBRR+1))
   UCSR0B = 0x98;  // uart [Rx(bit7)Tx(bit6) interrupt enable Rx(bit4)Tx(bit3) enabe ]
```

```
==>>Polling
   UCSR0C = 0x06;  // Async MODE, no parity, stop bit(1bit), data bit(8bit)..
}

void InitUart1(void)
{
   WORD UBRR;
   BYTE UBRH,UBRL;

   if(BAUD_RATE1 == 2400)UBRR = 383;
   else if(BAUD_RATE1 == 4800)       UBRR = 191;
   else if(BAUD_RATE1 == 9600)       UBRR = 95;
   else if(BAUD_RATE1 == 14400)      UBRR = 63;
   else if(BAUD_RATE1 == 19200)      UBRR = 47;
   else if(BAUD_RATE1 == 28800)      UBRR = 31;
   else if(BAUD_RATE1 == 38400)      UBRR = 23;
   else if(BAUD_RATE1 == 57600)      UBRR = 15;
   else if(BAUD_RATE1 == 76800)      UBRR = 11;
   else if(BAUD_RATE1 == 115200)     UBRR = 7;

   UBRH = (BYTE)(UBRR >>8);
   UBRL = (BYTE)(UBRR);

   UBRR1H = UBRH;  // UBRR register xxxxUUUU UUUUUUUU( x=reserved, U=use)
   UBRR1L = UBRL;  // for 115200BPS Baud_rate (error rate : @)
   UCSR1B = 0x98;  // uart [Rx(bit7)Tx(bit6) interrupt enable Rx(bit4)Tx(bit3) enabe ]
   UCSR1C = 0x06;  // Async MODE, no parity, stop bit(1bit), data bit(8bit)..
}



/*---------------------------------------------------------*/
// Enable External Interrupt
/*---------------------------------------------------------*/
void InitExtIntr(void)
{
     EICRA=0x00;    // INT0~3 disabled
     EICRB=0xFF;    // rising edge intr(11, 11, 11, 11)
```

```
    EIMSK=0xF0;     // INT4~7 enabled
    EIFR=0xF0;      // cleared by writing a logical one to it.
}

/*--------------------------------------------------------*/
// AD Control
/*--------------------------------------------------------*/
//(4.7*AdcValue)/1024 = x.xV

void InitADC(void)
{
  ADMUX = 0x00;
  ADCSR = 0xE5; // ADC enable, ADC start conversion, Free_run mode, Prescaler 32
}

/* Analog to Digital */
WORD ReadADC(BYTE channel)
{
    WORD AdcDet = 0;
    WORD AdcDetSum = 0;
    BYTE i,AdcDetL,AdcDetH = 0;

    ADMUX= channel;      // Select Channel

    for(i=0; i<20; i++)  // AD값을 평균 내고 싶을 때...
    {
        while(!(ADCSR&0x10))asm("wdr");
        // ADIF == 1 ? ,while(!(ADCSRA&0x10));와 동일[변화가 완료될 때까지 대기]
        Delay(70); //70
        ADCSR |= 0x10; //ADIF 를 "1"로 Clear한다.

        AdcDetL = ADCL;
        AdcDetH = ADCH;

        AdcDet = (((AdcDetH&0xff)<<8) | (AdcDetL&0xff));

        AdcDetSum += AdcDet;
    }
```

```
    AdcDetSum /= 20; // to avoid PwrAvgCnt = 0 !!
    return  AdcDetSum;
}

////////////////////////////////////////////////////////////////////////////////
void InitTable(void)
{

}

////////////////////////////////////////////////////////////////////////////////
void InitEepVar(void)
{

}

/*--------------------------------------------------------*/
// Internal Ram Initialize
/*--------------------------------------------------------*/
void InitIntRam(void)
{
    PacketCnt = 0;
    PacketFrameOn =0;
    PacketDataLen =0;
    CommHead = 0;
    CommTail = 0;

    Packet2Cnt = 0;
    Packet2FrameOn =0;
    Packet2DataLen =0;
    Comm2Head = 0;
    Comm2Tail = 0;

    Packet5Cnt = 0;
    Packet5FrameOn =0;
    Packet5DataLen =0;
    Comm5Head = 0;
    Comm5Tail = 0;
```

3-6 packet_fsk1.c

```
#include <iom128.h>
#include <ina90.h>
#include "extern.h"

/*==========================================================*/
/*    PROTOTYPE


/*==========================================================*/

void Get5Packet(void);
void Packet5Check(void);

/*==========================================================*/
/*    VARIABLE DEFINE


/*==========================================================*/
WORD        Comm5Head=0;
WORD        Comm5Tail=0;
BYTE        Comm5Buf[COMM_DATA_MAX]={0};

unsigned long sync5_buff;
BYTE        Rx5Buff[COMM_DATA_MAX]={0};

BYTE        Comm5Len;
BYTE        Packet5FrameOn;
WORD        Packet5Cnt;
WORD        Packet5DataLen;

///////////////////////////////////////////////////////////////////////////////
void Get5Packet(void)
{

}

///////////////////////////////////////////////////////////////////////////////
//          GUI-MCU Comm
///////////////////////////////////////////////////////////////////////////////
void Packet5Check(void) //GUI Comunication : Uart0
{

}
```

3-7 packet_fsk2.c

```
#include <iom128.h>
#include <ina90.h>
#include "extern.h"
/*=============================================================*/
/*    PROTOTYPE
/*=============================================================*/

void Get6Packet(void);
void Packet6Check(void);
/*=============================================================*/
/*    VARIABLE DEFINE
/*=============================================================*/
WORD        Comm6Head=0;
WORD        Comm6Tail=0;
BYTE        Comm6Buf[COMM_DATA_MAX]={0};
unsigned long  sync6_buff;
BYTE        Rx6Buff[COMM_DATA_MAX]={0};
BYTE        Comm6Len;
BYTE        Packet6FrameOn;
WORD        Packet6Cnt;
WORD        Packet6DataLen;

////////////////////////////////////////////////////////////////////////////////
void Get6Packet(void)
{
    BYTE Packet6Data = 0;
    unsigned long temp_buff;

    Packet6Data = Comm6Buf[Comm6Tail++];
    if(Comm6Tail >= COMM_DATA_MAX) Comm6Tail = 0;

    if(Packet6FrameOn == 0)
    {
        temp_buff = Packet6Data;

        sync6_buff = (sync6_buff<<8);
        sync6_buff |= (temp_buff&0xff);
```

```
        if(sync6_buff == 0x16161616)        // SYNC ?
        {
            Packet6FrameOn= 1;
            sync6_buff = 0;
            Packet6Cnt = 0;

            PORTG_Bit4 = 1;                 // LED ON !

        }
    }
    else
    {
        Rx6Buff[Packet6Cnt++]= Packet6Data; //1 2 3

        if(Packet6Cnt == 1){                // LENGTH[1]
            Comm6Len = Rx6Buff[0];
            Packet6DataLen = (Comm6Len-1)+3; //CRC[2]+ETX
        }
        else
        {
            if(Packet6DataLen)   Packet6DataLen--;
            else{
                Packet6Cnt = 0;
                Packet6FrameOn =0;
                Packet6DataLen = 0;

                PORTG_Bit4 = 0;         //LED OFF !

                Packet6Check();
            }
        }
    }
}

/////////////////////////////////////////////////////////////////////////////////
//          GUI-MCU Comm
/////////////////////////////////////////////////////////////////////////////////
void Packet6Check(void) // GUI Comunication : Uart0
{
```

3-8 packet_gui.c

```
#include <iom128.h>
#include <ina90.h>                    // Compatibility header for IAR C compiler
#include "extern.h"

void (* funcptr)( void ) = 0x0000; // Set up function poniter

/*==============================================================*/
/*    PROTOTYPE
/*==============================================================*/

void GetPacket(void);
void PacketCheck(void);
/*==============================================================*/
/*    VARIABLE DEFINE
/*==============================================================*/
WORD       CommHead=0;
WORD       CommTail=0;
BYTE       CommBuf[COMM_DATA_MAX]={0};

unsigned long  sync_buff;
BYTE       RxBuff[COMM_DATA_MAX]={0};
BYTE       TxBuff[COMM_DATA_MAX]={0};

BYTE       CommLen;

BYTE       PacketFrameOn;
WORD       PacketCnt;
WORD       PacketDataLen;

////////////////////////////////////////////////////////////////////////////////
void GetPacket(void)
{
     BYTE PacketData = 0;
     unsigned long temp_buff;

     PacketData = CommBuf[CommTail++];
     if(CommTail >= COMM_DATA_MAX)  CommTail = 0;

     if(PacketFrameOn == 0)
     {
          temp_buff = PacketData;
```

```
            sync_buff = (sync_buff<<8);
            sync_buff |= (temp_buff&0xff);

            if(sync_buff == 0x16161616)          // SYNC ?
            {
                PacketFrameOn= 1;
                sync_buff = 0;
                PacketCnt = 0;

                PORTG_Bit4 = 1;                  // LED ON !
            }
        }
        else
        {
            RxBuff[PacketCnt++]= PacketData;     // 1 2 3

            if(PacketCnt == 1){                  // LENGTH[1]
                CommLen = RxBuff[0];
                PacketDataLen = (CommLen-1)+3; // CRC[2]+ETX
            }
            else
            {
                if(PacketDataLen)     PacketDataLen--;
                else{
                    PacketCnt = 0;
                    PacketFrameOn =0;
                    PacketDataLen = 0;

                    PORTG_Bit4 = 0;  //LED OFF !

                    PacketCheck();
                }
            }
        }
}

/////////////////////////////////////////////////////////////////////////////////
//          GUI-MCU Comm
/////////////////////////////////////////////////////////////////////////////////
void PacketCheck(void) //GUI Comunication : Uart0
{

}
```

3-9 packet_inter.c

```
#include <iom128.h>
#include <ina90.h>  // Compatibility header for IAR C compiler
#include "extern.h"

/*============================================================*/
/*    PROTOTYPE
/*============================================================*/

void Get2Packet(void);
void Packet2Check(void);
/*============================================================*/
/*    VARIABLE DEFINE
/*============================================================*/
WORD      Comm2Head=0;
WORD      Comm2Tail=0;
BYTE      Comm2Buf[COMM_DATA_MAX]={0};

unsigned long  sync2_buff;
BYTE      Rx2Buff[COMM_DATA_MAX]={0};

BYTE      Comm2Len;
BYTE      Packet2FrameOn;
WORD      Packet2Cnt;
WORD      Packet2DataLen;

/////////////////////////////////////////////////////////////////////////////
void Get2Packet(void)
{
     BYTE Packet2Data = 0;
     unsigned long temp_buff;

     Packet2Data = Comm2Buf[Comm2Tail++];
     if(Comm2Tail >= COMM_DATA_MAX)          Comm2Tail = 0;

     if(Packet2FrameOn == 0)
     {
          temp_buff = Packet2Data;

          sync2_buff = (sync2_buff<<8);
```

```
            sync2_buff |= (temp_buff&0xff);

            if(sync2_buff == 0x16161616)            // SYNC ?
            {
                Packet2FrameOn= 1;
                sync2_buff = 0;
                Packet2Cnt = 0;

                PORTG_Bit4 = 1;                     // LED ON !
            }
        }
        else
        {
            Rx2Buff[Packet2Cnt++]= Packet2Data;     // 1 2 3

            if(Packet2Cnt == 1){                    // LENGTH[1]
                Comm2Len = Rx2Buff[0];
                Packet2DataLen = (Comm2Len-1)+3;    //CRC[2]+ETX
            }
            else
            {
                if(Packet2DataLen)   Packet2DataLen--;
                else{
                    Packet2Cnt = 0;
                    Packet2FrameOn =0;
                    Packet2DataLen = 0;

                    PORTG_Bit4 = 0;  //LED OFF !

                    Packet2Check();
                }
            }
        }
}

////////////////////////////////////////////////////////////////////////////////
//          GUI-MCU Comm

////////////////////////////////////////////////////////////////////////////////
void Packet2Check(void) // GUI Comunication : Uart0
{
```

3-10 ST16C554.c

```
/* ----------------------------------------------------------
ST16C554 control routine - QUAD UART WITH 16-BYTE FIFO'S
2015. 12. 01  JLAB Corporation
---------------------------------------------------------- */

#include <iom128.h>
#include <ina90.h>
#include "extern.h"

#define   ST_BAUD19200   0x30      // @14.7456MHz(MCR bit7=0)
#define   ST_BAUD38400   0x18      // @14.7456MHz(MCR bit7=0)
#define   ST_BAUD57600   0x10      // @14.7456MHz(MCR bit7=0)
#define   ST_BAUD115200  0x08      // @14.7456MHz(MCR bit7=0)

void InitST16C554(void);

/////////////////////////////////////////////////////////////////////////////////////
//        ST16C554 Initialize
/////////////////////////////////////////////////////////////////////////////////////

void InitST16C554(void)
{
// A
     ADDR_CSA_IER = 0x00;              // INT disabled !! (set INT_A to high !!)
     ADDR_CSA_LCR = 0x80;              // DIVISOR LATCH ENABLE
     ADDR_CSA_DLL = ST_BAUD38400;      // 38400 BPS @14.7456MHz(MCR bit7=0)
     ADDR_CSA_DLM = 0x00;
     ADDR_CSA_LCR = 0x03;              // DIVISOR LATCH ENABLE
     ADDR_CSA_FCR = 0x00;
     ADDR_CSA_IER = 0x01;              // set  RX holding Register
     ADDR_CSA_MCR = 0x08;              // INT A enabled

// B
     ADDR_CSB_IER = 0x00;              // INT disabled !! (set INT_B to high !!)
     ADDR_CSB_LCR = 0x80;              // DIVISOR LATCH ENABLE
     ADDR_CSB_DLL = ST_BAUD38400;      // 38400 BPS @14.7456MHz(MCR bit7=0)
```

```
    ADDR_CSB_DLM = 0x00;
    ADDR_CSB_LCR = 0x03;            // DIVISOR LATCH ENABLE
    ADDR_CSB_FCR = 0x00;
    ADDR_CSB_IER = 0x01;            // set  RX holding Register
    ADDR_CSB_MCR = 0x08;            // INT B enabled

// C
    ADDR_CSC_IER = 0x00;            // INT disabled !! (set INT_C to high !!)
    ADDR_CSC_LCR = 0x80;            // DIVISOR LATCH ENABLE
    ADDR_CSC_DLL = ST_BAUD38400;    // 38400 BPS @14.7456MHz(MCR bit7=0)
    ADDR_CSC_DLM = 0x00;
    ADDR_CSC_LCR = 0x03;            // DIVISOR LATCH ENABLE
    ADDR_CSC_FCR = 0x00;
    ADDR_CSC_IER = 0x01;            // set  RX holding Register
    ADDR_CSC_MCR = 0x08;            // INT C enabled

// D
    ADDR_CSD_IER = 0x00;            // INT disabled !! (set INT_D to high !!)
    ADDR_CSD_LCR = 0x80;            // DIVISOR LATCH ENABLE
    ADDR_CSD_DLL = ST_BAUD38400;    // 38400 BPS @14.7456MHz(MCR bit7=0)
    ADDR_CSD_DLM = 0x00;
    ADDR_CSD_LCR = 0x03;            // DIVISOR LATCH ENABLE
    ADDR_CSD_FCR = 0x00;
    ADDR_CSD_IER = 0x01;            // set  RX holding Register
    ADDR_CSD_MCR = 0x08;            // INT D enabled
}
```

3-11 TWIInit.c

```
#include <iom128.h>
#include <ina90.h>
#include "extern.h"

void InitTWI(void)
{
  // Fscl = fsys_clk/(16+2(TWBR x 4^TWPS)) = 50 KHz ==> I2C serial clock
  TWBR = 131;     // TWI bit rate, For DS1307,
  TWSR = 0x00;    // TWI status register, 4^TWPS = 4^0 = 1
  TWAR = 0x00;    // TWI address in SLAVE MODE
  TWDR = 0x00;    // TWI data register
  TWCR = 0x00;    // TWI control register
}

void WriteTWI(BYTE device, BYTE reg_adrs, BYTE value)   // # TWI write function __
{
  TWCR = 0xA4;      // START condition
  while(((TWCR & 0x80) == 0x00) || ((TWSR & 0xF8) != 0x08)); // START complete ?

  TWDR = device;    // SLA+W
  TWCR = 0x84;
  while(((TWCR & 0x80) == 0x00) || ((TWSR & 0xF8) != 0x18)); // SLA+W complete ?

  TWDR = reg_adrs; // register address
  TWCR = 0x84;
  while(((TWCR & 0x80) == 0x00) || ((TWSR & 0xF8) != 0x28)); // address complete ?

  TWDR = value;     // write data
  TWCR = 0x84;
  while(((TWCR & 0x80) == 0x00) || ((TWSR & 0xF8) != 0x28)); // data complete ?

  TWCR = 0x94;      // STOP condition
}

BYTE ReadTWI(BYTE device, BYTE reg_adrs)
{
```

```
    BYTE rd_dat = 0;

    TWCR = 0xA4; // START condition
    while((TWCR & 0x80) == 0x00);       // START complete ?

    TWDR = device;                      // SLA+W
    TWCR = 0x84;
    while((TWCR & 0x80) == 0x00);       // SLA+W complete ?

    TWDR = reg_adrs;                    // register address
    TWCR = 0x84;
    while((TWCR & 0x80) == 0x00);       // address complete ?

    TWCR = 0xA4;                        // REPEATED START condition
    while((TWCR & 0x80) == 0x00);       // START complete ?

    TWDR = device+1;                    // SLA+R
    TWCR = 0x84;
    while((TWCR & 0x80) == 0x00);       // SLA+R complete ?

    TWCR = 0x84;                        // read data with no acknowledge
    while((TWCR & 0x80) == 0x00);       // data complete ?

    rd_dat = TWDR;                      // * read data
    TWCR = 0x94; /                      / STOP condition

    return rd_dat;                      // return data
}

//=========== End of Sample Program using ATmega128 ========================
```

부록

AVR Studio4 사용법

AVR Studio4 사용법

AVR Studio4는 AVR 소스 파일을 컴파일하여 실행파일(filename.HEX)을 만들고 디버깅 및 보드에 다운로드할 수 있는 AVR 개발프로그램이다. AVR 컴파일러는 WinAVR, CodeVisionAVR, EWAVR등이 있는데, 프로그래머는 본인에게 익숙한 컴파일러를 따로 사용하는 경우가 대부분이어서 본 교재에서는 AVR Studio4 기능 중 ISP 인터페이스로 AVR 칩에 프로그래밍하는 기능만 설명하기로 한다.

ISP(In-System Programming) 기능은 직렬통신(UART)으로 AVR의 플래시 메모리에 실행프로그램(filename.HEX)을 다운로드하는 방법으로 에뮬레이터나 롬라이터를 사용하는 방법에 비해 매우 편리한 방법이다. ISP 기능을 사용하기 위해서는 ISP용 케이블이 필요한데 PC의 직렬포트, 병렬포트 또는 USB포트를 사용하는 제품들이 있다. 요즈음 판매되는 PC는 USB포트만 지원하는 경우가 많아서 USB포트를 이용할 수 있는 다운로드 케이블을 구입하여 사용하면 편리하다.

1-A AVR Studio4 프로그램 열기

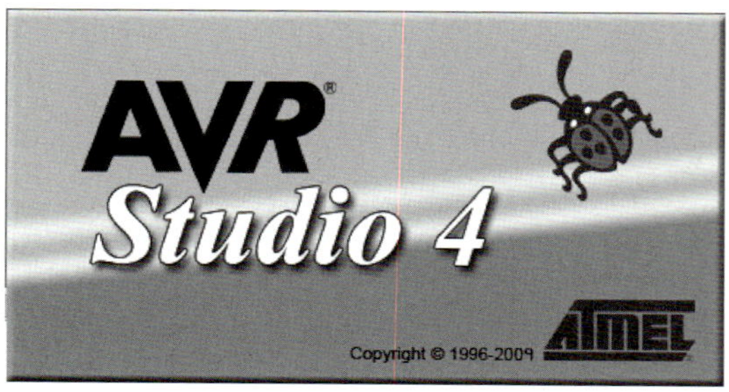

AVR 실행파일(filename.HEX)을 보드에 다운로드하여 동작시키기 위해서는 먼저 보드에 전원을 인가하고 PC와 보드를 ISP용 케이블로 연결한다.

보드에 전원을 인가하는 방법은 2가지가 있다. 첫째 방법은 PC의 USB포트 전원을 사용하는 방법이다. 대부분의 다운로드 케이블은 USB전원과 외부(EXT)전원을 선택하여 사용할 수 있도록 선택 스위치가 구비되어 있다. USB전원을 사용하도록 설정 스위치를 선택하면 PC의 USB전원이 케이블을 통하여 보드에 공급된다. 이 때 주의할 점은 보드의 소비전류가 USB포트에서 공급할 수 있는 전류를 넘지 않아야 한다는 것이다. 둘째 방법은 보드에 별도의 전원을 공급해 주는 방법이다. 이 경우에는 설정 스위치를 외부(EXT)로 선택한다.

1-B AVR 보드 연결

보드를 연결하고 실행파일을 연 다음 메인 메뉴에서 [Tools]→[Program AVR]→[Auto Connect]를 클릭하거나 [AVR] 버튼을 클릭한다. AVR Studio4와 보드가 정상적으로 연결된 경우 아래와 같은 화면이 나타난다.

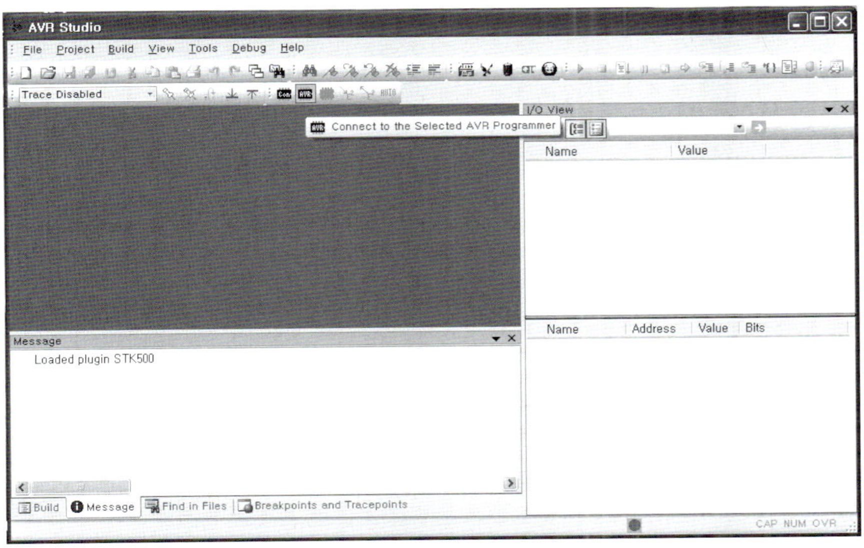

1-C AVR Studio4 – Main

[Main]탭을 클릭하면 Device and Signature Bytes와 Programming Mode and Target Settings가 나타난다.

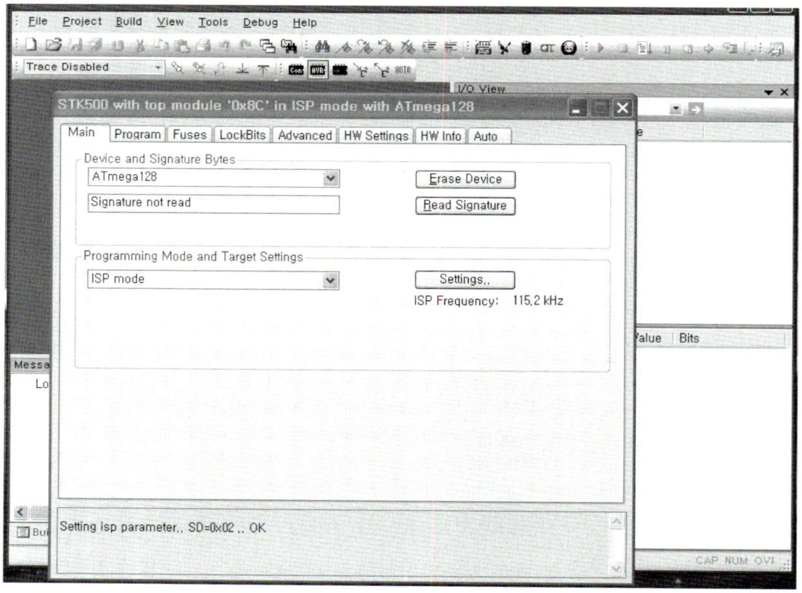

● Device and Signature Bytes

보드에 사용하는 디바이스를 선택한다. 위의 그림에서는 ATmega128을 선택하는 것을 보여준다.

- Erase Device: 플래시 메모리의 내용을 "FF"로 모두 지운다.

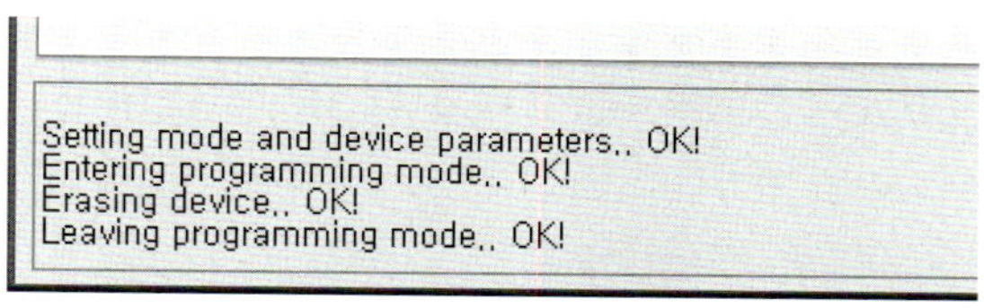

- Read Signature: 선택한 디바이스에 대한 고유한 코드로써 제조업체에서 생산 및 관리를 위한 것이다.

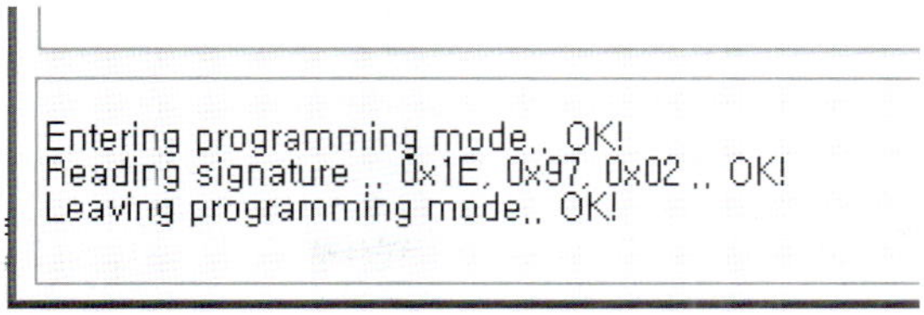

- Programming Mode and Target Settings

- ISP mode: 6핀 또는 10핀 케이블을 사용하는 ISP 모드이다. MOSI, MISO, SCK, RESET, VCC, GND를 연결해서 READ/WRITE 하게 된다.
- Settings: 업로드/다운로드하기 위한 ISP 클럭 주파수이며 보드의 시스템 클럭보다 1/4 이하여야 한다. 예를 들어, 보드에서 사용하는 클럭 주파수가 7.3728MHz이면 ISP 주파수는 1.8432MHz보다 작아야 한다. 간혹 시스템 클럭의 1/4 이하인데도 접속이 되지 않는 경우에는 좀 더 낮추어서 접속해 보기 바란다.

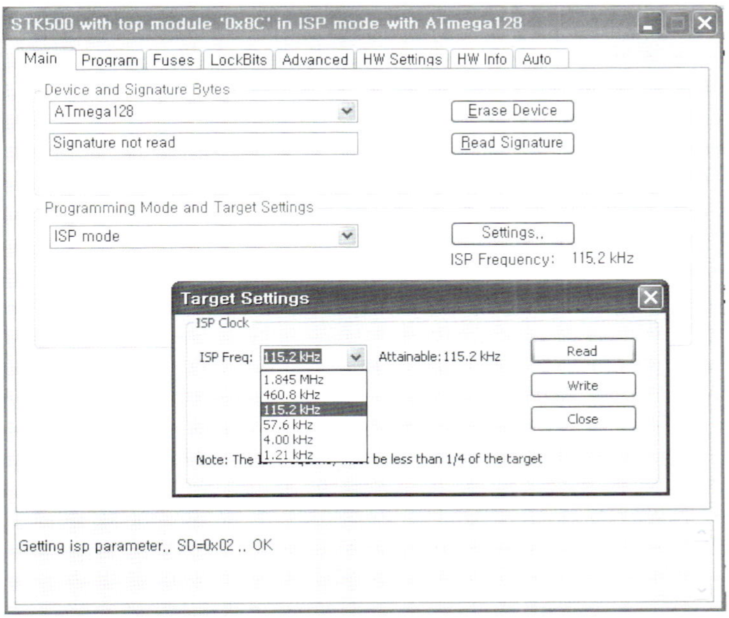

1-D AVR Studio4 – Program

● Device

- Erase Device: 플래시 메모리의 내용을 "FF"로 모두 지운다.

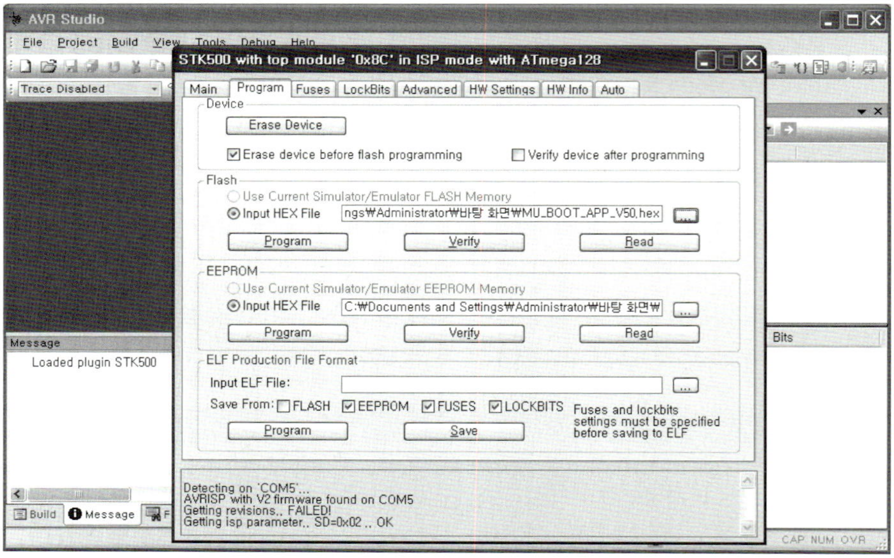

- Erase device before flash programming: 이 항목을 체크(√)하면 플래시 메모리에 프로그래밍하기 전에 디바이스를 지운다. 그러므로 이미 프로그래밍되어 있는 플래시에 다운로드하기 위해서는 반드시 이 항목을 체크(√)해 주어야 한다.
- Verify device after programming: 이 항목을 체크(√)하면 플래시 메모리에 프로그래밍한 후 플래시 메모리를 다시 읽어서 입력파일과 비교하여 입력파일이 제대로 프로그래밍되었는지 검증한다. 다시 한 번 검증하는 이점이 있는 반면 다운로드하는 시간이 많이 걸린다.

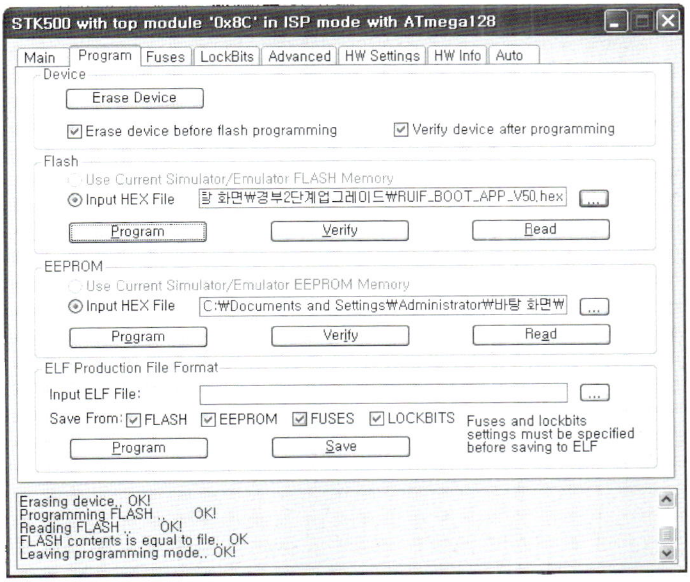

● Flash

- Program: 위에서 선택한 Input HEX File을 디바이스에 다운로드한다.
- Verify: Input HEX File과 플래시 메모리의 내용이 같은지 검증한다.
- Read: 플래시 메모리의 내용을 읽어서 PC의 하드디스크나 USB메모리 등에 저장한다.

● EEPROM

- Program: 위에서 선택한 Input HEX File을 디바이스의 EEPROM 영역에 프로그램 한다.
- Verify: Input HEX File과 EEPROM 메모리의 내용이 같은지 검증한다.
- Read: EEPROM 메모리의 내용을 읽어서 PC의 하드디스크나 USB메모리 등에 저장한다.

● ELF Production File Format

플래시 메모리, EEPROM, FUSE BITS, LOCKBITS를 모두 하나로 묶거나, 또는 원하는 항목을 묶어서 저장(Save)할 때나, 저장된 ELF파일을 디바이스에 한꺼번에 다운로드(Program)할 때 사용한다. 보드를 대량 생산할 때 유용하게 사용할 수 있다.

1-E AVR Studio4 – Fuses

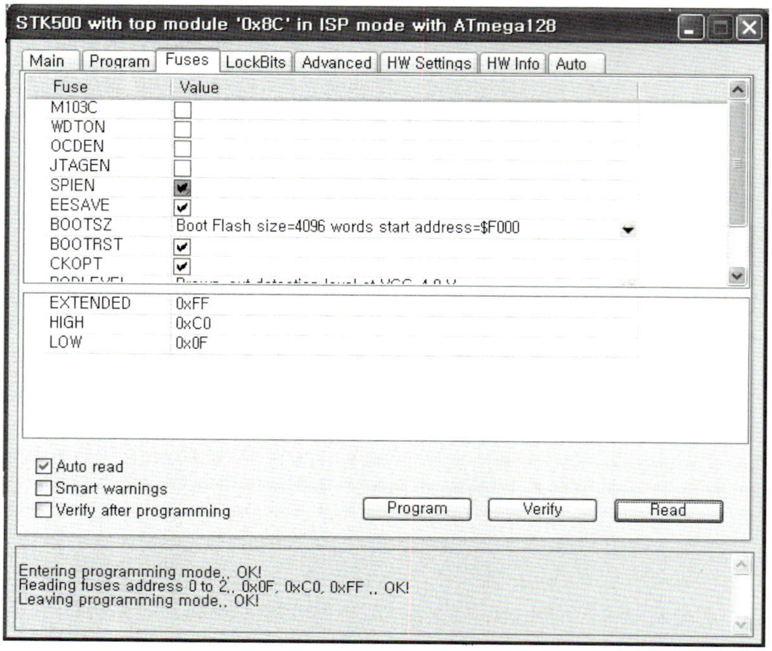

- ATmega103 Compatibility Model [M103C]

  기본적으로 체크되어 있으며 ATmega128로 사용할 때는 체크하지 않는다. 이것은 Mega128이 Mega103의 후속 모델로 나왔기 때문이며, Mega162, Mega8515, Mega8535 등은 각각 161, 8515, 8535와 호환 모드를 갖는다.

- Watchdog Timer always on [WDTON]

  워치독 타이머를 하드웨어적으로 ON 시킨다.

- On-Chip Debug Enabled [OCDEN]

  JTAG을 사용하여 Debug할 때 Enable 한다. ISP에서는 체크하지 않는다.

- JTAG Interface Enabled [JTAGEN]

  JTAG을 사용해 Debug나 Writing을 할 때 체크한다. JTAG ICE을 사용하지 않는다면 체크하지 않는다.

- Serial program downloading (SPI) enabled [SPIEN]

  ISP 기능을 사용할 때 체크한다. 기본적으로 체크되어 있으며, 이 비트가 지워질 경우 ISP로 다운로드가 되지 않으므로 주의하여야 한다.

- Preserve EEPROM memory through the Chip Erase cycle [EESAVE]

  Device의 메모리를 Erase 할 때 EEPROM을 지우지 않는다. Device를 Erase 할 때에 Flash와 EEPROM을 모두 지우므로, EEPROM에 저장되어 있는 데이터를 보존하고 싶을 때 사용한다.

- Boot Flash section size=512 words Boot start address=$FE00 [BOOTSZ]
- Boot Reset vector Enabled (default address=$0000) [BOOTRST]

  Self Programming을 사용할 때 Boot Loader가 들어갈 Flash 메모리의 크기와 리셋 번지를 설정한다. 만약, Self Programming을 사용하지 않는다면 Boot Flash section의 크기는 어느 것이든 상관 없으며 Boot Reset vector Enable에는 체크하지 않는다.

- CKOPT fuse(operation dependent of CKSEL fuses) [CKOPT]

  Clock의 Swing 레벨을 Small에서 Full Swing 하게 한다. Ext. Crystal/Resonator를 사용할 때 8MHz보다 클 경우 반드시 체크해 주어야 하며, XTAL2로 다른 디바이스에 클럭을 주고자 할 때에도 사용한다.

- Brown-out detection level an VCC=4.0V [BODLEVEL]
- Brown-out detection level an VCC=2.7V [BODLEVEL] default value
- Brown-out detection enabled [BODEN]

  Brown-out detection 기능을 사용할 때 체크한다. Brown-out detection 기능은 VCC가 위에 설정된 레벨 이하로 떨어질 경우 시스템적으로 Reset을 해 주는 기능이다. Brown-out detection enabled를 체크하지 않으면 레벨은 상관이 없다.

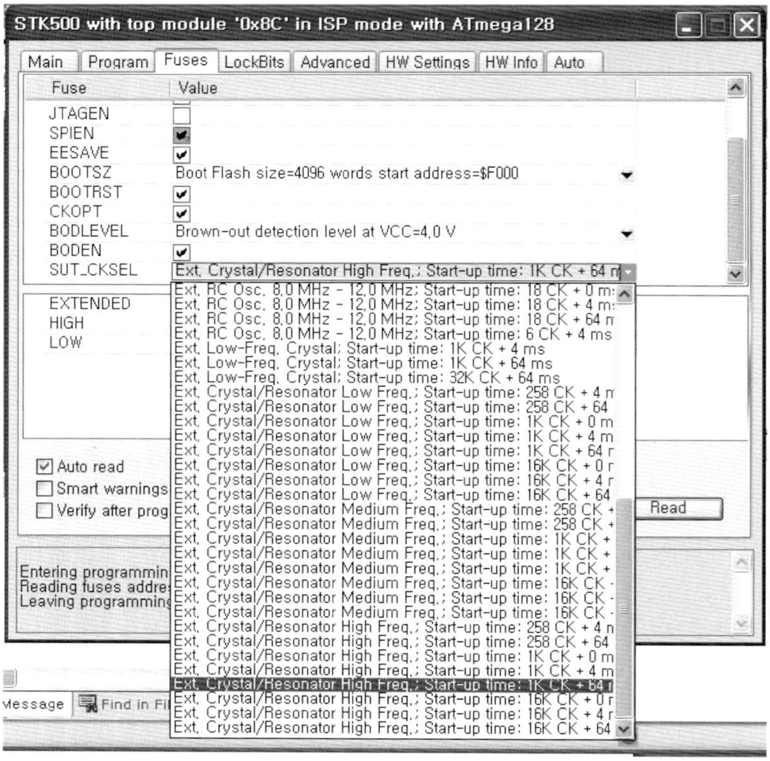

- Ext. Clock; Start-up time: 6 CK + 0 ms [CKSEL, SUT]

  XTAL1 핀으로 외부에서 클럭을 공급받을 때 사용한다. 오실레이터를 사용할 때 사용한다. 만약 XTAL/Resonator 사용 시 실수로 이 클럭 옵션을 선택하게 되면 발진을 하지 않아 ISP 기능을 사용할 수 없다. 이럴 경우 오실레이터를 연결하거나, 함수발생기(Function Generator)로 XTAL1 에 클럭을 공급해 주면서 ISP로 클럭 옵션을 바꿔 주어야 한다.

- Int. RC Osc. 1MHz; Start-up time: 6 CK + 0 ms [CKSEL=0001 SUT=00]
- Int. RC Osc. 2MHz; Start-up time: 6 CK + 0 ms [CKSEL=0010 SUT=00]
- Int. RC Osc. 4MHz; Start-up time: 6 CK + 0 ms [CKSEL=0011 SUT=00]
- Int. RC Osc. 8MHz; Start-up time: 6 CK + 0 ms [CKSEL=0100 SUT=00]

  내부 RC발진기를 사용할 때 체크한다. 1~8MHz까지 선택할 수 있으며, 1MHz를 제외한 2,4,8 MHz일 경우, 외부 롬라이터(ROM Writer)에서 Calibration Byte를 읽어서 OSCCAL 레지스터에 써 넣어 주어야 한다.

- Ext. RC Osc. – 0.9 MHz Start–up time: 18CK + 0 ms [CKSEL=0101 SUT=00]ㅁ Ext. RC Osc. 0.9 MHz – 3.0MHz Star–up time: 18CK + 0 ms [CKSEL=0110 SUT=00]
- Ext. RC Osc. 3.0 MHz – 8. MHz Start–up time: 18CK + 0 ms [CKSEL=0111 SUT=00]
- Ext. RC Osc. 8.0 MHz – 12.0MHz Start–up time: 18CK + 0 ms [CKSEL=1000 SUT=00]

  외부 RC발진기를 사용할 때 체크한다.

- Ext. Low–Freq. Crystal; Start–up tie : 1K CK + 4 ms; [CKSEL= 1001 SUT=00] 32.768KHz의 시계 클럭을 사용할 때 체크한다.
- Ext. RC Osc. – 0.9 MHz; Start–up time: 18CK + 0 ms [CKSEL=0101 SUT=00]ㅁ Ext. RC Osc. 0.9 MHz – 3.0MHz Start–up time: 18CK + 0 ms [CKSEL=0110 SUT=00]
- Ext. RC Osc. 3.0 MHz – 8.0MHz Start–up time: 18CK + 0 ms [CKSEL=0111 SUT=00]
- Ext. RC Osc. 8.0 MHz – 12.0MHz Start–up time: 18CK + 0 ms [CKSEL=1000 SUT=00]

  외부 RC발진기를 사용할 때 체크한다.

- Ext. Crystal/Resonator Low Freq. Start–up time: 258 CK + 4 ms [CKSEL= 1010 SUT=00]

  외부 Crystal이나 Resonator를 사용할 때 사용한다(Clock Freq : 9 ~ 16MHz).

※ Start–up time : xx CK + yy ms는 시스템이 리셋 되었을 경우 다시 온 되기까지의 리셋 지연시간이다. 각 클럭 옵션마다 SUT 값에 따라 각각 다른 리셋 지연시간이 있다. 해당 비트를 체크(√)하면 '0'이므로 이 부분을 주의해야 한다.

1-F AVR Studio4 – LockBits

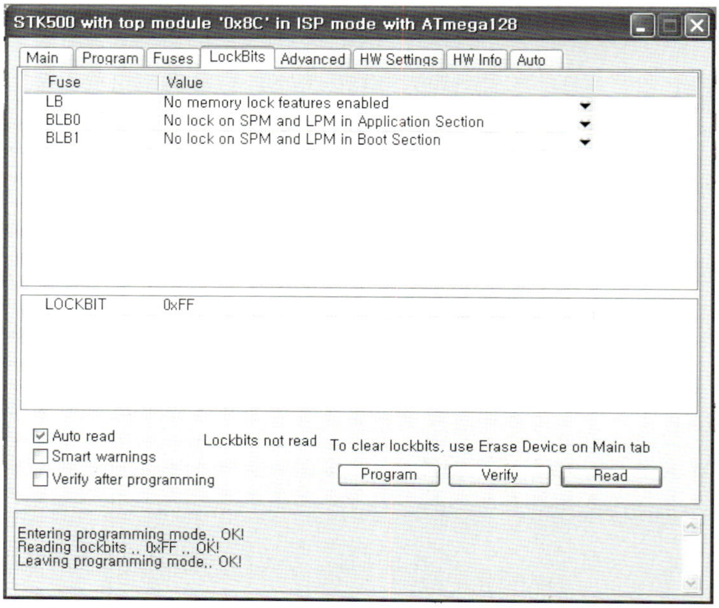

- LB
  - Further programming and verification disabled: 플래시 메모리에 프로그래밍하고 나면 더 이상 다운로드나 비교, 검증할 수 없다.
  - Further programming disabled: 플래시 메모리에 프로그래밍하고 나면 더 이상 다운로드할 수 없다. 소스프로그램 코드와 플래시 메모리의 내용을 비교, 검증하는 것은 가능하다.
  - No memory lock features enabled: LOCK이 해제된 상태이다. 플래시 메모리의 READ/WRITE가 가능하다.

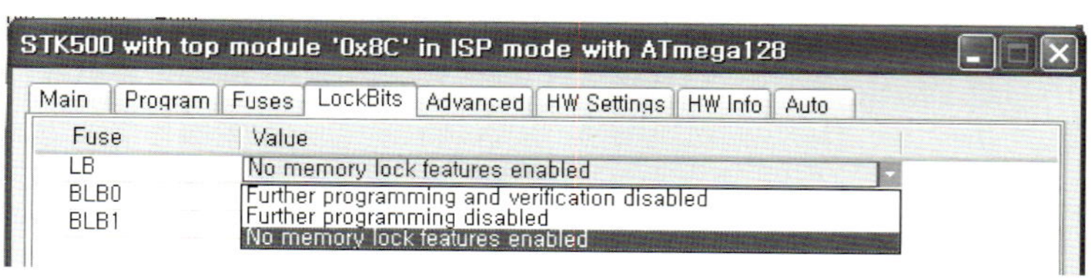

LOCK 비트를 해제하려면 [Main]탭이나 [Program]탭에서 [Device Erase]를 해야 한다. [Device Erase]를 하면 LOCK 비트와 플래시 메모리의 내용이 모두 지워진다.

- BLB0
  - LPM and SPM prohibited in Application Section: 플래시 메모리의 응용프로그램 영역에서 SPM(Store Program Memory)이 금지되고 부트프로그램 영역에서 응용프로그램 영역의 LPM(Load Program Memory)이 금지된다.
  - LPM prohibited in Application Section: 플래시 메모리의 부트프로그램 영역에서 응용프로그램 영역의 LPM이 금지된다.
  - SPM prohibited in Application Section: 플래시 메모리 응용프로그램 영역의 SPM이 금지된다.
  - No lock on SPM and LPM in Application Section: 플래시 메모리 응용프로그램 영역의 SPM, LPM이 가능하다. 즉, 플래시 메모리의 응용프로그램 영역에서 SPM, 부트프로그램 영역에서 응용프로그램 영역의 LPM이 가능하다.

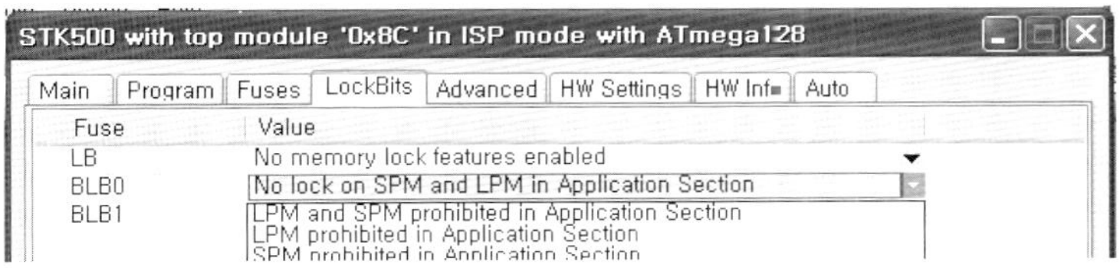

LOCK 비트를 해제하려면 [Main]탭이나 [Program]탭에서 [Device Erase]를 해야 한다. [Device Erase]를 하면 LOCK 비트와 플래시 메모리의 내용이 모두 지워진다.

- BLB1
  - LPM and SPM prohibited in Boot Section: 플래시 메모리의 부트프로그램 영역에서 SPM(Store Program Memory)이 금지되고 응용프로그램 영역에서 부트프로그램 영역의 LPM(Load Program Memory)이 금지된다.
  - LPM prohibited in Boot Section: 플래시 메모리의 응용프로그램 영역에서 부트프로그램 영역의 LPM이 금지된다.
  - SPM prohibited in Boot Section: 플래시 메모리 브트프로그램 영역의 SPM이 금지된다.
  - No lock on SPM and LPM in Boot Section: 플래시 메모리 부트프로그램 영역의 SPM, LPM이 가능하다. 즉, 플래시 메모리의 부트프로그램 영역에서 SPM, 응용프로그램 영역에서 부트프로그램 영역의 LPM이 가능하다.

LOCK 비트를 해제하려면 [Main]탭이나 [Program]탭에서 [Device Erase]를 해야 한다. [Device Erase]를 하면 LOCK 비트와 플래시 메모리의 내용이 모두 지워진다.

찾아보기

저자 소개

이창주
서울대학교 전자공학과 학사
서울대학교 전자공학과 석사
한국방송공사 기술연구소 연구원
서울대학교 전자공학과 박사
현재 동양미래대학교 정보통신과 교수

박군종
연세대학교 전자공학과 학사
연세대학교 전자공학과 석사
동양정밀공업(주) 중앙연구소 연구원
삼성종합기술원 정보시스템연구소 선임연구원
연세대학교 전기컴퓨터공학과 박사
현재 동양미래대학교 정보통신과 교수

정성순
연세대학교 전자공학과 학사
연세대학교 전자공학과 석사
삼성전자 정보통신연구소 선임연구원
연세대학교 전기전자공학과 박사
현재 동양미래대학교 정보통신과 교수

전봉신
연세대학교 전자공학과 학사
한국과학기술원 정보및통신공학과 석사
LG정보통신연구소 책임연구원
㈜디브이테크놀로지 대표이사
현재 ㈜제이랩 대표이사
현재 동양미래대학교 정보통신과 겸임교수